U0920907

盐城统计年鉴

2014

（总第15期）

盐 城 市 统 计 局
国家统计局盐城调查队 编

中国统计出版社
China Statistics Press

©中国统计出版社 2014
版权所有。未经许可,本书的任何部分不得以任何方式在世界任何地区以任何文字翻印、拷贝、仿制或转载。
©2014 China Statistics Press
All rights reserved. No part of the publication may be reproduced or transmitted in any form or by any means, electronic or mechanical, including photocopying, recording, or any information storage and retrieval system, without written permission from the publisher.

图书在版编目(CIP)数据

盐城统计年鉴. 2014 / 盐城市统计局, 国家统计局盐城调查队编. — 北京 : 中国统计出版社, 2014.9
ISBN 978-7-5037-7127-9
Ⅰ. ①盐… Ⅱ. ①盐… ②国… Ⅲ. ①统计资料-盐城市-2014-年鉴 Ⅳ. ①C832.533-54
中国版本图书馆 CIP 数据核字(2014)第 146254 号

盐城统计年鉴—2014

作　　者/ 盐城市统计局　国家统计局盐城调查队
责任编辑/ 陈越月　朱　杰　卞永来　孙建华　顾德富　肖　勇　华　翔　孙明明
封面设计/ 徐一然
出版发行/ 中国统计出版社
地　　址/ 北京市丰台区西三环南路甲 6 号
邮政编码/ 100073
电　　话/ 邮购(010)63376909　书店(010)68783171
网　　址/ http://csp.stats.gov.cn
印　　刷/ 盐城志坤印刷有限公司
经　　销/ 新华书店
开　　本/ 890mm×1240mm　1/16
字　　数/ 82 万字
印　　张/ 31 印张
印　　数/ 1000 册
版　　别/ 2014 年 9 月第 1 版
版　　次/ 2014 年 9 月第 1 次印刷
书　　号/ ISBN 978-7-5037-7127-9
定　　价/ 260.00 元

如有印装差错,由本社发行部调换。

《盐城统计年鉴-2014》编委会

主　任：戴元湖　中共盐城市委常委、盐城市人民政府常务副市长

副主任：陈　斌　盐城市人民政府副秘书长

秦　军　盐城市统计局局长

陆景春　国家统计局盐城调查队队长

编　委：郭玉生　盐城市发展与改革委员会主任

苏　冬　盐城市经济和信息化委员会主任

戴荣江　盐城市财政局局长

王永章　盐城市国土资源局局长

孔逸忻　盐城市规划局局长

管亚光　盐城市交通运输局局长

乐　超　盐城市农业委员会主任

王　亚　盐城市商务局局长

顾一兵　盐城市国家税务局局长

苏延法　江苏省盐城地方税务局局长

单坤刚　盐城市统计局副局长

胥传广　盐城市统计局副局长

魏文华　盐城市统计局副局长

侯海连　江苏省统计局盐城调查局局长

朱　杰　盐城市统计局总统计师

何成效　盐城市统计局纪检组长

李　刚　盐城市农村经济社会调查队队长

褚晓娟　盐城市统计局副调研员

周凤余　盐城市统计局副调研员

陈乃钧　江苏省统计局盐城调查局副调研员

刘光平　国家统计局盐城调查队副队长

郭宗林　国家统计局盐城调查队副队长

陈锦龙　国家统计局盐城调查队副队长

徐正洪　国家统计局盐城调查队纪检组长

虞　华　国家统计局盐城调查队副调研员

《盐城统计年鉴-2014》编辑部

主　　编：秦　军　陆景春

副 主 编：单坤刚　胥传广　魏文华　侯海连　朱　杰
何成效　李　刚　褚晓娟　周凤余　陈乃钧
刘光平　郭宗林　陈锦龙　徐正洪　虞　华

责任编辑：陈越月　朱　杰　卞永来　孙建华　顾德富
肖　勇　华　翔　孙明明

编　　辑：(以姓氏笔划为序)
王　丹　王　聪　王亚男　王军华　王克桥
王玮倩　王明富　王鸿章　韦晓霞　尤文峰
卞永来　朱　华　朱　明　朱云闯　朱明亮
华　翔　刘　琳　刘志兰　祁洪波　孙明明
孙建华　严晓丽　苏正芳　杜丁丁　杜文剑
李　云　杨　宇　杨　烨　杨义楼　肖　勇
邱　震　沈　洁　张　静　张月宇　张禹生
张海林　张益新　陆成健　陈光亚　陈越月
邵叶茂　季春夏　季　荣　周金兄　周金环
胡顺华　赵同庆　费彬彬　胥传花　顾德富
钱　晔　倪金骏　徐　嵘　徐玉蓉　徐俊春
高爱民　唐瑞丰　彭　宇　彭　莉　蒋　维
程　鑫　潘金亮　薛美琴

统计制图：孙明明

编 者 说 明

一、《盐城统计年鉴-2014》是一部全面、系统反映盐城市国民经济和社会发展情况的资料性年刊，是统计部门的重要统计信息产品，也是重要的统计文化建设的品牌产品。书中汇集了盐城市及各县(市、区)2013年经济和社会各方面大量统计数据，是各级党政领导、理论研究工作者和国内外企业家、投资者必备的工具书，是社会各界认识盐城、了解盐城的重要窗口。

二、全书内容包括:(1)综合;(2)国民经济核算;(3)人口、就业和职工工资;(4)人民生活;(5)价格指数;(6)固定资产投资;(7)财政金融;(8)对外经济贸易;(9)农村;(10)工业;(11)建筑业;(12)运输和邮电业;(13)国内贸易;(14)科技、教育、文化、卫生和体育事业;(15)分乡镇主要指标;(16)全省十三个市国民经济主要指标;(17)盐城市2013年统计大事记;(18)盐城市2013年统计重要文件;(19)盐城调查队2013年大事记;(20)盐城调查队2013年重要文件。全书开篇设有统计图、特载部分，大部分篇末附有《主要统计指标解释》，对主要统计指标含义、统计范围、统计方法等做了简要说明，便于读者使用本年鉴。

三、鉴于《统计公报》发表时间较早，所列指标多系快报数，与年鉴资料中的指标数值不尽一致，请读者使用时一律以年鉴表中数据为准。

四、本年鉴中符号使用说明:"#"表示其中的主要项;"空格"表示该项统计指标数据不详或无该数据;"*"表示本表下有注解。

五、本年鉴在编辑过程中，得到中国统计出版社和省统计局的悉心指导，得到有关部门、单位和各县(市、区)统计局及广大统计人员的大力支持，使年鉴出版工作得以顺利完成。在此，一并表示衷心的感谢，并恳请各界人士和读者对年鉴的不足之处批评指正，以便我们进一步提高统计年鉴编辑水平。

《盐城统计年鉴》编辑部

二〇一四年八月

目　　录

统计图

特载

一、综合

二、国民经济核算

三、人口、就业和职工工资

四、人民生活

五、价格指数

六、固定资产投资

七、财政金融

八、对外经济贸易

九、农业

十、工业

十一、建筑业

十二、运输和邮电业

十三、国内贸易

十四、科技、教育、文化、卫生和体育事业

统计图

YANCHENG 2014
STATISTICAL YEARBOOK

地区生产总值（亿元）

地区生产总值构成

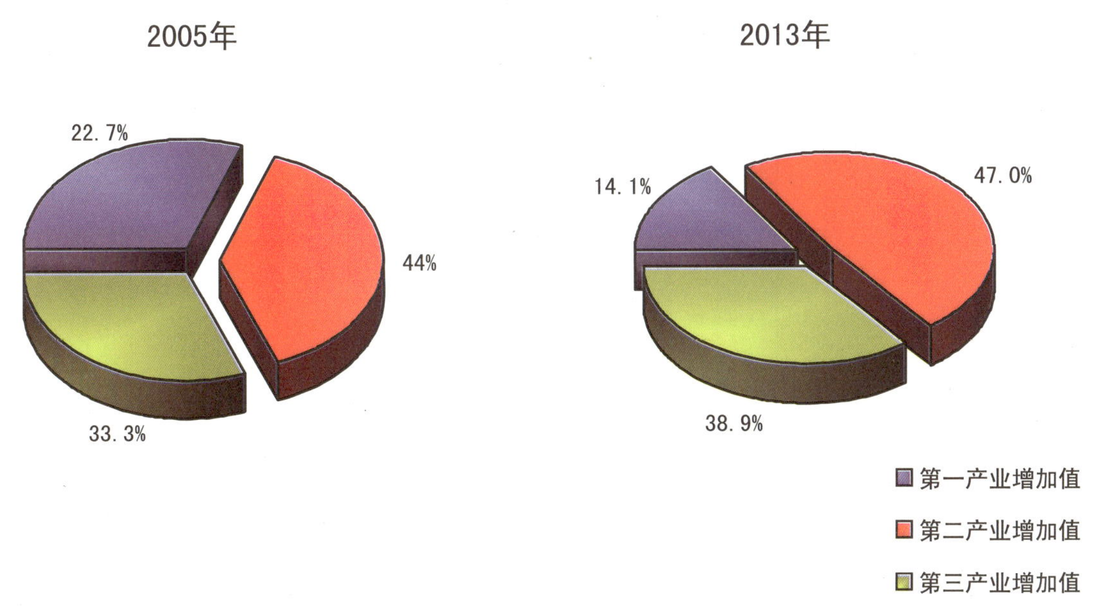

人均地区生产总值（元）

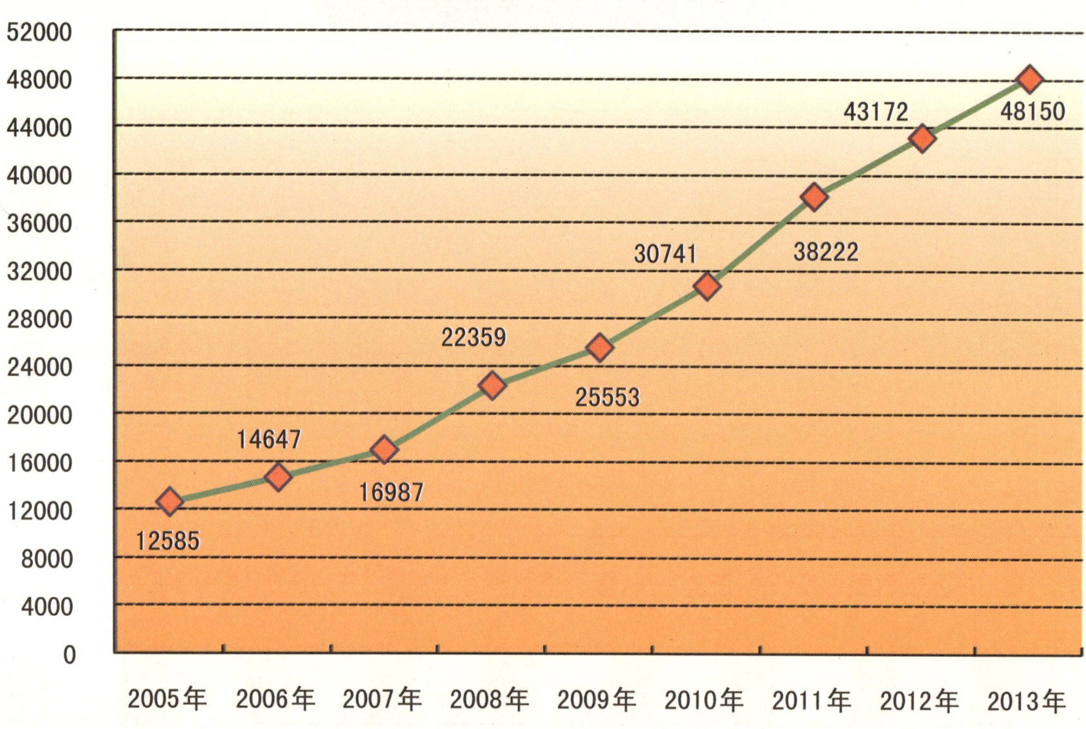

城乡人口（万人）

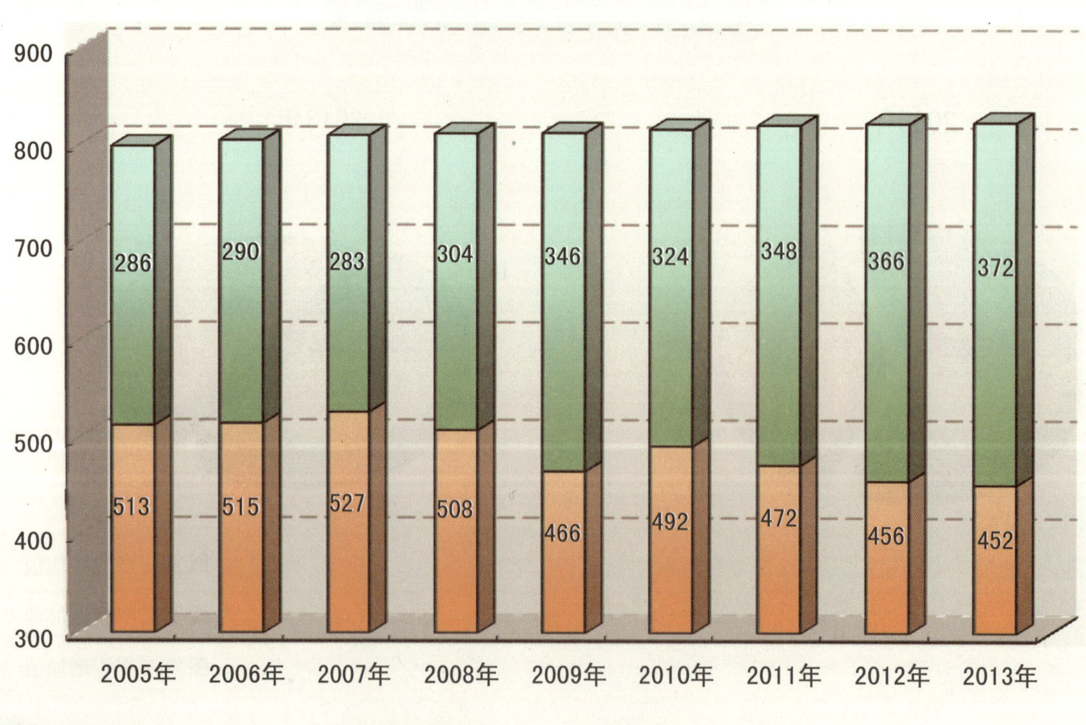

□农业人口 □城镇人口

固定资产投资完成额（亿元）

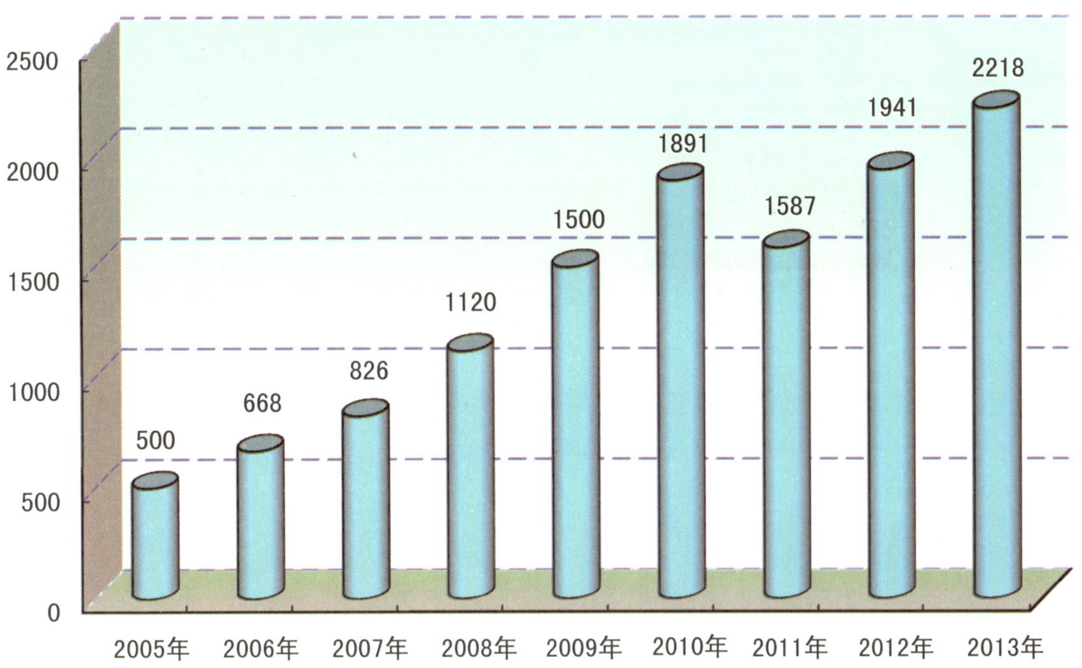

农林牧渔业总产值（亿元）

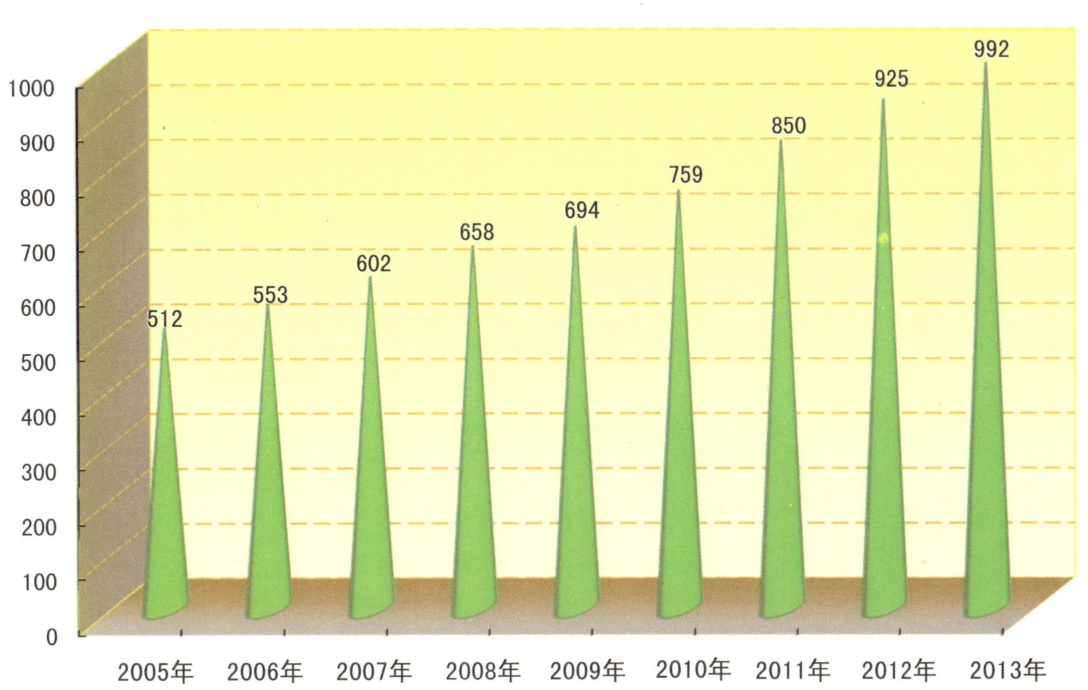

规模以上工业总产值（亿元）

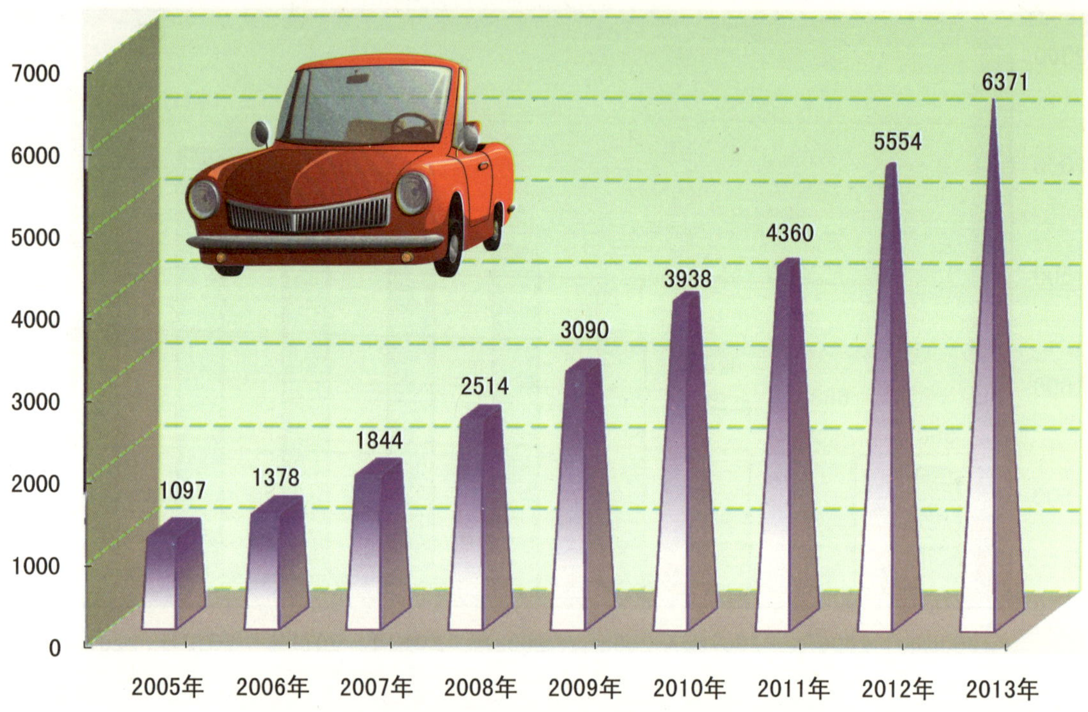

建筑企业总产值（亿元）

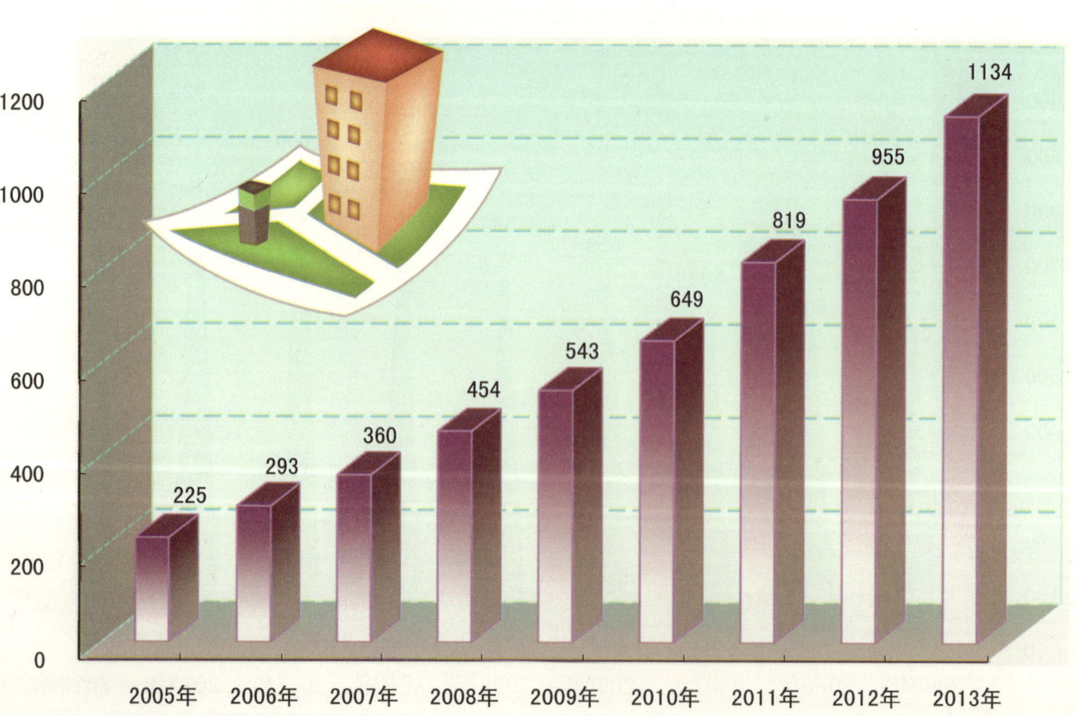

城乡居民收入（元）

在岗职工平均工资（元）

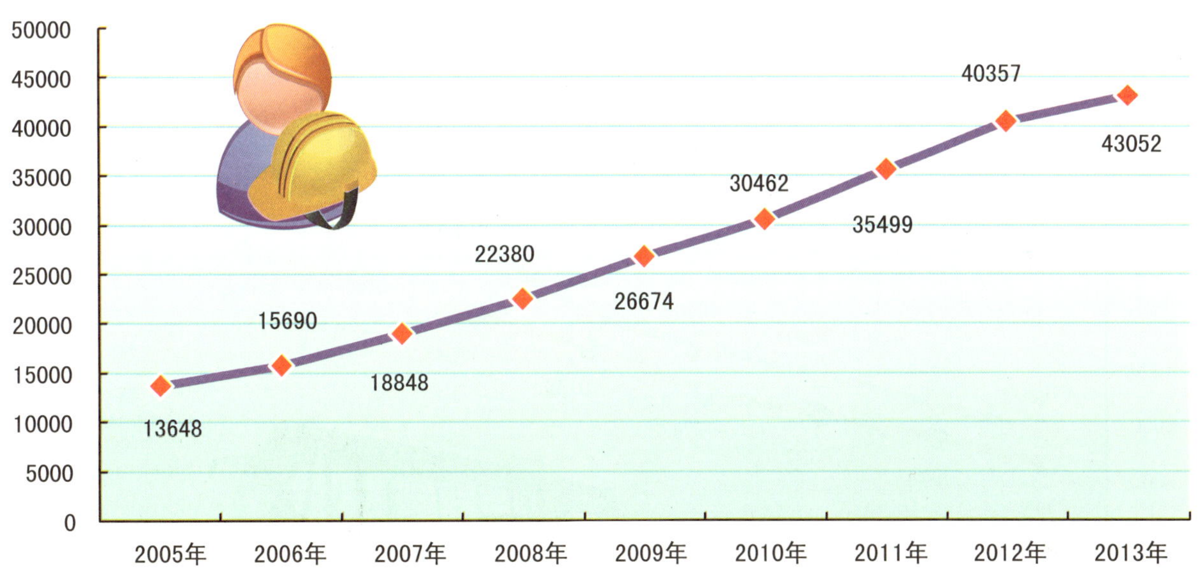

竣工面积（万平方米）

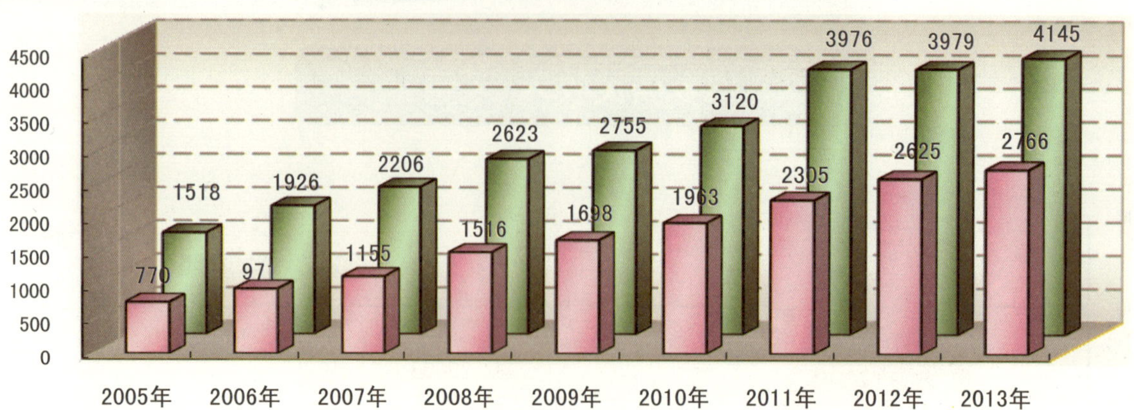

全社会用电量（亿千瓦时）

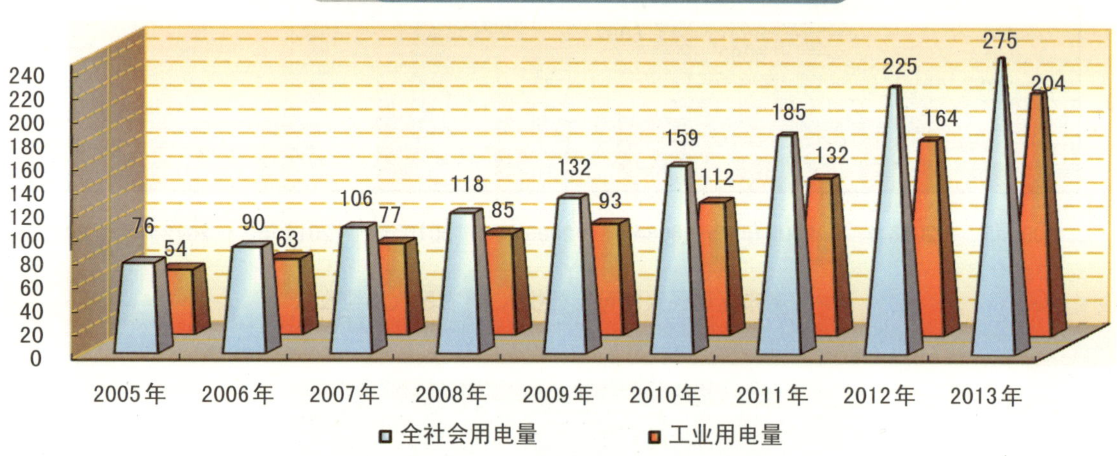

全社会客货运量（万人/万吨）

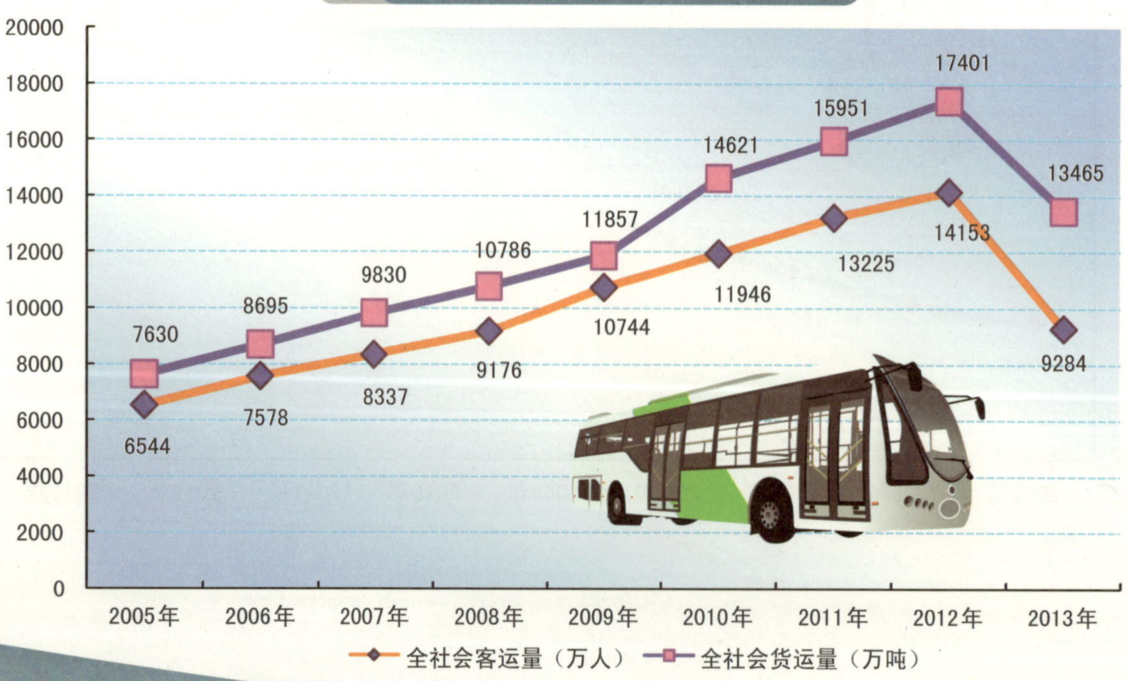

邮电业务总量（亿元）

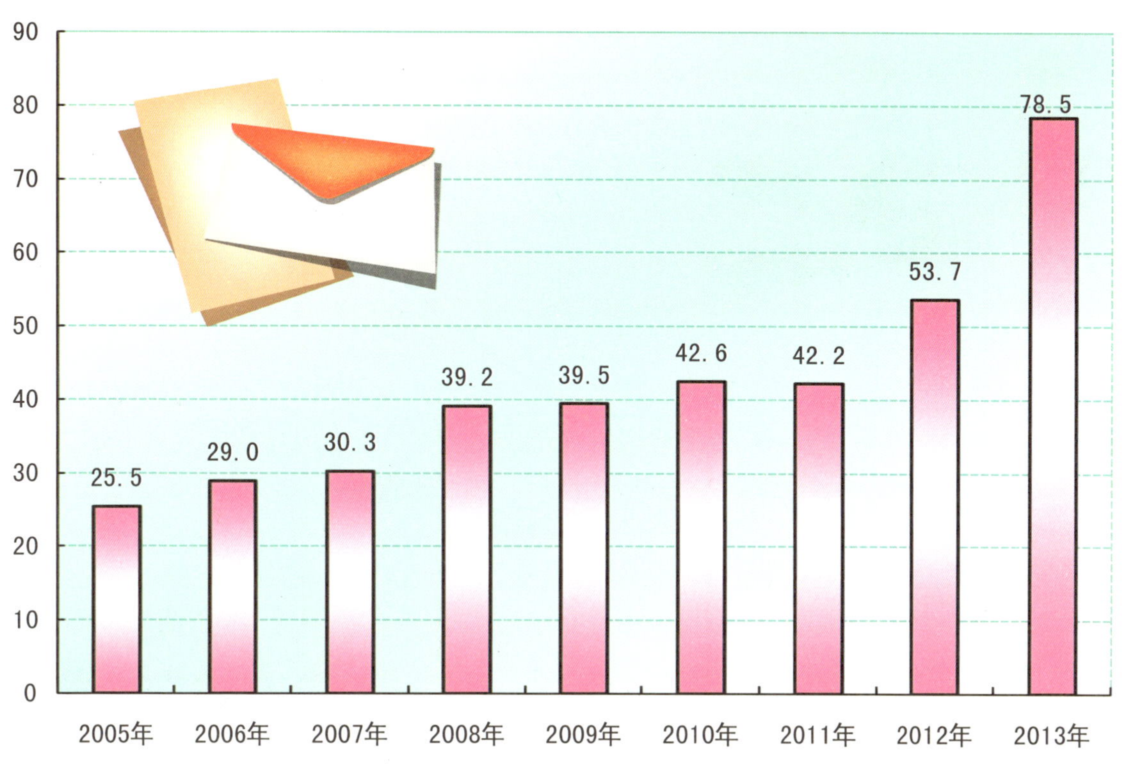

社会消费品零售总额（亿元）

进出口总额（万美元）

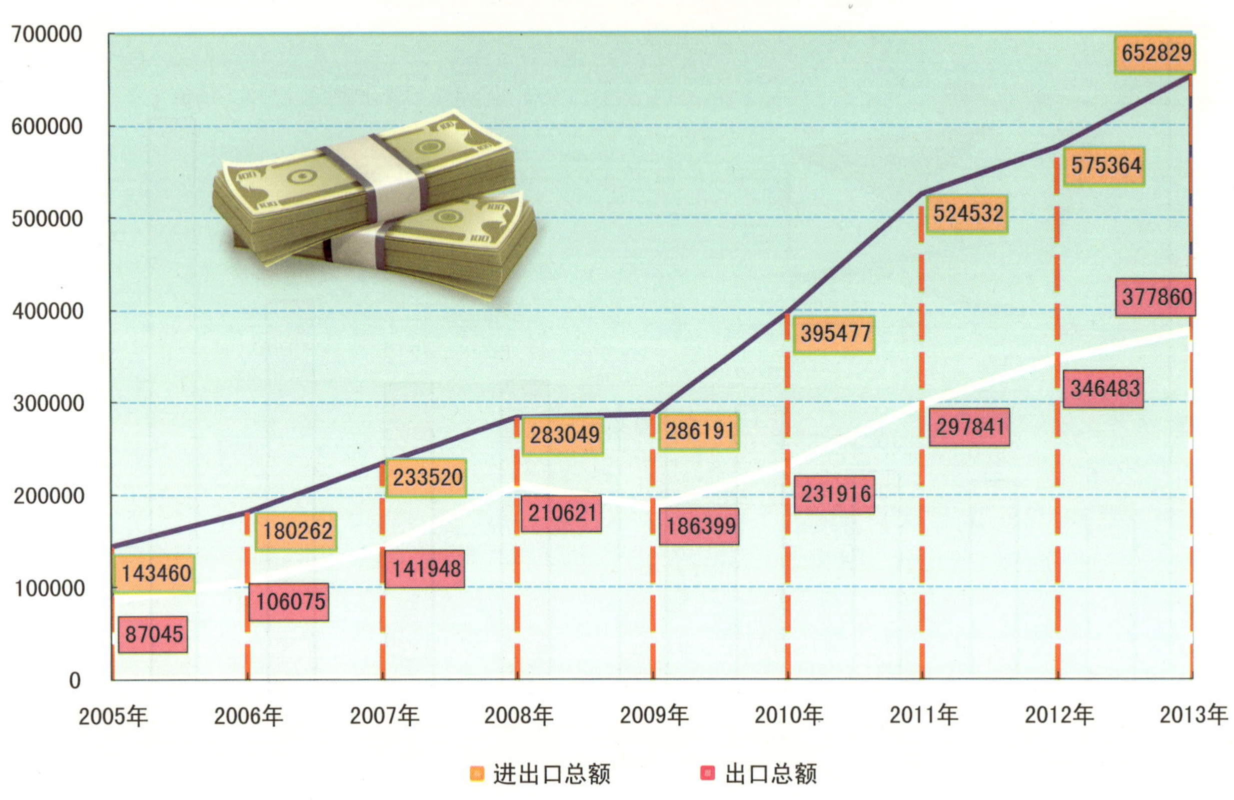

接待境外旅游者（万人）

财政收支（亿元）

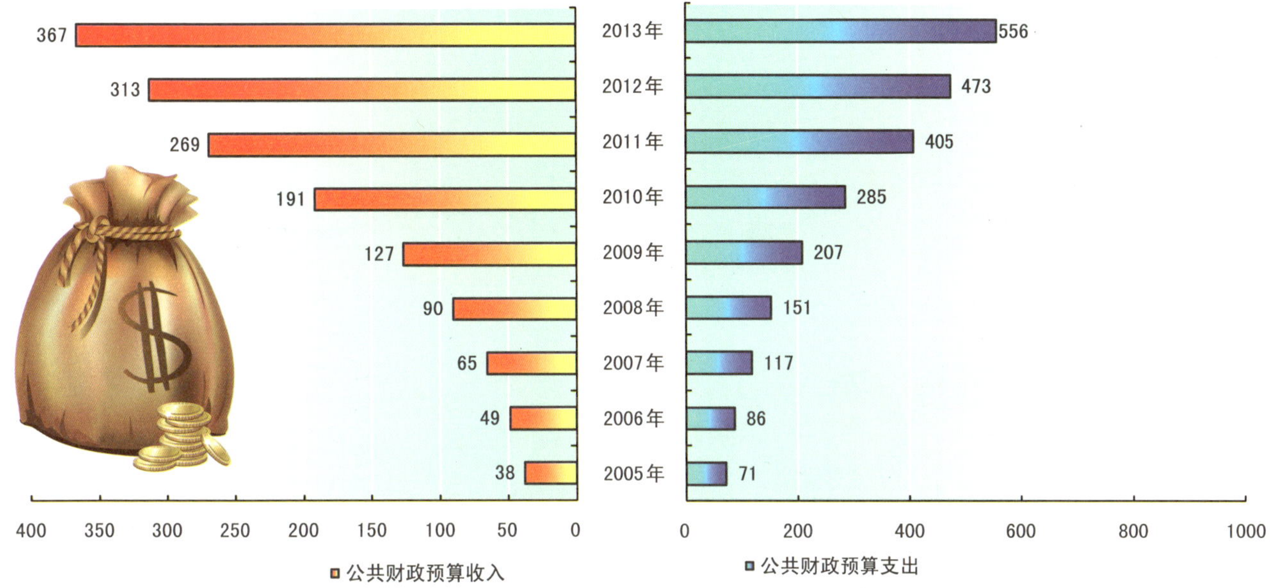

金融机构存贷款余额（亿元）

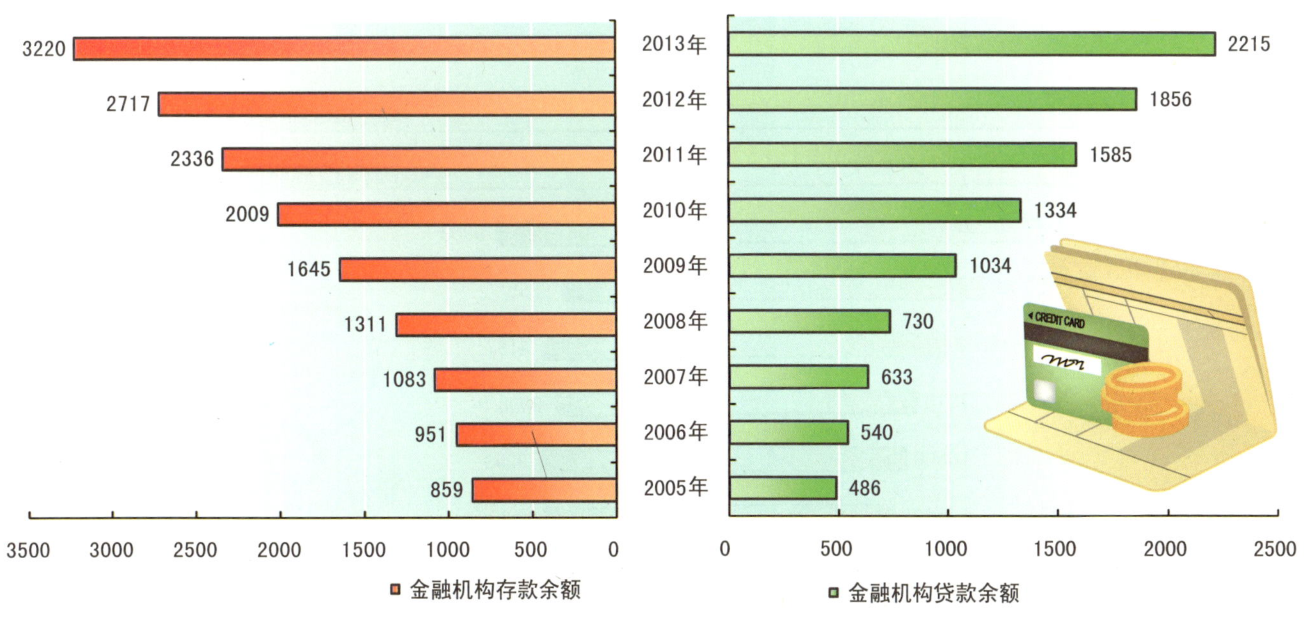

在校学校人数（万人）

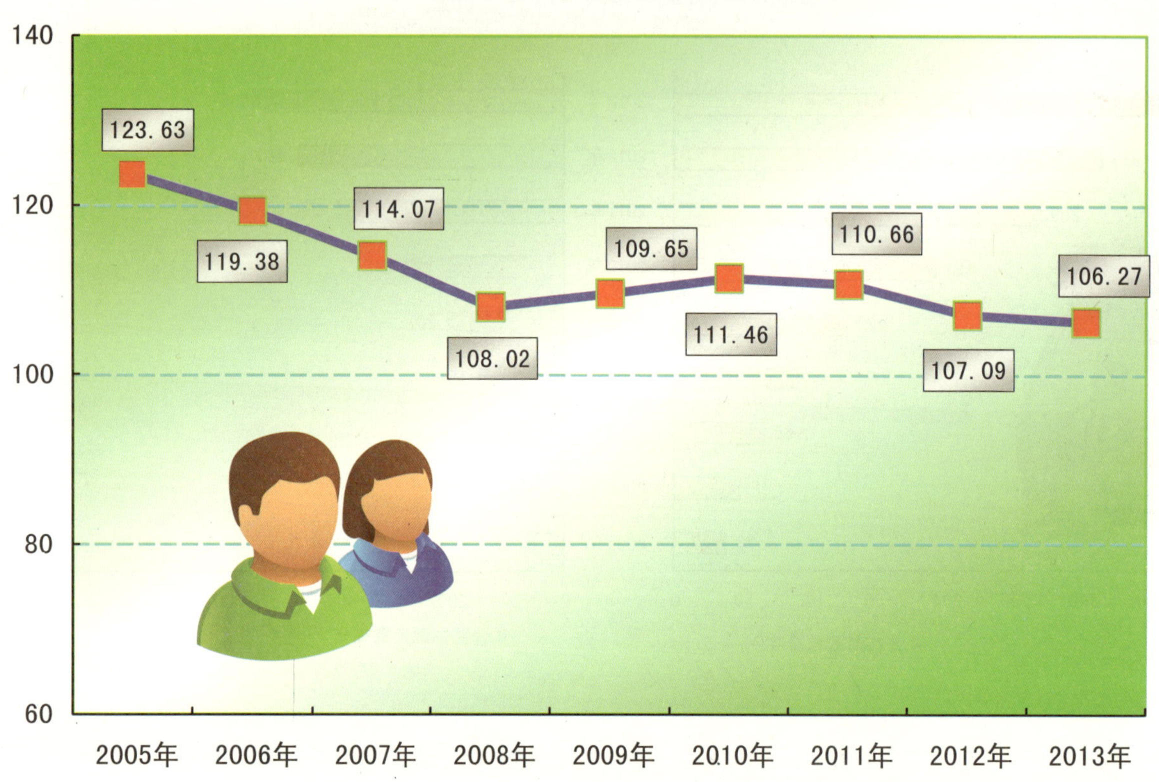

全社会卫生机构床位数和医生人数

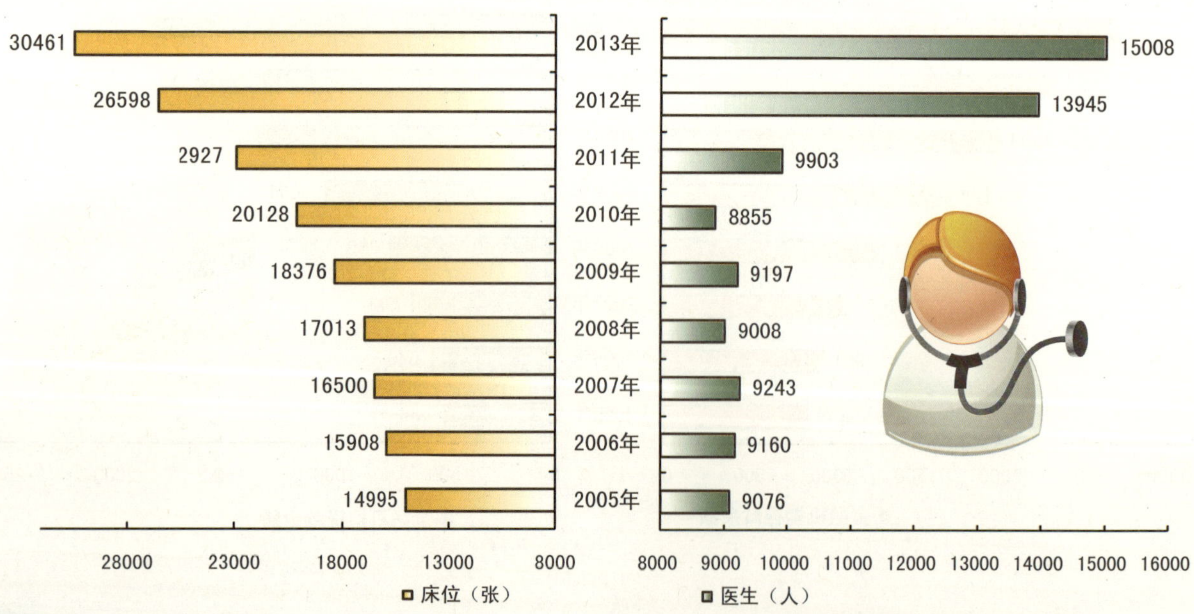

特　载

Special Records

中华人民共和国
2013年国民经济和社会发展统计公报[1]

中华人民共和国国家统计局

2014年2月24日

2013年，面对错综复杂的国内外形势，党中央、国务院团结带领全国各族人民深入贯彻落实党的十八大精神，坚持稳中求进工作总基调，坚持宏观政策要稳、微观政策要活、社会政策要托底的思路，统筹稳增长、调结构、促改革，探索创新宏观调控方式，经济社会发展稳中有进、稳中向好，实现了良好开局。

一、综合

年末全国大陆总人口为136072万人，比上年末增加668万人，其中城镇常住人口为73111万人，占总人口比重为53.73%，比上年末提高1.16个百分点。全年出生人口1640万人，出生率为12.08‰；死亡人口972万人，死亡率为7.16‰；自然增长率为4.92‰。全国人户分离的人口[2]为2.89亿人，其中流动人口[3]为2.45亿人。

表1 2013年年末人口数及其构成

单位：万人

指 标	年末数	比重%
全国总人口	136072	100.0
其中：城镇	73111	53.73
乡村	62961	46.27
其中：男性	69728	51.2
女性	66344	48.8
其中：0-15岁[4]（含不满16周岁）	23875	17.5
16-59岁（含不满60周岁）	91954	67.6
60周岁及以上	20243	14.9
其中：65周岁及以上	13161	9.7

国民经济平稳较快增长。初步核算，全年国内生产总值[5]568845亿元，比上年增长7.7%。其中，第一产业增加值56957亿元，增长4.0%；第二产业增加值249684亿元，增长7.8%；第三产业增加值262204亿元，增长8.3%。第一产业增加值占国内生产总值的比重为10.0%，第二产业增加值比重为43.9%，第三产业增加值比重为46.1%，第三产业增加值占比首次超过第二产业。

图1 2009-2013年国内生产总值及其增长速度

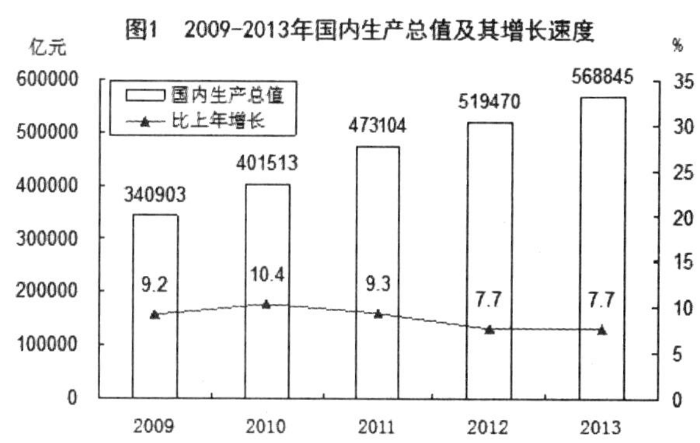

就业持续增加。年末全国就业人员76977万人，其中城镇就业人员38240万人。全年城镇新增就业1310万人。年末城镇登记失业率为4.05%，略低于上年末的4.09%。全国农民工[6]总量为26894万人，比上年增长2.4%。其中，外出农民工16610万人，增长1.7%；本地农民工10284万人，增长3.6%。

图2 2009-2013年城镇新增就业人数

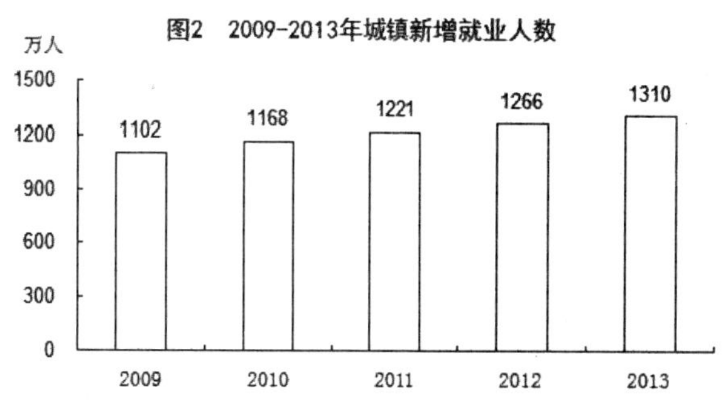

劳动生产率稳步提高。全年国内生产总值与全部就业人员的比率为66199元/人（以2010年不变价格计算），比上年提高7.3%。

图3 2009-2013年国内生产总值与全部就业人员比率（2010年不变价格）

居民消费价格基本稳定。全年居民消费价格比上年上涨2.6%，其中食品价格上涨4.7%。固定资产投资价格上涨0.3%。工业生产者出厂价格下降1.9%。工业生产者购进价格下降2.0%。农产品生产者价格[7]上涨3.2%。

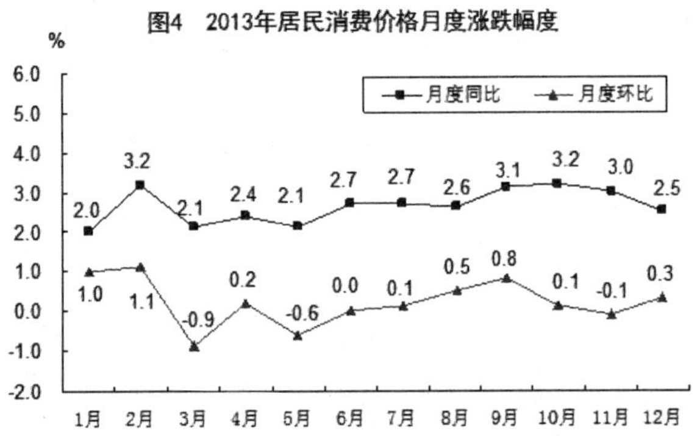

图4 2013年居民消费价格月度涨跌幅度

表2 2013年居民消费价格比上年涨跌幅度

单位：%

指 标	全国	城市	农村
居民消费价格	2.6	2.6	2.8
其中：食 品	4.7	4.6	4.9
烟酒及用品	0.3	0.1	0.8
衣 着	2.3	2.2	2.5
家庭设备用品及维修服务	1.5	1.5	1.3
医疗保健和个人用品	1.3	1.2	1.8
交通和通信	-0.4	-0.5	0.1
娱乐教育文化用品及服务	1.8	1.7	1.8
居 住	2.8	3.0	2.3

70个大中城市新建商品住宅销售价格月环比上涨的城市个数年末为65个。

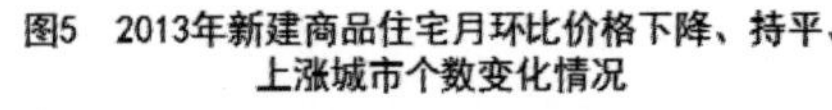
图5 2013年新建商品住宅月环比价格下降、持平、上涨城市个数变化情况

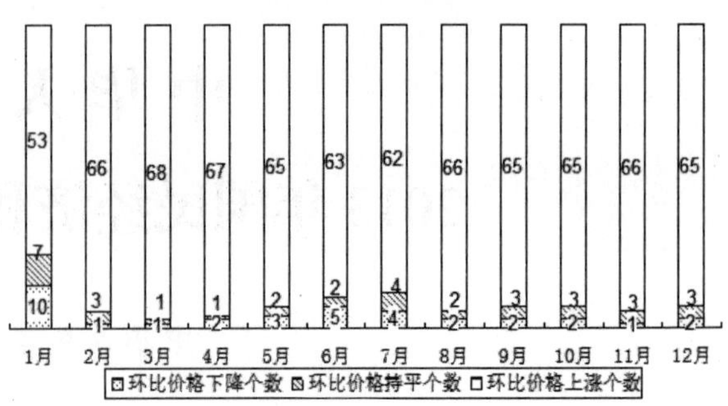

财政收入稳定增长。全年全国公共财政收入[8]129143亿元，比上年增加11889亿元，增长10.1%；其中税收收入110497亿元，增加9883亿元，增长9.8%。

图6 2009-2013年公共财政收入[9]

外汇储备继续增加。年末国家外汇储备38213亿美元，比上年末增加5097亿美元。年末人民币汇率为1美元兑6.0969元人民币，比上年末升值3.1%。

图7 2009-2013年年末国家外汇储备

二、农业

全年粮食种植面积11195万公顷，比上年增加75万公顷；棉花种植面积435万公顷，减少34万公顷；油料种植面积1408万公顷，增加15万公顷；糖料种植面积199万公顷，减少4万公顷。

粮食再获丰收。全年粮食产量60194万吨，比上年增加1236万吨，增产2.1%。其中，夏粮产量13189万吨，增产1.5%；早稻产量

3407万吨，增产2.4%；秋粮产量43597万吨，增产2.3%。其中，主要粮食品种中，稻谷产量20329万吨，减产0.5%；小麦产量12172万吨，增产0.6%；玉米产量21773万吨，增产5.9%。

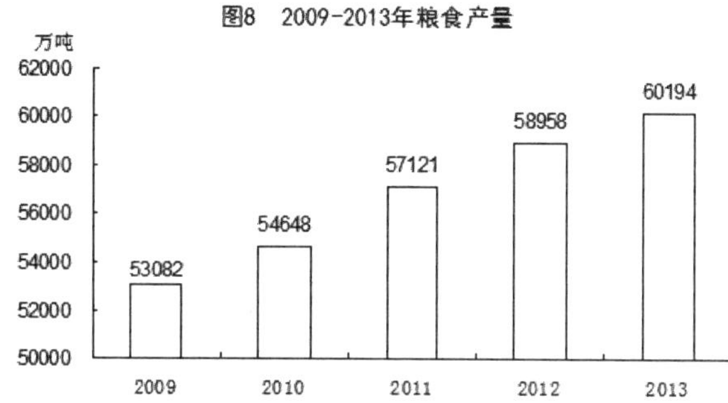

图8　2009-2013年粮食产量

全年棉花产量631万吨，比上年减产7.7%。油料产量3531万吨，增产2.8%。糖料产量13759万吨，增产2.0%。茶叶产量193万吨，增产7.9%。

全年肉类总产量8536万吨，比上年增长1.8%。其中，猪肉产量5493万吨，增长2.8%；牛肉产量673万吨，增长1.7%；羊肉产量408万吨，增长1.8%；禽肉产量1798万吨，下降1.3%。年末生猪存栏47411万头，下降0.4%；生猪出栏71557万头，增长2.5%。禽蛋产量2876万吨，增长0.5%。牛奶产量3531万吨，下降5.7%。

全年水产品产量6172万吨，比上年增长4.5%。其中，养殖水产品产量4547万吨，增长6.0%；捕捞水产品产量1625万吨，增长3.5%。

全年木材产量8367万立方米，比上年增长2.3%。

全年新增有效灌溉面积129万公顷，新增节水灌溉面积211万公顷。

三、工业和建筑业

工业生产稳定增长。全年全部工业增加值210689亿元，比上年增长7.6%。规模以上工业增加值增长9.7%。在规模以上工业中，分经济类型看，国有及国有控股企业增长6.9%；集体企业增长4.3%，股份制企业增长11.0%，外商及港澳台商投资企业增长8.3%；私营企业增长12.4%。分门类看，采矿业[10]增长6.4%，制造业增长10.5%，电力、热力、燃气及水生产和供应业增长6.8%。

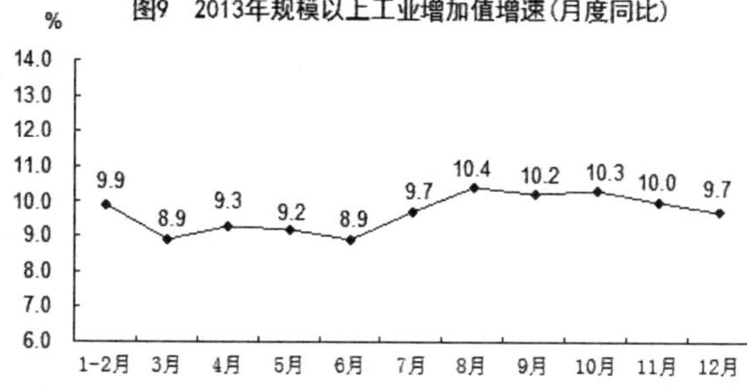

图9　2013年规模以上工业增加值增速（月度同比）

全年规模以上工业中，农副食品加工业增加值比上年增长9.4%，纺织业增长8.7%，通用设备制造业增长9.2%，专用设备制造业增长8.5%，汽车制造业增长14.9%，计算机、通信和其他电子设备制造业增长11.3%，电气机械和器材制造业增长10.9%。六大高耗能行业[11]增加值比上年增长10.1%，其中，非金属矿物制品业增长11.5%，化学原料和化学制品制造业增长12.1%，有色金属冶炼和压延加工业增长14.6%，黑色金属冶炼和压延加工业增长9.9%，电力、热力生产和供应业增长6.2%，石油加工、炼焦和核燃料加工业增长6.1%。高技术制造业增加值比上年增长11.8%。

表3　2013年主要工业产品产量及其增长速度

产品名称	单位	产量	比上年增长%
纱	万吨	3200.0	7.2
布	亿米	882.7	4.0
化学纤维	万吨	4121.9	7.4
成品糖	万吨	1589.7	12.8
卷　烟	亿支	25604.0	1.8
彩色电视机	万台	12776.1	-0.4
其中：液晶电视机	万台	12290.3	4.5
家用电冰箱	万台	9261.0	9.9
房间空气调节器	万台	13057.2	5.3
一次能源生产总量	亿吨标准煤	34.0	2.4
原　煤	亿吨	36.8	0.8
原　油	亿吨	2.09	1.8
天然气[12]	亿立方米	1170.5	9.4
发电量	亿千瓦小时	53975.9	7.5
其中：火电	亿千瓦小时	42358.7	7.0
水电	亿千瓦小时	9116.4	5.6
核电	亿千瓦小时	1106.3	13.6
粗　钢	万吨	77904.1	7.6
钢　材[13]	万吨	106762.2	11.7
十种有色金属	万吨	4054.9	9.7
其中：精炼铜（电解铜）	万吨	649.0	12.7
原铝（电解铝）	万吨	2205.9	9.2
氧化铝	万吨	4437.2	17.7
水　泥	亿吨	24.2	9.3
硫　酸（折100%）	万吨	8122.6	3.1
纯　碱	万吨	2434.9	1.6
烧　碱（折100%）	万吨	2859.0	6.0
乙　烯	万吨	1622.6	9.1
化　肥（折100%）	万吨	7037.0	3.0

产品名称	单位	产量	比上年增长%
发电机组(发电设备)	万千瓦	12572.8	-3.3
汽　车	万辆	2211.7	14.7
其中:基本型乘用车(轿车)	万辆	1210.4	12.4
大中型拖拉机	万台	58.7	11.4
集成电路	亿块	866.5	11.2
程控交换机	万线	3115.7	10.1
移动通信手持机	万台	145561.0	23.2
微型计算机设备	万台	33661.0	5.8

年末全国发电装机容量124738万千瓦，比上年末增长9.3%。其中,火电装机容量86238万千瓦,增长5.7%;水电装机容量28002万千瓦,增长12.3%;核电装机容量1461万千瓦,增长16.2%;并网风电装机容量7548万千瓦,增长24.5%;并网太阳能发电装机容量1479万千瓦,增长3.4倍。

全年规模以上工业企业实现利润62831亿元，比上年增长12.2%,其中国有及国有控股企业15194亿元,增长6.4%;集体企业825亿元,增长2.1%,股份制企业37285亿元,增长11.0%,外商及港澳台商投资企业14599亿元,增长15.5%;私营企业20876亿元,增长14.8%。

全年全社会建筑业增加值38995亿元,比上年增长9.5%。全国具有资质等级的总承包和专业承包建筑业企业实现利润5575亿元,增长16.7%,其中国有及国有控股企业1363亿元,增长20.1%。

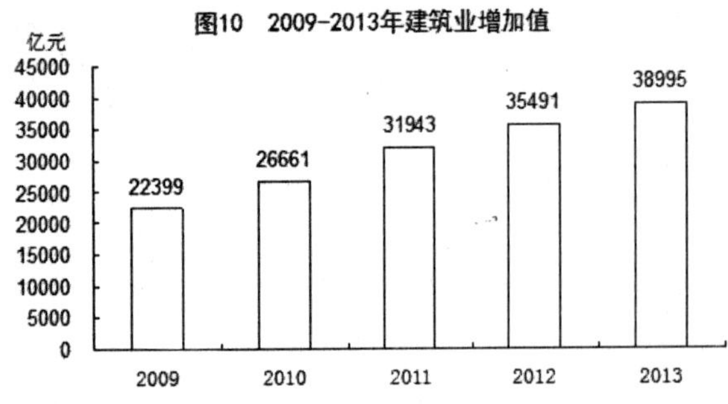

四、固定资产投资

固定资产投资较快增长。全年全社会固定资产投资447074亿元,比上年增长19.3%,扣除价格因素,实际增长18.9%。其中,固定资产投资(不含农户)436528亿元,增长19.6%;农户投资10547亿元,增长7.2%。东部地区投资[14]179092亿元,比上年增长17.9%;中部地区投资105894亿元,增长22.2%;西部地区投资109228亿元,增长22.8%;东北地区投资47367亿元,增长18.4%。

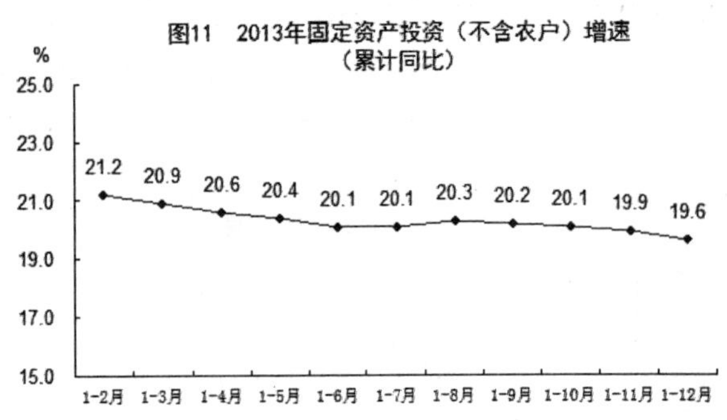

表4 2013年分行业固定资产投资(不含农户)及其增长速度

单位:亿元

行　　业	投资额	比上年增长%
总　计	436528	19.6
农、林、牧、渔业	11611	32.4
采矿业	14750	10.9
制造业	147370	18.5
电力、热力、燃气及水生产和供应业	19744	18.4
建筑业	3737	1.4
批发和零售业	12695	30.0
交通运输、仓储和邮政业	36194	17.2
住宿和餐饮业	6001	17.5
信息传输、软件和信息技术服务业	3216	19.5
金融业	1250	35.3
房地产业[15]	111424	20.3
租赁和商务服务业	5922	26.1
科学研究和技术服务业	3149	27.2
水利、环境和公共设施管理业	37598	26.9
居民服务、修理和其他服务业	2037	20.8
教育	5486	19.1
卫生和社会工作	3184	21.7
文化、体育和娱乐业	5251	23.0
公共管理、社会保障和社会组织	5908	-2.3

在固定资产投资(不含农户)中,第一产业[16]投资9241亿元,比上年增长32.5%;第二产业投资184804亿元,增长17.4%;第三产业投资242482亿元,增长21.0%。

表5 2013年固定资产投资新增主要生产能力

指　　标	单　位	绝对数
新增220千伏及以上变电设备	万千伏安	19631
新建铁路投产里程	公里	5586
其中:高速铁路[17]	公里	1672
增建铁路复线投产里程	公里	4180

指 标	单 位	绝对数
电气化铁路投产里程	公里	4810
新建公路里程	公里	70274
其中:高速公路	公里	8260
港口万吨级码头泊位新增吞吐能力	万吨	33119
新增光缆线路长度	万公里	266

全年房地产开发投资86013亿元,比上年增长19.8%。其中,住宅投资58951亿元,增长19.4%;办公楼投资4652亿元,增长38.2%;商业营业用房投资11945亿元,增长28.3%。

全年新开工建设城镇保障性安居工程住房666万套(户),基本建成城镇保障性安居工程住房544万套。

表6 2013年房地产开发和销售主要指标完成情况及其增长速度

指 标	单 位	绝对数	比上年增长%
投资额	亿元	86013	19.8
其中:住宅	亿元	58951	19.4
其中:90平方米及以下	亿元	19446	15.8
房屋施工面积	万平方米	665572	16.1
其中:住宅	万平方米	486347	13.4
房屋新开工面积	万平方米	201208	13.5
其中:住宅	万平方米	145845	11.6
房屋竣工面积	万平方米	101435	2.0
其中:住宅	万平方米	78741	-0.4
商品房销售面积	万平方米	130551	17.3
其中:住宅	万平方米	115723	17.5
本年到位资金	亿元	122122	26.5
其中:国内贷款	亿元	19673	33.1
其中:个人按揭贷款	亿元	14033	33.3

五、国内贸易

市场销售平稳较快增长。全年社会消费品零售总额237810亿元,比上年增长13.1%,扣除价格因素,实际增长11.5%。按经营地统计,城镇消费品零售额205858亿元,增长12.9%;乡村消费品零售额31952亿元,增长14.6%。按消费形态统计,商品零售额212241亿元,增长13.6%;餐饮收入额25569亿元,增长9.0%。

图12 2013年社会消费品零售总额增速(月度同比)

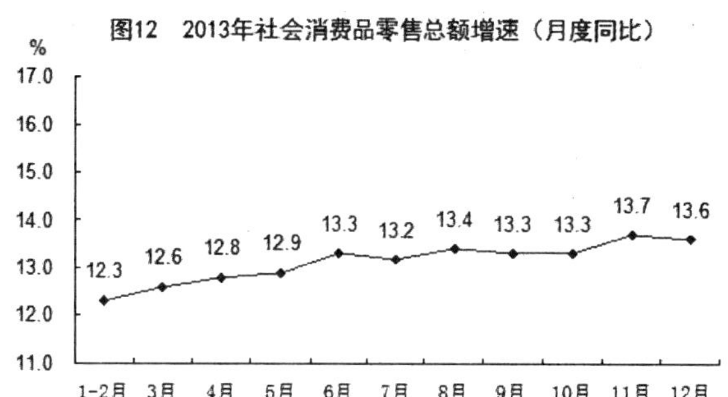

在限额以上企业商品零售额中,粮油、食品、饮料、烟酒类零售额比上年增长13.9%,服装、鞋帽、针纺织品类增长11.6%,化妆品类增长13.3%,金银珠宝类增长25.8%,日用品类增长14.1%,家用电器和音像器材类增长14.5%,中西药品类增长17.7%,文化办公用品类增长11.8%,家具类增长21.0%,通讯器材类增长20.4%,石油及制品类增长9.9%,汽车类增长10.4%,建筑及装潢材料类增长22.1%。

六、对外经济

进出口稳中有升。全年货物进出口总额258267亿元人民币,以美元计价为41600亿美元,比上年增长7.6%。其中,出口137170亿元人民币,以美元计价为22096亿美元,增长7.9%;进口121097亿元人民币,以美元计价为19504亿美元,增长7.3%。进出口差额(出口减进口)16072亿元人民币,比上年增加1514亿元人民币,以美元计价为2592亿美元,增加289亿美元。

图13 2009-2013年货物进出口总额

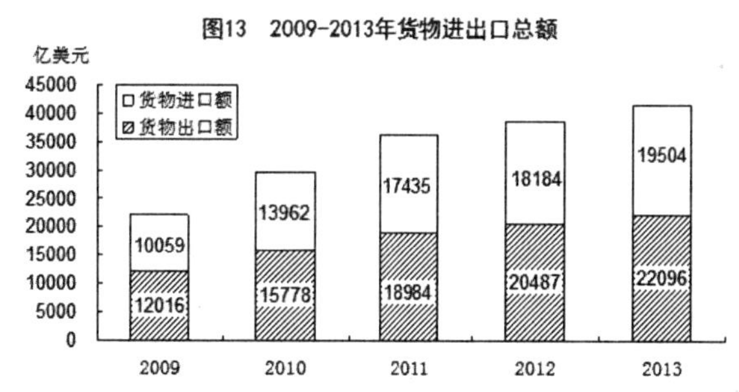

表7 2013年货物进出口总额及其增长速度

单位:亿美元

指 标	绝对数	比上年增长%
货物进出口总额	41600	7.6
货物出口额	22096	7.9
其中:一般贸易	10875	10.1
加工贸易	8605	-0.3
其中:机电产品	12652	7.3

指　　标	绝对数	比上年增长%
高新技术产品	6603	9.8
货物进口额	19504	7.3
其中:一般贸易	11099	8.6
加工贸易	4970	3.3
其中:机电产品	8400	7.3
高新技术产品	5582	10.1
进出口差额(出口减进口)	2592	-

表8　2013年主要商品出口数量、金额及其增长速度

商品名称	单位	数量	比上年增长%	金额(亿美元)	比上年增长%
煤(包括褐煤)	万吨	751	-19.1	11	-33.1
钢材	万吨	6234	11.9	532	3.4
纺织纱线、织物及制品	--	-	-	1069	11.7
服装及衣着附件	--	-	-	1770	11.3
鞋类	--	-	-	508	8.4
家具及其零件	--	-	-	518	6.2
自动数据处理设备及其部件	万台	187050	2.0	1822	-1.7
手持或车载无线电话	万台	118582	16.9	951	17.3
集装箱	万个	270	8.8	79	-6.4
液晶显示板	万个	326577	3.1	359	-1.0
汽车(包括整套散件)	万辆	92	-6.7	120	-5.3

表9　2013年主要商品进口数量、金额及其增长速度

商品名称	数量(万吨)	比上年增长%	金额(亿美元)	比上年增长%
谷物及谷物粉	1458	4.3	51	6.6
大豆	6338	8.6	380	8.6
食用植物油	810	-4.2	81	-16.7
铁矿砂及其精矿	81931	10.2	1059	10.4
氧化铝	383	-23.7	14	-22.7
煤(包括褐煤)	32708	13.4	290	1.1
原油	28192	4.0	2196	-0.5
成品油	3959	-0.6	320	-3.2
初级形状的塑料	2462	3.9	491	6.3
纸浆	1685	2.4	114	3.7
钢材	1408	3.1	170	-4.3
未锻造的铜及铜材	453	-2.5	353	-8.5

表10　2013年对主要国家和地区货物进出口额及其增长速度

单位:亿美元

国家和地区	出口额	比上年增长%	进口额	比上年增长%
欧盟	3390	1.1	2200	3.7
美国	3684	4.7	1525	14.8
东盟	2441	19.5	1996	1.9
中国香港	3848	19.0	162	-9.3
日本	1503	-0.9	1623	-8.7
韩国	912	4.0	1831	8.5
中国台湾	406	10.5	1566	18.5
俄罗斯	496	12.6	396	-10.2
印度	484	1.6	170	-9.6

全年服务进出口(按国际收支口径统计,不含政府服务,下同)总额5396亿美元,比上年增长14.7%。其中,服务出口2106亿美元,增长10.6%;服务进口3291亿美元,增长17.5%。服务进出口逆差1185亿美元。

全年非金融领域新批外商直接投资企业22773家,比上年下降8.6%。实际使用外商直接投资金额1176亿美元,增长5.3%。

表11　2013年非金融领域外商直接投资及其增长速度

行　　业	企业数(家)	比上年增长%	实际使用金额(亿美元)	比上年增长%
总　计	22773	-8.6	1175.9	5.3
其中:农、林、牧、渔业	757	-14.2	18.0	-12.7
制造业	6504	-27.5	455.5	-6.8
电力、燃气及水的生产和供应业	200	7.0	24.3	48.2
交通运输、仓储和邮政业	401	1.0	42.2	21.4
信息传输、计算机服务和软件业	796	-14.0	28.8	-14.2
批发和零售业	7349	4.6	115.1	21.7
房地产业	530	12.3	288.0	19.4
租赁和商务服务业	3359	4.0	103.6	26.2
居民服务和其他服务业	166	-13.5	6.6	-43.6

全年非金融领域对外直接投资额902亿美元,比上年增长16.8%。

全年对外承包工程业务完成营业额1371亿美元,比上年增长17.6%;对外劳务合作派出各类劳务人员52.7万人,增长2.9%。

七、交通、邮电和旅游

交通运输平稳较快增长。全年货物运输总量451亿吨,比上年

增长 9.9%。货物运输周转量 186478 亿吨公里，增长 7.3%。全年规模以上港口完成货物吞吐量 106.1 亿吨，比上年增长 8.5%，其中外贸货物吞吐量 33.1 亿吨，增长 9.2%。规模以上港口集装箱吞吐量 18878 万标准箱，增长 6.7%。

表 12 2013 年各种运输方式完成货物运输量及其增长速度

指 标	单 位	绝对数	比上年增长%
货物运输总量	亿 吨	450.6	9.9
铁路	亿 吨	39.7	1.6
公路	亿 吨	355.0	11.3
水运	亿 吨	49.3	7.5
民航	万 吨	557.6	2.3
管道[18]	亿 吨	6.6	6.3
货物运输周转量	亿吨公里	186478.4	7.3
铁路	亿吨公里	29173.9	0.0
公路	亿吨公里	67114.5	12.7
水运	亿吨公里	86520.6	5.9
民航	亿吨公里	168.6	2.9
管道	亿吨公里	3500.9	9.0

全年旅客运输总量 402 亿人次，比上年增长 5.6%。旅客运输周转量 36036 亿人公里，增长 7.9%。

表 13 2013 年各种运输方式完成旅客运输量及其增长速度

指 标	单 位	绝对数	比上年增长%
旅客运输总量	亿人次	401.9	5.6
铁路	亿人次	21.1	10.8
公路	亿人次	374.7	5.3
水运	亿人次	2.6	1.8
民航	亿人次	3.5	10.9
旅客运输周转量	亿人公里	36036.0	7.9
铁路	亿人公里	10595.6	8.0
公路	亿人公里	19705.6	6.7
水运	亿人公里	76.3	-1.6
民航	亿人公里	5658.5	12.6

年末全国民用汽车保有量达到 13741 万辆(包括三轮汽车和低速货车 1058 万辆)，比上年末增长 13.7%，其中私人汽车保有量 10892 万辆，增长 17.0%。民用轿车保有量 7126 万辆，增长 19.0%，其中私人轿车 6410 万辆，增长 20.8%。

全年完成邮电业务总量[19]16679 亿元，比上年增长 11.1%。其中，邮政业务总量 2725 亿元，增长 33.8%；电信业务总量 13954 亿元，增长 7.5%。邮政业全年完成邮政函件业务 63.20 亿件，包裹业务 0.69 亿件，快递业务量 91.9 亿件；快递业务收入 1442 亿元。电信业全年局用交换机容量减少 2697 万门，总容量 41052 万门；新增移动电话交换机容量[20]12522 万户，达到 196545 万户。年末固定电话用户 26699 万户。新增移动电话用户 11696 万户，年末达到 122911 万户，其中 3G 移动电话用户[21]40161 万户。电话普及率达到 110.5 部/百人。互联网上网人数 6.18 亿人，其中手机上网人数[22]5.0 亿人。互联网普及率达到 45.8%。

图14 2009-2013年年末电话用户数

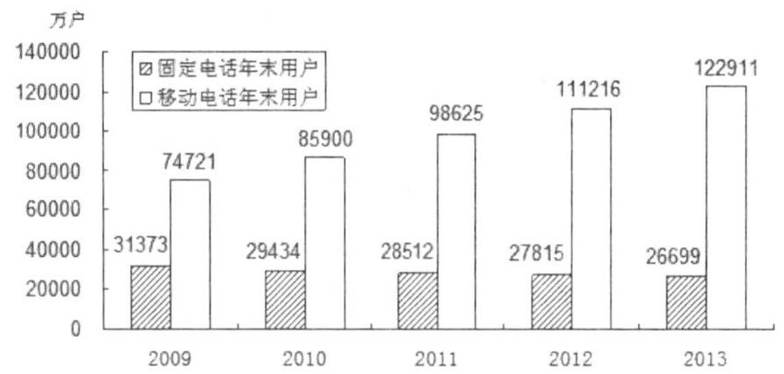

全年国内游客[23]32.6 亿人次，比上年增长 10.3%；国内旅游收入 26276 亿元，增长 15.7%。入境游客 12908 万人次，下降 2.5%。其中，外国人 2629 万人次，下降 3.3%；香港、澳门和台湾同胞 10279 万人次，下降 2.3%。在入境游客中，过夜游客 5569 万人次，下降 3.5%。国际旅游外汇收入 517 亿美元，增长 3.3%。国内居民出境 9819 万人次，增长 18.0%。其中因私出境 9197 万人次，增长 19.3%。

八、金融

金融市场运行总体平稳。年末广义货币供应量（M2）余额为 110.7 万亿元，比上年末增长 13.6%；狭义货币供应量(M1)余额为 33.7 万亿元，增长 9.3%；流通中现金(M0)余额为 5.9 万亿元，增长 7.2%。

全年社会融资规模[24]为 17.3 万亿元，按可比口径计算，比上年多 1.5 万亿元。年末全部金融机构本外币各项存款余额 107.1 万亿元，比年初增加 12.7 万亿元，其中人民币各项存款余额 104.4 万亿元，增加 12.6 万亿元。全部金融机构本外币各项贷款余额 76.6 万亿元，增加 9.3 万亿元，其中人民币各项贷款余额 71.9 万亿元，增加 8.9 万亿元。

表 14 2013 年年末全部金融机构本外币存贷款余额及其增长速度

单位：亿元

指 标	年末数	比上年末增长%
各项存款余额	1070588	13.5
其中：住户存款	465437	13.5

指　　标	年末数	比上年末增长%
其中：人民币	461370	13.6
非金融企业存款	380070	10.1
各项贷款余额	766327	13.9
其中：境内短期贷款	311772	16.3
境内中长期贷款	410346	12.8

年末主要农村金融机构(农村信用社、农村合作银行、农村商业银行)人民币贷款余额91644亿元，比年初增加13324亿元。全部金融机构人民币消费贷款余额129721亿元，增加25401亿元。其中，个人短期消费贷款余额26558亿元，增加7198亿元；个人中长期消费贷款余额103163亿元，增加18203亿元。

全年上市公司通过境内市场累计筹资[25]6885亿元，比上年增加1044亿元。其中，A股再筹资(包括配股、公开增发、非公开增发[26]、认股权证)2803亿元，增加710亿元；上市公司通过发行可转债、可分离债、公司债筹资4082亿元，增加1369亿元。

全年发行公司信用类债券[27]3.67万亿元，比上年减少667亿元。

全年保险公司原保险保费收入[28]17222亿元，比上年增长11.2%，其中寿险业务原保险保费收入9425亿元；健康险和意外伤害险业务原保险保费收入1585亿元；财产险业务原保险保费收入6212亿元。支付各类赔款及给付6213亿元，其中寿险业务给付2253亿元；健康险和意外伤害险赔款及给付521亿元；财产险业务赔款3439亿元。

九、人民生活和社会保障

城乡居民收入继续增加。全年农村居民人均纯收入8896元，比上年增长12.4%，扣除价格因素，实际增长9.3%；农村居民人均纯收入中位数[29]为7907元，增长12.7%。城镇居民人均可支配收入26955元，比上年增长9.7%，扣除价格因素，实际增长7.0%；城镇居民人均可支配收入中位数为24200元，增长10.1%。根据从2012年四季度起实施的城乡一体化住户调查[30]，全国居民人均可支配收入18311元，比上年增长10.9%，扣除价格因素，实际增长8.1%。农村居民食品消费支出占消费总支出的比重为37.7%，比上年下降1.6个百分点；城镇为35.0%，下降1.2个百分点。

图15　2009-2013年农村居民人均纯收入

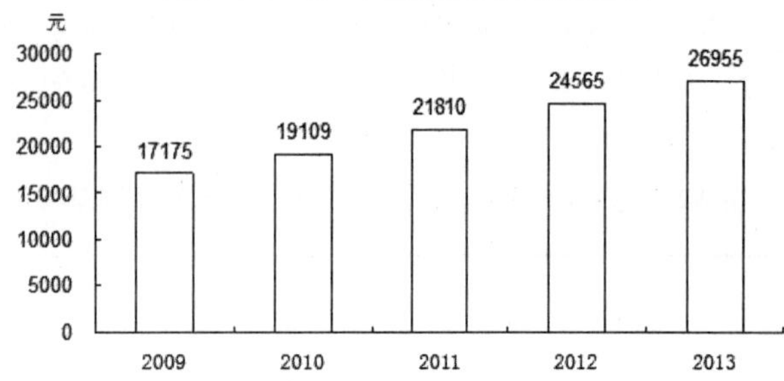

图16　2009-2013年城镇居民人均可支配收入

年末全国参加城镇职工基本养老保险人数32212万人，比上年末增加1785万人。参加城乡居民基本养老保险人数49750万人，增加1381万人。参加基本医疗保险人数57322万人，增加3680万人。其中，参加职工基本医疗保险人数27416万人，增加930万人；参加居民基本医疗保险人数29906万人，增加2750万人。参加失业保险人数16417万人，增加1192万人。年末全国领取失业保险金人数197万人。参加工伤保险人数19897万人，增加887万人，其中参加工伤保险的农民工7266万人，增加86万人。参加生育保险人数16397万人，增加968万人。年末，2489个县(市、区)实施了新型农村合作医疗制度，新型农村合作医疗参合率99.0%；1-9月新型农村合作医疗基金支出总额[31]为2067亿元。按照年人均纯收入2300元(2010年不变价)的农村扶贫标准计算，2013年农村贫困人口为8249万人，比上年减少1650万人。

十、教育、科学技术和文化

教育科技文化事业持续发展。全年研究生招生61.1万人，在学研究生179.4万人，毕业生51.4万人。普通本专科招生699.8万人，在校生2468.1万人，毕业生638.7万人。中等职业教育[32]招生698.3万人，在校生1960.2万人，毕业生678.1万人。普通高中招生822.7万人，在校生2435.9万人，毕业生799.0万人。初中招生1496.1万人，在校生4440.1万人，毕业生1561.5万人。普通小学招生1695.4万人，在校生9360.5万人，毕业生1581.1万人。特殊教育招生6.6万人，在校生36.8万人，毕业生5.1万人。幼儿园在园幼儿3894.7万人。

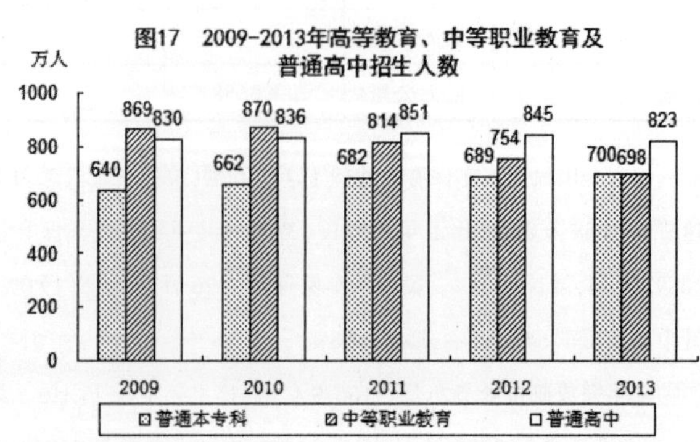

图17　2009-2013年高等教育、中等职业教育及普通高中招生人数

全年研究与试验发展(R&D)经费支出11906亿元,比上年增长15.6%,占国内生产总值的2.09%,其中基础研究经费569亿元。全年国家安排了3543项科技支撑计划课题,2118项“863”计划课题。累计建设国家工程研究中心132个,国家工程实验室143个,国家认定企业技术中心达到1002家。全年国家新兴产业创投计划[33]累计支持设立141家创业投资企业,资金总规模近390亿元,投资了创业企业422家。全年受理境内外专利申请237.7万件,其中境内申请221.0万件,占93.0%。受理境内外发明专利申请82.5万件,其中境内申请69.3万件,占84.0%。全年授予专利权131.3万件,其中境内授权121.0万件,占92.2%。授予发明专利权20.8万件,其中境内授权13.8万件,占66.6%。截至年底,有效专利419.5万件,其中境内有效专利352.5万件,占84.0%;有效发明专利103.4万件,其中境内有效发明专利54.5万件,占52.7%。全年共签订技术合同29.5万项,技术合同成交金额7469.0亿元,比上年增长16.0%。

全年成功发射卫星14次。神舟十号载人飞船与天宫一号目标飞行器成功实施首次绕飞交会试验,嫦娥三号探测器顺利实现首次在地外天体软着陆和巡视勘查,“蛟龙号”载人潜水器实现从深潜海试到科学应用的跨越。

图18 2009-2013年研究与试验发展(R&D)经费支出

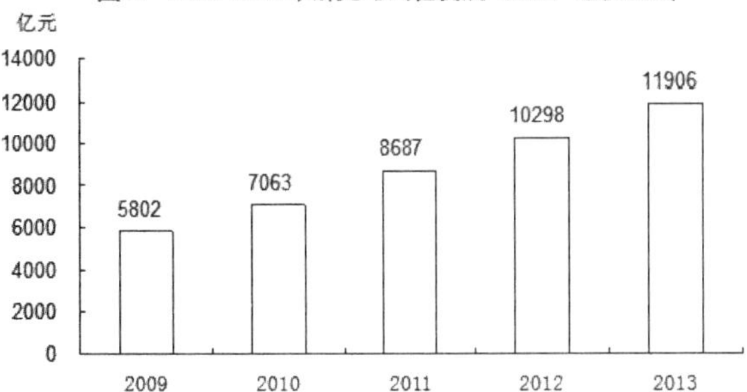

年末全国共有产品检测实验室30098个,其中国家检测中心556个。全国现有产品质量、体系认证机构174个,已累计完成对110949个企业的产品认证。全年制定、修订国家标准1870项,其中新制定1161项。全国共有地震台站1687个,区域地震台网32个。全国共有海洋观测站79个。测绘地理信息部门公开出版地图1585种。

年末全国文化系统共有艺术表演团体2055个,博物馆2638个。全国共有公共图书馆3073个,文化馆3298个。有线电视用户2.24亿户,有线数字电视用户1.69亿户。年末广播节目综合人口覆盖率为97.8%;电视节目综合人口覆盖率为98.4%。全年生产电视剧441部15783集,电视动画片199132分钟。全年生产故事影片638部,科教、纪录、动画和特种影片[34]186部。出版各类报纸478亿份,各类期刊34亿册,图书83亿册(张)。年末全国共有档案馆4122个,已开放各类档案12059万卷(件)。

全年我国运动员在22个运动大项中获得124个世界冠军,共创13项世界纪录。全年我国残疾人运动员在28项国际赛事中获得306个世界冠军。

十一、卫生和社会服务

卫生和社会服务事业不断进步。年末全国共有医疗卫生机构973597个,其中医院24720个,乡镇卫生院36978个,社区卫生服务中心(站)33976个,诊所(卫生所、医务室)184058个,村卫生室649080个,疾病预防控制中心3519个,卫生监督所(中心)2994个。卫生技术人员718万人,其中执业医师和执业助理医师279万人,注册护士278万人。医疗卫生机构床位618万张,其中医院458万张,乡镇卫生院113万张。

图19 2009-2013年卫生技术人员人数

年末全国各类提供住宿的社会服务机构[35]4.7万个,床位509.4万张,收养救助各类人员310.0万人。其中,养老服务机构4.3万个,床位474.6万张,收留抚养各类人员294.3万人。年末共有社区服务中心1.9万个,社区服务站10.3万个。年末全国共有2061.3万人享受城市居民最低生活保障,5382.1万人享受农村居民最低生活保障,农村五保供养[36]538.2万人。全年资助1229.3万城市困难群众参加医疗保险,资助4132.5万农村困难群众参加新型农村合作医疗。

十二、资源、环境和安全生产

全年全国国有建设用地供应总量[37]73万公顷,比上年增长5.8%。其中,工矿仓储用地21万公顷,增长3.2%;房地产用地[38]20万公顷,增长26.8%;基础设施等其他用地32万公顷,下降2.9%。

全年水资源总量27860亿立方米。全年平均降水量665毫米。年末全国613座大型水库蓄水总量3488亿立方米,比上年末蓄水量减少5%。全年总用水量6170亿立方米,比上年增长0.6%。其中,生活用水增长2.7%,工业用水增长1.4%,农业用水下降0.1%,生态补水增长1.6%。万元国内生产总值用水量[39]121立方米,比上年下降6.5%。万元工业增加值用水量68立方米,下降5.7%。人均用水量453立方米,与上年基本持平。

全年完成造林面积609万公顷，其中人工造林418万公顷。林业重点工程完成造林面积249万公顷，占全部造林面积的40.9%。截至年底，自然保护区达到2697个，其中国家级自然保护区407个。新增水土流失治理面积5.7万平方公里，新增实施水土流失地区封育保护面积2.0万平方公里。

全年平均气温为10.2℃，共有9个台风登陆。

初步核算，全年能源消费总量37.5亿吨标准煤，比上年增长3.7%。煤炭消费量增长3.7%；原油消费量增长3.4%；天然气消费量增长13.0%；电力消费量增长7.5%。全国万元国内生产总值能耗下降3.7%。

十大流域[40]的704个水质监测断面中，Ⅰ~Ⅲ类水质断面比例占71.7%，劣Ⅴ类水质断面比例占8.9%。十大流域水质总体为轻度污染，水质保持基本稳定。

近岸海域301个海水水质监测点中，达到国家一、二类海水水质标准的监测点占66.4%，三类海水占8.0%，四类、劣四类海水占25.6%。

年末城市污水处理厂日处理能力达12246万立方米，比上年末增长4.4%；城市污水处理率达到87.9%，提高0.6个百分点。城市集中供热面积54.1亿平方米，增长4.5%。建成区绿地率达到36.0%，提高0.3个百分点。

全年农作物受灾面积3135万公顷，其中绝收384万公顷。全年因洪涝地质灾害造成直接经济损失1884亿元，因旱灾造成直接经济损失905亿元，因低温冷冻和雪灾造成直接经济损失260亿元，因海洋灾害造成直接经济损失165亿元。全年大陆地区共发生5级以上地震41次，成灾14次，造成直接经济损失995亿元。全年共发生森林火灾3929起，森林火灾受害森林面积1.4万公顷。

全年各类生产安全事故共死亡69434人。亿元国内生产总值生产安全事故死亡人数为0.124人，比上年下降12.7%；工矿商贸企业就业人员10万人生产安全事故死亡人数为1.52人，下降7.3%；道路交通万车死亡人数为2.3人，下降8.0%；煤矿百万吨死亡人数为0.288人，下降23.0%。

注释：

[1]本公报中数据均为初步统计数。各项统计数据均未包括香港特别行政区、澳门特别行政区和台湾省。部分数据因四舍五入的原因，存在着与分项合计不等的情况。

[2]人户分离的人口是指居住地与户口登记地所在的乡镇街道不一致且离开户口登记地半年以上的人口。

[3]流动人口是指人户分离人口中扣除市辖区内人户分离的人口。市辖区内人户分离的人口是指一个直辖市或地级市所辖区内和区与区之间，居住地和户口登记地不在同一乡镇街道的人口。

[4]考虑到我国劳动年龄下限为16周岁，从2013年开始公布16-59岁(含不满60周岁)人口数据。按照往年公报公布口径，2013年末，0-14岁(含不满15周岁)人口为22329万人，15-59岁(含不满60周岁)人口为93500万人。

[5]国内生产总值、各产业增加值绝对数按现价计算，增长速度按不变价格计算。

[6]年度农民工数量包括年内在本乡镇以外从业6个月以上的外出农民工和在本乡镇内从事非农产业6个月以上的本地农民工两部分。

[7]农产品生产者价格是指农产品生产者直接出售其产品时的价格。

[8]公共财政收入是指政府凭借国家政治权力，以社会管理者身份筹集以税收为主体的收入。

[9] 图中2009年至2012年数据为公共财政收入决算数，2013年为执行数。

[10]根据《国民经济行业分类》(GB/T4754-2011)，从2013年开始工业行业不再使用“轻工业”、“重工业”分类，而以采矿业、制造业、电力热力燃气及水生产和供应业的标准行业分类代替。

[11]六大高耗能行业分别为：化学原料和化学制品制造业、非金属矿物制品业、黑色金属冶炼和压延加工业、有色金属冶炼和压延加工业、石油加工炼焦和核燃料加工业、电力热力生产和供应业。

[12]天然气包括气田天然气、油田天然气(分为油田气层气、油田中伴生的溶解气)和煤田天然气(即与煤共生的瓦斯气)。

[13] 钢材产量数据中含使用钢材加工成其他钢材的重复计算因素。

[14]固定资产投资按东部、中部、西部和东北地区计算的合计数据小于全国数据，是因为有部分跨地区的投资未计算在地区数据中。其中，东部地区是指北京、天津、河北、上海、江苏、浙江、福建、山东、广东和海南10省(市)；中部地区是指山西、安徽、江西、河南、湖北和湖南6省；西部地区是指内蒙古、广西、重庆、四川、贵州、云南、西藏、陕西、甘肃、青海、宁夏和新疆12省(区、市)；东北地区是指辽宁、吉林和黑龙江3省。

[15]房地产业投资除房地产开发投资外，还包括建设单位自建房屋以及物业管理、中介服务和其他房地产投资。

[16]根据《国民经济行业分类》(GB/T4754-2011)，2013年对三次产业划分进行了修订，将“农、林、牧、渔业”中的“农、林、牧、渔服务业”，“采矿业”中的“开采辅助活动”，“制造业”中的“金属制品、机械和设备修理业”等三个大类调入第三产业。

[17]高速铁路是指最高营运速度达到200公里/小时及以上的铁路。

[18]2013年，管道运输统计口径在原中国石油天然气集团公司、中国石油化工集团公司基础上增加中国海洋石油总公司。

[19]邮电业务总量按2010年不变价格计算。

[20] 移动电话交换机容量是指移动电话交换机根据一定话务模型和交换机处理能力计算出来的最大同时服务用户的数量。

[21]3G 是指第三代蜂窝移动通信系统（3rd-generation，简称3G），3G 移动电话用户是指报告期末在计费系统拥有使用信息、占用 3G 网络资源的在网用户。

[22] 手机上网人数是指过去半年通过手机接入并使用互联网的 6 周岁及以上中国居民数量。

[23]为规范指标名称，将往年公报中的出游人数、旅游人数、旅游者统一为游客。

[24] 社会融资规模是指一定时期内实体经济从金融体系获得的资金总额，是增量概念。

[25]2013 年没有首次公开发行股票。

[26]非公开增发又叫定向增发，不含资产认购部分。

[27]公司信用类债券包括非金融企业债务融资工具、企业债券以及公司债、可转债等。

[28] 原保险保费收入是指保险企业确认的原保险合同保费收入。

[29] 人均收入中位数是指将所有调查户按人均收入水平从低到高（或从高到低）顺序排列，处于最中间位置的调查户的人均收入。

[30]2012 年四季度，国家统计局实施了城乡一体化住户调查改革，统一了城乡居民收入名称、分类和统计标准，在全国统一抽选了 16 万户城乡居民家庭，直接开展调查。在此基础上，计算了城乡可比的新口径全国居民人均可支配收入。同时，为保持年度可比，继续按老口径调查和计算农村居民人均纯收入、城镇居民人均可支配收入。

[31]按卫生计生委统计制度规定，新型农村合作医疗基金支出总额目前仅统计到 1-9 月份。

[32]中等职业教育包括普通中专、成人中专、职业高中和技工学校，其中技工学校数据为 2012 年数据。

[33] 新兴产业创投计划是指中央财政专项资金通过与地方政府资金、社会资本共同发起设立创业投资企业，或以股权投资模式直接投资创业企业等方式，培育和促进新兴产业发展的活动。

[34]特种影片是指那些采用与常规影院放映在技术、设备、节目方面不同的电影展示方式，如巨幕电影、立体电影、立体特效（4D）电影、动感电影、球幕电影等。

[35]提供住宿的社会服务机构除收养性机构外，还包括救助类机构、社区类机构以及军休所、军供站等机构。

[36]农村五保供养是指老年、残疾和未满 16 周岁的村民，无劳动能力、无生活来源又无法定赡养、抚养、扶养义务人，或者其法定赡养、抚养、扶养义务人无赡养、抚养、扶养能力的村民，在吃、穿、住、医、葬方面得到的生活照顾和物质帮助。

[37]国有建设用地供应总量是指报告期内市、县人民政府根据年度土地供应计划依法以出让、划拨、租赁等方式将土地使用权提供给单位或个人使用的国有建设用地总量。

[38]房地产用地是指商服用地和住宅用地的总和。

[39]万元国内生产总值用水量、万元工业增加值用水量和万元国内生产总值能耗按 2010 年不变价格计算。

[40]十大流域包括原七大水系（包括长江、黄河、珠江、松花江、淮河、海河、辽河）和浙闽片河流、西北诸河和西南诸河。

[41]国家于 2013 年实施了新的空气质量标准。由于全年数据正在汇总分析之中，新标准下的 2013 年空气质量数据暂缺。国家相关部门将于 2014 年 3 月正式发布 2013 年汇总数据。

资料来源：本公报中城镇新增就业、登记失业率、社会保障数据来自人力资源社会保障部；财政数据来自财政部；外汇储备和汇率数据来自外汇局；水产品产量数据来自农业部；木材产量、林业、森林火灾数据来自林业局；灌溉面积、水资源数据来自水利部；发电装机容量、新增 220 千伏及以上变电设备数据来自中电联；新建铁路投产里程、增建铁路复线投产里程、电气化铁路投产里程、铁路运输数据来自铁路局；新建公路里程、港口万吨级码头泊位新增吞吐能力、公路运输、水运、港口货物吞吐量数据来自交通运输部；新增光缆线路长度、电话交换机容量、电话用户、上网人数等通信数据来自工业和信息化部；保障性住房、城市污水处理、城市集中供热面积、建成区绿地率数据来自住房城乡建设部；货物进出口数据来自海关总署；服务进出口、外商直接投资、对外直接投资、对外承包工程、对外劳务合作等数据来自商务部；民航数据来自民航局；管道数据来自中石油、中石化、中海油；民用汽车、交通事故数据来自公安部；邮政业务数据来自邮政局；旅游数据来自旅游局、公安部；货币金融、公司信用类债券数据来自人民银行；上市公司数据来自证监会；保险业数据来自保监会；新农合、卫生数据来自卫生计生委；教育数据来自教育部；安排科技计划课题、技术合同等数据来自科技部；国家工程研究中心、企业技术中心、新兴产业创投等数据来自发展改革委；专利数据来自知识产权局；发射卫星数据来自国防科工局；质量检验、国家标准制定修订数据来自质检总局；地震数据来自地震局；海洋观测站、海洋灾害造成直接经济损失数据来自海洋局；测绘数据来自测绘地信局；艺术表演团体、博物馆、公共图书馆、文化馆数据来自文化部；广播电视、电影、报纸、期刊、图书数据来自新闻出版广电总局；档案数据来自档案局；体育数据来自体育总局；残疾人运动员数据来自中国残联；社会服务、低保和五保供养数据、农作物受灾面积、洪涝地质灾害造成直接经济损失、旱灾造成直接经济损失、低温冷冻和雪灾造成直接经济损失来自民政部；国有建设用地供应数据来自国土资源部；自然保护区、环境监测数据来自环境保护部；平均气温、登陆台风数据来自气象局；安全生产数据来自安全监管总局；其他数据均来自国家统计局。

2013 年江苏省国民经济和社会发展统计公报

江苏省统计局　国家统计局江苏调查总队

2014 年 2 月 20 日

2013 年，面对复杂多变的宏观经济环境，全省上下认真贯彻落实中央和省委、省政府决策部署，紧扣主题主线，坚持稳中求进，以提高经济发展质量和效益为中心，深入实施六大战略，全面推进八项工程，着力抓好十项举措，扎实做好稳增长、调结构、抓创新、促改革、惠民生各项工作，经济社会发展稳中有进、稳中向好，“两个率先”建设迈出新步伐。

一、综　合

经济保持稳定增长，转型升级取得新进展。全年实现地区生产总值 59161.8 亿元，比上年增长 9.6%。其中，第一产业增加值 3646.1 亿元，增长 3.1%；第二产业增加值 29094.0 亿元，增长 10.0%；第三产业增加值 26421.7 亿元，增长 9.8%。全省人均生产总值 74607 元，比上年增长 9.3%。全社会劳动生产率稳步提高，全年平均每位从业人员创造的增加值达 124297 元，比上年增加 10703 元。产业结构不断优化。三次产业增加值比例调整为 6.1:49.2:44.7。全年实现高新技术产业产值超过 5 万亿元，比上年增长 15%；占规模以上工业总产值比重达 38.5%，同比提高 1 个百分点。新兴产业销售收入比上年增长 18%。现代服务业发展加快。全年实现服务业增加值 26596.0 亿元，比上年增长 9.8%；占 GDP 比重为 45.0%，同比提高 1.2 个百分点。经济活力持续增强。全年非公有制经济增加值 39756.7 亿元，比上年增长 10.4%；占 GDP 比重达 67.2%，其中私营个体经济比重为 42.3%，分别比上年提高 0.5 个和 0.6 个百分点。年末全省工商部门登记的私营企业达 145.1 万户，比上年增长 10.5%，注册资本 47568.1 亿元，增长 12.4%；个体户 379.4 万户。新型城镇化和城乡一体化扎实推进。年末城镇化率为 64.1%，比上年提高 1.1 个百分点。区域经济协调发展。苏南转型升级步伐加快，创新发展能力和国际竞争力进一步增强；苏中、苏北大部分指标增幅继续高于全省平均水平，对全省经济总量的贡献率达 44.2%，比上年提高 0.7 个百分点；顺利完成沿海开发五年推进计划第一阶段任务，沿海地区生产总值达到 10299.8 亿元，比上年增长 12.0%，对全省经济增长贡献率达 18.5%。

居民消费价格涨幅有所回落。全年居民消费价格比上年上涨 2.3%，涨幅同比回落 0.3 个百分点。其中，城市上涨 2.3%，农村上涨 2.5%。分类别看，食品上涨 4.1%，烟酒下跌 1.3%，衣着上涨 3.2%，家庭设备用品及维修服务上涨 2.2%，医疗保健和个人用品上涨 1.1%，交通和通信下跌 0.3%，娱乐教育文化用品及服务上涨 1.3%，居住上涨 2.5%。在食品中，粮食上涨 3.0%，油脂下跌 1.8%，肉禽及其制品上涨 3.1%，鲜菜上涨 7.2%，水产品上涨 5.5%，蛋上涨 4.4%。工业生产者价格低位运行。全年工业生产者出厂价格比上年下降 2.0%，其中纺织业下降 0.5%，化学原料及化学制品业下降 3.0%，医药制造业下降 0.8%，化学纤维制造业下降 3.7%，黑色金属冶炼及压延加工业下降 7.3%，有色金属冶炼及压延加工业下降 4.9%，电气机械及器材制造业下降 2.9%；工业生产者购进价格下降 2.9%；农业生产资料价格上涨 2.4%。

表 1　居民消费价格指数及其构成情况(以上年为 100)

指　　标	全　省	城　市	农　村
居民消费价格	102.3	102.3	102.5
食品	104.1	104.2	104.0
# 粮食	103.0	103.7	102.2
烟酒	98.7	98.6	99.0
衣着	103.2	102.8	104.2
家庭设备用品及服务	102.2	102.4	101.8
医疗保健及个人用品	101.1	100.8	102.1
交通和通信	99.7	99.7	100.0
娱乐教育文化用品及服务	101.3	101.4	101.0
居住	102.5	102.4	102.6

全省经济社会发展中仍存在一些问题和矛盾，如产业结构不够合理，自主创新能力还不强，消费增长动力不足，出口产品竞争力需要提升；部分企业经营比较困难，部分行业产能过剩矛盾比较突出；资源环境约束加剧，大气污染治理、水污染治理等任务繁重；民生工作还存在不少薄弱环节，城乡居民增收难度加大等。

二、农林牧渔业

农业生产形势较好。粮食连续十年增产，全年总产量达3423.0万吨，比上年增产50.5万吨，增长1.5%。其中，夏粮1195.8万吨，增长4.6%；秋粮2227.2万吨，基本持平。全年粮食播种面积536.1万公顷，比上年增加2.4万公顷；棉花面积15.5万公顷，减少1.5万公顷；油料面积51.8万公顷，减少0.9万公顷。新增设施农业面积90.4万亩。

林牧渔业发展稳定。全年成片造林面积6.8万公顷；猪牛羊禽肉产量372.8万吨，比上年下降3.4%；禽蛋总产量197.9万吨，增长0.3%；牛奶总产量59.9万吨，下降2.3%；水产品总产量508.8万吨，增长3.0%，其中淡水产品358.2万吨，海水产品150.6万吨，分别增长3.7%和1.4%。

农村生活生产条件显著改善。新一轮农村实事工程进展顺利，解决了310万农村居民饮水安全问题，行政村客运班车基本全覆盖，完成6.3万个村庄的环境整治任务。全省农田有效灌溉面积达396.4万公顷，新增有效灌溉面积3.5万公顷，新增节水灌溉面积14.1万公顷；年末农业机械总动力4405.8万千瓦，比上年末增长4.5%。

表2 主要农产品产量情况

产品名称	产量(万吨)	比上年增长(%)
粮食	3423.0	1.5
棉花	20.9	-5.0
油料	150.4	2.3
# 油菜籽	113.3	3.8
花生	35.3	-2.0
蚕茧	6.0	-12.7
茶叶	1.4	-9.8
水果(含瓜果类)	833.1	4.7
猪牛羊禽肉	372.8	-3.4
水产品	508.8	3.0

三、工业和建筑业

工业生产稳步增长。全年规模以上工业增加值比上年增长11.5%，其中轻、重工业分别增长10.5%和11.9%。分经济类型看，国有工业增长7.6%，集体工业增长1.1%，股份制工业增长13.7%，外商港澳台投资工业增长8.8%。在规模以上工业中，国有控股工业增长9.0%，私营工业增长15.1%。

企业效益持续改善。全年规模以上工业企业实现主营业务收入132270.4亿元，比上年增长10.8%；利税12946.7亿元，增长15.5%；利润7834.1亿元，增长14.5%。企业亏损面13.0%，比上年末下降0.1个百分点；亏损企业亏损额507.9亿元，下降7.9%。规模以上工业企业总资产贡献率、成本费用率分别由一季度的12.9%、5.1%提高至全年的16.0%和6.3%。

表3 主要工业产品产量情况

产品名称	单位	产量	比上年增长(%)
纱	万吨	483.3	5.9
布	亿米	81.1	1.6
化学纤维	万吨	1296.3	0.9
卷烟	亿支	1021.3	1.5
彩色电视机	万台	1059.0	-11.4
家用电冰箱	万台	1063.1	-3.8
房间空调器	万台	270.9	-2.8
发电量	亿千瓦时	4272.0	4.2
粗钢	万吨	9286.2	14.4
钢材	万吨	12398.0	12.8
十种有色金属	万吨	52.9	-7.6
水泥	万吨	17991.9	8.7
硫酸	万吨	370.7	-6.0
纯碱	万吨	325.4	-3.8
乙烯	万吨	145.9	7.4
化肥(折100%)	万吨	246.9	-6.3
汽车	万辆	107.2	6.5
# 轿车	万辆	63.2	10.1
发电设备	万千瓦	422.4	-35.1
集成电路	亿块	285.6	14.7
程控交换机	万线	5.2	12.4
微型电子计算机	万台	7520.7	-8.8
移动通讯基站设备	信道	1171574	-35.8

先进制造业增势较好。在规模以上工业中，汽车制造业产值5765.7亿元，比上年增长25.0%；医药制造业产值2768.3亿元，增长19.8%；专用设备制造业产值5028.1亿元，增长12.4%；电气机械及器材制造业产值14621.4亿元，增长12.8%；通用设备制造业产值7201.4亿元，增长9.3%；计算机、通信和其他电子设备制造业产值17323.2亿元，增长5.1%。产品结构继续优化，实现工业新产品产值11742亿元，比上年增长2.9%。

建筑业加快发展。全年共完成建筑业总产值21712.2亿元，比上年增长17.9%；竣工产值16495.0亿元，增长19.0%，竣工率达76.0%；全省建筑企业实现利税总额1554.9亿元，增长19.9%。建筑业劳动生产率为28.3万元/人，比上年增长7.5%。建筑业企业房屋建筑施工面积192982万平方米，比上年增长15.7%；竣工面积67932万平方米，增长10.9%，其中住宅竣工面积48110万平方米，增长11.8%。

四、固定资产投资

固定资产投资平稳较快增长。全年完成固定资产投资35982.5亿元，比上年增长19.6%。其中，国有及国有经济控股投资7546.2亿元，增长18.3%；外商港澳台投资3910.5亿元，增长8.1%；民间投资24525.8亿元，增长20.1%，占固定资产投资比重达68.2%，比上年提高1个百分点。

投资结构优化改善。第一产业投资198.6亿元，比上年增长9.4%；第二产业投资18425.9亿元，增长17.2%；第三产业投资17358.0亿元，增长22.3%。第二产业投资中，工业投资18387.5亿元，增长17.5%，其中制造业投资17337.3亿元，增长17.5%；高新技术产业投资6426.2亿元，增长14.6%，占工业投资比重达34.9%。主要工业行业中，化学原料及化学制品制造业投资1644.8亿元、通用设备制造业1885.1亿元、电气机械及器材制造业1670.1亿元，分别增长4.7%、32.1%、12.7%。第三产业中，房地产业投资8857.2亿元，增长17.4%；水利、环境和公共设施管理业2573.6亿元，增长31.1%；交通运输仓储和邮政业投资1676.3亿元，增长28.3%。

重点项目建设加快推进。全年新开工项目32315个，其中亿元项目4638个，完成投资18549.2亿元，比上年分别增长12.5%、8.3%和17.3%。省级200个重大项目有序推进，境内南水北调工程全线通水，宁杭城际铁路通车运行，临海高等级公路基本建成，连盐铁路开工建设，禄口机场二期主体工程完工，南京博物院二期建成开放等等。

五、国内贸易

消费品市场增长平稳。全年实现社会消费品零售总额20656.5亿元，比上年增长13.4%。按经营单位所在地分，城镇市场实现零售额18564.4亿元，增长13.4%；乡村市场实现零售额2092.1亿元，增长13.6%。按消费形态分，批发和零售业零售额18694.8亿元，增长13.7%；住宿和餐饮业零售额1961.7亿元，增长11.0%。

大众类消费增长较快。在限额以上批发和零售业主要经营类别中，汽车类零售额2897.5亿元，比上年增长12.8%；石油及制品类零售额1070.7亿元，增长12.0%；粮油、食品、饮料、烟酒类零售额1009.6亿元，增长7.6%；服装、鞋帽、针纺织品类零售额859.9亿元，增长7.0%；中西药品类零售额624.6亿元，增长24.9%；家用电器和音像器材类零售额583.3亿元，增长8.5%；金银珠宝类零售额275.8亿元，增长26.7%；建筑及装潢材料类零售额272.6亿元，增长31.6%。

六、开放型经济

外贸进出口规模保持稳定。全年进出口总额5508.4亿美元，比上年增长0.5%。其中，出口3288.5亿美元，增长0.1%；进口2219.9亿美元，增长1.1%。

贸易自主能力不断增强。一般贸易出口额1455.3亿美元，比上年增长4.3%；加工贸易出口额1500.6亿美元，下降6.4%。出口结构进一步优化。机电产品、高新技术产品出口额分别为2142.6亿美元和1279.7亿美元，占出口总额比重为65.2%和38.9%。其中，计算机与通信技术产品出口693.2亿美元，占高新技术产品出口额的54.2%。贸易主体更趋内生化。外商投资企业出口额1942.2亿美元，比上年下降5.1%，占出口总额的59.1%；私营企业出口额996.8亿美元，增长11.9%，占出口总额的30.3%，比重较上年同期提高3.2个百分点。对欧盟、美国、日本、香港特别行政区出口额分别为571.2亿美元、654.3亿美元、312.4亿美元和368.3亿美元，比上年分别增长-9.7%、2.6%、1.3%和9.2%；对东盟、韩国、台湾省出口额分别为334.4亿美元、167.5亿美元和119.7亿美元，分别增长9.0%、2.1%和13.2%；对拉丁美洲、非洲、俄罗斯出口额分别为198.2亿美元、93.0亿美元和49.3亿美元，分别下降9.6%、6.0%和9.9%。

表4 进出口贸易主要分类情况

指　　标	绝对数(亿美元)	比上年增长(%)
出口总额	3288.5	0.1
#一般贸易	1455.3	4.3
加工贸易	1500.6	-6.4
#工业制成品	3194.0	0.1
初级产品	52.6	-4.2
#机电产品	2142.6	-1.5
#高新技术产品	1279.7	-2.7
#外商投资企业	1942.2	-5.1
国有企业	287.6	4.3
进口总额	2219.9	1.1
#一般贸易	876.9	10.0
加工贸易	835.9	-3.0
#工业制成品	1831.5	0.8
初级产品	346.2	5.0
#机电产品	1288.2	0.0
#高新技术产品	930.1	0.9
#外商投资企业	1451.4	-5.3

利用外资规模继续保持全国领先。全年新批外商投资企业

3453家，新批协议外资472.7亿美元；实际使用外资332.6亿美元，比上年增长1.0%。新批及净增资9000万美元以上项目250个。对外投资增势良好。全年新批境外投资项目605个，比上年增长5.8%；中方协议投资61.4亿美元，增长21.8%。

开发区继续在开放型经济中发挥主导作用。全省开发区实现进出口总额4488.0亿美元，其中出口总额2642.0亿美元，分别比上年增长2.7%和3.3%，占全省总量的81.5%和80.4%。

七、交通运输、邮政电信业和旅游业

交通运输业基本平稳。全年旅客运输量、货物运输量分别比上年增长4.0%和8.8%，旅客周转量、货物周转量分别增长5.7%和12.2%。完成港口货物吞吐量21.4亿吨，比上年增长9.7%。其中，外贸货物吞吐量3.5亿吨，增长12.9%；集装箱吞吐量达1662.5万标准集装箱，增长3.9%。年末全省公路里程15.6万公里，新增1976公里，其中高速公路里程4443.0公里，新增71.5公里。铁路营业里程2554.1公里，铁路正线延展长度4125.5公里。年末民用汽车保有量954.4万辆，净增141.3万辆，分别增长17.4%和13.3%。年末私人汽车保有量790.1万辆，净增132.9万辆，分别增长20.2%和15.0%。其中，私人轿车保有量554.6万辆，净增98.7万辆，分别增长21.6%和14.4%。

表5 各种运输方式完成运输量

运输方式	货物周转量		货运量		旅客周转量		客运量	
	绝对数（亿吨公里）	比上年增长(%)	绝对数（万吨）	比上年增长(%)	绝对数（亿人公里）	比上年增长(%)	绝对数（万人）	比上年增长(%)
总计	9504.7	12.2	251690.9	8.8	2061.9	5.7	279024.3	4.0
铁路	373.2	-4.7	6806.2	-5.8	505.9	13.3	13434.9	14.3
公路	1653.5	13.8	168613.0	9.7	1461.2	3.0	264416.0	3.5
水路	6857.7	13.3	63648.0	8.5	0.8	-39.5	443.9	-25.3
民航	1.0	5.1	6.7	-0.3	94.0	12.5	729.5	9.8
管道	619.3	7.4	12617	7.6	-	-	-	-

邮政电信业较快发展。全年邮政电信业务总量1252.2亿元，比上年增长11.6%。其中，邮政业务总量269.6亿元，电信业务总量982.6亿元，分别增长31.0%和7.3%。邮政电信业务收入1107.6亿元，增长10.7%。其中，邮政业务收入233.1亿元，电信业务收入874.5亿元，分别增长30.4%和6.5%。年末局用交换机总容量3346.3万门。年末固定电话用户2289.8万户，比上年末减少97.4万户。其中，城市电话用户1275.9万户，乡村电话用户1013.9万户。年末移动电话用户7942.0万户，比上年末净增470.6万户。年末电话普及率达130部/百人，比上年末增加5部/百人。长途光缆线路总长度3.6万公里，新增0.1万公里。年末互联网用户1431.4万户，新增103万户。

旅游业发展加快。全年接待国内旅游人数5.2亿人次，比上年增长11.0%；实现国内旅游收入6940.1亿元，增长14.6%。全年入境旅游人数288万人次，比上年下降9.0%。其中，外国人193.4万人次，下降7.3%；港澳台同胞94.6万人次，下降12.3%。旅游外汇收入23.8亿美元，下降6.3%。

八、财政、金融业

财政收入稳定增长。全年公共财政预算收入6568.5亿元，比上年增长12.1%；基金预算收入5018.1亿元，比上年增长38.9%。

表6 财政收入分项情况

指标	绝对数(亿元)	比上年增长(%)
公共财政预算收入	6568.5	12.1
#增值税(25%)	859.3	4.5
营业税	1872.4	12.8
企业所得税(40%)	763.7	2.4
个人所得税(40%)	264.9	18.1
契税	383.7	15.3
上划中央四税	4167.0	6.2
#国内消费税	506.8	11.8
增值税(75%)	2178.1	4.7
基金预算收入	5018.1	38.9

财政支出结构持续优化。公共财政预算支出7731.2亿元，比上年增长10.0%；基金预算支出4940.5亿元，增长38.0%。全年教育支出1424.2亿元，增长5.5%；公共安全支出450亿元，增长10.4%；社会保障和就业支出636.7亿元，增长14.1%；城乡社区事务支出951.4亿元，增长10.9%；科学技术支出299.4亿元，增长16.4%。

金融市场规模进一步扩大。年末全省金融机构人民币存款余额85604.1亿元，比年初新增10094.1亿元，比上年末多增332.3亿元。

其中，储蓄存款比年初新增 3751.3 亿元，同比少增 391.1 亿元；单位存款比年初新增 5038.6 亿元，同比多增 198.3 亿元。年末金融机构人民币贷款余额 61836.5 亿元，比年初新增 7207.8 亿元，比上年末多增 652.1 亿元。其中，短期贷款比年初新增 2629.0 亿元，同比少增 1396.5 亿元。

表 7　年末金融机构人民币存贷款情况

指　　标	绝对数（亿元）	比年初增加（亿元）	比上年末增长（%）
各项存款余额	85604.1	10094.1	13.4
# 单位存款	47175.2	5038.6	11.9
储蓄存款	33823.9	3751.3	12.5
各项贷款余额	61836.5	7207.8	13.6
# 短期贷款	28177.4	2629.0	11.2
中长期贷款	31260.8	4197.9	15.5
# 消费贷款	10443.6	1719.4	22.7
# 个人住房贷款	9151.4	1674.1	22.5

证券交易市场稳定发展。全年证券市场完成交易额 275120.2 亿元。其中，证券经营机构股票交易额 62452.2 亿元，比上年增长 49.1%；期货经营机构代理交易额 212668 亿元，增长 7.9%。年末全省境内上市公司 235 家，在上海、深圳证券交易所筹集资金 283.7 亿元，比上年增加 75.2 亿元。江苏企业境内上市公司总股本 1379.9 亿股，比上年末增长 9.5%；市价总值 12787.2 亿元，上升 12.0%。年末全省共有证券公司 6 家，证券营业部 540 家；期货公司 10 家，期货营业部 119 家，证券投资咨询机构 2 家。

保险业稳步健康发展。全年保费收入 1446.1 亿元，比上年增长 11.1%。其中，财产险收入 518.6 亿元，增长 17.6%；寿险收入 809.2 亿元，增长 5.7%；健康险和意外伤害险收入 118.3 亿元，增长 25.2%。全年赔付额 527.0 亿元，比上年增长 36.2%。其中，财产险赔付 303.2 亿元，增长 26.3%；寿险赔付 188.6 亿元，增长 58.5%；健康险和意外伤害险赔付 35.2 亿元，增长 26.2%。

九、科学技术和教育

科技创新能力提升。区域创新能力连续五年保持全国第一。全省科技进步贡献率达 57.5%，比上年提高 1 个百分点。全年授权专利 24 万件，其中发明专利 1.7 万件。全年共签订各类技术合同 3.1 万项，技术合同成交额达 585.6 亿元，比上年增长 10.1%。全省企业共申请专利 32.5 万件，其中授权专利 17.3 万件。

高新技术产业保持较快发展势头。组织实施省重大科技成果转化专项资金项目 144 项，总投入 117 亿元。全省按国家新标准认定高新技术企业累计达 6769 家。2013 年认定省级高新技术产品 8827 项，国家重点新产品 190 项。已建国家级高新技术特色产业基地 121 个。全省国家和省级高新技术产业开发区实现技工贸总收入达 42503 亿元，比上年增长 18.9%。

科技研发投入比重稳步提升。全社会研究与发展(R&D)活动经费 1430 亿元，占地区生产总值的比重为 2.42%。全省从事科技活动人员 108.05 万人，其中研究与发展(R&D)人员 60.96 万人。全省拥有中国科学院和中国工程院院士 93 人。全省各类科学研究与技术开发机构中，政府部门属独立研究与开发机构达 148 个。已建国家和省级重点实验室 102 个，科技服务平台 303 个，工程技术研究中心 2480 个，企业院士工作站 337 个，经国家认定的技术中心 74 家。

质量检验能力进一步增强。全省共有产品质量检验机构 177 个，国家检测中心 39 个；监督抽查产品 365 种，比上年增长 5.8%。共有产品质量、体系认证机构 4 个，完成强制性产品认证的企业 10145 个；法定计量技术机构 156 个，强制检定计量器具 735.2 万台件；制定、修订地方标准 305 项，增长 3.0%。

教育事业全面协调发展。全省共有普通高校 131 所，普通高等教育本专科招生 43.95 万人，在校生 168.45 万人，毕业生 47.38 万人；研究生教育招生 4.8 万人，在校研究生 14.59 万人，毕业生 4.03 万人。高等教育毛入学率达 48.6%，比上年提高 3.2 个百分点。全省中等职业教育在校生达 72.36 万人(不含技工学校)。小学学龄儿童净入学率达 100%，初中毕业生升学率达 98.1%，基本普及高中阶段教育。特殊教育招生 0.35 万人，在校生 2.31 万人。全省幼儿园数为 4722 所，比上年增加 330 所；在园幼儿 231.81 万人，比上年增加 11.36 万人。

表 8　各类教育招生和在校生情况

指　　标	招　生　数		在校生数		毕业生数	
	绝对数（万人）	比上年增长(%)	绝对数（万人）	比上年增长(%)	绝对数（万人）	比上年增长(%)
研究生教育	4.80	3.9	14.59	4.6	4.03	4.9
普通高等教育	43.95	1.0	168.45	0.8	47.38	0.7
普通高中教育	34.14	-9.4	110.99	-8.2	42.59	-4.2
普通初中教育	61.86	-3.4	185.75	-5.7	67.52	-10.2
小学教育	85.13	7.1	435.37	3.0	63.94	-0.9

十、文化、卫生和体育

公共文化服务水平提高。年末全省共有文化馆、群众艺术馆118个,公共图书馆113个,博物馆282个,美术馆17个,综合档案馆172个,向社会开放档案392万卷(件、册)。共有广播电台14座,中短波广播发射台和转播台21座,电视台14座,广播综合人口覆盖率和电视综合人口覆盖率分别达99.99%和99.88%。有线电视用户2244.6万户,比上年增长3.1%。生产故事影剧片21部。全年报纸出版28.6亿份,杂志出版1.2亿册,图书出版5.3亿册。

卫生事业快速发展。年末共有各类卫生机构31005个,其中医院、卫生院2556个,卫生防疫和防治机构172个,妇幼卫生保健机构110个。各类卫生机构拥有病床36.7万张,其中医院、卫生院病床34.1万张。共有卫生技术人员42.9万人,其中执业医师、执业助理医师16.96万人,注册护士17.44万人,卫生防疫和防治机构卫生技术人员7238人,妇幼卫生机构卫生技术人员7866人。城乡基层卫生服务网络更加健全。乡镇卫生院1064个,床位5.5万张,卫生技术人员5.89万人,乡村医生和卫生员3.99万人。新型农村合作医疗人口覆盖率达98%以上。县级公立医院综合改革全面启动。

体育事业持续发展。江苏体育健儿在重大国际比赛中获世界冠军5项,创全国纪录12项;在重大国内、国际比赛中,有187人次获金牌,143人次获银牌,107人次获铜牌。全民健身体系日趋完善。全省乡镇、街道均已建成体育健身活动中心。

十一、环境保护、节能降耗和安全生产

生态建设成效明显。加强生态文明制度建设,制定生态文明建设规划,划定全省生态红线保护区域。年末全省设立自然保护区31个,其中国家级自然保护区3个,自然保护区面积56.6万公顷。加强大气污染防治,实施900项大气治理工程,完成2450千瓦发电机组脱硝改造,PM2.5监测实现县(市)全覆盖。深入开展重点流域治理,太湖流域水质持续改善,南水北调江苏段水质达标。加强城乡环境整治,完成6.3万个村庄环境整治任务。加强绿色江苏建设,林木覆盖率提高到21.9%,国家生态市(县、区)达到22个。

节能减排完成年度目标。大力实施节能减排重点工程,鼓励发展循环经济,严格控制高耗能项目,加快淘汰落后产能,推动重点耗能企业能效提升。全省电力行业淘汰落后产能50万千瓦。单位GDP能耗下降、化学需氧量、二氧化硫、氨氮、氮氧化物排放削减等均完成年度目标任务。

安全生产形势保持平稳。事故起数和死亡人数实现“双下降”,全年发生各类生产经营性事故3323起,死亡2052人,同比分别下降5.7%、2.1%。亿元GDP生产安全事故死亡人数为0.088人,同比下降11.1%。

十二、人民生活和社会保障

人口总量增长趋缓。年末全省常住人口7939.49万人,比上年末增加19.51万人,增长0.25%。在常住人口中,男性人口为3997.09万人,女性人口为3942.40万人;0—14岁人口为1036.80万人,15—64岁人口为5967.50万人,65岁及以上人口为935.19万人。全年人口出生率为9.44‰,与上年持平;人口死亡率为7.01‰,上升0.02个千分点;人口自然增长率为2.43‰,下降0.02个千分点。

城乡居民收入稳步增长。根据住户抽样调查,全年城镇居民人均可支配收入达32538元,比上年增加2861元,增长9.6%;城镇居民人均可支配收入中位数28654元,增长10.3%;人均消费性支出20371元,增长8.2%,其中食品支出占比为34.7%。全年农村居民人均纯收入达13598元,比上年增加1396元,增长11.4%;农村居民人均纯收入中位数11979元,比上年增长12.1%;人均生活消费支出9607元,增长11.0%,其中食品支出占比为36.3%。城乡居民居住条件有所改善,年末城镇居民人均居住房屋面积为36.8平方米,农村居民人均居住房屋面积为43.6平方米。

就业形势总体稳定。年末全省就业人口为4759.89万人,其中第一产业为956.74万人,第二产业为2041.99万人,第三产业为1761.16万人。城镇地区就业人口为2973.76万人,城镇登记失业率为3.03%;促进下岗失业人员再就业81.61万人,其中就业困难人员就业15.43万人;新增农村劳动力转移26.85万人。

社会保障水平稳步提高。城乡居民低保、医疗和养老保险实现全覆盖,社会保险主要险种覆盖率达95%以上。年末全省企业职工基本养老保险、城镇职工基本医疗保险、失业保险参保人数分别达2457.83万人(含参保离退休人员)、2274.73万人(含参保退休人员)和1389.34万人,分别比上年末增加149.78万人、119.26万人和57.16万人。年末享受企业职工基本养老保险离退休人员556.25万人,享受城镇职工基本医疗保险退休人员543.66万人。年末城乡居民社会养老保险参保人数1445.40万人,领取基础养老金人数933.15万人。年末城镇居民基本医疗保险参保人数为1150.78万人,比上年末增加29.31万人。保障性安居工程建设有序推进。全省新开工保障性住房26.21万套,基本建成23.92万套(户),分别完成年度目标的113.9%和132.9%。

注:

(1)本公报使用的数据为快报数。

(2)地区生产总值、规模以上工业增加值及其分类项目增长速度按可比价计算,为实际增长速度;其他指标除特殊说明外,按现价计算,为名义增长速度。

2013 年盐城市国民经济和社会发展统计公报

盐城市统计局　国家统计局盐城调查队

2014 年 3 月 20 日

2013 年是全面深入贯彻落实十八大精神的开局之年，也是我市以县为单位在苏北率先建成全面小康社会的决战之年。面对复杂多变的宏观形势，在市委市政府的正确领导下，全市上下牢牢把握稳中求进的总基调，坚持科学谋划，突出重点重抓，着力推动新一轮科学发展，全市经济运行呈现“总体稳定、稳中有进、质态提升”的良好态势。

一、综合

经济保持稳定增长。初步核算，2013 年，全市实现地区生产总值 3475.5 亿元，按可比价计算，比上年增长 12.3%；其中第一产业实现增加值 489.2 亿元，比上年增长 3.2%；第二产业实现增加值 1636 亿元，比上年增长 14.0%；第三产业实现增加值 1350.3 亿元，比上年增长 13.4%。产业结构持续优化。三次产业增加值比例调整为 14.1:47:38.9，二三产业比重提高了 0.5 个百分点，人均地区生产总值达 48150 元(按 2013 年年平均汇率折算约 7775 美元)，比上年增长 12.2%。

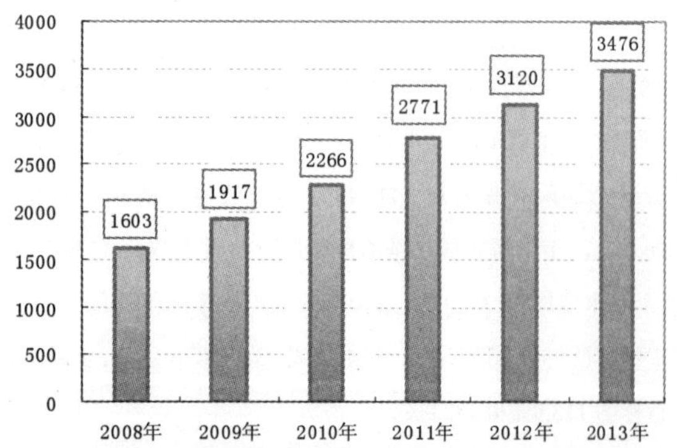

物价水平温和上涨。2013 年，市区居民消费价格总指数(CPI)同比上涨 2.7%。八大类商品价格“七升一降”。食品类上涨 3.2%，衣着类上涨 6.0%，家庭设备及维修服务类上涨 3.3%，医疗保健和个人用品类上涨 0.3%，交通和通信类上涨 0.6%，娱乐教育文化用品及服务类上涨 2.7%，居住类上涨 3.1%，烟酒类下降 2.4%。全市工业生产者出厂价格(PPI)同比下跌 0.1%，工业生产者购进价格(IPI)同比下跌 1.3%。

二、农林牧渔业

农业生产形势较好。2013 年，全市实现农林牧渔业总产值 991.7 亿元，增长 7.2%。粮食总产量连续十年实现增收。2013 年，全市粮食总产量达到 686.5 万吨，比上年增长 2.1%。棉花和油料播种面积有所减少。2013 年，我市棉花播种面积 100.3 万亩，比上年下降 17.3%；油料面积 157.3 万亩，比上年下降 4.2%。棉花产量减少，油料产量有所增加。棉花总产 9.75 万吨，比上年下降 10.7%；油料总产 31.52 万吨，比上年增长 1.9%。

农林牧渔业总产值（亿元）

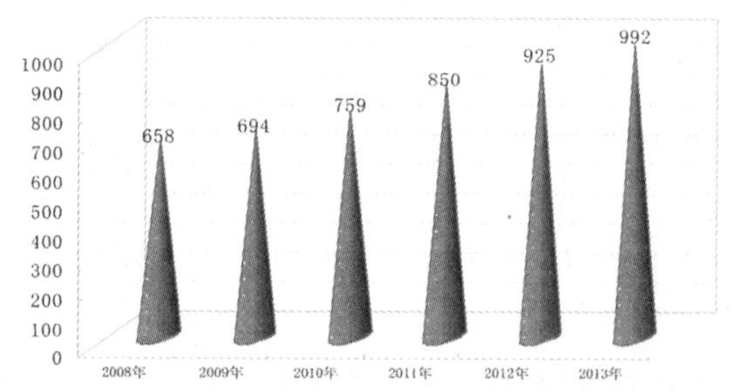

农业产业化进程加快。2013 年，全市拥有农业产业化龙头加工企业 1464 个，比上年增加 45 个；农民专业合作组织 7994 个，比上年增加 1068 个。年末拥有农业机械总动力 596.4 万千瓦，比上年增长 5.8%；大中型拖拉机 20611 台，比上年增长 14.9%；联合收割机 19833 台，比上年增长 20.3%；机械植保面积 1207.6 千公顷。

高效农业规模扩大。全市新增高效农业 70.1 万亩，其中设施农业 16.6 万亩，高效农业和设施农业总面积分别达到 746.1 万亩和 171.9 万亩。高效设施农业新增面积继续位居全省第一。新增无公害农产品 421 个、绿色食品 72 个、有机农产品 33 个，新增“三品”总数 526 个；新建各类农业园区 30 个，其中万亩园区 11 个，新争创省级园区 2 个、认定市级园区 16 个，继东台、建湖 2 个国家级现代农业示范区和国家级盐都台湾农民创业园后，大丰盐土大地获批国家级农业科技园；新办规模农业龙头企业72个，规模以上工业企业实现农产品加工产值1198.8亿元。

三、工业和建筑业

工业经济较快增长。2013年，全市规模以上工业企业实现总产值6454.58亿元，比上年增长15.1%。实现规模以上工业增加值1584亿元，比上年增长15.6%。其中轻、重工业分别增长9.8%和19.0%。国有工业增长22.7%；集体工业下降47.3%；股份合作制工业增长18.7%；股份制工业增长16.5%；外商港澳台投资工业增长18.8%；其他经济工业增长5.9%。全市规模以上工业企业实现利税总额703.6亿元，比上年增长12.8%；其中利润404.2亿元，比上年增长14.7%。全年工业用电量204.2亿千瓦时，比上年增长24.1%。

新兴产业加快发展。2013年，规上工业实现新兴产业产值936.4亿元，比上年增长19.0%，占全市规模以上工业产值14.5%。其中，节能环保产业、生物产业、新材料产业分别比上年增长24.1%、19.4%和25.9%。支柱行业贡献明显。2013年，全市四大支柱产业实现规模以上工业增加值1213亿元，比上年增长16.7%，高于全市平均水平1.2个百分点。其中，汽车制造业、化学工业、装备制造业、纺织工业分别比上年增长22.7%、23.3%、13.8%和8.8%。

建筑业稳步增长。2013年，全市完成建筑业总产值1107.8亿元，比上年增长17.2%；实现建筑业增加值231.0亿元，比上年增长7.6%。建筑企业房屋建筑施工总面积达10485万平方米，比上年增长17.2%；房屋建筑竣工面积4100.6万平方米，比上年增长3.1%，其中住宅竣工面积2749.4万平方米，比上年增长4.7%。建筑业从业人数48万人，劳动生产率(产值)每人23.1万元。

四、固定资产投资

投资保持较快增长。2013年，全市完成固定资产投资2217.7亿元，比上年增长22.2%；其中工业投资1383.4亿元，比上年增长16.6%。投资结构进一步优化，全市第一产业完成投资32亿元，比上年增长27.9%；第二产业完成投资1383.4亿元，比上年增长16.4%；第三产业完成投资802.3亿元，比上年增长26.5%。民间投资1780亿元，比上年增长21.2%。

重点领域投资加快。2013年，全市机电和建材工业行业完成投资766.6亿元，比上年增长30.5%，占工业投资的55.4%。其中机电工业675.7亿元，比上年增长26.7%；建材工业90.89亿元，比上年增长67.6%。2013年，全市基础设施完成投资291亿元，比上年增长25.9%，拉动全市投资增长3.2个百分点。其中，电力、燃气及水的生产和供应业125.5亿元，比上年增长61.9%；水利、环境和公共设施管理业123.5亿元，比上年增长31.9%；交通运输、仓储和邮政业98.3亿元，比上年增长19.3%。

固定资产投资（亿元）

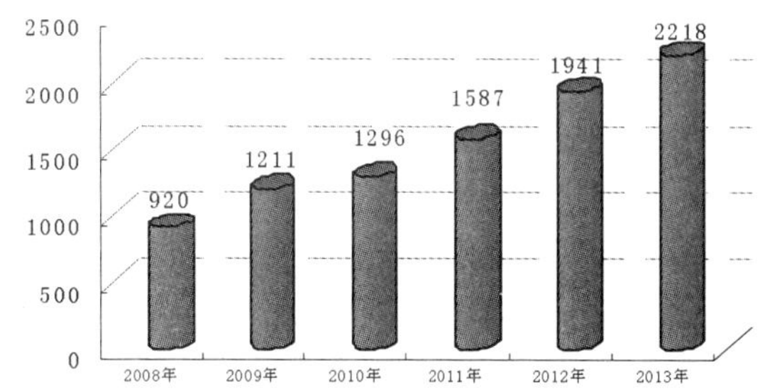

重大项目进展顺利。2013年，全市在建亿元以上投资项目854个，比上年增加82个，其中，5亿元以上项目143个，10亿元以上项目55个。在建亿元以上项目完成投资1015.4亿元，比上年增长28%，对全市项目投资增长贡献率64.1%。江苏德龙镍业二期、江苏苏美达光伏电站、博汇纸业、条子泥围垦、沿海高等级公路等一批沿海重大项目进展顺利。

房地产业保持平稳。2013年，全市房地产开发投资327.3亿元，比上年增长19.7%。全市房地产开发项目房屋施工面积2729万平方米，比上年增长42.1%。全年实现商品房销售面积742.3万平方米，比上年增长35.4%；商品房销售额339.5亿元，比上年增长35%。全市实际开工建设保障性住房和棚户区改造住房项目26175套。其中：公共租赁住房新开工8922套，经济适用住房项目新开工1858套，限价商品房7783套，城市棚户区新开工7106套。

五、交通运输和邮电业

运输能力逐步增强。2013年，全市交通基础设施完成投资55.2亿元。截止2013年底，全市共有公路总里程19179公里，其中国道403公里、省道1178公里；拥有等级公路17133公里，其中高速公路323公里，一级公路1495公里，二级公路2687公里。全市基本形成以高速公路为主骨架，以国省干线为支撑，以农村公路为配套的通达城乡的公路网络。全社会客运量14931万人，比上年增长5.5%，客运周转量156.9亿人公里，比上年增长5.9%；全社会货运量19212万吨，比上年增长10.4%，货运周转量301.5亿吨公里，比上年增长10.4%。2013年全年保障航班3668架次，完成旅客运输量35.4万人次，货邮吞吐量3035吨，分别比上年增长9.5%、11.8%和6.8%。全市沿海港口完成货物吞吐量5010万吨，比上年增长59.7%；其中集装箱5万标箱，比上年增长130.4%。

邮电业务平稳发展。2013年，全市完成邮电业务总量55.9亿元，比上年增长8.1%。其中邮政业务总量5.5亿元，电信业务总量47.6亿元，比上年增长10.2%，快递业务总量2.8亿元，比上年增长42%。

六、国内贸易

消费增长总体稳定。2013年全市社会消费品零售总额完成1163.4亿元,比上年增长13.7%。分地域看,全市城镇实现社会消费品零售总额1113.2亿元,比上年增长14.6%,其中城区实现社会消费品零售总额559.4亿元,比上年增长16.8%,乡村实现社会消费品零售总额50.2亿元,比上年下降2.6%。分行业看,批发和零售业实现零售额1048.4亿元,比上年增长14%;住宿和餐饮业实现零售额114.9亿元,比上年增长10.8%。

社会消费品零售总额（亿元）

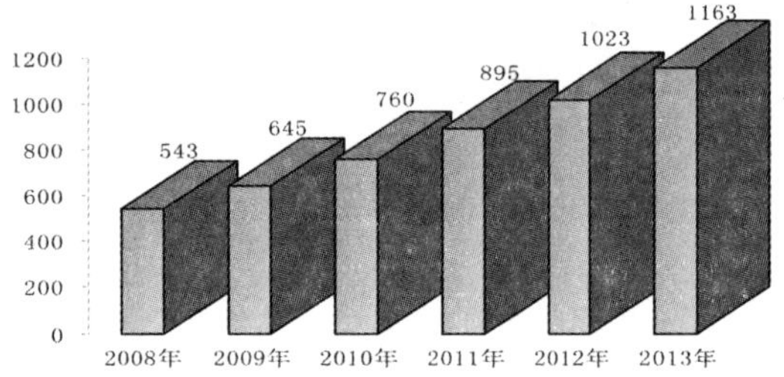

大众类消费增长较快。在限额以上批发和零售业主要经营类别中,化妆品类消费5.1亿元,比上年增长20.3%;金银珠宝类消费11.9亿元,比上年增长25.1%;五金、电科类消费6.3亿元,比上年增长20.8%;煤炭及制品类消费7亿元,比上年增长28.6%;汽车类消费103.1亿元,比上年增长24.1%。

七、对外经济和旅游业

对外贸易稳中有进。全市坚持以开放促开发,实施北连央企、南接上海、东向出海战略,成功举办沿海发展央企投资合作洽谈会、日韩沿海招商说明会。新批3000万美元以上项目38个,注册外资实际到账15.5亿美元。2013年,全市新增进出口企业221家,完成进出口总额65.3亿美元,比上年增长13.5%,其中出口37.8亿美元,比上年增长9.1%,进口27.5亿美元,比上年增长20.1%。积极打造韩资集聚区、台资新高地,推动开发园区转型升级。19个重点园区业务总收入比上年增长42%,注册外资实际到账占全市比重70%。

旅游业发展加快。2013年,全市共接待海内外游客1757万人次,比上年增长13.7%;其中入境游客接待量2.6万人次。全市实现旅游总收入171亿元,比上年增长14%;其中国内旅游166.1亿元;实现旅游外汇收入0.3亿美元。

八、财政、金融和保险

财政收入量质同增。2013年,全市实现财政总收入881.1亿元,比上年增长11.6%。公共财政预算收入366.8亿元,比上年增长17.3%,其中税收收入302.5亿元,比上年增长20.3%;税收占公共财政预算收入的比重达82.5%,比上年提高2.1个百分点。公共财政预算支出557.4亿元,比上年增长14.1%。

财政总收入（亿元）

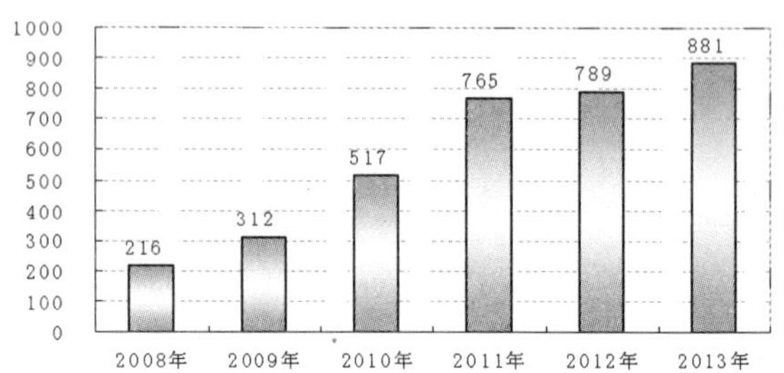

信贷规模持续扩大。2013年,全市共有银行业金融机构40家,年内净增6家。金融机构年末本外币存款余额3220亿元,比年初增加503.4亿元,其中居民储蓄存款1793.3亿元,比年初增加269.9亿元。金融机构年末本外币贷款余额2214.6亿元,比年初增加358.5亿元。其中中长期贷款951.5亿元,比年初增加189.5亿元。外汇存款余额3.9亿美元,比年初增加1.1亿美元;外汇贷款余额为5.7亿美元,比年初增加1.8亿美元。

保险业健康发展。2013年,全市拥有市级专业保险机构50家,其中产险机构19家,寿险机构31家,保险分支机构及营销网点524个,保险从业人员22000余人。保险专业代理机构50家,其中一级法人机构16家。全市实现保费收入69亿元,比上年增长7.8%。全市各项赔偿和给付28.7亿元,比上年增长40.6%,其中产险赔付11.3亿元、寿险赔(给)付17.4亿元,比上年分别增长27.8%和50.4%。

九、科学技术和教育事业

创新能力不断增强。2013年,全市规模以上工业企业实现高新技术产业产值1774.4亿元,比上年增长36.2%。科技研发投入占地区生产总值的比重为1.7%。全市有387个项目获省级以上科技计划立项,争取科技经费超过4.5亿元。全年新认定省级高新技术企业96家,市级高新技术企业172家;新增省企业院士工作站1家,研究生工作站23家,省级工程技术研究中心12家。全市全年申请专利16689件,比上年增长8%,其中,发明专利申请3056件,比上年增长37. 8%;专利授权4718件,其中发明专利授权283件,比上年增长19.4%;万人有效发明拥有量1.4件,比上年增长40.4%。

教育事业协调发展。2013年,全市共有普通高校5所,招生1.63万人,在校生5.49万人,毕业生1.54万人;普通中专在校生2.84万人,职业高中在校生2.95万人;普通中学277所,在校生28.24万人;小学375所,在校生40.41万人。全市初中毕业生升学率 99.3%，在校生年巩固率 100.3%；小学毕业生升学率 99.3%，在校生年巩固率 99.8%。学龄儿童入学率 100%。幼儿园在园幼儿 24.4 万人，学前三年幼儿入园率为 97.3%。全市共有教职工数 7.7 万人，其中专任教师 6.5 万人。

十、文化、卫生和体育事业

文化建设成果丰硕。2013 年，盐城市图书馆新馆全面建成开放。新增有线电视用户 10 万户，新增数字电视用户 30 万户。全市农家书屋图书总量更新了 30%，丰富了农村文化生活。全市共举办各类文化活动 300 多场次。非遗保护传承工作得到加强。编制了 3 个国家级非遗项目中长期保护规划，组织申报省第四批非遗传承人、省首批非遗生产性示范基地。

卫生机构更加健全。2013 年，全市拥有卫生机构 3067 个，其中医院、卫生院 274 个，卫生防疫监督机构 20 个，妇幼卫生机构 11 个。各类卫生机构拥有床位 30461 张，其中医院、卫生院拥有床位 28878 张。全市共有卫生技术人员 32903 人，其中执业医师、执业助理医师 15028 人，注册护士 11232 人。医院、卫生院卫生技术人员 24778 人，卫生防疫监督机构 1112 人，妇幼卫生机构 1045 人。全市共有乡镇卫生院 135 个，床位 6827 张，卫生技术人员 6576 人。

体育事业健康发展。2013 年，共有 20 位盐城籍运动员代表江苏队参加第十二届全国运动会，骆晓娟、屈琳等优秀运动员共为江苏队获得 3 金 1 银 3 铜，创盐城运动员参加全运会历史最好成绩。校园足球城市走到全国前列，市青少年校园足球队夺得 2013 年全国青少年校园足球“冠军杯”总决赛中第五名，蝉联团体一等奖、“省长杯”青少年校园足球小学女子组冠军。进一步完善城乡体育基础设施，积极开展群众体育活动，深入开展国民体质测试活动，广大人民群众健康指数不断提高。

十一、人口、人民生活和社会保障

人口总量保持平稳。2013 年末，全市户籍人口 823.8 万人，比上年末增加 1.4 万人，其中户籍城镇人口 371.5 万人，比上年增加 5.2 万人。全年人口出生率为 11.4‰，死亡率为 8.3‰，自然增长率为 3.1‰。全市出生政策符合率达 96%。

生活水平不断提高。2013 年，全市城镇居民人均可支配收入 24119 元，比上年增长 9.9%；市区城市居民人均可支配收入 28402 元，比上年增长 9.8%；人均消费支出 19015 元，比上年增长 11.2%。农民人均纯收入 13344 元，比上年增长 12.1%；农民人均生活消费支出 7712 元，比上年增长 10.2%。城镇和农村恩格尔系数分别为 34.9%和 34.8%。城镇居民住房人均建筑面积 37.2 平方米，与上年持平；农村居民人均钢筋、砖木结构住房面积 46.9 平方米，比上年增加 1.8 平方米，增长 3.9%。

城镇就业基本稳定。2013 年，全市从业人员 446.4 万人，其中第一产业从业人员 132.9 万人，第二产业从业人员 146.9 万人，第三产业从业人员 166.6 万人。全市新增就业人员数 11 万人，下岗失业再就业人员 7.7 万人。城镇登记失业率 2.14%。

社会保障日益完善。2013 年，盐城社会保障水平稳步提高，全市开展社会保险全覆盖街道(社区)创建活动，在全省率先同步实施城镇职工和居民大病保险制度，全市养老保险、医疗保险、失业保险覆盖面分别达到 97.1%、96.8 %和 96.5%。年末全市参加养老保险人数 135.6 万人，参加基本医疗保险人数为 245.7 万人，参加失业保险人数为 67.5 万人。

十二、城市建设和环境保护

城市建设成效显著。2013 年，市区建成区面积 95.5 平方公里，建成区绿化覆盖面积 3860 公顷，绿化覆盖率 40.5%。全市城市化率 57.2%，比上年提升 1.4 个百分点。全年实施重点城建工程和为民办实事项目 7 大类共 19 项，其中直接实施的 16 个项目，总投资 16.5 亿元，年内完成投资 9.3 亿元。“露水增绿”工程积极推进，“三河十园”已先后建成植物园、东亭湖公园、润都公园、天山公园等 11 个项目，新增绿地面积 300 多公顷；完成解放路、世纪大道、亭湖大道等城市主干道和盐渎公园、人民公园、迎宾公园等一批“增量提档升级”工程；水环境整治已完成小新河景观带建设，串场河景观带全力推进，开工建设了通榆河生态走廊、跃进河整治配套项目、先锋岛周边河道整治等项目。

生态环境持续改善。2013 年，全市积极推进“清水走廊”建设和淮河流域水污染防治工作。全市 11 个主要饮用水源达标率为 100%。加强沿海化工园区整治力度和陆源污染排放监管，组织实施海洋生态修复工作。全面开展 PM2.5 监测，限期淘汰高污染车辆，启动油气回收治理工作，2013 年市区空气优良天数比例达 68.8%，空气环境质量全省最优。

注：本公报部分指标值为快报数，最终年报数据以《盐城统计年鉴 2014》公布数据为准。

一、综　合

GENERAL SURVEY

自 然 概 况

位置

盐城市地处江淮平原东部，浦东经济开发区、长江三角洲辐射区内。位于东经119度27分到120度54分、北纬32度34分至34度28分之内，东临黄海，南与南通市、泰州市毗邻，西与扬州、淮安市相连，北与连云港市接壤。

地貌

盐城地形皆为平原，南北地区分别由长江和黄河携带的泥沙，经海潮、风浪作用沉积而成，地势最高处在灌溉总渠两侧、废黄河两岸高地和响坎两岸，海拔8—9米，最低处在大纵湖、北龙港一线，真高只有0.7—1米。

面积

土地16972平方公里。东部有海岸线582公里，占江苏省海岸线总长度的56%。沿海滩涂面积680多万亩，占全省沿海滩涂面积的75%。

人口

总人口823.77万人，其中非农业人口371.52万人，占总人口的45.10%，人口密度486人/平方公里。

河流

盐城境内渠港湾四通八达，通榆运河纵贯南北，苏北灌溉总渠、串场河、中山河、射阳河、新洋港、斗龙港等著名河流纵横交错。

气候

盐城处于亚热带向暖温带的过渡区，也是我国南北的连接区，年日照时数2102小时，年均气温15.3摄氏度，年降水量795毫米，土地肥沃，水域广阔，气候温和，四季分明，冷暖有常，雨量适中，宜农宜林，宜牧宜渔。

1－1　气　象　水　文

（2013 年）

指　　标	2013 年	指　　标	2013 年
一、温度		年平均风速（米/秒）	3.4
年平均气温（摄氏）（度）	15.3	全年大风日数（天）	11
年平均最高气温（度）	20.1	五、霜雪	
年平均最低气温（度）	11.6	初霜日（月、日）	11 月 12 日
地面温度极端最高（度）	57.3	终日（月、日）	3 月 25 日
出现日期（月、日）	5 月 14 日	初雪日（月、日）	12 月 26 日
地面温度极端最低（度）	-7.2	终日（月、日）	2 月 19 日
出现日期（月、日）	12 月 29 日	六、全年蒸发总量（毫米）	1659.9
二、降水		七、水位（市区）	
年降水总量（毫米）	794.7	最高水位（米）	1.50
年降雨日数（日）	67	发生日期（月、日）	7 月 8 日
三、日照		最低水位（米）	0.45
年日照时数（小时）	2102.2	发生日期（月、日）	7 月 2 日
年日照百分数（%）	47	年平均水位（米）	0.8
四、风力、风速			

1－2 行政区划和土地面积

（2013年）

地　　区	镇（个）	办事处（个）	村民委员会（个）	居民委员会（个）	土地面积（平方公里）
全　　市	**99**	**13**	**1826**	**604**	**16972**
市　　区	14	13	293	189	1862
#亭湖	6	9	123	99	732
盐都	8	4	170	90	1047
响 水 县	8		100	52	1461
滨 海 县	12		261	35	1915
阜 宁 县	14		247	94	1439
射 阳 县	13		150	90	2855
建 湖 县	12		199	47	1160
东 台 市	14		368	43	3221
大 丰 市	12		208	54	3059

1－3　街道、乡(镇)名称及行政区划代码

(2013 年)

街道或乡(镇)名　称	行政区划代码	街道或乡(镇)名　称	行政区划代码
亭湖区	320902000000	陈家港镇	320921101000
五星街道	320902001000	小尖镇	320921102000
文峰街道	320902002000	黄圩镇	320921103000
先锋街道	320902003000	大有镇	320921104000
毓龙街道	320902004000	双港镇	320921105000
新洋街道	320902007000	南河镇	320921106000
大洋街道	320902008000	运河镇	320921107000
伍佑街道(城南新区)	320902050000	县开发区	320921400000
黄海街道(城南新区)	320902051000	省属黄海农场	320921401000
新河街道(城南新区)	320902052000	省属灌东盐场	320921402000
新城街道(盐城经济技术开发区)	320902053000	滨海县	320922000000
南洋镇	320902100000	东坎镇	320922100000
新兴镇	320902102000	五汛镇	320922101000
便仓镇	320902104000	蔡桥镇	320922102000
盐东镇	320902107000	正红镇	320922103000
黄尖镇	320902108000	通榆镇	320922104000
步凤镇(盐城经济技术开发区)	320902150000	界牌镇	320922105000
亭湖新区	320902400000	八巨镇	320922106000
环保产业园	320902402000	八滩镇	320922107000
盐都区	320903000000	滨淮镇	320922109000
张庄街道	320903002000	天场镇	320922110000
盐龙街道	320903003000	陈涛镇	320922111000
潘黄街道	320903004000	滨海港镇	320922112000
滨湖街道	320903005000	滨淮农场	320922400000
北龙港街道	320903006000	新滩盐场	320922401000
中兴街道	320903007000	开发区工业园	320922402000
葛武街道	320903008000	开发区沿海工业园	320922403000
北蒋街道	320903009000	滨海港经济区	320922404000
鞍湖街道	320903010000	滨海县现代农业产业园区	320922405000
冈中街道	320903011000	阜宁县	320923000000
新都街道(城南新区)	320903050000	阜城镇	320923100000
大纵湖镇	320903100000	沟墩镇	320923101000
楼王镇	320903102000	陈良镇	320923102000
学富镇	320903103000	三灶镇	320923103000
尚庄镇	320903105000	郭墅镇(澳洋工业园)	320923104000
秦南镇	320903108000	新沟镇	320923105000
龙冈镇	320903109000	陈集镇	320923106000
郭猛镇	320903111000	羊寨镇	320923107000
大冈镇	320903112000	芦蒲镇	320923108000
新区管委会	320903400000	板湖镇	320923109000
农村经济开发区	320903402000	东沟镇	320923110000
响水县	320921000000	益林镇	320923111000
响水镇	320921100000	古河镇	320923112000

1-3 续表

街道或乡(镇)名　称	行政区划代码	街道或乡(镇)名　称	行政区划代码
罗桥镇	320923113000	溱东镇	320981100000
开发区	320923400000	时堰镇	320981101000
金沙湖管委会	320923401000	五烈镇	320981106000
射阳县	320924000000	梁垛镇	320981107000
合德镇	320924100000	安丰镇	320981108000
临海镇	320924101000	南沈灶镇	320981109000
千秋镇	320924102000	富安镇	320981110000
四明镇	320924104000	唐洋镇	320981112000
海河镇	320924106000	新街镇	320981113000
海通镇	320924108000	许河镇	320981114000
兴桥镇	320924109000	三仓镇	320981115000
新坍镇	320924110000	头灶镇	320981118000
长荡镇	320924111000	弶港镇	320981121000
盘湾镇	320924112000	东台镇	320981122000
特庸镇	320924113000	江苏省新曹农场	320981400000
洋马镇	320924114000	江苏省农垦弶港农场	320981401000
黄沙港镇	320924117000	开发区	320981409000
县经济开发区	320924400000	沿海经济区	320981410000
淮海农场	320924401000	城东新区	320981411000
临海农场	320924402000	西溪景区	320981412000
新洋农场	320924403000	大丰市	320982000000
盐场	320924404000	大中镇	320982100000
射阳港经济区	320924406000	草堰镇	320982101000
建湖县	320925000000	白驹镇	320982102000
近湖镇	320925100000	刘庄镇	320982103000
建阳镇	320925101000	西团镇	320982104000
九龙口镇	320925102000	小海镇	320982105000
恒济镇	320925103000	大桥镇	320982106000
颜单镇	320925104000	草庙镇	320982107000
沿河镇	320925105000	万盈镇	320982108000
芦沟镇	320925106000	南阳镇	320982109000
庆丰镇	320925107000	新丰镇	320982110000
上冈镇	320925108000	三龙镇	320982111000
冈西镇	320925111000	大中农场	320982400000
宝塔镇	320925113000	方强农场	320982401000
高作镇	320925114000	东坝头农场	320982402000
开发区	320925400000	大丰经济开发区管委会	320982403000
高新技术经济区	320925401000	大丰港经济开发区管委会	320982404000
东台市	320981000000	大丰常州高新区管委会	320982405000

1－4 国民经济与社会发展主要指标

(2000–2013 年)

指 标	2000 年	2005 年	2008 年	2010 年	2011 年	2012 年	2013 年
一、人 口							
年末总人口(万人)	795.57	798.67	811.70	816.12	820.69	822.40	823.77
#非农业人口	212.33	285.84	303.82	324.40	348.45	366.31	371.52
二、从业人员数(万人)	331.68	318.36	336.11	454.70	450.80	447.66	446.40
#城镇单位就业人员	57.97	48.28	50.34	51.91	52.78	53.82	88.63
#国有职工	35.40	24.53	24.61	24.16	24.43	24.67	24.32
城镇集体职工	12.65	2.44	1.90	1.62	1.67	1.66	2.15
三、地区生产总值(亿元)	548.59	1058.10	1688.28	2266.26	2771.33	3120.00	3475.50
第一产业增加值	165.14	240.58	306.30	363.71	416.83	456.13	489.18
第二产业增加值	211.94	465.59	808.37	1096.55	1306.26	1472.87	1635.98
第三产业增加值	171.51	351.93	573.61	806.00	1048.24	1191.00	1350.34
四、主要工业产品产量							
发电量(亿千瓦小时)	26.40	67.04	62.83	51.71	49.72	112.90	161.30
合成氨(万吨)	13.43	13.76	29.13	18.27	28.52	40.00	45.86
拖拉机(万台)	6.18	2.56	2.40	2.57	3.00	5.89	2.30
纱(万吨)	20.99	49.79	75.24	85.20	88.62	100.34	103.98
布(亿米)	3.00	4.37	8.16	11.54	7.38	8.90	10.04
丝织品(万米)	2848	2182	7212	1468	1377	1578	2171
原盐(万吨)	72.14	82.54	51.57	51.00	44.44	54.75	53.06
水泥(万吨)	229	752	1454	1898	1791	1918	1969
五、主要农产品产量							
粮食(万吨)	479.01	483.96	603.03	651.66	661.79	672.71	686.51
棉花(万吨)	16.21	17.19	18.36	13.61	13.39	10.92	9.75
油料(万吨)	28.23	44.37	33.60	33.43	28.77	30.94	31.52
生猪年末存栏数(万头)	331.82	374.53	314.51	402.65	410.67	384.55	374.97
水产品(万吨)	58.39	82.09	94.05	98.69	102.02	106.11	110.06
肉类总产量(万吨)	61.67	69.30	63.23	80.22	85.29	88.94	88.93
蚕茧(万吨)	1.81	2.41	2.91	3.05	2.70	2.71	2.60
禽蛋(万吨)	65.56	76.43	70.00	86.82	88.06	94.39	96.29
六、运输和邮电 *							
客运量(万人)	5789	6544	9176	11946	13225	14153	9284
货运量(万吨)	6714	7630	10786	14621	15951	17401	13465
旅客周转量(亿人公里)	48.60	58.39	77.36	125.37	139.47	148.07	83.07
货物周转量(亿吨公里)	95.74	109.76	156.58	211.24	243.84	273.22	339.82
邮电业务收入(万元)	123818	254925	391839	425579	422236	537307	784569

* 注:运输不含航空、铁路运输量。

1-4 续表

指　　标	2000 年	2005 年	2008 年	2010 年	2011 年	2012 年	2013 年
出口计费函件(万件)	1974	2378	4768	4873	5037	3992	4292
订销报纸累计份数(万份)	16962	9434	10961	11088	11671	11343	11651
七、固定资产投资							
固定资产投资额(亿元)*	145.88	500.00	1120.17	1891.05	1586.98	1940.89	2217.69
城镇投资	60.60	265.06	650.01	1054.95	1289.02	1601.87	1859.09
# 房地产开发	11.89	52.24	109.02	165.47	214.37	273.41	327.31
八、内外贸易、旅游							
社会消费品零售总额(亿元)	176.63	316.91	542.78	759.5	895.09	1023.20	1163.38
自营出口额(万美元)	27466	87045	210621	231916	297841	346483	377860
实际利用外资(万美元)	19269	16183	94394	130355	168778	211103	154983
接待境外旅客人数(万人)	1.09	4.07	5.07	6.21	7.20	8.00	2.60
九、财　政							
财政收入(亿元)	28.43	86.89	216.00	516.72	764.95	857.70	963.02
# 公共财政预算收入		37.89	90.30	191.35	269.04	312.78	366.77
财政支出(亿元)	28.57	89.03	233.63	503.30	761.26	854.69	984.16
十、物　价							
商品零售价格总指数(%)	99.1	100.2	105.7	103.8	105.6	103.3	101.7
居民消费价格总指数(%)	101.0	101.4	104.9	103.5	105.0	102.8	102.7
十一、科技、教育							
各类学校在校学生(万人)*	141.11	123.63	108.02	111.46	110.66	107.09	106.27
# 高等学校在校学生	1.32	3.26	5.18	5.67	5.53	5.46	5.49
中等专业学校在校学生	3.48	5.05	2.46	4.17	3.84	3.72	2.84
普通中学在校学生	43.94	52.49	39.09	34.33	31.88	29.99	28.24
小学在校学生	76.02	42.57	36.77	35.97	36.56	38.37	40.41
十二、卫　生							
卫生机构数(个)*	873	1084	735	2858	3059	3088	3067
床位(张)	13351	14995	17013	20128	22927	26598	30461
卫生技术人员(人)	20287	19665	20142	22235	24204	29749	32883
# 医生	8855	9076	9008	9244	9903	13945	15008
十三、人民生活(元)							
在岗职工工资总额(亿元)	43.64	62.63	106.56	147.17	173.03	202.36	372.89
在岗职工平均工资	7739	13648	22380	30462	35499	40357	43052
市区城市居民人均可支配收入	6494	10580	15862	20003	22851	25867	28402
农民人均纯收入	3445	4893	6867	8751	10511	11898	13344

* 全社会固定资产投资从 2011 年起统计范围由 50 万元以上调整到 500 万元以上；
各类学校在校学生数不含成人学校和技工学校学生数；
从 2011 年起省卫生厅调整统计口径，将村卫生室及其人员纳入统计范围。

1－5 国民经济主要指标人均水平

(2000–2013 年)

指 标	2000 年	2005 年	2008 年	2010 年	2011 年	2012 年	2013 年
地区生产总值(元)	6664	13529	22359	30741	38222	43172	48150
财政收入(元)	357	1088	2665	7009	10550	11868	13342
# 公共财政预算收入		474	1114	2596	3711	4328	5074
财政支出(元)	360	1114	1895	6827	10499	11827	13635
主要工农业产品产量							
发电量(千瓦时)	332	839	775	701	686	1562	2235
纱(公斤)	26	62	93	116	122	139	144
布(米)	38	55	101	157	102	123	139
粮食(公斤)	603	606	744	884	913	931	951
棉花(公斤)	20	22	23	18	18	15	13
油料(公斤)	36	56	41	45	40	43	44
全社会固定资产投资额(元)	1836	6260	13816	25652	21887	26857	30724
社会消费品零售额(元)	2223	3968	6695	10302	12345	14158	16095
外贸自营出口总额(美元)	35	109	260	315	411	479	523
人民生活							
在岗职工平均工资(元)	7739	13648	22380	30462	35499	40357	43052
城市居民可支配收入(元)	6494	10580	15862	20003	22851	25867	28402
城市居民消费支出(元)	5245	7293	9174	41245	15149	17107	19015
农民纯收入(元)	3445	4893	6867	8751	10511	11898	13344
农民生活消费支出(元)	2257	3016	4274	5074	6142	6998	7712
城乡居民储蓄存款(元)	3340	7429	10678	15353	17490	21080	24844
农村居民居住面积(平方米)	26.82	32.94	36.88	39.37	44.73	45.13	46.89

1－6 各县(市、区)城市建设、

(20

指标名称	单位	全市	市区
城市维护建设资金支出	万元	1502849	127370
供水综合生产能力(包括自备水源)	万吨/日	126	44
供水总量	万吨	21621	7210
售水量	万吨	18400	6051
#居民家庭用水	万吨	10377	3886
用水人口	万人	243.45	78.38
公共汽(电)车运营车辆数	辆	1137	549
公共汽(电)车客运总量	万人次	11303	7250
出租汽车数	辆	2846	1010
煤气(人工煤气、天然气)供气总量	万立方米	13833	9600
#家庭用量	万立方米	3837	2300
煤气用气人口	人	968700	492000
液化石油气供气总量	吨	63477	24500
#家庭用量	吨	52900	20000
液化石油气用气人口	人	1449000	287100
道路面积	万平方米	4399	1679
排水管道长度	公里	3191	1093
建成区绿化覆盖面积	公顷	12014	3860
绿地面积	公顷	14068	4040
公园绿地面积	公顷	2918	944
工业废水排放量	万吨	17555	5253
工业二氧化硫产生量	吨	134021	18602
工业二氧化硫排放量	吨	44815	11593
化学需氧量排放量	吨	21105	5120
氮氧化物排放量	吨	30786	11008
工业烟(粉)尘去除量	吨	1277259	280218
工业烟(粉)尘排放量	吨	29705	12679
一般工业固体废物综合利用率	%	79.6	0.0

* 城建指标的统计范围为市区或县城。环保指标统计范围为全部行政区域。

环境保护统计指标 *

13 年)

响 水	滨 海	阜 宁	射 阳	建 湖	东 台	大 丰
31699	29908	56070	110411	42790	67054	1037547
5	9	10	9	15	20	15
1178	2067	2316	2614	2530	1783	1923
1033	1822	2104	1921	2320	1451	1698
406	1310	953	775	1052	1076	920
13.19	22.10	33.90	21.58	23.10	31.50	19.70
48	64	62	88	159	120	47
170	556	366	995	920	657	389
202	300	200	300	251	383	200
210	917	506	220	540	993	847
130	83	93	147	240	545	299
35000	45000	106100	66600	63000	70000	91000
3860	5733	9240	4420	5000	1924	8800
3275	4371	9239	4015	4200	1700	6100
95200	174000	230000	143700	168000	245000	106000
200	332	482	310	366	636	394
183	341	280	267	342	405	280
849	1273	1583	897	1020	1423	1109
803	2005	2266	1048	1040	1802	1064
161	252	390	274	300	397	200
778	1189	1149	1800	1455	3472	2459
31588	3732	7371	51228	4989	10897	5614
5661	2346	4007	7167	2228	7542	4271
1020	2053	1450	3728	1450	3998	2286
4450	1735	1864	4038	1516	3317	2858
408918	36993	27514	330537	42408	94250	56422
2674	2412	1495	3006	2189	2087	3162
51.3	99.0	99.4	94.4	87.9	100.0	99.1

1－7 盐城市全面建成小康社会进程监测统计资料

(2013 年)

指 标 名 称	计量单位	权重	目标值	实现值	得分
一、经济发展		26.0			20.27
1、人均地区生产总值(2010 年不变价)	元	6.0	90000	46121.00	3.07
2、二、三产业增加值占 GDP 比重	%	3.0	92	85.90	2.80
3、城镇化率	%	3.0	65	57.20	2.64
4、信息化发展水平	%	5.0	80	78.38	4.90
5、现代农业发展水平	%	5.0	85	71.74	4.22
6、研发经费支出占 GDP 比重	%	4.0	2.5	1.65	2.64
二、人民生活		22.0			15.81
7、居民收入水平					
(1)城镇居民人均可支配收入	元	2.7	46000	24119.00	1.40
(2)农村居民人均纯收入	元	2.7	20000	13344.00	1.78
(3)城乡居民收入达标人口比例	%	2.7	>50	12.20	0.65
8、居民住房水平					
(1)城镇家庭住房成套比例	%	2.0	90	85.33	1.90
(2)农村家庭住房成套比例	%	2.0	80	37.14	0.93
9、公共交通服务水平					
(1)城市万人公交车拥有量	标台	2.0	15	8.70	1.16
(2)行政村客运班线通达率	%	2.0	100	100.00	2.00
10、城镇登记失业率	%	3.0	<4	2.14	3.00
11、恩格尔系数	%	3.0	<40	34.90	3.00
三、社会发展		22.0			19.36
12、现代教育发展水平	%	5.0	85	64.71	3.81
13、基本社会保障					
(1)城乡基本养老保险覆盖率	%	1.6	97	96.52	1.59
(2)城乡基本医疗保险覆盖率	%	1.6	97	97.01	1.60
(3)失业保险覆盖率	%	1.6	97	96.28	1.59
(4)城镇住房保障体系健全率	%	1.6	90	76.33	1.36
(5)每千名老人拥有养老床位数	张	1.6	32	33.94	1.60
14、文化产业增加值占 GDP 比重	%	3.0	5	3.03	1.82
15、人均拥有公共文化体育设施面积	平方米	3.0	2.3	2.51	3.00
16、每千人拥有医生数	人	3.0	2	2.08	3.00
四、民主法治		12.0			11.62
17、党风廉政建设满意度	%	4.0	80	72.93	3.65
18、法治和平安建设水平					
(1)法治建设满意度	%	2.0	80	91.94	2.00
(2)公众安全感	%	2.0	90	95.33	2.00
19、城乡居民依法自治					
(1)城镇居委会依法自治达标率	%	2.0	92	95.20	2.00
(2)农村村委会依法自治达标率	%	2.0	97	95.50	1.97
五、生态环境		18.0			15.84
20、单位 GDP 能耗	吨标煤/万元	5.0	<0.62	0.61	5.00
21、环境质量					
(1)空气质量达到二级标准的天数比例	%	2.0	60	68.30	2.00
(2)地表水好于Ⅲ类水质的比例	%	2.0	60	56.90	1.90
(3)城镇污水达标处理率	%	2.0	90	67.10	1.49
(4)村庄环境整治达标率	%	2.0	95	40.90	0.86
22、绿化水平					
(1)林木覆盖率	%	2.5	22	25.00	2.50
(2)城镇绿化覆盖率	%	2.5	38	31.84	2.09
综合得分	分	100.0	—		82.91

1-8　亭湖区全面建成小康社会进程监测统计资料

(2013年)

指　标　名　称	计量单位	权重	目标值	实现值	得分
一、经济发展		26.0			22.70
1、人均地区生产总值(2010年不变价)	元	6.0	90000	53258.00	3.55
2、二、三产业增加值占GDP比重	%	3.0	92	89.90	2.93
3、城镇化率	%	3.0	55	88.98	3.00
4、信息化发展水平 *	%	5.0	80	80.05	5.00
5、现代农业发展水平 *	%	5.0	85	71.7	4.22
6、研发经费支出占GDP比重	%	4.0	1.5	2.03	4.00
二、人民生活		22.0			16.64
7、居民收入水平					
(1)城镇居民人均可支配收入	元	2.7	46000	28914.00	1.68
(2)农村居民人均纯收入	元	2.7	20000	14972.00	2.00
(3)城乡居民收入达标人口比例	%	2.7	>50	17.30	0.92
8、居民住房水平					
(1)城镇家庭住房成套比例 *	%	2.0	90	85.39	1.90
(2)农村家庭住房成套比例	%	2.0	80	44.07	1.10
9、公共交通服务水平					
(1)城市万人公交车拥有量 *	标台	2.0	15	7.82	1.04
(2)行政村客运班线通达率	%	2.0	100	100.00	2.00
10、城镇登记失业率	%	3.0	<4	2.01	3.00
11、恩格尔系数	%	3.0	<40	30.40	3.00
三、社会发展		22.0			21.35
12、现代教育发展水平 *	%	5.0	85	82.26	4.84
13、基本社会保障					
(1)城乡基本养老保险覆盖率	%	1.6	97	96.85	1.60
(2)城乡基本医疗保险覆盖率	%	1.6	97	97.03	1.60
(3)失业保险覆盖率	%	1.6	97	96.42	1.59
(4)城镇住房保障体系健全率 *	%	1.6	90	78.31	1.39
(5)每千名老人拥有养老床位数	张	1.6	32	26.70	1.34
14、文化产业增加值占GDP比重	%	3.0	3	5.03	3.00
15、人均拥有公共文化体育设施面积	平方米	3.0	2.3	2.68	3.00
16、每千人拥有医生数	人	3.0	2	2.65	3.00
四、民主法治		12.0			11.65
17、党风廉政建设满意度 *	%	4.0	80	72.93	3.65
18、法治和平安建设水平					
(1)法治建设满意度	%	2.0	80	89.00	2.00
(2)公众安全感	%	2.0	90	95.50	2.00
19、城乡居民依法自治					
(1)城镇居委会依法自治达标率	%	2.0	92	98.20	2.00
(2)农村村委会依法自治达标率	%	2.0	97	98.00	2.00
五、生态环境		18.0			16.26
20、单位GDP能耗	吨标煤/万元	5.0	<0.62	0.64	4.84
21、环境质量					
(1)空气质量达到二级标准的天数比例 *	%	2.0	60	68.30	2.00
(2)地表水好于Ⅲ类水质的比例 *	%	2.0	60	56.90	1.90
(3)城镇污水达标处理率 *	%	2.0	90	77.76	1.73
(4)村庄环境整治达标率	%	2.0	95	50.20	1.06
22、绿化水平					
(1)林木覆盖率	%	2.5	22	20.67	2.35
(2)城镇绿化覆盖率 *	%	2.5	38	36.29	2.39
综合得分	分	100.0	—		88.60

注:1、本表数据未经省局认定;2、“*”指标由于没有亭湖区本身数据,故采用全市数、大市区数及评估数。

1－9　盐都区全面建成小康社会进程监测统计资料

（2013 年）

指　标　名　称	计量单位	权重	目标值	实现值	得分
一、经济发展		26.0			22.45
1、人均地区生产总值(2010 年不变价)	元	6.0	90000	53204.00	3.55
2、二、三产业增加值占 GDP 比重	%	3.0	92	88.40	2.88
3、城镇化率	%	3.0	55	58.10	3.00
4、信息化发展水平	%	5.0	80	78.40	4.90
5、现代农业发展水平	%	5.0	85	74.00	4.36
6、研发经费支出占 GDP 比重	%	4.0	1.5	1.40	3.76
二、人民生活		22.0			16.62
7、居民收入水平					
(1)城镇居民人均可支配收入	元	2.7	46000	26254.00	1.52
(2)农村居民人均纯收入	元	2.7	20000	14352.00	1.91
(3)城乡居民收入达标人口比例	%	2.7	>50	15.60	0.83
8、居民住房水平					
(1)城镇家庭住房成套比例	%	2.0	90	80.23	1.78
(2)农村家庭住房成套比例	%	2.0	80	56.43	1.41
9、公共交通服务水平					
(1)城市万人公交车拥有量	标台	2.0	15	8.70	1.16
(2)行政村客运班线通达率	%	2.0	100	100.00	2.00
10、城镇登记失业率	%	3.0	<4	1.94	3.00
11、恩格尔系数	%	3.0	<40	34.30	3.00
三、社会发展		22.0			21.29
12、现代教育发展水平	%	5.0	85	79.97	4.70
13、基本社会保障					
(1)城乡基本养老保险覆盖率	%	1.6	97	95.63	1.58
(2)城乡基本医疗保险覆盖率	%	1.6	97	96.47	1.59
(3)失业保险覆盖率	%	1.6	97	95.09	1.57
(4)城镇住房保障体系健全率	%	1.6	90	76.81	1.37
(5)每千名老人拥有养老床位数	张	1.6	32	37.91	1.60
14、文化产业增加值占 GDP 比重	%	3.0	3	2.90	2.90
15、人均拥有公共文化体育设施面积	平方米	3.0	2.3	2.56	3.00
16、每千人拥有医生数	人	3.0	2	1.99	2.99
四、民主法治		12.0			11.52
17、党风廉政建设满意度	%	4.0	80	71.16	3.56
18、法治和平安建设水平					
(1)法治建设满意度	%	2.0	80	91.00	2.00
(2)公众安全感	%	2.0	90	93.00	2.00
19、城乡居民依法自治					
(1)城镇居委会依法自治达标率	%	2.0	92	95.10	2.00
(2)农村村委会依法自治达标率	%	2.0	97	95.10	1.96
五、生态环境		18.0			15.17
20、单位 GDP 能耗	吨标煤/万元	5.0	<0.62	0.37	5.00
21、环境质量					
(1)空气质量达到二级标准的天数比例	%	2.0	60	82.20	2.00
(2)地表水好于Ⅲ类水质的比例	%	2.0	60	100.00	2.00
(3)城镇污水达标处理率	%	2.0	90	69.56	1.55
(4)村庄环境整治达标率	%	2.0	95	19.96	0.42
22、绿化水平					
(1)林木覆盖率	%	2.5	22	17.90	2.03
(2)城镇绿化覆盖率	%	2.5	38	33.02	2.17
综合得分	分	100.0	—		87.05

1－10　响水县全面建成小康社会进程监测统计资料

(2013年)

指　标　名　称	计量单位	权重	目标值	实现值	得分
一、经济发展		26.0			19.99
1、人均地区生产总值(2010年不变价)	元	6.0	90000	39022.00	2.60
2、二、三产业增加值占GDP比重	%	3.0	92	81.30	2.65
3、城镇化率	%	3.0	55	49.60	2.71
4、信息化发展水平	%	5.0	80	76.37	4.77
5、现代农业发展水平	%	5.0	85	68.97	4.06
6、研发经费支出占GDP比重	%	4.0	1.5	1.20	3.20
二、人民生活		22.0			14.23
7、居民收入水平					
(1)城镇居民人均可支配收入	元	2.7	46000	20045.00	1.16
(2)农村居民人均纯收入	元	2.7	20000	11084.00	1.48
(3)城乡居民收入达标人口比例	%	2.7	>50	10.50	0.56
8、居民住房水平					
(1)城镇家庭住房成套比例	%	2.0	90	75.68	1.68
(2)农村家庭住房成套比例	%	2.0	80	35.38	0.88
9、公共交通服务水平					
(1)城市万人公交车拥有量	标台	2.0	15	3.50	0.47
(2)行政村客运班线通达率	%	2.0	100	100.00	2.00
10、城镇登记失业率	%	3.0	<4	2.21	3.00
11、恩格尔系数	%	3.0	<40	36.90	3.00
三、社会发展		22.0			18.61
12、现代教育发展水平	%	5.0	85	55.53	3.27
13、基本社会保障					
(1)城乡基本养老保险覆盖率	%	1.6	97	95.71	1.58
(2)城乡基本医疗保险覆盖率	%	1.6	97	96.44	1.59
(3)失业保险覆盖率	%	1.6	97	95.91	1.58
(4)城镇住房保障体系健全率	%	1.6	90	80.42	1.43
(5)每千名老人拥有养老床位数	张	1.6	32	34.56	1.60
14、文化产业增加值占GDP比重	%	3.0	3	1.86	1.86
15、人均拥有公共文化体育设施面积	平方米	3.0	2.3	2.19	2.86
16、每千人拥有医生数	人	3.0	2	1.90	2.85
四、民主法治		12.0			11.55
17、党风廉政建设满意度	%	4.0	80	71.02	3.55
18、法治和平安建设水平					
(1)法治建设满意度	%	2.0	80	92.00	2.00
(2)公众安全感	%	2.0	90	98.00	2.00
19、城乡居民依法自治					
(1)城镇居委会依法自治达标率	%	2.0	92	96.00	2.00
(2)农村村委会依法自治达标率	%	2.0	97	97.50	2.00
五、生态环境		18.0			10.46
20、单位GDP能耗	吨标煤/万元	5.0	<0.62	1.74	1.78
21、环境质量					
(1)空气质量达到二级标准的天数比例	%	2.0	60	90.10	2.00
(2)地表水好于Ⅲ类水质的比例	%	2.0	60	20.00	0.67
(3)城镇污水达标处理率	%	2.0	90	35.85	0.80
(4)村庄环境整治达标率	%	2.0	95	40.04	0.84
22、绿化水平					
(1)林木覆盖率	%	2.5	22	26.50	2.50
(2)城镇绿化覆盖率	%	2.5	38	28.43	1.87
综合得分	分	100.0	—		74.84

1－11 滨海县全面建成小康社会进程监测统计资料

(2013 年)

指标名称	计量单位	权重	目标值	实现值	得分
一、经济发展		26.0			19.19
1、人均地区生产总值(2010 年不变价)	元	6.0	90000	30257.00	2.02
2、二、三产业增加值占 GDP 比重	%	3.0	92	82.30	2.68
3、城镇化率	%	3.0	55	48.80	2.66
4、信息化发展水平	%	5.0	80	76.54	4.78
5、现代农业发展水平	%	5.0	85	69.81	4.11
6、研发经费支出占 GDP 比重	%	4.0	1.5	1.10	2.93
二、人民生活		22.0			14.38
7、居民收入水平					
(1)城镇居民人均可支配收入	元	2.7	46000	21037.00	1.22
(2)农村居民人均纯收入	元	2.7	20000	11702.00	1.56
(3)城乡居民收入达标人口比例	%	2.7	>50	10.20	0.54
8、居民住房水平					
(1)城镇家庭住房成套比例	%	2.0	90	95.08	2.00
(2)农村家庭住房成套比例	%	2.0	80	25.63	0.64
9、公共交通服务水平					
(1)城市万人公交车拥有量	标台	2.0	15	3.10	0.41
(2)行政村客运班线通达率	%	2.0	100	100.00	2.00
10、城镇登记失业率	%	3.0	<4	2.10	3.00
11、恩格尔系数	%	3.0	<40	35.00	3.00
三、社会发展		22.0			19.77
12、现代教育发展水平	%	5.0	85	57.84	3.40
13、基本社会保障					
(1)城乡基本养老保险覆盖率	%	1.6	97	95.71	1.58
(2)城乡基本医疗保险覆盖率	%	1.6	97	95.91	1.58
(3)失业保险覆盖率	%	1.6	97	95.47	1.57
(4)城镇住房保障体系健全率	%	1.6	90	71.46	1.27
(5)每千名老人拥有养老床位数	张	1.6	32	36.16	1.60
14、文化产业增加值占 GDP 比重	%	3.0	3	3.98	3.00
15、人均拥有公共文化体育设施面积	平方米	3.0	2.3	2.43	3.00
16、每千人拥有医生数	人	3.0	2	1.84	2.76
四、民主法治		12.0			11.78
17、党风廉政建设满意度	%	4.0	80	76.45	3.82
18、法治和平安建设水平					
(1)法治建设满意度	%	2.0	80	91.00	2.00
(2)公众安全感	%	2.0	90	95.00	2.00
19、城乡居民依法自治					
(1)城镇居委会依法自治达标率	%	2.0	92	93.10	2.00
(2)农村村委会依法自治达标率	%	2.0	97	95.00	1.96
五、生态环境		18.0			15.31
20、单位 GDP 能耗	吨标煤/万元	5.0	<0.62	0.48	5.00
21、环境质量					
(1)空气质量达到二级标准的天数比例	%	2.0	60	88.20	2.00
(2)地表水好于Ⅲ类水质的比例	%	2.0	60	60.00	2.00
(3)城镇污水达标处理率	%	2.0	90	44.99	1.00
(4)村庄环境整治达标率	%	2.0	95	39.95	0.84
22、绿化水平					
(1)林木覆盖率	%	2.5	22	30.00	2.50
(2)城镇绿化覆盖率	%	2.5	38	29.98	1.97
综合得分	分	100.0	—		80.43

1－12　阜宁县全面建成小康社会进程监测统计资料

(2013 年)

指　标　名　称	计量单位	权重	目标值	实现值	得分
一、经济发展		26.0			20.48
1、人均地区生产总值(2010 年不变价)	元	6.0	90000	35085.00	2.34
2、二、三产业增加值占 GDP 比重	%	3.0	92	83.60	2.73
3、城镇化率	%	3.0	55	50.30	2.74
4、信息化发展水平	%	5.0	80	77.81	4.86
5、现代农业发展水平	%	5.0	85	72.83	4.28
6、研发经费支出占 GDP 比重	%	4.0	1.5	1.32	3.52
二、人民生活		22.0			14.31
7、居民收入水平					
(1)城镇居民人均可支配收入	元	2.7	46000	20115.00	1.17
(2)农村居民人均纯收入	元	2.7	20000	11853.00	1.58
(3)城乡居民收入达标人口比例	%	2.7	>50	9.80	0.52
8、居民住房水平					
(1)城镇家庭住房成套比例	%	2.0	90	84.20	1.87
(2)农村家庭住房成套比例	%	2.0	80	37.67	0.94
9、公共交通服务水平					
(1)城市万人公交车拥有量	标台	2.0	15	1.70	0.23
(2)行政村客运班线通达率	%	2.0	100	100.00	2.00
10、城镇登记失业率	%	3.0	<4	2.03	3.00
11、恩格尔系数	%	3.0	<40	36.10	3.00
三、社会发展		22.0			19.97
12、现代教育发展水平	%	5.0	85	66.47	3.91
13、基本社会保障					
(1)城乡基本养老保险覆盖率	%	1.6	97	96.36	1.59
(2)城乡基本医疗保险覆盖率	%	1.6	97	96.93	1.60
(3)失业保险覆盖率	%	1.6	97	96.02	1.58
(4)城镇住房保障体系健全率	%	1.6	90	81.05	1.44
(5)每千名老人拥有养老床位数	张	1.6	32	51.93	1.60
14、文化产业增加值占 GDP 比重	%	3.0	3	3.48	3.00
15、人均拥有公共文化体育设施面积	平方米	3.0	2.3	2.45	3.00
16、每千人拥有医生数	人	3.0	2	1.50	2.25
四、民主法治		12.0			11.55
17、党风廉政建设满意度	%	4.0	80	71.66	3.58
18、法治和平安建设水平					
(1)法治建设满意度	%	2.0	80	95.00	2.00
(2)公众安全感	%	2.0	90	94.00	2.00
19、城乡居民依法自治					
(1)城镇居委会依法自治达标率	%	2.0	92	95.30	2.00
(2)农村村委会依法自治达标率	%	2.0	97	95.20	1.96
五、生态环境		18.0			15.84
20、单位 GDP 能耗	吨标煤/万元	5.0	<0.62	0.56	5.00
21、环境质量					
(1)空气质量达到二级标准的天数比例	%	2.0	60	94.00	2.00
(2)地表水好于Ⅲ类水质的比例	%	2.0	60	66.70	2.00
(3)城镇污水达标处理率	%	2.0	90	64.50	1.43
(4)村庄环境整治达标率	%	2.0	95	40.84	0.86
22、绿化水平					
(1)林木覆盖率	%	2.5	22	24.90	2.50
(2)城镇绿化覆盖率	%	2.5	38	31.05	2.04
综合得分	分	100.0	—		82.14

1－13 射阳县全面建成小康社会进程监测统计资料

(2013年)

指　标　名　称	计量单位	权重	目标值	实现值	得分
一、经济发展		26.0			20.17
1、人均地区生产总值(2010年不变价)	元	6.0	90000	34862.00	2.32
2、二、三产业增加值占GDP比重	%	3.0	92	78.70	2.57
3、城镇化率	%	3.0	55	52.90	2.89
4、信息化发展水平	%	5.0	80	77.31	4.83
5、现代农业发展水平	%	5.0	85	69.61	4.09
6、研发经费支出占GDP比重	%	4.0	1.5	1.30	3.47
二、人民生活		22.0			14.08
7、居民收入水平					
(1)城镇居民人均可支配收入	元	2.7	46000	21291.00	1.23
(2)农村居民人均纯收入	元	2.7	20000	13121.00	1.75
(3)城乡居民收入达标人口比例	%	2.7	>50	12.10	0.65
8、居民住房水平					
(1)城镇家庭住房成套比例	%	2.0	90	74.51	1.66
(2)农村家庭住房成套比例	%	2.0	80	12.61	0.32
9、公共交通服务水平					
(1)城市万人公交车拥有量	标台	2.0	15	3.60	0.48
(2)行政村客运班线通达率	%	2.0	100	100.00	2.00
10、城镇登记失业率	%	3.0	<4	2.17	3.00
11、恩格尔系数	%	3.0	<40	34.70	3.00
三、社会发展		22.0			18.80
12、现代教育发展水平	%	5.0	85	58.93	3.47
13、基本社会保障					
(1)城乡基本养老保险覆盖率	%	1.6	97	95.67	1.58
(2)城乡基本医疗保险覆盖率	%	1.6	97	95.98	1.58
(3)失业保险覆盖率	%	1.6	97	96.04	1.58
(4)城镇住房保障体系健全率	%	1.6	90	81.22	1.44
(5)每千名老人拥有养老床位数	张	1.6	32	20.43	1.02
14、文化产业增加值占GDP比重	%	3.0	3	2.12	2.12
15、人均拥有公共文化体育设施面积	平方米	3.0	2.3	2.49	3.00
16、每千人拥有医生数	人	3.0	2	2.06	3.00
四、民主法治		12.0			11.61
17、党风廉政建设满意度	%	4.0	80	72.96	3.65
18、法治和平安建设水平					
(1)法治建设满意度	%	2.0	80	90.00	2.00
(2)公众安全感	%	2.0	90	94.50	2.00
19、城乡居民依法自治					
(1)城镇居委会依法自治达标率	%	2.0	92	95.10	2.00
(2)农村村委会依法自治达标率	%	2.0	97	95.00	1.96
五、生态环境		18.0			13.12
20、单位GDP能耗	吨标煤/万元	5.0	<0.62	0.90	3.43
21、环境质量					
(1)空气质量达到二级标准的天数比例	%	2.0	60	87.40	2.00
(2)地表水好于Ⅲ类水质的比例	%	2.0	60	33.30	1.11
(3)城镇污水达标处理率	%	2.0	90	69.92	1.55
(4)村庄环境整治达标率	%	2.0	95	31.55	0.66
22、绿化水平					
(1)林木覆盖率	%	2.5	22	27.60	2.50
(2)城镇绿化覆盖率	%	2.5	38	28.23	1.86
综合得分	分	100.0	—		77.77

1－14 建湖县全面建成小康社会进程监测统计资料

（2013年）

指 标 名 称	计量单位	权重	目标值	实现值	得分
一、经济发展		26.0			21.61
1、人均地区生产总值(2010年不变价)	元	6.0	90000	47803.00	3.19
2、二、三产业增加值占GDP比重	%	3.0	92	87.50	2.85
3、城镇化率	%	3.0	55	53.50	2.92
4、信息化发展水平	%	5.0	80	77.64	4.85
5、现代农业发展水平	%	5.0	85	68.21	4.01
6、研发经费支出占GDP比重	%	4.0	1.5	1.42	3.79
二、人民生活		22.0			14.81
7、居民收入水平					
(1)城镇居民人均可支配收入	元	2.7	46000	23272.00	1.35
(2)农村居民人均纯收入	元	2.7	20000	13156.00	1.75
(3)城乡居民收入达标人口比例	%	2.7	>50	11.50	0.61
8、居民住房水平					
(1)城镇家庭住房成套比例	%	2.0	90	87.00	1.93
(2)农村家庭住房成套比例	%	2.0	80	17.15	0.43
9、公共交通服务水平					
(1)城市万人公交车拥有量	标台	2.0	15	5.50	0.73
(2)行政村客运班线通达率	%	2.0	100	100.00	2.00
10、城镇登记失业率	%	3.0	<4	2.01	3.00
11、恩格尔系数	%	3.0	<40	35.10	3.00
三、社会发展		22.0			20.96
12、现代教育发展水平	%	5.0	85	72.02	4.24
13、基本社会保障					
(1)城乡基本养老保险覆盖率	%	1.6	97	96.81	1.60
(2)城乡基本医疗保险覆盖率	%	1.6	97	96.51	1.59
(3)失业保险覆盖率	%	1.6	97	95.56	1.58
(4)城镇住房保障体系健全率	%	1.6	90	76.28	1.36
(5)每千名老人拥有养老床位数	张	1.6	32	36.07	1.60
14、文化产业增加值占GDP比重	%	3.0	3	3.90	3.00
15、人均拥有公共文化体育设施面积	平方米	3.0	2.3	2.57	3.00
16、每千人拥有医生数	人	3.0	2	2.02	3.00
四、民主法治		12.0			11.66
17、党风廉政建设满意度	%	4.0	80	73.72	3.69
18、法治和平安建设水平					
(1)法治建设满意度	%	2.0	80	92.00	2.00
(2)公众安全感	%	2.0	90	95.00	2.00
19、城乡居民依法自治					
(1)城镇居委会依法自治达标率	%	2.0	92	93.80	2.00
(2)农村村委会依法自治达标率	%	2.0	97	95.50	1.97
五、生态环境		18.0			15.83
20、单位GDP能耗	吨标煤/万元	5.0	<0.62	0.33	5.00
21、环境质量					
(1)空气质量达到二级标准的天数比例	%	2.0	60	82.50	2.00
(2)地表水好于Ⅲ类水质的比例	%	2.0	60	100.00	2.00
(3)城镇污水达标处理率	%	2.0	90	73.24	1.63
(4)村庄环境整治达标率	%	2.0	95	38.13	0.80
22、绿化水平					
(1)林木覆盖率	%	2.5	22	21.60	2.45
(2)城镇绿化覆盖率	%	2.5	38	29.52	1.94
综合得分	分	100.0	—		84.86

1－15 东台市全面建成小康社会进程监测统计资料

(2013年)

指　标　名　称	计量单位	权重	目标值	实现值	得分
一、经济发展		26.0			22.51
1、人均地区生产总值(2010年不变价)	元	6.0	90000	55629.00	3.71
2、二、三产业增加值占GDP比重	%	3.0	92	85.10	2.78
3、城镇化率	%	3.0	55	55.10	3.00
4、信息化发展水平	%	5.0	80	80.05	5.00
5、现代农业发展水平	%	5.0	85	77.53	4.56
6、研发经费支出占GDP比重	%	4.0	1.5	1.30	3.47
二、人民生活		22.0			16.76
7、居民收入水平					
(1)城镇居民人均可支配收入	元	2.7	46000	26241.00	1.52
(2)农村居民人均纯收入	元	2.7	20000	15312.00	2.04
(3)城乡居民收入达标人口比例	%	2.7	>50	17.10	0.91
8、居民住房水平					
(1)城镇家庭住房成套比例	%	2.0	90	94.69	2.00
(2)农村家庭住房成套比例	%	2.0	80	68.02	1.70
9、公共交通服务水平					
(1)城市万人公交车拥有量	标台	2.0	15	4.40	0.59
(2)行政村客运班线通达率	%	2.0	100	100.00	2.00
10、城镇登记失业率	%	3.0	<4	2.01	3.00
11、恩格尔系数	%	3.0	<40	32.70	3.00
三、社会发展		22.0			21.16
12、现代教育发展水平	%	5.0	85	80.80	4.75
13、基本社会保障					
(1)城乡基本养老保险覆盖率	%	1.6	97	96.66	1.59
(2)城乡基本医疗保险覆盖率	%	1.6	97	96.44	1.59
(3)失业保险覆盖率	%	1.6	97	95.86	1.58
(4)城镇住房保障体系健全率	%	1.6	90	79.53	1.41
(5)每千名老人拥有养老床位数	张	1.6	32	29.20	1.46
14、文化产业增加值占GDP比重	%	3.0	3	2.77	2.77
15、人均拥有公共文化体育设施面积	平方米	3.0	2.3	2.54	3.00
16、每千人拥有医生数	人	3.0	2	2.21	3.00
四、民主法治		12.0			11.80
17、党风廉政建设满意度	%	4.0	80	76.75	3.84
18、法治和平安建设水平					
(1)法治建设满意度	%	2.0	80	91.00	2.00
(2)公众安全感	%	2.0	90	96.00	2.00
19、城乡居民依法自治					
(1)城镇居委会依法自治达标率	%	2.0	92	96.10	2.00
(2)农村村委会依法自治达标率	%	2.0	97	95.40	1.97
五、生态环境		18.0			16.07
20、单位GDP能耗	吨标煤/万元	5.0	<0.62	0.51	5.00
21、环境质量					
(1)空气质量达到二级标准的天数比例	%	2.0	60	85.50	2.00
(2)地表水好于Ⅲ类水质的比例	%	2.0	60	81.80	2.00
(3)城镇污水达标处理率	%	2.0	90	69.91	1.55
(4)村庄环境整治达标率	%	2.0	95	40.57	0.85
22、绿化水平					
(1)林木覆盖率	%	2.5	22	26.00	2.50
(2)城镇绿化覆盖率	%	2.5	38	32.91	2.17
综合得分	分	100.0	—		88.31

1－16　大丰市全面建成小康社会进程监测统计资料

(2013 年)

指　标　名　称	计量单位	权重	目标值	实现值	得分
一、经济发展		26.0			22.92
1、人均地区生产总值(2010 年不变价)	元	6.0	90000	61515.00	4.10
2、二、三产业增加值占 GDP 比重	%	3.0	92	84.50	2.76
3、城镇化率	%	3.0	55	54.80	2.99
4、信息化发展水平	%	5.0	80	79.34	4.96
5、现代农业发展水平	%	5.0	85	70.01	4.12
6、研发经费支出占 GDP 比重	%	4.0	1.5	1.50	4.00
二、人民生活		22.0			15.14
7、居民收入水平					
(1)城镇居民人均可支配收入	元	2.7	46000	24707.00	1.43
(2)农村居民人均纯收入	元	2.7	20000	15166.00	2.02
(3)城乡居民收入达标人口比例	%	2.7	>50	16.10	0.86
8、居民住房水平					
(1)城镇家庭住房成套比例	%	2.0	90	79.77	1.77
(2)农村家庭住房成套比例	%	2.0	80	25.52	0.64
9、公共交通服务水平					
(1)城市万人公交车拥有量	标台	2.0	15	3.10	0.41
(2)行政村客运班线通达率	%	2.0	100	100.00	2.00
10、城镇登记失业率	%	3.0	<4	2.07	3.00
11、恩格尔系数	%	3.0	<40	34.40	3.00
三、社会发展		22.0			21.49
12、现代教育发展水平	%	5.0	85	82.26	4.84
13、基本社会保障					
(1)城乡基本养老保险覆盖率	%	1.6	97	96.59	1.59
(2)城乡基本医疗保险覆盖率	%	1.6	97	96.02	1.58
(3)失业保险覆盖率	%	1.6	97	96.40	1.59
(4)城镇住房保障体系健全率	%	1.6	90	72.62	1.29
(5)每千名老人拥有养老床位数	张	1.6	32	31.78	1.59
14、文化产业增加值占 GDP 比重	%	3.0	3	3.07	3.00
15、人均拥有公共文化体育设施面积	平方米	3.0	2.3	2.57	3.00
16、每千人拥有医生数	人	3.0	2	2.40	3.00
四、民主法治		12.0			11.47
17、党风廉政建设满意度	%	4.0	80	70.10	3.51
18、法治和平安建设水平					
(1)法治建设满意度	%	2.0	80	96.00	2.00
(2)公众安全感	%	2.0	90	97.00	2.00
19、城乡居民依法自治					
(1)城镇居委会依法自治达标率	%	2.0	92	96.30	2.00
(2)农村村委会依法自治达标率	%	2.0	97	95.40	1.97
五、生态环境		18.0			13.82
20、单位 GDP 能耗	吨标煤/万元	5.0	<0.62	0.80	3.87
21、环境质量					
(1)空气质量达到二级标准的天数比例	%	2.0	60	84.40	2.00
(2)地表水好于Ⅲ类水质的比例	%	2.0	60	28.60	0.95
(3)城镇污水达标处理率	%	2.0	90	70.36	1.56
(4)村庄环境整治达标率	%	2.0	95	43.47	0.92
22、绿化水平					
(1)林木覆盖率	%	2.5	22	26.20	2.50
(2)城镇绿化覆盖率	%	2.5	38	30.71	2.02
综合得分	分	100.0	—		84.84

1－17　响水县全面建设小康社会进程监测资料

(2013 年)

指　标　名　称	单位	目标值	2013 年实现值	2012 年实现值	2013 年得分
一、经济发展					23.53
1、人均地区生产总值	元	≥24000	40382	35908	10.00
2、二、三产业增加值占 GDP 比重	%	≥92	81.3	80.4	3.53
3、城市化水平	%	45	49.6	48.0	6.00
4、城镇登记失业率	%	<5	2.2	2.3	4.00
二、生活水平					34.00
5、居民收入					
(1)城镇居民人均可支配收入	元	≥16000	20045	18208	7.00
(2)农村居民人均纯收入	元	≥8000	11084	9861	8.00
6、居民住房					
(1)城镇人均住房建筑面积	M^2	30	36.9	36.4	3.00
(2)农村人均钢筋、砖木结构住房面积	M^2	40	45.0	34.5	3.00
7、居民出行					
(1)农村行政村通灰黑公路(或航道)比重	%	100	100.0	100.0	2.00
(2)城镇人均拥有道路面积	M^2	12	15.1	14.9	2.00
8、居民信息化普及程度					
(1)百户家庭电话拥有量	部	200	269.2	275.2	1.00
(2)百户家庭电脑拥有量	台	40	56.9	59.0	2.00
9、居民文教娱乐服务支出占家庭消费支出比重	%	18	19.0	18.2	3.00
10、恩格尔系数	%	<40	36.8	37.7	3.00
三、社会发展					28.00
11、R&D 经费支出占 GDP 比重	%	≥1.0	1.20	1.00	4.00
12、初中毕业生升学率	%	≥90	99.3	98.4	4.00
13、卫生服务体系健全率	%	≥90	99.9	99.9	4.00
14、社会保障					
(1)城镇劳动保障三大保险各自覆盖面	%	≥95	96.5	95.8	4.00
# 城镇基本养老保险	%	≥95	96.2	95.4	
城镇失业保险	%	≥95	96.5	95.7	
城镇基本医疗保险	%	≥95	96.7	96.4	
(2)新型农村合作医疗覆盖面	%	≥85	100.0	100.0	5.00
15、人民群众对社会治安的满意率	%	90	98.0	92.0	3.00
16、城乡村(居)民依法自治					
(1)城镇社区居委会依法自治达标率	%	90	93.5	93.4	2.00
(2)农村村委会依法自治达标率	%	95	95.2	95.0	2.00
四、生态环境					14.00
17、绿化水平					
(1)城市绿化覆盖率	%	40	40.4	39.4	3.00
(2)森林覆盖率	%	20	20.5	20.0	4.00
18、环境质量综合指数	分	80	92.9	93.1	7.00
综合得分					99.53

1－18 滨海县全面建设小康社会进程监测资料

(2013年)

指 标 名 称	单位	目标值	2013年实现值	2012年实现值	2013年得分
一、经济发展					23.58
1、人均地区生产总值	元	≥24000	31794	28245	10.0
2、二、三产业增加值占GDP比重	%	≥92	82.3	81.4	3.6
3、城市化水平	%	45	48.8	47.2	6.0
4、城镇登记失业率	%	<5	2.1	2.2	4.0
二、生活水平					34.0
5、居民收入					15.0
(1)城镇居民人均可支配收入	元	≥16000	21037	19090	7.0
(2)农村居民人均纯收入	元	≥8000	11702	10429	8.0
6、居民住房					6.0
(1)城镇人均住房建筑面积	M^2	30	31.8	33.9	3.0
(2)农村人均钢筋、砖木结构住房面积	M^2	40	40.8	40.2	3.0
7、居民出行					4.0
(1)农村行政村通灰黑公路(或航道)比重	%	100	100.0	100.0	2.0
(2)城镇人均拥有道路面积	M^2	12	15.0	14.4	2.0
8、居民信息化普及程度					3.0
(1)百户家庭电话拥有量	部	200	261.7	242.6	1.0
(2)百户家庭电脑拥有量	台	40	48.9	50.0	2.0
9、居民文教娱乐服务支出占家庭消费支出比重	%	18	18.6	18.0	3.0
10、恩格尔系数	%	<40	35.2	38.7	3.0
三、社会发展					28.0
11、R&D经费支出占GDP比重	%	≥1.0	1.10	1.02	4.0
12、初中毕业生升学率	%	≥90	98.1	98.1	4.0
13、卫生服务体系健全率	%	≥90	100.0	99.7	4.0
14、社会保障					9.0
(1)城镇劳动保障三大保险各自覆盖面	%	≥95	95.7	95.9	4.0
#城镇基本养老保险	%	≥95	95.7	95.7	
城镇失业保险	%	≥95	95.6	96.2	
城镇基本医疗保险	%	≥95	95.9	95.8	
(2)新型农村合作医疗覆盖面	%	≥85	100.0	100.0	5.0
15、人民群众对社会治安的满意率	%	90	95.0	95.0	3.0
16、城乡村(居)民依法自治					4.0
(1)城镇社区居委会依法自治达标率	%	90	93.1	93.2	2.0
(2)农村村委会依法自治达标率	%	95	95.0	95.0	2.0
四、生态环境					14.0
17、绿化水平					7.0
(1)城市绿化覆盖率	%	40	41.3	40.0	3.0
(2)森林覆盖率	%	20	24.2	23.1	4.0
18、环境质量综合指数	分	80	91.6	91.2	7.0
综合得分					99.58

统计机构和统计人员依照本法规定独立行使统计调查、统计报告、统计监督的职权，不受侵犯。

地方各级人民政府、政府统计机构和有关部门以及各单位的负责人，不得自行修改统计机构和统计人员依法搜集、整理的统计资料，不得以任何方式要求统计机构、统计人员及其他机构、人员伪造、篡改统计资料，不得对依法履行职责或者拒绝、抵制统计违法行为的统计人员打击报复。

摘自《中华人民共和国统计法》第六条

统计机构和统计人员对在统计工作中知悉的国家秘密、商业秘密和个人信息，应当予以保密。

摘自《中华人民共和国统计法》第九条

二、国民经济核算

National Accounts

2－1 分行业总产出

(2013年) 单位:亿元

指　　标	2013年	2012年	以上年为100的速度(%)
总　产　出	**10667.99**	**9107.65**	**117.1**
第一产业	991.66	925.20	107.2
农、林、牧、渔业	991.66	925.20	107.2
第二产业	7409.55	6278.89	118.0
工业	6301.75	5324.33	118.4
建筑业	1107.80	954.56	116.1
第三产业	2266.78	1903.56	119.1
交通运输、仓储和邮政业	426.65	372.73	114.5
信息传输计算机服务和软件业	85.88	77.16	111.3
批发和零售业	209.25	180.71	115.8
住宿和餐饮业	140.16	121.54	115.3
金融业	366.52	302.60	121.1
房地产业	245.72	189.55	129.6
租赁和商务服务业	76.84	67.41	114.0
科学研究技术服务和地质勘查业	30.14	23.86	126.3
水利、环境和公共设施管理业	24.41	23.12	105.6
居民服务和其他服务业	144.48	117.01	123.5
教育	136.65	113.15	120.8
卫生、社会保障和社会福利业	101.27	78.27	129.4
文化、体育和娱乐业	20.15	16.73	120.4
公共管理和社会组织	258.66	219.72	117.7

2－2 分行业地区生产总值

(2013年) 单位:亿元

指　　标	2013年	2012年	以上年为100的可比价速度(%)
地区生产总值	**3475.50**	**3120.00**	**112.3**
第一产业	489.18	456.13	103.2
农、林、牧、渔业	489.18	456.13	103.2
第二产业	1635.98	1472.87	114.0
工业	1405.02	1258.22	115.1
建筑业	230.96	214.65	107.6
第三产业	1350.34	1191.00	113.4
交通运输、仓储和邮政业	137.43	122.00	110.4
信息传输计算机服务和软件业	44.50	42.86	122.0
批发和零售业	331.68	287.91	110.7
住宿和餐饮业	51.58	44.95	109.5
金融业	126.44	103.66	119.9
房地产业	200.42	153.55	119.2
租赁和商务服务业	44.36	45.70	124.3
科学研究技术服务和地质勘查业	19.14	15.15	109.4
水利、环境和公共设施管理业	18.56	17.58	105.7
居民服务和其他服务业	77.06	62.41	124.9
教育	90.91	99.24	110.0
卫生、社会保障和社会福利业	62.77	36.51	109.3
文化、体育和娱乐业	10.99	10.72	125.8
公共管理和社会组织	134.50	148.76	104.5

2-3 地区生产总值构成项目

(2013年) 单位:亿元

指标	增加值	劳动者报酬	生产税净额	固定资产折旧	营业盈余
地区生产总值	**3475.50**	**1644.32**	**512.76**	**399.38**	**919.05**
第一产业	489.18	405.61	7.36	40.30	35.91
农、林、牧、渔业	489.18	405.61	7.36	40.30	35.91
第二产业	1635.98	638.81	357.99	120.42	518.76
工业	1405.02	520.48	329.89	110.43	444.22
建筑业	230.96	118.33	28.10	9.99	74.54
第三产业	1350.34	599.90	147.40	238.66	364.38
交通运输、仓储和邮政业	137.43	83.70	9.20	14.63	29.90
信息传输计算机服务和软件业	44.50	11.17	2.12	15.29	15.92
批发和零售业	331.68	76.30	79.99	28.42	146.96
住宿和餐饮业	51.58	38.02	2.23	6.69	4.64
金融业	126.44	43.75	10.97	7.95	63.77
房地产业	200.42	16.46	33.08	103.11	47.77
租赁和商务服务业	44.36	38.71	0.17	5.13	0.34
科学研究技术服务和地质勘查业	19.14	9.25	1.04	1.74	7.11
水利、环境和公共设施管理业	18.56	9.70	0.64	4.98	3.23
居民服务和其他服务业	77.06	38.51	5.10	5.31	28.14
教育	90.91	70.00	0.77	15.44	4.71
卫生、社会保障和社会福利业	62.77	44.36	1.01	9.39	8.01
文化、体育和娱乐业	10.99	7.22	0.52	1.88	1.37
公共管理和社会组织	134.50	112.75	0.55	18.70	2.50

2－4 按支出法计算的地区生产总值

(2013 年) 单位:亿元

指标	2013 年	2012 年	以上年为 100 的可比价速度(%)
地区生产总值	**3475.50**	**3120.00**	**112.3**
最终消费支出	1696.04	1516.32	112.4
居民消费支出	1314.17	1174.73	112.7
农村居民	354.73	307.49	107.5
城镇居民	959.44	867.24	114.5
政府消费支出	381.87	341.59	111.2
资本形成总额	1923.11	1725.13	109.9
固定资产形成总额	1901.57	1707.31	110.0
存货增加	21.54	17.82	106.0
货物和服务净流出	-143.65	-121.45	78.8

2-5 分 地 区

(20

指 标	市 区	亭湖区	盐都区	响水县
地区生产总值	**953.40**	**290.83**	**342.72**	**203.12**
第一产业	76.11	29.47	39.67	38.08
农、林、牧、渔业	76.11	29.47	39.67	38.08
第二产业	569.28	120.08	189.33	100.47
工 业	493.53	80.60	163.24	90.21
建筑业	75.75	39.48	26.09	10.26
第三产业	308.01	141.28	113.72	64.57
交通运输、仓储和邮政业	20.67	9.08	9.25	12.30
批发和零售业	70.50	42.58	36.68	12.19
住宿和餐饮业	17.50	12.25	6.17	2.99
金融业	27.30	10.15	3.32	1.64
房地产业	56.40	26.48	25.81	8.50
其他服务业	115.64	40.74	32.49	26.95
营利性服务业	44.03	24.12	12.37	8.63
非营利性服务业	71.61	16.62	20.12	18.32
人均地区生产总值(元)	59043	53236	53358	40382

生 产 总 值

13 年)

单位:亿元

滨海县	阜宁县	射阳县	建湖县	东台市	大丰市
300.10	**302.17**	**351.47**	**360.75**	**564.09**	**443.52**
52.98	49.56	74.69	45.06	84.10	68.60
52.98	49.56	74.69	45.06	84.10	68.60
131.54	140.76	137.29	167.78	252.34	194.15
112.11	105.06	124.49	145.64	223.18	168.43
19.43	35.70	12.80	22.14	29.16	25.72
115.58	111.85	139.49	147.91	227.65	180.77
15.59	12.48	19.22	21.05	19.01	40.59
31.35	35.03	42.41	49.57	80.40	37.97
6.24	5.31	7.14	7.73	8.04	6.68
6.14	5.23	4.99	6.18	8.50	10.81
10.71	10.50	13.71	15.48	27.16	15.59
45.55	43.30	52.02	47.90	84.54	69.13
14.35	17.00	23.16	17.30	26.90	26.39
31.20	26.30	28.86	30.60	57.64	42.74
31794	36003	39402	48915	57201	63229

2－6 分地区生产总值构成项目

(2013 年) 单位:亿元

地区	增加值	劳动者报酬	生产税净额	固定资产折旧	营业盈余
市区	**953.40**	**434.68**	**160.81**	**123.72**	**234.19**
亭湖	290.83	137.04	46.79	32.64	74.36
盐都	342.72	151.81	60.07	49.57	81.27
响水县	203.12	88.70	29.29	27.97	57.16
滨海县	300.10	140.83	48.13	26.21	84.93
阜宁县	302.17	149.16	34.75	44.88	73.38
射阳县	351.47	209.14	33.36	24.46	84.51
建湖县	360.75	173.49	48.61	48.62	90.03
东台市	564.09	241.23	96.71	68.21	157.93
大丰市	443.52	205.31	54.33	84.41	99.47

2－7 分地区支出法生产总值

(2013 年) 单位:亿元

地区	地区生产总值	最终消费支出	资本形成总额	货物和服务净流出
市区	**953.40**	**365.59**	**593.44**	**-5.63**
亭湖	290.83	137.17	161.32	-7.66
盐都	342.72	105.77	233.03	3.92
响水县	203.12	72.58	198.06	-67.52
滨海县	300.10	189.74	217.23	-106.87
阜宁县	302.17	128.66	176.85	-3.34
射阳县	351.47	138.17	202.02	11.28
建湖县	360.75	157.76	200.74	2.25
东台市	564.09	221.33	345.71	-2.95
大丰市	443.52	181.70	252.38	9.44

2－8 分地区生产总值指数

(2013 年) 单位:%

地区	地区生产总值	第一产业	第二产业	工业	第三产业	人均地区生产总值
市区	**113.1**	**103.3**	**114.5**	**115.3**	**113.3**	**112.9**
亭湖	112.5	103.3	114.1	113.8	113.1	111.8
盐都	112.5	103.3	114.0	114.6	113.1	112.6
响水县	113.3	103.2	116.9	117.9	113.2	113.4
滨海县	112.7	103.1	115.9	116.3	113.2	112.9
阜宁县	112.0	103.3	113.9	112.9	113.0	112.0
射阳县	112.0	103.0	116.6	114.6	112.7	112.1
建湖县	112.7	103.2	114.5	115.5	113.3	112.8
东台市	112.7	103.4	114.7	115.6	113.6	112.6
大丰市	113.4	103.2	117.1	118.0	113.5	113.3

2－9 分地区总产出

(2013 年) 单位:亿元

地区	总产出	第一产业	第二产业	工业	第三产业
市区	**2737.56**	**134.62**	**2079.27**	**1792.64**	**523.67**
亭湖	903.01	52.45	563.60	393.08	286.96
盐都	1024.50	82.17	737.73	606.93	204.60
响水县	616.12	96.57	409.95	370.00	109.60
滨海县	1044.09	95.13	714.47	547.69	234.49
阜宁县	1049.83	98.65	785.36	611.78	165.82
射阳县	1025.93	165.21	581.35	529.74	279.37
建湖县	1137.76	82.85	745.08	615.28	309.83
东台市	1617.65	220.50	1080.02	946.62	317.13
大丰市	1439.05	155.00	957.18	888.00	326.87

2－10 分地区生产总值

(2000–2013 年) 单位:亿元

地区	2000 年	2005 年	2008 年	2010 年	2011 年	2012 年	2013 年
市区	**137.14**	**290.98**	**470.36**	**625.76**	**778.38**	**855.10**	**953.40**
亭湖	23.85	70.66	158.92	225.14	265.67	268.26	290.83
盐都	67.45	107.63	187.00	257.61	303.98	317.34	342.72
响水县	19.82	48.89	87.18	135.20	161.16	181.35	203.12
滨海县	39.77	84.16	140.48	198.16	238.00	267.69	300.10
阜宁县	48.18	89.26	145.91	206.16	244.09	274.99	302.17
射阳县	67.25	127.99	177.57	244.67	287.98	320.31	351.47
建湖县	55.93	107.17	176.00	245.97	288.77	324.47	360.75
东台市	89.58	176.18	276.34	381.54	447.92	506.69	564.09
大丰市	71.11	133.48	214.42	293.58	346.96	393.36	443.52

*2005–2008 年地区生产总值为依据普查修订数据。

2－11 分地区生产总值指数

(2000–2013 年) 单位:%

地区	2000 年	2005 年	2008 年	2010 年	2011 年	2012 年	2013 年
市区	**118.1**	**115.4**	**114.0**	**115.2**	**113.5**	**113.4**	**113.1**
亭湖	116.0	114.2	115.5	113.3	113.0	113.4	112.5
盐都	102.4	114.4	114.8	114.8	113.0	113.0	112.5
响水县	95.4	116.3	116.2	115.3	113.7	112.7	113.3
滨海县	110.8	115.8	114.5	114.4	113.5	112.7	112.7
阜宁县	111.4	114.4	113.5	113.7	112.9	113.0	112.0
射阳县	112.4	113.8	113.5	113.2	112.7	112.6	112.0
建湖县	110.5	114.0	114.5	113.7	112.9	112.7	112.7
东台市	113.1	115.0	114.6	113.2	112.7	113.2	112.7
大丰市	106.9	114.4	114.5	113.7	114.0	113.6	113.4

2－12 地区生产总值环比指数

（1978-2013 年） 单位：%

年份	地区生产总值指数	第一产业	第二产业	工业	第三产业	人均地区生产总值指数
1978 年	100.0	100.0	100.0	100.0	100.0	100.0
1979 年	101.8	95.9	110.4	108.5	109.3	101.6
1980 年	101.9	88.3	124.5	127.3	108.2	101.9
1981 年	116.3	124.0	108.9	110.0	110.4	115.3
1982 年	104.6	98.0	111.4	109.4	110.9	103.1
1983 年	111.8	109.7	113.4	115.6	114.2	110.4
1984 年	116.1	110.0	123.4	125.2	118.1	115.0
1985 年	112.6	102.3	119.1	118.1	123.1	111.7
1986 年	112.0	105.7	120.2	118.9	109.5	111.3
1987 年	111.9	106.2	120.3	121.1	106.0	110.9
1988 年	114.4	109.9	124.2	126.1	101.4	112.9
1989 年	101.6	105.0	100.1	100.7	98.8	100.1
1990 年	108.3	95.4	113.9	115.2	119.2	107.2
1991 年	111.2	112.4	108.0	108.2	113.7	109.9
1992 年	112.7	109.1	117.0	118.2	113.7	111.9
1993 年	110.0	114.8	100.8	100.3	114.4	110.3
1994 年	109.3	99.0	121.2	122.6	113.8	108.6
1995 年	121.6	116.8	127.7	128.1	119.3	121.2
1996 年	112.1	111.9	110.6	110.3	115.4	112.0
1997 年	111.1	104.6	113.8	114.3	116.3	110.5
1998 年	111.4	105.8	114.8	115.0	113.8	111.1
1999 年	110.9	106.0	112.6	112.9	114.6	110.5
2000 年	110.2	105.0	111.8	112.0	114.1	109.4
2001 年	110.0	105.2	112.6	113.0	111.4	109.9
2002 年	111.4	105.1	115.2	115.2	112.4	111.5
2003 年	113.1	103.4	119.4	118.5	113.3	113.0
2004 年	114.0	108.3	117.3	117.6	114.2	113.8
2005 年	114.3	106.8	118.6	118.7	114.2	114.2
2006 年	115.0	105.2	119.6	119.1	115.6	116.2
2007 年	115.0	104.0	118.9	120.0	116.4	118.4
2008 年	113.2	104.3	115.8	117.6	114.4	114.4
2009 年	113.4	104.0	115.8	115.3	115.2	114.1
2010 年	113.6	104.3	116.8	117.0	113.6	115.6
2011 年	112.8	103.8	114.8	115.0	114.0	114.7
2012 年	112.7	104.0	115.2	115.7	112.9	113.0
2013 年	112.3	103.2	114.0	115.1	113.4	112.2

* 地区生产总值指数为以上年为基数计算的环比指数。

2－13 地区生产总值定基指数

(1978–2013 年)

单位:%

年份	地区生产总值指数	第一产业	第二产业	工业	第三产业	人均地区生产总值指数
1978 年	100.0	100.0	100.0	100.0	100.0	100.0
1979 年	101.8	95.9	110.4	108.5	109.3	101.6
1980 年	103.7	84.7	137.4	138.1	118.3	103.5
1981 年	120.6	105.0	149.6	151.9	130.6	119.4
1982 年	126.1	102.9	166.7	166.2	144.8	123.0
1983 年	141.0	112.9	189.1	192.2	165.4	135.8
1984 年	163.7	124.2	233.3	240.7	195.3	156.2
1985 年	184.3	127.1	277.9	284.3	240.5	174.5
1986 年	206.4	134.4	334.0	338.1	263.4	194.2
1987 年	231.0	142.7	401.8	409.5	279.1	215.4
1988 年	264.2	156.8	499.1	516.5	283.0	243.3
1989 年	268.3	164.6	499.8	520.0	279.5	243.5
1990 年	290.5	157.0	569.5	599.2	333.3	260.9
1991 年	323.1	176.4	615.0	648.3	379.0	286.7
1992 年	364.1	192.4	719.6	766.3	430.9	320.8
1993 年	400.5	220.9	725.3	768.6	493.0	353.8
1994 年	437.8	218.7	879.1	942.3	561.0	384.4
1995 年	532.4	255.4	1122.6	1207.0	669.3	465.8
1996 年	596.8	285.8	1241.6	1331.4	772.4	521.7
1997 年	663.0	298.9	1412.9	1521.8	898.3	576.5
1998 年	738.6	316.2	1622.0	1750.1	1022.3	640.6
1999 年	819.1	335.2	1826.4	1975.9	1171.6	708.0
2000 年	902.6	352.0	2041.9	2213.0	1336.8	774.6
2001 年	992.9	370.3	2299.2	2500.7	1489.2	851.2
2002 年	1106.1	389.1	2648.7	2880.8	1673.8	949.1
2003 年	1251.0	402.4	3162.5	3413.8	1896.5	1072.5
2004 年	1426.1	435.8	3709.6	4014.6	2165.8	1220.5
2005 年	1630.1	465.4	4399.6	4765.3	2473.3	1393.8
2006 年	1874.6	489.6	5261.9	5675.4	2859.1	1619.3
2007 年	2155.8	509.2	6256.4	6810.5	3327.9	1910.8
2008 年	2439.9	531.3	7244.2	8012.4	3808.4	2186.3
2009 年	2766.8	552.6	8388.8	9238.3	4387.3	2494.5
2010 年	3142.4	576.4	9796.3	10809.0	4982.6	2883.7
2011 年	3544.6	598.3	11246.2	12430.3	5680.2	3307.6
2012 年	3993.5	622.2	12954.4	14385.2	6414.7	3737.5
2013 年	4484.7	642.1	14768.0	16557.3	7274.3	4193.5

* 地区生产总值指数为以 1978 年为基数计算的定基指数。

主要统计指标解释

国内（地区）生产总值（GDP） 指一个国家（地区）所有常住单位在一定时期内生产活动的最终成果。对国家而言称国内生产总值，对地区而言称地区生产总值。GDP有三种表现形态，即价值形态、收入形态和产品形态。从价值形态看，它是所有常住单位在一定时期内生产的全部货物和服务价值超过同期中间投入的全部非固定资产货物和服务价值的差额，即所有常住单位的增加值之和；从收入形态看，它是所有常住单位在一定时期内创造并分配给常住单位和非常住单位的初次收入分配之和；从产品形态看，它是所有常住单位在一定时期内最终使用的货物和服务价值与货物和服务净出口价值之和。在实际核算中，GDP相应有三种计算方法，即生产法、收入法和支出法。

三次产业 是根据社会生产活动历史发展的顺序对产业结构的划分，产品直接取自自然界的部门称为第一产业，对初级产品进行再加工的部门称为第二产业，为生产和消费提供各种服务的部门称为第三产业。它是世界上较为通用的产业结构分类，但各国的划分不尽一致。

我国《GB/T4754-2002》标准规定的三次产业划分是：

第一产业：农业（包括农业、林业、牧业、渔业和农林牧渔服务业）。

第二产业：工业（包括采掘业，制造业，电力、煤气及水的生产和供应业）和建筑业。

第三产业：除第一、第二产业以外的其他各业。由于第三产业包括的行业多、范围广，根据我国实际情况，第三产业可分为两大部分：一是流通部门，二是服务部门。具体又可分为四个层次：

第一层次：流通部门，包括交通运输、仓储及邮电通信业，批发和零售贸易、餐饮业。

第二层次：为生产和生活服务的部门，包括金融业、保险业，地质勘查业、水利管理业，房地产业，社会服务业，交通运输辅助业，综合技术服务业等。

第三层次：为提高科学文化水平和居民素质服务的部门，包括教育、文化艺术及广播电影电视业，卫生、体育和社会福利业，科学研究业等。

第四层次：为社会公共需要服务的部门，包括国家机关、党政机关和社会团体以及军队、警察等。

支出法国内生产总值 指一个国家（或地区）所有常住单位在一定时期内用于最终消费、资本形成总额，以及货物和服务的净出口总额，它反映本期生产的国内生产总值的使用和构成。

最终消费 指常住单位在一定时期内对于货物和服务的全部最终消费支出，也就是常住单位为满足物质、文化和精神生活的需要，从本国经济领土和国外购买的货物和服务的支出；不包括非常住单位在本国经济领土内的消费支出。最终消费分为居民消费和政府消费。

居民消费 指常住住户对货物和服务的全部最终消费支出。居民消费按市场价格计算，即按居民支付的购买者价格计算。购买者价格是购买者取得货物所支付的价格，包括购买者支付的运输和商业费用。居民消费除了直接以货币形式购买货物和服务的消费之外，还包括以其他方式获得的货物和服务的消费支出，即所谓的虚拟消费支出。居民虚拟消费支出包括以下几种类型：单位以实物报酬及实物转移的形式提供给劳动者的货物和服务；住户生产并由本住户消费了的货物和服务，其中的服务仅指住户的自有住房服务；金融机构提供的金融媒介服务；保险公司提供的保险服务。

政府消费 政府消费指政府部门为全社会提供公共服务的消费支出和免费或以较低价格向住户提供的货物和服务的净支出。前者等于政府服务的产出价值减去政府单位所获得的经营收入的价值，政府服务的产出价值等于它的经常性业务支出加上固定资产折旧；后者等于政府部门免费或以较低价格向住户提供的货物和服务的市场价值减去向住户收取的价值。

资本形成总额 指常住单位在一定时期内获得的减去处置的固定资产和存货的净额，包括固定资本形成总额和存货增加。

固定资本形成总额 是指常住单位购置、转入和自产自用的固定资产，扣除固定资产的销售和转出后的价值，分有形固定资产形成总额和无形固定资产形成总额。有形固定资产形成总额包括一定时期内完成的建筑工程、安装工程和设备工器具购置（减处置）价值，以及土地改良、新增役、种、奶、毛、娱乐用牲畜和新增经济林木价值。无形固定资产形成总额包括矿藏的勘探、计算机软件、娱乐和文学艺术品原件等获得减处置。

存货增加 存货增加指常住单位存货实物量变动的市场价值，即期末价值减期初价值的差额。存货增加可以是正值，也可以是负值；正值表示存货上升，负值表示存货下降。它包括生产单位购进的原材料、燃料和储备物资等存货，以及生产单位生产的产成品、在制品等存货等。

货物和服务净出口 指货物和服务出口减货物和服务进口的差额。出口包括常住单位向非常住单位出售或无偿转让的各种货物和服务的价值；进口包括常住单位从非常住单位购买或无偿得到的各种货物和服务的价值。由于服务活动的提供与使用同时发生，因此服务的进出口业务并不发生出入境现象，一般把常住单位从国外得到的服务作为进口，非常住单位从本国得到的服务作为出口。货物的出口和进口都按离岸价格计算。

劳动者报酬 劳动者报酬 指劳动者因从事生产活动所获得的全部报酬。包括劳动者获得的各种形式的工资、奖金和津贴，既包括货币形式的，也包括实物形式的；还包括劳动者所享受的公费医疗和医药卫生费、上下班交通补贴和单位支付的社会保险费等。对于个体经济来说，其所有者所获得的劳动报酬和经营利润不易区分，这两部分统一作为劳动者报酬处理。

生产税净额 指生产税减生产补贴后的余额。生产税指政府对生产单位生产、销售和从事经营活动以及因从事生产活动使用某些生产要素（如固定资产、土地、劳动力）所征收的各种税、附加费和规费。生产补贴与生产税相反，指政府对生产单位的单方面收入转移，因此视为负生产税，包括政策亏损补贴、粮食系统价格补贴、外贸企业出口退税收入等。

固定资产折旧 指一定时期内为弥补固定资产损耗按照核定的固定资产折旧率提取的固定资产折旧，或按国民经济核算统一规定的折旧率虚拟计算的固定资产折旧。它反映了固定资产在当期生产中的转移价值。各类企业和企业化管理的事业单位的固定资产折旧是指实际计提并计入成本费中的折旧费；不计提折旧的政府机关、非企业化管理的事业单位和居民住房的固定资产折旧是按照统一规定的折旧率和固定资产原值计算的虚拟折旧。原则上，固定资产折旧应按固定资产的重置价值计算，但是目前我国尚不具备对全社会固定资产进行重估价的基础，所以暂时只能采用上述办法。

营业盈余 指常住单位创造的增加值扣除劳动者报酬、生产税净额和固定资产折旧后的余额。它相当于企业的营业利润加上生产补贴，但要扣除从利润中开支的工资和福利等。

三、人口、就业和职工工资

Population,Employment and Wages

3－1 全市人口、户数及构成 *

（2000–2013 年）

指标	2000 年	2005 年	2008 年	2010 年	2011 年	2012 年	2013 年
全市总人口（万人）	**795.57**	**798.67**	**811.7**	**816.12**	**820.69**	**822.4**	**823.77**
按性别分：男（万人）	408.06	409.99	418.25	420.08	422.47	423.49	424.90
比重（%）	51.29	51.33	51.53	51.47	51.48	51.49	51.58
女（万人）	387.51	388.68	393.45	396.04	398.22	398.91	398.87
比重（%）	48.71	48.67	48.47	48.53	48.52	48.51	48.42
按户口性质分：农业人口（万人）	583.24	512.83	507.88	491.72	472.24	456.09	452.25
比重（%）	73.31	64.21	62.57	60.25	57.54	55.46	54.90
非农业人口（万人）	212.33	285.84	303.82	324.40	348.45	366.31	371.52
比重（%）	26.69	35.79	37.43	39.75	42.46	44.54	45.10
全市总户数（万户）	263.18	275.1	278.5	277.86	277.79	277.27	273.37
平均每户人口（人）	3.02	2.9	2.91	2.94	2.95	2.97	3.01
年平均人口（万人）	794.59	798.48	810.75	814.25	818.41	821.55	823.08
人口密度（人/平方公里）	531	470	478	481	484	485	486
出生人数（人）	81540	72914	87707	101174	98709	95969	94009
# 男	42971	39208	46837	54851	52823	50974	49843
女	38569	33706	40870	46323	45886	44995	44166
出生率（‰）	10.26	9.13	10.82	12.43	12.06	11.68	11.42
死亡人数（人）	55811	42904	49682	66682	55271	70894	68651
# 男	29855	23320	26983	35230	30099	37629	35506
女	25956	19584	22699	31452	25172	33265	33145
死亡率（‰）	7.02	5.37	6.13	8.19	6.75	8.63	8.34
自然增长（人）	25729	30010	38025	34492	43438	25075	25358
自然增长率（‰）	3.24	3.76	4.69	4.24	5.31	3.05	3.08

* 本表数据为公安部门统计年报数。

3－2 分地区户数与人口数

(2013 年)

单位:万户、万人

地　　区	总户数	总人口	按性别分		按农业、非农业人口分		年平均人口
			男	女	农业人口	非农业人口	
全　　市	**273.37**	**823.77**	**424.90**	**398.87**	**452.25**	**371.52**	**823.08**
开 发 区	2.90	10.26	5.23	5.04	9.56	5.55	10.34
城南新区	5.04	15.11	7.72	7.39	0.12	10.14	14.48
亭 湖 区	24.02	71.28	36.41	34.87	16.57	54.71	71.15
盐 都 区	24.36	71.18	37.29	33.89	29.78	41.40	71.35
响 水 县	17.03	61.77	32.45	29.32	31.38	30.39	61.63
滨 海 县	34.02	120.10	63.19	56.91	90.30	29.80	120.08
阜 宁 县	36.35	111.07	58.15	52.92	75.46	35.61	110.98
射 阳 县	32.04	96.63	49.55	47.09	50.68	45.96	96.64
建 湖 县	30.28	80.25	41.36	38.89	35.65	44.60	80.33
东 台 市	39.55	113.58	57.35	56.23	66.86	46.72	113.59
大 丰 市	27.78	72.54	36.19	36.35	45.90	26.64	72.53

3－3 分地区人口变动情况

(2013 年)

单位:人、‰

地　　区	出生		死亡		自然增长	
	人数	出生率	人数	死亡率	人数	自然增长率
全　　市	**94009**	**11.42**	**68651**	**8.34**	**25358**	**3.08**
开 发 区	1647	15.94	392	3.79	1255	12.14
城南新区	2707	18.69	852	5.88	1855	12.81
亭 湖 区	7979	11.21	2532	3.56	5447	7.66
盐 都 区	9118	12.78	8763	12.28	355	0.50
响 水 县	7378	11.97	4693	7.62	2685	4.36
滨 海 县	14094	11.74	8844	7.37	5250	4.37
阜 宁 县	18250	16.45	13604	12.26	4646	4.19
射 阳 县	9779	10.12	6891	7.13	2888	2.99
建 湖 县	8158	10.16	7247	9.02	911	1.13
东 台 市	9181	8.08	8969	7.90	212	0.19
大 丰 市	5718	7.88	5864	8.08	-146	-0.20

3-4 全市人口构成及人口密度

（1949-2013年） 单位:万人、%

年 份	总人口	按户口性质分				人口密度（人/平方公里）
		农业人口		非农业人口		
		人口数	比重	人口数	比重	
1949	336.17	317.43	94.43	18.74	5.57	224
1950	348.20	325.37	93.44	22.83	6.56	232
1951	362.08	335.98	92.79	26.10	7.21	242
1952	382.68	352.70	92.17	29.98	7.83	255
1953	391.66	361.38	92.27	30.28	7.73	261
1954	408.28	375.41	91.95	32.87	8.05	272
1955	425.45	390.80	91.86	34.65	8.14	284
1956	441.74	402.70	91.16	39.04	8.84	295
1957	448.24	408.86	91.21	39.38	8.79	299
1958	461.99	414.61	89.74	47.38	10.26	308
1959	472.07	417.26	88.39	54.81	11.61	315
1960	467.76	419.46	89.67	48.30	10.33	312
1961	472.17	423.17	89.62	49.00	10.38	315
1962	481.28	438.59	91.13	42.69	8.87	321
1963	492.14	450.46	91.53	41.68	8.47	328
1964	500.11	460.53	92.09	39.58	7.91	334
1965	519.86	477.57	91.87	42.29	8.13	347
1966	535.02	491.96	91.95	43.06	8.05	357
1967	548.64	502.42	91.58	46.22	8.42	366
1968	565.77	522.73	92.39	43.04	7.61	378
1969	593.59	555.22	93.54	38.37	6.46	396
1970	615.23	576.75	93.75	38.48	6.25	411
1971	628.56	589.36	93.76	39.20	6.24	420
1972	637.40	598.40	93.88	39.00	6.12	425
1973	646.63	598.37	92.54	48.26	7.46	432
1974	655.05	610.28	93.17	44.77	6.83	437

备注:人口数据来源于公安年报

3-4 续表

年　份	总人口	按户口性质分				人口密度（人/平方公里）
		农业人口		非农业人口		
		人口数	比重	人口数	比重	
1975	664.76	620.42	93.33	44.34	6.67	444
1976	673.36	628.56	93.35	44.80	6.65	449
1977	682.14	636.45	93.30	45.69	6.70	455
1978	688.30	641.66	93.22	46.64	6.78	459
1979	684.69	632.22	92.34	52.47	7.66	457
1980	687.90	633.85	92.14	54.05	7.86	459
1981	696.57	641.50	92.09	55.07	7.91	465
1982	707.46	649.49	91.81	57.97	8.19	472
1983	714.93	655.23	91.65	59.70	8.35	477
1984	721.20	629.95	87.35	91.25	12.65	481
1985	725.63	622.08	85.73	103.55	14.27	484
1986	730.65	645.49	88.34	85.16	11.66	488
1987	739.01	649.29	87.86	89.72	12.14	493
1988	749.92	650.08	86.69	99.84	13.31	501
1989	760.53	644.84	84.79	115.69	15.21	508
1990	771.93	654.49	84.79	117.44	15.21	515
1991	777.33	656.53	84.46	120.80	15.54	519
1992	779.20	653.41	83.86	125.79	16.14	520
1993	779.89	650.71	83.44	129.18	16.56	521
1994	780.74	646.28	82.78	134.46	17.22	521
1995	783.53	645.10	82.33	138.43	17.67	523
1996	786.12	642.19	81.69	143.93	18.31	525
1997	789.11	637.80	80.83	151.31	19.17	527
1998	791.64	635.58	80.29	156.06	19.71	528
1999	793.60	622.47	78.44	171.13	21.56	530
2000	795.57	583.24	73.31	212.33	26.69	531
2001	795.56	571.49	71.83	224.07	28.17	531
2002	795.61	558.51	70.20	237.10	29.80	531
2003	796.51	526.89	66.15	269.62	33.85	532
2004	798.28	509.86	63.87	288.42	36.13	533
2005	798.67	512.83	64.21	285.84	35.79	470
2006	804.73	514.62	63.95	290.11	36.05	474
2207	809.79	526.50	65.02	283.29	34.98	477
2008	811.70	507.88	62.57	303.82	37.43	478
2009	812.37	497.46	61.24	314.91	38.76	478
2010	816.12	491.72	60.25	324.40	39.75	481
2011	820.69	472.24	57.54	348.45	42.46	484
2012	822.40	456.09	55.46	366.31	44.54	485
2013	823.77	452.25	54.90	371.52	45.10	486

备注:人口数据来源于公安年报

3－5 全市人口自然变动

(1954-2013 年)

单位:人、‰

年 份	出生人口		死亡人口		自然变动	
	人数	出生率	人数	死亡率	人数	自然增长率
1954	141744	35.44	44063	11.02	97681	24.42
1955	131667	31.59	39044	9.37	92623	22.22
1956	173970	40.12	57093	13.17	116877	26.95
1957	135614	30.48	34863	7.83	100751	22.65
1958	97083	21.33	32735	7.19	64348	14.14
1959	98212	21.03	46943	10.05	51269	10.98
1960	112695	23.98	68060	14.48	44635	9.50
1961	109750	23.35	61298	13.04	48452	10.31
1962	162656	34.12	49307	10.34	113349	23.78
1963	169856	34.90	46834	9.62	123022	25.28
1964	192470	38.79	56820	11.45	135650	27.34
1965	216201	42.39	61124	11.99	155077	30.40
1966	200362	37.99	49630	9.41	150732	28.58
1967	218850	40.39	49794	9.19	169056	31.20
1968	221856	39.82	51992	9.33	169864	30.49
1969	216650	37.37	48431	8.35	168219	29.02
1970	213052	35.25	47846	7.92	165206	27.33
1971	180924	29.09	51609	8.30	129315	20.79
1972	148266	23.42	48066	7.59	100200	15.83
1973	132886	20.70	45755	7.13	87131	13.57
1974	133355	20.49	46533	7.15	86822	13.34
1975	134128	20.33	45684	6.92	88444	13.41
1976	124928	18.67	45820	6.85	79108	11.82
1977	120214	17.74	45586	6.73	74628	11.01
1978	105551	15.40	41993	6.13	63558	9.27
1979	91522	13.33	39181	5.71	52341	7.62
1980	79700	11.61	40102	5.84	39598	5.77
1981	133367	19.27	43518	6.29	89849	12.98
1982	125275	17.85	39912	5.69	85363	12.16
1983	101824	14.32	40488	5.69	61336	8.63
1984	92746	12.92	39749	5.54	52997	7.38
1985	88598	12.25	40274	5.57	48324	6.68
1986	98380	13.51	39028	5.36	59352	8.15
1987	113760	15.48	37274	5.07	76486	10.41
1988	119665	16.07	38624	5.19	81041	10.88
1989	128871	17.06	37638	4.98	91233	12.08
1990	175722	22.93	44706	5.83	131016	17.10
1991	109502	14.14	43303	5.59	66199	8.55
1992	82898	10.65	45852	5.89	37046	4.76
1993	69660	8.94	43560	5.59	26100	3.35
1994	66961	8.58	44022	5.64	22939	2.94
1995	81813	10.46	45231	5.78	36582	4.68
1996	78192	9.96	45259	5.77	32933	4.19
1997	73086	9.28	46654	5.92	26432	3.36
1998	79111	9.99	50472	6.37	28639	3.62
1999	64784	8.16	44356	5.60	20428	2.56
2000	81540	10.26	55811	7.02	25729	3.24
2001	56015	7.04	40894	5.14	15121	1.90
2002	56861	7.15	42382	5.33	14479	1.82
2003	63640	7.99	46294	5.81	17346	2.18
2004	70723	8.87	51584	6.47	19139	2.40
2005	72914	9.13	42904	5.37	30010	3.76
2006	94318	11.76	43181	5.39	51137	6.37
2007	96787	11.99	57845	7.17	38942	4.82
2008	87707	10.82	49682	6.13	38025	4.69
2009	82943	10.84	57645	7.53	25298	3.31
2010	101174	12.43	66682	8.19	34492	4.24
2011	98709	12.06	55271	6.75	43438	5.31
2012	95969	11.68	70894	8.63	25075	3.05
2013	94009	11.42	68651	8.34	25358	3.08

3－6 全市历次人口普查基本情况

（1953-2010 年）

指 标	1953	1964	1982	1990	2000	2010
总人口(万人)	**389.15**	**497.73**	**702.24**	**774.22**	**794.65**	**726.02**
男		253.06	357.24	394.91	405.99	365.02
女		244.67	345	379.31	388.66	361.00
户均规模(人/户)		4.27	4.11	3.68	3.27	2.90
各年龄组人口(%)						
0-14 岁		206.05	220.57	202.13	157.85	104.21
15-64 岁		274.21	448.98	528.13	573.79	534.90
65 岁以上		17.47	32.69	43.96	63.01	86.91
民族人口(万人)						
汉族		495.57	701.99	773.88	793.3	724.71
占总人口比重(%)		99.57	99.96	99.96	99.83	99.82
少数民族		2.16	0.25	0.34	1.35	1.31
占总人口比重(%)		0.43	0.04	0.04	0.17	0.18
每十万人拥有的各种受教育程度人口(人)						
大专及以上		140	260	679	2283	6291
高中和中专		910	7460	8484	13070	15529
初中		4110	18380	23925	38516	38991
小学		24900	33160	36671	32277	26917
文盲人口及文盲率						
文盲人口(万人)		142.34	195.3	140.39	57.2	36.24
文盲率(%)		48.8	40.55	24.54	8.98	4.99
城乡人口(万人)						
城镇人口	27.77	37.2	45.36	190	282.98	377.17
乡村人口	361.38	460.53	656.88	584.22	511.67	348.85

3－7　分地区常住人口

（2013年）　　单位：万人、%

指　　标	总人口	城镇人口	城镇化率
全　　市	**721.98**	**413.12**	**57.22**
开 发 区	9.51	5.61	58.99
城南新区	18.24	15.58	85.43
亭 湖 区	69.85	62.15	88.98
盐 都 区	64.19	37.29	58.10
响 水 县	50.27	24.93	49.60
滨 海 县	94.30	46.01	48.79
阜 宁 县	83.90	42.18	50.28
射 阳 县	89.18	47.15	52.87
建 湖 县	73.73	39.41	53.45
东 台 市	98.64	54.36	55.11
大 丰 市	70.17	38.44	54.78

3－8 全市从业人员基本情况

（2000-2013 年）

指　　　标	2000 年	2005 年	2008 年	2010 年	2011 年	2012 年	2013 年
从业人员合计(万人)	331.68	318.36	336.11	454.70	450.80	447.66	446.40
第一产业	179.91	116.14	123.80	155.40	148.20	140.10	132.90
第二产业	67.19	87.88	101.03	135.20	139.10	143.10	146.90
第三产业	84.58	114.34	111.29	164.10	163.50	164.46	166.60
从业人员构成(合计=100)							
第一产业	54.2	36.5	36.8	34.2	32.9	31.3	29.80
第二产业	20.3	27.6	30.1	29.7	30.9	32.0	32.90
第三产业	25.5	35.9	33.1	36.1	36.3	36.7	37.30
城镇从业人员(万人)							
总　　计	76.10	90.96	112.39	137.39	151.16	159.86	198.67
#城镇单位就业人员	57.97	48.28	50.34	51.91	52.78	53.82	88.63
#国有单位	35.40	24.53	24.61	24.16	24.43	24.67	24.32
城镇集体单位	12.65	2.44	1.90	1.62	1.67	1.66	2.15
其他单位	9.92	21.31	23.83	26.12	26.67	27.49	62.16
内资经济	8.50	16.79	16.95	20.22	20.11	20.85	51.49
股份合作单位	2.58	0.44	0.19	0.28	0.29	0.29	0.36
联营单位	0.11	0.01	0.03	0.03	0.03	0.03	0.02
有限责任公司	1.92	4.08	4.87	5.79	6.20	6.41	39.22
股份有限公司	3.89	9.04	7.50	6.93	6.76	6.95	10.86
其他		3.22	4.27	7.19	6.84	7.18	1.03
港澳台商投资单位	1.05	2.50	3.21	2.61	2.82	2.72	4.61
外商投资单位	0.37	2.02	3.67	3.29	3.75	3.92	6.07
#城镇私营个体从业人员	18.11	37.53	53.85	75.62	87.27	94.18	97.84
#公益岗位、灵活就业等其他从业人员	0.02	5.15	8.20	9.86	11.11	11.86	12.20
在岗职工人数(万人)	56.03	45.88	47.63	48.70	48.91	49.66	75.79
国有单位	34.08	22.79	22.88	22.08	22.10	22.11	21.54
城镇集体单位	12.30	2.37	1.88	1.51	1.53	1.52	1.99
其他单位	9.65	20.72	22.87	25.11	25.28	26.03	52.26
城镇单位女性就业人员(万人)	20.90	19.73	18.51	18.57	20.28	20.09	25.79

3－9 城镇从业人数＊

（1978-2013 年） 单位：万人

年 份	从业人数	职工人数	国有单位	城镇集体单位	其他单位	公益岗位灵活就业等其他就业人员	城镇私营个体就业人员
1978	38.18	38.18	20.99	17.19			
1980	46.37	46.37	27.85	18.52			
1985	56.94	55.94	30.1	25.8	0.04		1
1989	65.28	63.86	35.16	28.63	0.07		1.42
1990	66.84	64.98	36.23	28.59	0.16		1.86
1991	69.24	67.09	37.46	29.37	0.26		2.15
1992	70.75	68.59	39.15	28.99	0.45		2.16
1993	73.23	70.44	40.54	28.32	1.58	0.5	2.29
1994	76.29	71.28	42.03	27.12	2.13	0.39	4.62
1995	78.37	72.84	43.87	26.57	2.4	0.4	5.13
1996	80.06	73.99	44.8	25.98	3.21	0.81	5.26
1997	81.36	72.96	45.85	23.5	3.61	0.83	7.57
1998	80.11	71.16	44.33	20.59	6.24	1.05	7.9
1999	89.27	69.58	43.46	19.07	7.05	0.02	19.67
2000	76.10	57.97	35.40	12.65	9.92	0.02	18.11
2001	78.32	54.66	33.94	10.03	10.69		23.66
2002	77.67	49.93	28.59	5.83	15.52		27.74
2003	79.76	48.04	26.01	3.56	18.47	1.86	29.86
2004	86.17	47.92	24.79	2.84	20.29	3.78	34.47
2005	90.96	48.28	24.53	2.44	21.31	5.15	37.53
2006	97.58	48.82	24.31	2.24	22.27	7.15	41.61
2007	104.45	50.22	24.66	2.17	23.39	6.82	47.41
2008	112.39	50.34	24.61	1.90	23.83	8.20	53.85
2009	121.33	51.80	24.52	1.69	25.60	9.01	60.52
2010	137.39	51.91	24.16	1.62	26.12	9.86	75.62
2011	151.16	52.78	24.43	1.67	26.67	11.11	87.27
2012	159.86	53.82	24.67	1.66	27.49	11.86	94.18
2013	198.67	88.63	24.32	2.15	62.16	12.20	97.84

＊1、2013 年职工人数调整为单位从业人员，统计范围扩大到城镇非私营四上单位；
2、其他就业人员指公益岗位、社区灵活就业与民办非企业单位人数等。

3－10 城镇单位(不含私营、个体)从业人数

(2013 年) 单位:万人

项目	从业人员年末人数	在岗职工	劳务派遣人员	其他就业人员
总计	**88.63**	**75.79**	**5.38**	**7.46**
按登记注册类型分				
国有单位	24.32	21.54	0.78	2.00
城镇集体单位	2.15	1.99	0.01	0.14
其他单位	62.16	52.26	4.59	5.32
内资	51.49	42.10	4.15	5.24
股份合作单位	0.36	0.27	0.01	0.08
联营单位	0.02	0.02		
有限责任公司	39.22	32.41	2.88	3.92
股份有限公司	10.86	8.51	1.25	1.10
其他	1.03	0.88		0.15
港、澳、台投资经济	4.61	4.57	0.02	0.02
外商投资经济	6.07	5.59	0.42	0.06
按企业、事业、机关分				
企业	69.95	58.44	5.17	6.34
事业	13.50	12.69	0.11	0.70
机关	5.03	4.51	0.10	0.42
其他	0.15	0.15		
按国民经济行业分				
农、林、牧、渔业	1.97	1.87	0.02	0.08
采矿业	0.25	0.23		0.02
制造业	27.09	26.24	0.53	0.32
电力、热力、燃气及水生产和供应业	1.06	0.99	0.03	0.04
建筑业	27.39	19.11	3.70	4.58
批发和零售业	2.90	2.53	0.31	0.06
交通运输、仓储和邮政业	2.61	2.31	0.21	0.09
住宿和餐饮业	0.79	0.76	0.01	0.02
信息传输、软件和信息技术服务业	0.84	0.52	0.22	0.10
金融业	2.55	1.45	0.11	0.99
房地产业	0.90	0.87	0.01	0.02
租赁和商务服务业	1.49	1.46		0.03
科学研究、技术服务业	0.76	0.69	0.02	0.05
水利、环境和公共设施管理业	0.96	0.84	0.02	0.10
居民服务、修理和其他服务业	0.20	0.19	0.01	
教育	7.32	7.13	0.03	0.16
卫生和社会工作	3.41	3.21	0.01	0.20
文化、体育和娱乐业	0.52	0.43	0.02	0.07
公共管理、社会保障和社会组织	5.63	4.98	0.14	0.51

3－11 女性从业人员分行业人数

（2013 年） 单位：万人

行业	女性从业人数	国有单位	城镇集体单位	其他单位
总计	**25.79**	**8.81**	**0.83**	**16.15**
农、林、牧、渔业	0.67	0.67		
采矿业	0.04	0.01		0.03
制造业	11.13	0.18	0.04	10.91
电力、热力、燃气及水生产和供应业	0.21	0.11	0.01	0.10
建筑业	1.74	0.03	0.03	1.69
批发和零售业	1.37	0.09	0.09	1.19
交通运输、仓储和邮政业	0.65	0.26	0.03	0.36
住宿和餐饮业	0.46	0.07		0.39
信息传输、软件和信息技术服务业	0.36	0.21		0.15
金融业	1.19	0.74	0.11	0.34
房地产业	0.27	0.02		0.25
租赁和商务服务业	0.44	0.30		0.14
科学研究、技术服务业	0.23	0.12		0.11
水利、环境和公共设施管理业	0.38	0.21	0.16	0.01
居民服务、修理和其他服务业	0.05	0.01		0.04
教育	3.16	2.99	0.05	0.12
卫生和社会工作	1.94	1.38	0.32	0.24
文化、体育和娱乐业	0.22	0.15	0.01	0.06
公共管理、社会保障和社会组织	1.26	1.26		

3－12 制造业从业人数

（2013 年） 单位：万人

行业	从业人员	国有单位	城镇集体单位	其他单位
总计	**27.09**	**0.51**	**0.10**	**26.48**
农副食品加工业	1.08	0.07		1.01
食品制造业	0.41			0.41
酒、饮料和精制茶制造业	0.23			0.23
纺织业	5.33			5.33
纺织服装、服饰业	3.31	0.29	0.01	3.01
皮革、毛皮、羽毛(绒)及其制品业	0.53		0.02	0.51
木材加工及木、竹、藤、棕、草制品业	0.11			0.11
家具制造业	0.03			0.03
造纸及纸制品业	0.47			0.47
印刷业和记录媒介的复制	0.05			0.05
文教、工美、体育和娱乐用品制造业	0.84			0.84
石油加工、炼焦及核燃料加工业	0.13			0.13
化学原料及化学制品制造业	3.37	0.03		3.34
医药制造业	0.95			0.95
化学纤维制造业	0.14			0.14
橡胶和塑料制品业	0.42			0.42
非金属矿物制品业	1.17		0.04	1.13
黑色金属冶炼和压延加工业	0.51	0.05		0.46
有色金属冶炼和压延加工业	0.15	0.02		0.13
金属制品业	0.52			0.52
通用设备制造业	2.21	0.05	0.02	2.14
专用设备制造业	1.28			1.28
汽车制造业	1.89			1.89
铁路、船舶、航空航天和其他运输设备制造业	0.07			0.07
电气机械及器材制造业	0.60		0.01	0.59
计算机、通信和其他电子设备制造业	0.69			0.69
仪器仪表制造业	0.52			0.52
废弃资源综合利用业	0.03			0.03
金属制品、机械和设备修理业	0.06			0.06

3－13 职工工资总额及指数*

（1978–2013年）

年 份	绝对数(万元)				指数(上年=100)			
	全部职工	国有单位	城镇集体单位	其他单位	全部职工	国有单位	城镇集体单位	其他单位
1978	17861	10770	7091					
1979	19058	11671	7387		106.7	108.4	104.2	
1980	26189	17327	8862		137.4	148.5	120.0	
1984	40692	24365	16327		155.4	140.6	184.2	
1985	47487	28611	18876		116.7	117.4	115.6	
1988	85159	52897	32262		179.3	184.9	170.9	
1989	100769	62810	37851	108	118.3	118.7	117.3	
1990	111472	70502	40469	501	110.6	112.2	106.9	463.9
1991	121742	76739	44583	420	109.2	108.8	110.2	83.8
1992	146932	95477	50630	825	120.7	124.4	113.6	196.4
1993	187311	123150	60202	3959	127.5	129.0	118.9	479.9
1994	265279	183961	74600	6718	141.6	149.4	123.9	169.7
1995	319577	220651	89276	9650	120.5	119.9	119.7	143.6
1996	359964	248603	97472	13889	112.6	112.7	109.2	143.9
1997	392143	284798	89931	17414	108.9	114.6	92.3	125.4
1998	404690	294733	83030	26927	103.2	103.5	92.3	154.6
1999	433600	318185	82172	33243	107.1	108.0	99.0	123.5
2000	436410	305810	72900	57700	100.6	96.1	88.7	173.6
2001	457785	327263	57670	72852	104.9	107.0	79.1	126.3
2002	467120	315278	38960	112882	102.0	96.3	67.6	154.9
2003	486108	320191	26014	139903	104.1	101.6	66.8	123.9
2004	536367	345059	24453	166855	110.3	107.8	94.0	119.3
2005	626341	391842	25791	208708	116.8	113.6	105.5	125.1
2006	724654	446700	29088	248866	115.7	114.0	112.8	119.2
2007	901550	551552	34427	315571	124.4	123.5	118.4	126.8
2008	1065614	636693	39481	389440	118.2	115.4	114.7	123.4
2009	1283083	746177	42488	494417	120.4	117.2	107.6	127.0
2010	1471657	821865	47652	602140	114.7	110.1	112.2	121.8
2011	1730343	951499	58904	719941	117.6	115.8	123.6	119.6
2012	2023565	1108245	63467	851854	137.5	134.8	133.2	141.5
2013	3728883	1303988	89472	2335423	184.3	117.7	141.0	274.2

*2013年职工工资总额调整为从业人员工资总额,统计范围扩大到城镇非私营四上单位。

3－14 城镇单位从业人员工资总额

(2013年) 单位:万元

项目	从业人员工资总额	在岗职工工资总额	其他就业人员工资总额
总计	**3728883**	**3285417**	**443466**
按登记注册类型分			
国有单位	1303988	1220674	83314
城镇集体单位	89472	86411	3061
其他单位	2335423	1978332	357091
内资	1919722	1585961	333761
外商投资	254760	233370	21390
港、澳、台投资	160941	159001	1940
按企业、事业、机关分			
企业	2691488	2286827	404661
事业	738893	715892	23001
机关	291982	276340	15642
其他	6521	6358	163
按国民经济行业分			
农、林、牧、渔业	64430	62845	1585
采矿业	7484	7245	239
制造业	982542	948907	33635
电力、热力、燃气及水生产和供应业	98272	94498	3774
建筑业	1039444	743241	296203
批发和零售业	100879	90100	10779
交通运输、仓储和邮政业	96591	86120	10471
住宿和餐饮业	22997	21940	1057
信息传输、软件和信息技术服务业	38448	27920	10528
金融业	156843	124214	32629
房地产业	36649	35561	1088
租赁和商务服务业	45790	44583	1207
科学研究、技术服务业	317480	29363	288117
水利、环境和公共设施管理业	338910	31593	307317
居民服务、修理和其他服务业	78000	7212	70788
教育	442646	436252	6394
卫生和社会工作	186264	178659	7605
文化、体育和娱乐业	24821	22171	2650
公共管理、社会保障和社会组织	311344	292993	18351

* 本表不含城镇私营和个体。

3－15　制造业从业人员工资总额

（2013 年）　单位：万元

项　目	从业人员工资总额	国有单位	城镇集体单位	其他单位
总　计	**982542**	**10763**	**2822**	**968957**
农副食品加工业	36801	999	33	35769
食品制造业	11686			11686
酒、饮料和精制茶制造业	10277			10277
纺织业	191920			191920
纺织服装、服饰业	106281	4877	258	101146
皮革、毛皮、羽毛(绒)及其制品业	17653		390	17263
木材加工及木、竹、藤、棕、草制品业	3514			3514
家具制造业	850			850
造纸及纸制品业	16843			16843
印刷业和记录媒介的复制	1675			1675
文教、工美、体育和娱乐用品制造业	23537			23537
石油加工、炼焦及核燃料加工业	4098			4098
化学原料及化学制品制造业	131720	1012		130708
医药制造业	36757			36757
化学纤维制造业	4721			4721
橡胶和塑料制品业	13236			13236
非金属矿物制品业	39089		1110	37979
黑色金属冶炼和压延加工业	17630	1559		16071
有色金属冶炼和压延加工业	5501	750	200	4551
金属制品业	15725		100	15625
通用设备制造业	81604	1536	556	79512
专用设备制造业	43445			43445
汽车制造业	104535			104535
铁路、船舶、航空航天和其他运输设备制造业	2056			2056
电气机械及器材制造业	19813		175	19638
计算机、通信和其他电子设备制造业	19770			19770
仪器仪表制造业	19284	30		19254
废弃资源综合利用业	1296			1296
金属制品、机械和设备修理业	1225			1225

3－16 城镇单位分行业从业人员平均工资

（2013 年） 单位：元

项目	从业人员平均工资	在岗职工平均工资	其他从业人员平均工资
总计	43052	43811	34775
农、林、牧、渔业	32674	33521	14608
采矿业	29524	31028	11970
制造业	36780	36826	32928
电力、热力、燃气及水生产和供应业	92578	93679	64386
建筑业	40059	40487	37872
批发和零售业	35121	35138	34288
交通运输、仓储和邮政业	37836	38068	31685
住宿和餐饮业	29288	29224	31181
信息传输、软件和信息技术服务业	45576	46935	35628
金融业	62001	83851	27408
房地产业	41202	41263	38362
租赁和商务服务业	30666	30540	37592
科学研究、技术服务业	42078	42676	34069
水利、环境和公共设施管理业	35559	37532	18083
居民服务、修理和其他服务业	40353	40628	19400
教育	60669	61284	33375
卫生和社会工作	55135	56374	35572
文化、体育和娱乐业	47695	51368	25258
公共管理、社会保障和社会组织	55558	58301	28485

* 本表不含城镇私营和个体。

3－17 职工平均工资及指数*

（1978–2013年）

年份	绝对数（元）				指数（上年=100）			
	全部职工	国有单位	城镇集体单位	其他单位	全部职工	国有单位	城镇集体单位	其他单位
1978	463	531	386					
1979	503	568	426		108.6	107.0	110.4	
1980	579	656	479		115.1	115.5	112.4	
1984	794	879	694		137.1	134.0	144.9	
1985	882	983	763		111.1	111.8	109.9	
1989	1603	1801	1355	1615	181.7	183.2	177.6	
1990	1754	1991	1453	3131	109.4	110.5	107.2	193.9
1991	1856	2085	1560	1615	105.8	104.7	107.4	51.6
1992	2186	2485	1781	1816	117.8	119.2	114.2	112.4
1993	2708	3089	2160	2510	123.9	124.3	121.3	138.2
1994	3767	4422	2779	3162	139.1	143.2	128.7	126.0
1995	4428	5092	3357	4319	117.5	115.2	120.8	136.6
1996	4922	5620	3780	4468	111.2	110.4	112.6	103.4
1997	5395	6249	3823	4850	109.6	111.2	101.1	108.5
1998	5722	6691	4046	4376	106.1	107.1	105.8	90.2
1999	6251	7349	4320	4718	109.2	109.8	106.8	107.8
2000	7739	8915	5849	5996	123.8	121.3	135.4	127.1
2001	8610	10011	5838	6872	111.3	112.3	99.8	114.6
2002	9692	11671	6777	7315	112.6	116.6	116.1	106.4
2003	10618	12899	7469	8005	109.6	110.5	110.2	109.4
2004	11952	14976	8925	8738	112.6	116.1	119.5	109.2
2005	13648	17221	10643	10076	114.2	115.0	119.2	115.3
2006	15690	19665	13074	11714	115.0	114.2	122.8	116.3
2007	18848	23753	15995	14050	120.1	120.8	122.3	119.9
2008	22380	27819	20927	17050	118.7	117.1	130.8	121.4
2009	26674	33071	26996	20631	119.2	118.9	129.0	121.0
2010	30462	37240	31554	24347	114.2	112.6	116.9	118.0
2011	35499	42897	38337	28811	116.5	115.2	121.5	118.3
2012	40357	49231	41900	32618	113.7	114.8	109.3	113.2
2013	43052	54007	41881	38709	109.3	111.1	108.8	110.5

*2013年在岗职工平均工资调整为从业人员平均工资

3－18 分县(市、区)从业人员平均工资情况＊

(2013年) 单位:元

地区	2013年	2012年	2013年比2012年增长(%)
盐城市	43052	39384	9.3
市区	48507	44877	8.1
亭湖区	44719	40389	10.7
盐都区	41941	39717	5.6
响水县	37137	34164	8.7
滨海县	37890	36699	3.2
阜宁县	39015	33562	16.2
射阳县	39875	36097	10.5
建湖县	40959	37410	9.5
东台市	41210	39291	4.9
大丰市	43011	39280	9.5

＊2013年在岗职工平均工资调整为从业人员平均工资,2012年数据相应调整

主要统计指标解释

人口数：指一定时点、一定地区范围内的有生命的个人的总和。年度统计的年末人口数指每年12月31日24时的人口数。

出生人数：指活产婴儿，即胎儿脱离母体时（不管怀孕月数），有过呼吸或者其他生命现象。

年平均人数：年初、年底人口数的平均数，也可用年中人口数代替。

常住人口：指经常或久居本地的人口。常住人口分为以下几种类型：住本户，户口在本乡、镇、街道的人（含户口在本户、外出不满半年的人）；住本户半年以上，户口在外乡、镇、街道的人；住本户不满半年以上，户口在外乡、镇、街道，离开户口登记地半年以上的人；住本户户口待定的人。

人口密度：指一定时点一定地区的人口数与该地区的土地面积之比，通常以每平方公里的居民人数来表示。

人口出生率：指一定时期内（通常为一年）出生人数与同期平均人数（或期中人数）的比率，一般用千分率表示。计算公式：出生率=年出生人数/年平均人数×1000‰

死亡率：指一定时期内（通常为一年）一定地区的死亡人数与同期平均人数（或期中人数）的比率，一般用千分率表示。计算公式：死亡率=年死亡人数/年平均人数×1000‰

人口自然增长率：指一定时期内（通常为一年）一定地区的人口自然增加数（出生人数减死亡人数）与该时期内平均人数（或期中人数）之比，一般用千分率表示。计算公式：人口自然增长率=人口出生率-人口死亡率

从业人员：指从事一定的社会劳动并取得劳动报酬或经营收入的各类人员。包括各类单位在岗职工、再就业的离退休人员、聘用的外籍人员和港、澳、台方人员、领取补贴的兼职人员、直接支付工资的劳务工以及个体从业人员、农村从业人员和非正规就业人员等。

单位从业人员：指在各级国家机关、政党机关、社会团体及企业、事业单位中工作，取得工资或其他形式的劳动报酬的全部人员。包括在岗职工、再就业的离退休人员、民办教师以及在各单位中工作的外方人员和港澳台方人员、兼职人员、借用的外单位人员和第二职业者。

在岗职工：指在本单位工作且与本单位签订劳动合同，并由单位支付各项工资和社会保险、住房公积金的人员，以及上述人员中由于学习、病伤、产假等原因暂未工作仍由单位支付工资的人员。

劳务派遣人员：根据《中华人民共和国劳动合同法》规定，指与劳务派遣单位签订劳动合同，并被劳务派遣单位派遣到实际用工单位工作，且劳务派遣单位与实际用工单位签订《劳务派遣协议》的人员。

其他从业人员：指在本单位工作，不能归到在岗职工、劳务派遣人员中的人员。此类人员是实际参加本单位生产或工作并从本单位取得劳动报酬的人员。具体包括：非全日制人员、聘用的正式离退休人员、兼职人员和第二职业者等，以及在本单位中工作的外籍和港澳台方人员。

从业人员工资总额：指本单位在报告期内（季度或年度）直接支付给本单位全部从业人员的劳动报酬总额。包括计时工资、计件工资、奖金、津贴和补贴、加班加点工资、特殊情况下支付的工资，是在岗职工工资总额、劳务派遣人员工资总额和其他从业人员工资总额之和。

从业人员平均工资：指本单位从业人员在报告期内平均每人所得的工资额。计算公式为：

$$从业人员平均工资=\frac{从业人员工资总额}{从业人员平均人数}$$

统计人员有下列行为之一，造成不良后果的，对有关责任人员，给予警告、记过或者记大过处分；情节较重的，给予降级或者撤职处分；情节严重的，给予开除处分；

(一) 泄露属于国家秘密的统计资料的；

(二) 未经本人同意，泄露统计调查对象个人、家庭资料的；

(三) 泄露统计调查中知悉的统计调查对象商业秘密的。

包庇、纵容统计违法违纪行为的，对有关责任人员、给予记过或者记大过处分；情节较重的，给予降级或者撤职处分；情节严重的，给予开除处分。

摘自《统计违法违纪行为处分规定》第九条、第十条

四、人民生活

People's Livelihood

4－1 市区城市居民家庭分年度人口、就业与住房情况

(2000–2013 年)

指　　标	2000 年	2005 年	2008 年	2010 年	2011 年	2012 年	2013 年
调查户数(户)	200	200	200	200	200	200	116
人口情况(每户平均)							
家庭人口数(人)	3.02	2.93	2.80	2.84	2.99	3.03	3.01
#有收入者人数	2.20	1.92	1.93	2.06	2.05	2.14	2.04
#就业人口数	1.78	1.46	1.39	1.44	1.66	1.67	1.77
#国有经济单位职工人数	1.25	0.48	0.37	0.34	0.47	0.48	0.47
城镇个体或私营企业主人数	0.14	0.23	0.21	0.22	0.34	0.35	0.42
离退休再就业人数	0.04	0.04	0.02	0.03	0.04	0.04	0.05
其他就业者人数		0.01	0.01	0.02	0.02	0.02	0.84
#离退休人数	0.41	0.41	0.49	0.58	0.34	0.41	0.25
每一有收入者负担人数(人)	1.38	1.53	1.45	1.38	1.46	1.42	1.47
每一就业者负担人数(人)	1.70	2.01	2.01	1.97	1.80	1.81	1.70
年末居住情况							
现住房人均建筑面积(m^2)		24.98	30.07	30.72	35.72	36.22	35.91
租赁公房户(%)	22.00	16.50	7.50	7.00	2.00	2.00	0.86
租赁私房户(%)	0.50	2.00	3.00	3.00	5.50	6.50	7.77
居住自有房户(%)	77.50	81.50	89.50	90.00	92.50	91.50	91.37
单栋住宅户(%)		1.50			1.00	1.00	18.13
配套住宅户(%)	66.00	62.50	72.00	75.00	74.00	73.00	65.47
普通楼房户(%)	14.00	15.00	10.50	8.50	16.00	16.50	4.32
平房及其他户(%)	20.00	21.00	17.50	16.50	9.00	9.50	12.09
有取暖设备户(%)	24.50	59.00	75.50	77.00	87.00	86.50	63.31
管道天燃气用户(%)		10.00	30.50	39.50	52.50	52.50	50.36
液化石油气用户(%)	93.50	89.00	69.00	59.00	46.00	46.00	46.33
独用自来水户(%)	96.50	99.00	99.00	99.50	100.00	100.00	97.41
室内有卫生设备户(%)	70.50	74.00	81.00	83.50	92.00	92.00	92.23

4－2 市区城市居民家庭分年度主要耐用品年末每百户拥有量

(2000–2013 年)

指　　标	2000 年	2005 年	2008 年	2010 年	2011 年	2012 年	2013 年
摩托车(辆)	13.5	15.5	16.0	15.0	16.0	15.5	17.3
助力车(辆)		43.5	91.0	111.5	140.5	151.0	126.3
家用汽车(辆)		0.5	4.0	7.5	14.5	19.0	23.0
洗衣机(台)	97.5	101.0	97.5	98.0	101.0	103.0	96.5
电冰箱(台)	78.0	91.5	96.0	100.5	101.0	106.0	98.3
彩色电视机(台)	117.0	136.0	146.5	155.5	165.5	168.5	145.9
家用电脑(台)	8.0	35.0	55.5	66.0	87.0	90.5	94.0
组合音响(套)	23.5	19.0	23.0	23.5	21.5	22.0	12.9
摄像机(架)	1.0	2.0	7.0	6.5	6.0	6.0	9.5
照相机(架)	32.0	21.5	28.5	32.5	34.0	34.5	41.6
其他中高档乐器(件)	2.5	4.0	9.0	9.5	5.5	5.0	8.6
微波炉(台)	27.5	81.5	88.0	89.0	93.5	95.0	93.1
空调器(台)	26.0	76.0	115.5	123.0	171.0	178.0	150.1
淋浴热水器(台)	38.5	64.5	78.5	87.5	98.0	102.5	100.0
消毒碗柜(台)		3.5	8.5	6.5	9.0	9.5	10.4
健身器材(套)	5.0	2.0	7.0	6.0	5.0	5.0	7.8
固定电话(部)	79.5	141.5	159.5	146.0	71.5	72.0	60.6
移动电话(部)	32.5	100.0	127.5	154.5	227.0	234.5	245.0
接入有线电视电视机(台)		124.5	133.0	135.0	127.0	127.5	114.8
接入互连网计算机(台)		25.5	44.5	53.5	73.0	74.0	84.5

4－3 市区城市居民家庭分年度主要消费品人均购买量

(2000–2013 年)

指　　标	2000 年	2005 年	2008 年	2010 年	2011 年	2012 年	2013 年
大米(千克)	58.4	58.5	57.5	52.2	45.1	39.3	80.1
面粉(千克)	1.4	1.0	1.2	1.1	1.7	1.6	1.7
植物油(千克)	7.3	7.8	9.0	8.1	7.2	6.5	11.2
猪肉(千克)	23.0	25.6	22.9	26.2	23.2	23.2	22.1
牛肉(千克)	2.0	0.2	0.1	0.2	0.2	0.3	1.5
羊肉(千克)	0.4	0.1	0.0	0.1	0.1	0.2	0.4
鸡(千克)	5.6	6.0	7.0	7.6	6.4	6.1	4.6
鸭(千克)	1.5	1.4	1.4	1.0	0.9	0.9	0.9
鲜蛋(千克)	11.7	11.0	10.7	10.8	10.1	11.4	14.4
鱼(千克)	14.9	13.8	15.0	15.3	14.4	13.7	14.1
虾(千克)	2.4	2.5	2.7	3.1	2.2	2.9	2.7
鲜菜(千克)	111.2	107.5	118.7	121.1	110.3	107.5	145.3
白酒(千克)	3.1	2.2	2.0	2.6	2.6	2.2	3.9
啤酒(千克)	4.0	2.5	2.6	2.6	1.8	1.6	4.0
茶叶(千克)	0.1	0.1	0.1	0.2	0.3	0.1	0.1
鲜果(千克)	20.2	23.8	24.5	26.0	24.6	29.0	36.6
鲜瓜(千克)	21.7	18.0	15.7	21.0	11.0	11.6	6.5
糕点(千克)	2.9	3.7	4.0	5.0	4.5	4.3	5.8
鲜乳品(千克)	7.4	15.8	11.0	11.9	11.9	11.1	21.1
奶粉(千克)	0.3	0.3	0.3	0.1	0.5	0.3	0.9
服装(件)	7.1	7.8	7.9	9.0	8.9	9.3	—
鞋(双)	2.6	2.7	2.6	2.9	2.9	2.9	2.6
水(吨)	30.9	25.6	32.3	38.0	37.6	39.6	46.8
电(度)	195.2	329.2	455.7	610.8	599.8	696.5	743.7
煤炭(千克)	33.3	15.0	14.8	10.3	8.4	6.8	2.6
液化石油气(千克)	25.9	21.4	14.8	13.7	9.6	10.8	13.6
管道天燃气(立方米)		8.6	20.6	38.9	36.3	45.4	49.1

4－4 市区城市居民家庭按收入分组的家庭人口、就业与住房情况

(2013年)

指　　　标	合计	最低20%	#更低5%	较低20%	中间20%	较高20%	最高20%
家庭人口数(人)	3.01	3.35	2.75	2.98	3.02	3.00	2.71
#有收入者人数	2.04	1.93	1.25	2.05	2.05	2.17	1.99
#就业人口数	1.77	1.71	1.20	1.80	1.80	1.71	1.82
#国有经济单位职工人数	0.47	0.10		0.23	0.34	0.98	0.67
城镇个体或私营企业主人数	0.42	0.31	0.20	0.66	0.44	0.26	0.42
离退休再就业人数	0.05	0.04		0.07	0.06	0.03	0.04
其他就业者人数	0.84	1.26	1.00	0.85	0.96	0.43	0.69
#离退休人数	0.25	0.18		0.20	0.23	0.47	0.17
每一有收入者负担人数(人)	1.47	1.73	2.20	1.45	1.47	1.38	1.36
每一就业者负担人数(人)	1.70	1.95	2.29	1.65	1.68	1.76	1.49
年末居住情况							
现住房人均建筑面积(m2)	35.91	32.67	46.98	30.70	37.13	35.29	44.53
居住公房户(%)	0.86					4.35	
租赁私房户(%)	7.77	4.41		4.38	12.77	4.35	12.59
居住自有房户(%)	91.37	95.59	100.00	95.62	87.23	91.30	87.41
单栋住宅户(%)	18.13	26.47	60.00		17.02	26.09	20.98
配套住宅户(%)	65.47	51.47	20.00	73.72	61.70	65.22	74.83
普通楼房户(%)	4.32	4.41		4.38	8.51	4.35	
平房及其他户(%)	12.09	17.65	20.00	21.90	12.77	4.35	4.20
有取暖设备户(%)	63.31	51.47	40.00	60.58	68.09	73.91	62.24
管道天燃气用户(%)	50.36	22.06		56.93	53.19	56.52	62.24
液化石油气用户(%)	46.33	73.53	100.00	39.42	46.81	39.13	33.57
独用自来水户(%)	97.41	95.59	100.00	100.00	100.00	100.00	91.61
室内有卫生设备户(%)	92.23	86.76	100.00	95.62	82.98	95.65	100.00

4－5 市区城市居民家庭按收入分组的主要耐用品年末每百户拥有量

（2013 年）

指　　标	合计	最低 20%	#更低 5%	较低 20%	中间 20%	较高 20%	最高 20%
摩托车(辆)	17.3	22.1	20.0	8.8	17.0	13.0	25.2
助力车(辆)	126.3	144.1	100.0	130.7	140.4	126.1	91.6
家用汽车(辆)	23.0	7.4		4.4	25.5	26.1	50.3
洗衣机(台)	96.5	91.2	100.0	95.6	95.7	100.0	100.0
电冰箱(台)	98.3	95.6	100.0	95.6	108.5	95.7	95.8
彩色电视机(台)	145.9	133.8	100.0	130.7	148.9	160.9	154.5
家用电脑(台)	94.0	64.7	20.0	73.7	87.2	121.7	121.0
组合音响(套)	12.9	8.8		13.1	12.8	17.4	12.6
摄像机(架)	9.5	4.4	20.0	8.8	4.3	13.0	16.8
照相机(架)	41.6	29.4	20.0	26.3	53.2	52.2	46.2
其他中高档乐器(件)	8.6	4.4		8.8	8.5	8.7	12.6
微波炉(台)	93.1	91.2	80.0	91.2	87.2	100.0	95.8
空调器(台)	150.1	102.9	100.0	135.0	161.7	169.6	179.0
淋浴热水器(台)	100.0	86.8	80.0	95.6	104.3	104.3	108.4
消毒碗柜(台)	10.4	8.8		4.4	8.5	17.4	12.6
健身器材(套)	7.8	4.4		4.4	17.0	4.3	8.4
固定电话(部)	60.6	44.1	80.0	73.7	48.9	65.2	70.6
移动电话(部)	245.0	216.2	220.0	190.5	266.0	291.3	259.4
接入有线电视电视机(台)	114.8	98.5	60.0	108.8	110.6	126.1	129.4
接入互连网计算机(台)	84.5	60.3	20.0	73.7	78.7	91.3	116.8

4－6 市区城市居民家庭按收入分组的主要消费品人均购买量

(2013 年)

指 标	合计	最低 20%	# 更低 5%	较低 20%	中间 20%	较高 20%	最高 20%
大米(千克)	80.1	79.9	86.7	63.1	95.6	76.5	85.3
面粉(千克)	1.7	1.9	2.2	1.4	2.4	1.4	1.4
植物油(千克)	11.2	9.7	10.8	8.7	13.0	13.0	11.6
猪肉(千克)	22.1	19.6	17.4	22.9	21.1	24.2	22.8
牛肉(千克)	1.5	0.9	0.9	1.6	1.8	1.6	1.5
羊肉(千克)	0.4	0.3	0.1	0.5	0.3	0.4	0.7
鸡(千克)	4.6	3.9	2.7	4.6	4.7	5.5	4.4
鸭(千克)	0.9	0.5	0.3	0.7	0.7	1.0	1.5
鲜蛋(千克)	14.4	11.7	9.3	11.5	9.9	11.9	28.1
鱼(千克)	14.1	12.0	13.8	15.1	14.3	13.3	16.1
虾(千克)	2.7	1.9	0.9	3.3	2.9	2.3	3.1
鲜菜(千克)	145.3	135.3	121.2	132.7	159.7	137.4	163.1
白酒(千克)	3.9	2.3	2.2	3.2	5.4	3.8	5.0
啤酒(千克)	4.0	2.2	5.1	2.5	2.8	6.5	6.0
茶叶(千克)	0.1	0.1	0.0	0.0	0.2	0.2	0.1
鲜果(千克)	36.6	18.7	13.4	39.0	37.1	45.0	45.7
鲜瓜(千克)	6.5	3.3	2.4	6.9	6.5	7.9	8.1
糕点(千克)	5.8	1.7	1.4	6.1	6.8	6.0	9.0
鲜乳品(千克)	21.1	12.0	5.3	19.1	23.1	19.2	33.5
奶粉(千克)	0.9			1.4	0.9	1.3	1.1
鞋(双)	2.6	1.4	1.8	2.5	3.3	2.7	3.5
水(吨)	46.8	35.3	36.3	38.5	34.3	49.4	80.2
电(度)	743.7	559.1	589.1	658.2	575.6	840.2	1133.1
煤炭(千克)	2.6					13.1	
液化石油气(千克)	13.6	20.6	29.6	10.4	16.5	9.5	10.0
管道天燃气(立方米)	49.1	30.8		44.0	52.2	39.4	82.9

4－7 市区城市居民家庭按收入分组的人均现金收支情况

（2013 年）

单位：元

指　　标	合计	最低 20%	# 更低 5%	较低 20%	中间 20%	较高 20%	最高 20%
可支配收入	**28402**	**11226**	**8064**	**18558**	**26144**	**35326**	**65170**
期初手存现金	3725	2135	3700	3203	3923	2763	6957
家庭总收入	30948	12266	9021	20159	28246	37937	68640
# 工资性收入	17878	8013	4671	11737	17661	22499	32341
# 工资及补贴收入	17775	7852	4556	11665	17555	22402	32269
其他劳动收入	103	162	115	72	106	97	72
经营净收入	5509	919	1601	3241	2784	2216	18473
财产性收入	937	340	593	468	260	1825	2738
# 利息收入	51	0		29	129	37	606
股息与红利收入	49			4		912	958
保险收益	14					174	
其它投资收入	6	1					29
出租房屋收入	760	296	371	421	89	655	1059
知识产权收入							
其他财产性收入	56	43	222	14	42	48	86
转移性收入	6624	2994	2157	4714	7540	11397	15089
# 养老金或离退休金	4260	1438	290	2500	4007	5575	2905
社会救济收入	118	220	62				
辞退金							
赔偿收入	30			310			592
保险收入							
# 失业保险金							
赡养收入	768	771	1302	606	1208	1106	2789
捐赠收入	752	171	58	954	1641	3277	7267
提取住房公积金	420					1051	1142
记帐补贴	262	233	244	265	259	275	282
其他转移性收入	180	160	200	77	425	113	111
出售财物收入	3	0	1	13			
# 出售住房收入							
出售其他物品收入	3	0	1	13			

4-7 续表 1

单位:元

指标	合计	最低 20%	#更低 5%	较低 20%	中间 20%	较高 20%	最高 20%
借贷收入	6252	1400	590	2829	7499	8446	11851
#提取储蓄存款	5232	1259	589	2816	7467	5466	9743
借入款	429	132				51	2109
收回借出款	3				14		
收回储蓄性保险本金							
兑售有价证券	5	8			16		
收回投资本金	3	1	1	13	2		
住房贷款	580					2929	
汽车贷款							
教育贷款							
其他贷款							
其他借贷收入							
家庭总支出	25549	10964	8580	17169	22276	36721	40940
#消费支出	19015	8986	6647	14137	18186	23287	32303
财产性支出	155			97	156	168	383
#非生产性利息支出	155			97	156	168	383
其他							
转移性支出	3037	1118	1219	1608	2169	3793	5227
#交纳所得税	393	2		22	78	114	165
捐赠支出	2022	753	998	904	1689	3385	3601
购买彩票	21			1	58	0	47
赡养支出	199	206	47	392	62	164	176
#在外就学子女费用	108	182	47	98	62	87	103
各种非储蓄性保险支出	266	49		167	162	114	901
#车辆保险支出	155			130	123	84	475
其他转移性支出	137	108	175	123	119	16	337
社会保障支出	1892	804	713	1315	1765	2222	3024
#个人交纳的养老基金	685	415	309	744	568	537	958
个人交纳的住房公积金	845	131		198	906	1416	1421
个人交纳的医疗基金	260	237	404	327	216	194	495
个人交纳的失业基金	90	22		44	59	73	109
其他社会保障支出	12			3	17	1	41

4-7 续表 2

单位:元

指标	合计	最低 20%	# 更低 5%	较低 20%	中间 20%	较高 20%	最高 20%
购房与建房支出	1451	55		12		7251	4
# 购房	1436					7251	
建房	15	55		12			4
借贷支出	12440	2951	945	4564	13001	10064	33836
# 存入储蓄款	11139	2885	909	3776	11869	8367	30780
借出款	150	7	36		423	23	310
归还借款	80			224		145	43
储蓄性保险支出	114	60		123	63	131	207
购买有价证券							
其它投资支出							
归还住房贷款	900			407	645	1393	2229
归还汽车贷款	51			35			241
归还教育贷款							
归还其他贷款							
其他借贷支出	6					5	26
期末手存现金	899	439	874	1072	896	924	1237
消费支出	19015	8986	6647	14137	18186	23287	32303
# 服务性消费支出							
# 食品	6697	3774	3276	5735	6799	8552	9052
# 粮油类	740	682	753	682	778	744	823
肉禽蛋水产品类	1594	1249	1040	1641	1582	1714	1837
蔬菜类	597	505	477	592	631	576	696
调味品	60	53	53	63	53	71	59
糖烟酒饮料类	872	433	571	698	1086	942	1264
干鲜瓜果类	317	139	103	300	334	397	438
糕点、奶及奶制品	483	146	87	539	570	555	650
其他食品	68	31	25	52	77	89	97
饮食服务	1739	372	167	979	1571	3180	2790
衣着	2116	915	759	1475	1780	2675	3979
# 服装	1632	721	605	1136	1406	1979	3104
衣着材料	15	0	2	27	5	39	2

4-7 续表 3

单位：元

指　　标	合计	最低 20%	# 更低 5%	较低 20%	中间 20%	较高 20%	最高 20%
鞋类	344	141	131	227	259	453	684
其他衣着用品	43	18	17	36	36	64	66
衣着加工服务费	9	1	3	7	1	8	33
居住	1408	807	676	1138	1130	1434	2141
# 住房	394	189	32	313	336	449	724
水电燃料及其他	716	584	635	614	615	731	1073
居住服务费	171	12	8	195	156	202	318
家庭设备用品及服务	1236	557	547	808	1013	1787	2142
# 耐用消费品	462	207	239	272	188	897	801
室内装饰品	12	9		12	7	12	20
床上用品	159	27	42	64	326	173	215
家庭日用杂品	479	241	247	425	398	579	797
家具材料	3				2	3	9
家庭服务	86	19	19	22	80	60	264
医疗保健	893	1009	243	1057	942	1073	1044
# 医疗器具	14			6		1	67
保健器具	21	1		4	8	26	69
药品费	262	274	29	197	324	433	185
滋补保健品	170	82	166	145	175	252	207
医疗费	600	701	48	788	809	502	745
其他医疗保健支出							
交通和通讯	3282	825	555	1430	1738	2640	8080
# 交通	2609	411	211	714	1087	1980	7110
通信	673	413	344	717	652	660	970
教育文化娱乐服务	2503	1455	311	2230	3400	4567	4343
# 文化娱乐用品	463	104	46	527	483	528	725
文化娱乐服务	637	161	58	567	1077	1240	1764
教育	1179	867	207	958	1660	2414	1466
其他商品和服务	880	246	281	263	1385	559	1523
# 其他商品	527	65	55	132	1075	251	1180
服务	252	181	226	131	310	308	343

4－8 市区城市居民家庭历年人均收支及增幅

(1983-2013 年)

年　份	可支配收入		消费支出	
	实　绩(元)	比上年±%	实　绩(元)	比上年±%
1983	429		391	
1984	546	27.3	462	18.1
1985	712	30.4	609	31.8
1986	909	27.7	806	32.4
1987	1016	11.8	888	10.2
1988	1311	29.0	1215	36.7
1989	1622	23.7	1362	12.2
1990	1488	-8.3	1245	-8.6
1991	1651	11.0	1423	14.3
1992	1942	17.6	1612	13.3
1993	2664	37.2	2141	32.9
1994	3556	33.5	2968	38.6
1995	4303	21.0	3394	14.3
1996	4736	10.1	3725	9.8
1997	5359	13.2	3891	4.4
1998	5173	-3.5	4131	6.2
1999	5721	10.6	4114	-0.4
2000	6494	13.5	5245	27.5
2001	6935	6.8	5488	4.6
2002(旧口径)	7942	14.5	5507	0.3
2002(新口径)	7274			
2003	8059	10.8	5580	1.3
2004	9362	16.2	6566	17.7
2005	10580	13.0	7293	11.1
2007	13857	15.0	8454	15.9
2008	15862	14.5	9174	8.5
2009	17664	11.4	11816	28.8
2010	20003	13.2	14245	20.6
2011	22851	14.2	15149	6.3
2012	25867	13.2	17107	12.9
2013	28402	9.8	19015	11.2

4－9 市区城市居民家庭恩格尔系数与教育文化娱乐支出比重

(1983–2013 年)

年　份	恩格尔系数		教育文化娱乐支出占消费支出比重	
	实　绩(%)	比上年±百分点	实　绩(%)	比上年±百分点
1983	55.0		7.7	
1984	52.5	–2.5	9.4	1.7
1985	50.9	–1.6	8.8	–0.7
1986	47.7	–3.2	8.2	–0.5
1987	50.2	2.5	8.8	0.6
1988	50.9	0.7	9.1	0.2
1989	52.2	1.3	7.4	–1.6
1990	52.1	–0.1	10.6	3.2
1991	52.5	0.4	5.8	–4.8
1992	50.8	–1.7	9.6	3.8
1993	46.1	–4.7	11.5	1.9
1994	50.6	4.5	7.0	–4.5
1995	54.3	3.7	6.6	–0.3
1996	51.0	–3.3	9.3	2.7
1997	52.3	1.3	8.7	–0.7
1998	48.4	–3.9	10.4	1.7
1999	44.9	–3.5	11.2	0.8
2000	38.7	–6.2	10.1	–1.2
2001	37.4	–1.3	12.4	2.3
2002	38.0	0.6	15.4	3.1
2003	38.6	0.6	14.6	–0.8
2004	37.7	–0.9	16.6	2.0
2005	37.1	–0.6	13.7	–2.9
2007	38.5	0.7	13.1	–1.4
2008	41.4	2.9	12.1	–1.0
2009	34.5	–6.9	12.8	0.7
2010	34.8	0.3	9.6	–3.2
2011	33.2	–1.6	12.0	2.4
2012	32.4	–0.8	11.8	–0.2
2013	35.2	2.8	13.2	1.4

4－10 市区城市居民家庭人均住房使用面积和建筑面积

（1983-2013 年）

年份	使用面积		建筑面积	
	实绩(平方米)	比上年±%	实绩(平方米)	比上年±%
1983	9.84			
1984	10.22	3.9		
1985	11.16	9.2		
1986	12.11	8.5		
1987	12.62	4.2		
1988	13.04	3.3		
1989	13.24	1.5		
1990	13.12	-0.9		
1991	13.07	-0.4		
1992	13.78	5.4		
1993	14.17	2.8		
1994	15.51	9.5		
1995	16.30	5.1		
1996	15.83	-2.9		
1997	20.38	28.7		
1998	18.95	-7.0		
1999	18.43	-2.7		
2000	17.04	-7.5		
2001	17.16	0.7		
2002	16.76	-2.3	22.37	
2003	17.89	6.7	23.72	6.0
2004	18.15	1.5	24.09	1.6
2005	18.76	3.4	24.98	3.7
2007			25.92	2.4
2008			30.07	16.0
2009			29.51	-1.9
2010			30.71	4.1
2011			35.72	16.3
2012			36.22	1.4
2013			35.91	-0.3

注:从 2007 年起,使用面积指标不再使用。

4－11 分地区城镇居民家庭

(20

指 标	全市	市区	亭湖区	盐都区
调查户数(户)	**595.42**	**115.83**	**76.83**	**39.00**
人口情况(每户平均)				
家庭人口数(人)	3.10	3.01	3.06	2.90
#有收入者人数	2.08	2.04	2.04	2.04
#就业人口数	1.82	1.77	1.81	1.69
#国有经济单位职工人数	0.39	0.47	0.42	0.56
城镇个体或私营企业主人数	0.48	0.42	0.48	0.28
离退休再就业人数	0.05	0.05	0.03	0.08
其他就业者人数	0.90	0.84	0.87	0.76
#离退休人数	0.22	0.25	0.22	0.30
每一有收入者负担人数(人)	1.49	1.47	1.50	1.42
每一就业者负担人数(人)	1.70	1.70	1.70	1.71
年末居住情况				
现住房人均建筑面积(m2)	37.18	35.91	28.62	51.10
租赁公房户(%)	0.3	0.9	1.3	
租赁私房户(%)	4.2	7.8	9.1	5.0
居住自有房户(%)	95.5	91.4	89.6	95.0
单栋住宅户(%)	23.3	18.1	18.2	17.9
配套住宅户(%)	56.9	65.5	70.1	56.0
普通楼房户(%)	3.0	4.3	6.5	
平房及其他户(%)	16.7	12.1	5.2	25.6
有取暖设备户(%)	75.0	63.3	52.5	84.6
管道天然气用户(%)	27.6	50.4	49.9	51.3
液化石油气用户(%)	52.2	46.3	45.1	48.7
独用自来水户(%)	98.2	97.4	97.4	97.4
室内有卫生设备户(%)	94.1	92.2	93.5	89.7

人口、就业与住房情况

13 年）

响水县	滨海县	阜宁县	射阳县	建湖县	东台市	大丰市
57.75	**47.75**	**48.50**	**31.00**	**61.00**	**80.75**	**37.00**
3.37	3.24	3.10	2.90	3.25	3.04	2.99
2.40	1.81	1.93	1.81	2.12	2.27	2.05
2.15	1.52	1.67	1.37	1.98	2.06	1.76
0.40	0.38	0.57	0.35	0.11	0.15	0.62
0.81	0.26	0.42	0.49	0.60	0.58	0.18
0.02	0.09		0.05	0.08	0.08	0.08
0.93	0.79	0.68	0.48	1.18	1.25	0.87
0.17	0.27	0.24	0.17	0.12	0.19	0.27
1.40	1.79	1.60	1.60	1.53	1.34	1.46
1.57	2.13	1.86	2.12	1.65	1.48	1.70
36.92	31.81	33.55	47.10	34.58	45.22	39.90
		0.0				
4.8	4.2	0.0		3.3		
95.2	95.8	100.0	100.0	96.7	100.0	100.0
32.9	4.2		38.7	42.6	45.7	2.7
48.1	39.8	100.0	45.2	42.6	23.4	89.2
1.7	8.4		9.7			
17.3	47.6		6.5	14.8	30.9	8.1
79.7	72.8	98.0	90.3	72.1	77.7	100.0
3.0			35.5	24.6	1.2	51.4
64.1	56.0	100.0	64.5	57.4	45.6	48.6
96.5	93.7	100.0	100.0	100.0	100.0	100.0
91.3	79.1	100.0	93.5	100.0	100.0	100.0

4－12 分地区城镇居民家庭主要耐用品年末每百户拥有量

(2013 年)

指 标	全市	市区	亭湖区	盐都区	响水县	滨海县	阜宁县	射阳县	建湖县	东台市	大丰市
摩托车(辆)	26	17	18	33	26	13	19	42	15	44	46
助力车(辆)	113	126	128	149	35	76	110	94	134	123	157
家用汽车(辆)	22	23	19	31	20	15	15	19	15	23	35
洗衣机(台)	98	97	99	108	95	96	96	103	102	90	100
电冰箱(台)	99	98	100	103	91	98	96	106	102	100	100
彩色电视机(台)	160	146	125	197	127	141	172	181	151	185	243
家用电脑(台)	90	94	93	105	65	65	84	87	82	85	157
组合音响(套)	10	13	10	28	3	5	22		16	11	8
摄像机(架)	8	9	8	13	2	3	10	3	7	11	11
照相机(架)	38	42	44	49	17	17	46	32	28	30	81
其他中高档乐器(件)	5	9	3	8		3	6		3	6	5
微波炉(台)	91	93	92	95	76	90	97	100	102	76	97
空调器(台)	151	150	112	226	127	119	189	165	149	131	211
淋浴热水器(台)	100	100	100	113	90	77	101	103	98	90	146
消毒碗柜(台)	6	10	8	15	2		2	10	3	4	
健身器材(套)	6	8	5	13	2		2	6	3	10	11
固定电话(部)	66	61	61	77	46	77	76	81	66	64	70
移动电话(部)	238	245	226	282	239	218	225	226	223	222	297

4－13 分地区城镇居民家庭主要消费品人均购买量

(2013 年)

指　标	全市	市区	亭湖区	盐都区	响水县	滨海县	阜宁县	射阳县	建湖县	东台市	大丰市
大米(千克)	92.7	80.1	72.9	95.1	102.4	78.0	60.0	57.4	65.3	141.9	105.8
面粉(千克)	3.3	1.7	1.7	1.6	12.7	5.0	3.3	4.6	1.2	1.6	1.8
植物油(千克)	13.0	11.2	10.9	11.7	10.6	10.5	15.5	13.6	8.4	23.4	13.3
猪肉(千克)	21.9	22.1	21.0	24.3	11.2	19.2	33.1	20.2	21.9	25.9	20.6
牛肉(千克)	2.0	1.5	2.0	0.3	2.8	0.2	6.1	5.2	2.4	0.4	0.8
羊肉(千克)	0.7	0.4	0.5	0.2	1.2	0.3	2.1	2.5	0.5	0.1	0.2
鸡(千克)	5.0	4.6	4.7	4.4	3.8	5.9	8.7	5.2	5.5	4.1	3.5
鸭(千克)	1.0	0.9	0.7	1.3	0.3	0.6	3.0	1.6	1.7	0.2	0.6
鲜蛋(千克)	12.0	14.4	15.9	11.2	10.5	8.9	11.7	11.2	8.6	11.3	12.2
鱼(千克)	14.9	14.1	13.6	15.1	12.7	12.0	18.9	20.8	13.6	17.8	13.9
虾(千克)	2.6	2.7	2.6	2.8	2.6	2.2	4.5	5.4	1.8	1.3	2.7
鲜菜(千克)	130.0	145.3	139.4	157.7	160.6	123.0	136.6	83.1	79.6	75.5	159.2
白酒(千克)	3.5	3.9	3.4	4.9	1.7	1.2	2.2	4.8	1.3	5.7	5.3
啤酒(千克)	3.8	4.0	4.2	3.3	2.4	1.0	2.1	5.8	2.4	5.9	5.6
茶叶(千克)	0.1	0.1	0.1	0.1	0.0	0.0	0.2	0.2	0.1	0.1	0.2
鲜果(千克)	31.1	36.6	38.1	33.4	21.3	28.6	30.6	26.5	22.3	30.1	39.5
鲜瓜(千克)	5.5	6.5	6.7	5.9	3.8	5.0	9.4	4.7	3.9	5.3	7.0
糕点(千克)	3.9	5.8	4.9	7.6	0.4	2.7	3.0	3.2	3.9	1.2	6.9
鲜乳品(千克)	16.4	21.1	21.5	20.2	3.6	18.4	27.6	29.3	1.6	11.7	17.1
奶粉(千克)	0.7	0.9	0.9	1.0	0.1	0.1	2.0	0.2	0.2	0.5	0.5
鞋(双)	2.3	2.6	2.7	2.4	1.4	1.8	3.8	2.0	2.9	1.9	2.6
水(吨)	41.5	46.8	47.9	44.5	43.3	38.5	35.3	57.8	28.4	36.0	43.4
电(度)	728.0	743.7	716.5	800.4	709.4	833.5	664.0	714.7	783.9	623.8	745.8
煤炭(千克)	3.9	2.6	2.0	3.8	1.5	7.9			2.2	13.6	1.0
液化石油气(千克)	16.4	13.6	15.8	9.1	24.6	26.0	21.5	22.0	14.7	16.6	10.6
管道天燃气(立方米)	21.9	49.1	36.4	75.5	5.2	2.9		9.6	4.8	5.5	15.1

4－14 分地区城镇居民家庭人均现金收支情况

（2013年）

单位:元

指 标	全市	市区	亭湖区	盐都区	响水县	滨海县	阜宁县	射阳县	建湖县	东台市	大丰市
可支配收入	**24119**	**28402**	**28914**	**26254**	**20045**	**21037**	**20115**	**21291**	**23272**	**26241**	**24707**
期初手存现金	3389	3725	2796	5660	4028	1342	1245	5495	3820	1227	8358
家庭总收入	25835	30948	30740	28690	20299	21558	21465	23012	23948	27507	27077
#工资性收入	14299	17878	15878	16838	12854	11410	12854	12742	12421	11560	16412
#工资及补贴收入	11629	17775	1299	16820	9492	11410	12037	12046	11836	10272	14728
其它劳动收入	830	103	137	18	3362		817	696	585	1288	1684
经营性收入	4644	5509	6507	4454	4650	4747	3424	4475	5114	8153	3180
财产性收入	706	937	763	1596	880	425	160	638	1192	1666	405
#利息收入	112	51	180	224	110	67	70	40	443	256	84
股息与红利收入	52	49	254	319	198		62		10	196	177
保险收益	9	14	48								
其它投资收入	4	6		17	15						
出租房屋收入	508	760	261	938	386	229	8	433	727	552	123
知识产权收入	12					129					
其它财产性收入	9	56	20	98	170		20	165		7	20
转移性收入	6186	6186	6624	5803	1915	4976	5027	5157	5221	6128	7080
#养老金或离退休金	4594	4594	4260	2969	1279	4256	4425	3657	1339	1800	5569
社会救济收入	77	77	118	84	97	223	23	59		89	3
#最低生活保障收入	48	48	68	84	97	73	16			71	
辞退金	6	6					64			8	
赔偿收入	39	39	30					56		4	1
保险收入	4	4								12	49
#失业保险金	4	4								12	49
赡养收入	676	676	818	1549	353	309	302	462	287	3633	743
捐赠收入	317	394	702	802		7	105	26	440	277	93
提取住房公积金	156	156	420		21						
记帐补贴	159	159	262	212	68	145	72	112	107	79	146
其它转移性收入	104	104	180	187	97	36	20	785	3049	226	476
出售财物收入	5	5	3	1		4	27			8	
#出售住房收入	2	2					26				
出售其它物品收入	2	2	3	1		4	1			8	

4-14 续表 1 单位:元

指　　标	全市	市区	亭湖区	盐都区	响水县	滨海县	阜宁县	射阳县	建湖县	东台市	大丰市
借贷收入	4003	6252	5925	8624		3224	4080		2264	1711	2601
#提取储蓄存款	3280	5232	4420	8614		2575	4075		2046	274	2189
借入款	342	429	631	9	116	646	4		132	585	354
收回借出款	33	3	4		80					106	
收回储蓄性保险本金											
兑售有价证券	2	5	8								6
收回投资本金	3	3	4	1		2	1			8	1
住房贷款	277	580	858							413	51
汽车贷款											
教育贷款											
其它贷款	43									326	
其它借贷收入	24				224						
家庭总支出	20690	25549	23371	27048	12575	17829	20015	21173	13606	20468	21060
#消费性支出	16678	19015	19130	21758	9466	12709	16153	16608	10947	16510	15960
财产性支出	65	155	19	438	18	39	5			1	14
#非生产性贷款利息支出	64	155	19	438	18	39	5				4
其它	1									1	9
转移性支出	2544	3037	2715	2679	1469	2819	2965	841	2092	2777	2795
#交纳所得税	92	393	63	97	0		4	13	1	6	33
捐赠支出	1905	2022	2099	1861	1223	2759	2444	598	1709	2089	1136
购买彩票	18	21	0	63	10	3	74		19	0	18
赡养支出	183	199	201	195	60	43	286	98	334	168	177
#在外就学子女费用	98	108	86	154	2	35	51	98	147	153	148
各种非储蓄性保险支出	135	266	181	395	11	2	146	5	23	61	222
#车辆保险支出	89	155	135	150	11		146		23	47	184
其它转移性支出	210	137	170	68	165	12	11	126	6	452	1208
社会保障支出	1425	1892	1631	2127	186	130	892	768	568	1180	2291
#个人交纳的养老基金	615	685	680	541	62	111	404	407	332	604	1017
个人交纳的住房公积金	492	845	592	1219	86	8	281	173	107	378	837
个人交纳的医疗基金	270	260	295	278	27	9	167	179	102	171	317
个人交纳的失业基金	39	90	59	62	4	1	25	10	11	27	84
其它社会保障支出	9	12	4	27	7		16		15		36

4-14 续表 2

单位:元

指　　标	全市	市区	亭湖区	盐都区	响水县	滨海县	阜宁县	射阳县	建湖县	东台市	大丰市
购房与建房支出	1021	1451	2125	46	1437	2132		2955			1
#购房	1015	1436	2125		1437	2132		2955			
建房	6	15		46							1
借贷支出	7416	12440	12210	12918	1113	697	2858	14197	3959	625	7137
#存入储蓄款	6573	11139	10898	11640		258	2752	13861	3563	18	6303
借出款	59	150	136	177					25		
归还借款	97	80	107	25	440		13			138	13
储蓄性保险支出	84	114	161	17	31	14	34	35	76	116	134
购买有价证券											
其它投资支出	0					1					
归还住房贷款	555	900	833	1039	614	409	43	301	110	345	687
归还汽车贷款	42	51	66	21		14	16		185		
归还教育贷款											
归还其它贷款	1				7						
其它借贷支出	5	6	9		21					8	
期末手存现金	950	899	486	1760	393	5972	1262	2006	1379	284	2981
消费支出	16678	19015	19130	21758	9466	12709	16153	16608	10947	16510	15960
#服务性消费支出	215			80		3116	3890	4415			
#食品	5824	6697	5785	7149	3418	4807	5878	5547	3963	5405	5644
#粮油类	763	740	628	829	688	679	811	667	571	1096	770
肉禽蛋水产品类	1943	1594	1569	1647	1376	2030	2409	1756	1452	1600	1425
蔬菜类	501	597	583	627	306	512	728	390	370	379	500
调味品	60	60	60	58	50	44	59	79	46	82	71
糖烟酒饮料类	700	872	747	1133	303	264	544	707	470	813	1154
干鲜瓜果类	324	317	310	331	123	202	256	187	210	263	325
糕点、奶及奶制品	335	483	461	531	51	186	203	213	243	295	369
其它食品	161	68	62	81	196	86	123	163	252	381	182
饮食服务	1021	1739	1738	1740	325	802	545	1387	312	495	849
衣着	1956	2116	2592	2165	722	1314	2282	2045	1558	1702	1800

4-14 续表 3 单位:元

指　　标	全市	市区	亭湖区	盐都区	响水县	滨海县	阜宁县	射阳县	建湖县	东台市	大丰市
#服装	1520	1632	1605	1688	532	933	1806	1283	1193	1352	1333
衣着材料	10	15	10	25	1	725	6	16	5	10	8
鞋类	350	344	354	325	140	178	403	226	300	298	
其它衣着用品	43	43	48	32	49	11	65	25	42	38	81
衣着加工服务费	31	9	6	16	0	5	2	511	3	5	20
居住	1200	1408	1536	1749	1051	911	919	1058	1199	1269	1006
#住房	392	394	761	597	304	218	312	40	530	643	352
水电燃料及其它	669	716	677	797	717	647	526	702	625	575	633
居住服务费	103	171	98	324	30	46	70	316	37	51	20
家庭设备用品及服务	1002	1236	1409	1184	432	834	1361	1029	575	997	980
#耐用消费品	414	462	587	379	257	510	486	394	132	461	389
室内装饰品	15	12	17	1	1	28	1	5	19	43	9
床上用品	122	159	203	66	39	37	301	155	75	105	130
家庭日用杂品	393	479	464	510	127	225	419	257	329	351	421
家具材料	2	3	4				4	15	3		
家庭服务	58	86	35	190	7	34	150	202	17	37	30
医疗保健	830	893	1479	1187	588	443	406	581	460	803	1064
交通和通讯	2419	3282	1671	3329	995	1536	1930	2343	1474	2341	2197
#交通	1716	2609	916	2858	479	863	1151	1331	921	1561	1563
通信	812	673	755	471	516	635	779	1012	554	780	634
教育文化娱乐服务	2928	2503	3999	4144	1836	23354	3020	3283	1328	3181	2789
#文化娱乐用品	496	463	422	547	341	447	463	963	242	819	454
文化娱乐服务	1159	637	694	1736	547	960	982	821	212	542	443
教育	1273	1179	1482	1626	949	946	1576	1499	875	1820	1892
其它商品和服务	519	880	660	851	425	434	357	723	389	811	480
#其它商品	327	527	556	653	303	232	236	723	223	449	158
服务	223	252	104	198	122	202	121	80	166	362	322

4－15 分地区城镇居民家庭历年收支及增幅

指　　标	全市	亭湖区	盐都区	响水县	滨海县	阜宁县	射阳县	建湖县	东台市	大丰市
人均可支配收入(元)										
2005 年	8628			6180	6950	7002	7528	8052	8976	8264
2006 年	9826			7447	7993	7955	8546	9054	10333	9514
2007 年	11392			8859	9532	9228	9754	10622	12052	11154
2008 年	13203			10578	11101	10682	11301	12339	13994	13093
2009 年	14891		15832	12028	12557	12080	12826	13984	15855	14887
2010 年	16935		18032	13712	14390	13771	14622	16026	18059	16952
2011 年	19414	23283	21124	16112	16880	16153	17129	18774	21093	19851
2012 年	21940	26357	23881	18208	19090	18253	19373	21215	23868	22471
2013 年	24119	28914	26254	20045	21037	20115	21291	23272	26241	24707
人均可支配收入增幅(±%)										
2006 年	13.9			20.5	15.0	13.6	13.5	12.4	15.1	15.1
2007 年	15.9			19.0	19.3	16.0	14.1	17.3	16.6	17.2
2008 年	15.9			19.4	16.5	15.8	15.9	16.2	16.1	17.4
2009 年	12.8			13.7	13.1	13.1	13.5	13.3	13.3	13.7
2010 年	13.7		13.9	14.0	14.6	14.0	14.0	14.6	13.9	13.9
2011 年	14.6	17.1	17.1	17.5	17.3	17.3	17.1	17.1	16.8	17.1
2012 年	13.0	13.2	13.1	13.0	13.1	13.0	13.1	13.0	13.2	13.2
2013 年	9.9	9.7	9.9	10.1	10.2	10.2	9.9	9.7	10.0	10.0
人均消费支出(元)										
2005 年	6110			4081	5145	4668	5892	5879	5751	6951
2006 年	6586			5156	5249	5141	6334	7217	6712	7417
2007 年	7480			5921	5812	5836	7495	7538	7971	8054
2008 年	8741			7488	7251	7279	8999	8963	9491	9632
2009 年	10378		10148	8719	8351	8488	10238	10042	10924	10516
2010 年	12026		11934	10188	9087	10085	11730	11248	12071	12121
2011 年	13188	14664	15470	12881	9983	11979	13353	12276	13164	12522
2012 年	15430	16200	20224	14503	11975	13955	16028	14115	14617	14704
2013 年	16678	19130	21758	9466	12709	16153	16608	10947	16510	15960
人均消费支出增幅(±%)										
2006 年	7.8			26.3	2.0	10.1	7.5	22.8	16.7	6.7
2007 年	13.6			14.8	10.7	13.5	18.3	4.4	18.8	8.6
2008 年	16.9			26.5	24.8	24.7	20.1	18.9	19.1	19.6
2009 年	18.7			26.5	24.8	24.7	20.1	18.9	19.1	19.6
2010 年	15.9		17.6	16.8	8.8	18.8	14.6	12.0	10.5	15.3
2011 年	9.7	2.9	29.6	26.4	9.9	18.8	13.8	9.1	9.1	3.3
2012 年	17.0	10.5	30.7	12.6	20.0	16.5	20.0	15.0	11.0	17.4
2013 年	8.1	18.0	7.6	-34.7	5.3	15.8	3.6	-22.4	13.0	8.5
恩格尔系数(%)										
2005 年	38.9			42.0	44.9	46.5	38.5	39.1	37.3	36.0
2006 年	38.9			41.4	46.1	45.2	36.6	35.6	39.9	35.4
2007 年	39.6			44.1	47.5	44.2	37.9	40.9	37.1	36.0
2008 年	40.9			44.6	45.3	42.9	40.7	38.0	39.0	38.1
2009 年	37.0			39.4	41.0	39.9	36.7	38.4	38.8	35.4
2010 年	35.8		36.7	37.5	44.1	38.2	33.0	36.0	35.8	32.9
2011 年	35.7	37.5	31.5	37.7	39.9	37.2	37.7	36.9	36.9	35.9
2012 年	34.3	34.0	31.1	37.9	39.4	36.7	34.3	35.7	33.0	34.1
2013 年	34.9	30.2	32.9	36.1	37.8	36.3	33.4	36.2	32.7	35.3
文教娱乐服务支出占消费支出比重(%)										
2005 年	14.6			17.8	15.0	13.5	12.1	16.0	16.9	15.5
2006 年	15.5			17.1	12.0	16.0	17.9	13.0	18.0	16.8
2007 年	15.0			12.3	13.9	11.1	16.1	15.6	18.2	20.5
2008 年	14.9			16.2	15.0	14.0	14.0	16.3	18.4	18.7
2009 年	15.4			16.3	16.9	14.4	14.6	16.7	18.9	18.9
2010 年	14.4		13.9	16.3	17.0	15.4	15.8	16.8	18.4	19.6
2011 年	16.8	20.9	19.0	17.5	19.3	18.6	16.0	18.0	18.5	18.7
2012 年	17.0	21.6	19.1	18.2	18.1	18.2	18.1	18.0	19.0	18.7
2013 年	17.6	20.9	19.0	19.4	18.3	18.7	19.8	12.1	19.3	17.5

4－16 农民家庭基本情况

(2000–2013 年)

指　　标	2000 年	2005 年	2008 年	2010 年	2011 年	2012 年	2013 年
调查户数(户)	**800**	**800**	**800**	**800**	**1430**	**1390**	**1040**
调查户人口(人)							
常住人口	2891	2927	2856	2822	4478	4304	3380
平均每户常住人口	3.61	3.66	3.57	3.53	3.13	3.10	3.25
平均每户整、半劳动力	2.58	2.67	2.71	2.75	2.46	2.47	2.40
平均每个劳动力负担人口(包括劳动力本人)	1.4	1.37	1.32	1.28	1.27	1.25	1.35
平均每人全年收入(元)							
总收入	4834	7599	10352	12495	15284	16976	17635
纯收入	3445	4893	6867	8751	10511	11898	13344
现金收入	3552	6726	9080	11256	14010	15438	16760
平均每人全年支出(元)							
总支出	3716	5968	7979	9114	11631	12770	11527
#家庭经营性费用支出	1014	2473	3191	3411	4308	4455	3026
购置生产性固定资产支出	35	182	111	91	401	262	224
生活消费支出	2257	3016	4274	5074	6142	6998	7712
财产性支出	62	7	14	23	1	19	2
转移性支出	195	252	336	460	739	948	759
现金支出	3114	5416	7180	8329	10955	12201	10766
#生产费用	1018	2523	3187	3381	4569	4679	3149
税费支出	151	37	52	55	33	32	10
生活消费支出	1742	2605	3603	4427	5632	6541	6856
非消费性现金支出	460	850	1724	2151	2001	2433	3737

4－17 农民家庭平均每人总收入和纯收入

（2000–2013 年） 单位：元

指　　标	2000 年	2005 年	2008 年	2010 年	2011 年	2012 年	2013 年
全年总收入	**4834**	**7599**	**10352**	**12495**	**15284**	**16976**	**17635**
工资性收入	919	1705	2852	3717	4636	5536	7991
家庭经营收入	3686	5653	7107	8191	9685	10305	7811
# 农 业 收 入	3102	4992	6239	6660	8392	8866	6692
工 业 收 入	143	108	140	529	204	215	132
建筑业收入	92	81	139	313	434	486	90
交通运输业收入	94	205	198	197	218	231	303
批零贸易餐饮业收入	84	88	146	252	203	293	494
其他经营收入	171	179	245	240	234	214	96
财产性收入	26	52	85	155	165	200	275
转移性收入	202	189	309	432	799	935	1559
全年纯收入	**3445**	**4893**	**6867**	**8751**	**10511**	**11898**	**13344**
工资性收入	919	1705	2852	3717	4636	5536	6411
家庭经营纯收入	2412	3012	3688	4527	5046	5383	5770
财产性纯收入	16	52	85	155	165	200	236
转移性纯收入	98	123	241	351	665	779	927
全年总支出	**3716**	**5968**	**7979**	**9114**	**11631**	**12770**	**11527**
家庭经营费用支出	1014	2473	3191	3411	4308	4455	3026
购置生产性固定资产支出	35	182	111	91	401	262	224
税费支出	153	37	52	55	33	32	10
生活消费支出	2257	3016	4274	5074	6142	6998	7712

4－18 农民家庭房屋情况

(2000–2013 年)

指 标	2000 年	2005 年	2008 年	2010 年	2011 年	2012 年	2013 年
平均每人住房							
人均住房价值(元)	5665	10374	13826	18930	31004	32361	35664
人均住房面积(平方米)	26.82	32.94	36.88	39.37	44.73	45.13	46.89
按住房类型分							
# 楼房面积	5.72	11.8	14.47	15.92	18.35	19.20	12.34
砖瓦平房面积	20.63	20.75	22.29	22.60	25.84	25.70	13.44
按住房结构分							
# 砖木结构	22.01	20.95	22.77	23.00	26.03	26.18	13.44
钢筋混凝土结构	4.44	11.93	14.07	15.96	18.17	18.73	16.08
平均每人本年新建房屋							
新建(购)住房每平方米价值(元)	349	492	916	969	1177	1245	1257
人均新建(购)住房面积(平方米)	0.69	0.62	0.87	1.04	0.86	0.66	0.87
# 砖木结构	0.21	0.16	0.34	0.44	0.08	0.12	0.10
钢筋混凝土结构	0.48	0.46	0.53	0.60	0.77	0.54	0.77
# 楼房	0.59	0.38	0.65	0.81	0.79	0.55	0.62

4－19 农民家庭平均每人生活消费支出

(2000–2013 年)

单位:元

指　　　　标	2000 年	2005 年	2008 年	2010 年	2011 年	2012 年	2013 年
生活消费支出	**2257**	**3016**	**4274**	**5074**	**6142**	**6998**	**7712**
食品	1093	1311	1768	1871	2267	2543	2686
衣着	109	162	221	292	364	403	486
居住	293	330	684	842	829	955	1140
家庭设备用品及服务	107	169	239	276	399	469	495
交通和通讯	129	312	387	469	585	636	810
文化教育娱乐用品及服务	303	476	713	926	1139	1288	1412
医疗保健	128	192	195	285	406	511	457
其他商品和服务	95	65	67	113	152	193	227

4－20 农民家庭年末平均每百户耐用消费品拥有量

(2000–2013 年)

指　　　　标	2000 年	2005 年	2008 年	2010 年	2011 年	2012 年	2013 年
电视机(台)	109	130	129	127	124	125	139
#彩色电视机	40	87	108	118	120	121	139
电话机(部)	36	86	91	86	69	72	75
移动电话(部)	4	67	117	144	151	171	186
洗衣机(台)	36	69	80	86	81	86	88
电冰箱(台)	9	31	54	70	78	84	90
抽油烟机(台)	1	9	10	14	14	12	12
自行车(辆)	158	155	159	149	132	131	94
摩托车(辆)	21	55	59	57	51	53	50
空调机(台)	–	12	21	38	42	49	65
照相机(架)	1	3	5	7	5	5	5
热水器(台)	3	22	42	55	61	67	76
计算机(台)	3	3	9	22	25	32	34

4－21 分地区农民家庭年末平均每百户耐用消费品拥有量

(2013 年)

指　　标	全市	亭湖区	盐都区	响水县	滨海县	阜宁县	射阳县	建湖县	东台市	大丰市
电视机(台)	139	136	131	166	120	148	190	151	132	121
#彩色电视机	139	135	131	166	120	148	190	151	132	121
电话机(部)	75	65	92	95	70	90	101	289	60	79
移动电话(部)	186	195	166	331	161	211	184	223	148	156
洗衣机(台)	88	92	88	120	87	96	103	102	67	72
电冰箱(台)	90	90	91	114	87	95	99	102	83	80
抽油烟机(台)	12	46	16	6	7	16	15		5	21
自行车(辆)	94	155	103	52	86	142	124	134	110	90
摩托车(辆)	50	48	32	70	52	42	95	15	31	58
空调机(台)	65	80	66	98	61	44	51	149	56	54
照相机(架)	5	38	9		6	11	5	28	5	7
热水器(台)	76	80	89	99	58	86	90	98	66	72
计算机(台)	34	72	31	68	33	26	33	82	33	27

4－22 农民家庭平均每人主要消费品消费量

(2000–2013 年)　　单位:千克

指　　标	2000 年	2005 年	2008 年	2010 年	2011 年	2012 年	2013 年
粮食	367.0	230.1	221.7	203.2	164.0	142.5	185.6
豆类	12.8	8.5	8.4	8.1	8.4	8.6	17.9
蔬菜	126.6	99.1	116.3	93.3	93.2	78.3	92.6
植物油	10.4	6.9	3.2	2.8	4.6	6.4	11.2
猪肉	11.1	12.4	11.1	13.2	13.5	13.8	14.7
禽肉	4.4	4	5.1	4.7	4.3	6.8	4.9
鲜蛋	11.0	7.2	8.9	7.8	7.8	8.1	9.0
鱼虾	9.1	9.2	9.1	9.5	11.4	10.7	11.4
酒类	6.5	8.1	6.6	7.8	8.5	8.8	9.7
水果	19.8	11.8	6.8	6.0	8.2	8.8	10.4

4－23　分地区农民家庭平均每人主要消费品消费量

（2013年）　　单位：千克

指　标	全市	亭湖区	盐都区	响水县	滨海县	阜宁县	射阳县	建湖县	东台市	大丰市
粮　食	185.6	155.0	217.3	141.0	111.8	106.8	248.6	75.9	193.5	228.9
豆　类	17.9	24.0	21.9	16.0	5.1	8.8	38.9	107.6	14.1	14.1
蔬　菜	92.6	117.0	144.6	106.0	84.5	51.0	87.1	79.6	99.8	117.5
植物油	11.2	8.0	12.3	11.0	14.5	6.9	18.2	8.4	14.6	11.7
猪　肉	14.7	18.0	15.4	10.0	16.8	13.0	16.5	21.9	14.9	14.8
禽　肉	4.9	8.0	4.5	3.0	10.8	5.9	6.4	11.3	3.3	3.7
鲜　蛋	9.0	11.0	7.2	7.0	10.0	7.1	13.0	8.6	7.0	8.1
鱼　虾	11.4	2.0	12.6	9.0	10.2	9.8	14.0	15.4	12.9	11.6
酒　类	9.7	13.0	11.4	7.0	7.5	8.9	17.1	3.7	11.8	14.0
水　果	10.4	6.0	7.5	11.0	9.3	8.5	26.8	22.3	4.3	6.5

4－24 分地区农村居民人均收入与支出情况

（2013年） 单位:元

指　　标	全市	亭湖区	盐都区	响水县	滨海县	阜宁县	射阳县	建湖县	东台市	大丰市
全年总收入	**17635**	**24332**	**19915**	**14225**	**15822**	**14566**	**18373**	**17654**	**21685**	**20861**
工资性收入	7991	11695	10333	7603	6111	6286	4089	6805	8378	10327
家庭经营收入	7811	10935	7546	4900	8557	7367	12228	9058	10410	9345
财产性收入	275	628	317	127	84	162	273	203	609	77
转移性收入	1559	1074	1719	1595	1070	751	1783	1589	2288	1112
全年纯收入	**13344**	**14972**	**14352**	**11084**	**11702**	**11853**	**13121**	**13156**	**15312**	**15166**
工资性收入	6411	9259	6493	7431	5559	6286	3900	6805	8378	7010
家庭经营纯收入	5770	4748	6611	2556	5386	4683	7944	4978	4981	6691
#农业	4738	1908	4404	2069	4240	3706	7368	4096	3840	5632
工业	97	1057	448		279	52	58	181		
建筑业	378	871	608	61	400	113	75	19		126
交通运输业	173	423	62	87	100	116	95	194	1017	
批零贸易餐饮业	292	242	487	106	266	408	223	338	89	930
社会服务业	42	96	218	12	33	206	62	114	33	2
文教卫生业	21	120	102		53	29	11			
其他行业	30	32	282		15	53	52	36	2	1
财产性纯收入	236	497	301	127	81	162	179	203	609	139
转移性纯收入	927	468	947	971	676	722	1098	1171	1344	1326
全年总支出	**11527**	**16936**	**12097**	**8337**	**10690**	**9322**	**10287**	**11643**	**18099**	**15839**
#家庭经营费用支出	3026	4892	1968	2209	3023	2407	3307	4039	4922	4690
购置生产性固定资产	224	68	110	48	132	163	70	58	2119	393
税费支出		3			7	20	40			
生活消费支出	7712	10624	9629	5714	6459	6424	6273	7516	8726	9226
#食品	2686	3409	2996	2144	2108	2256	2264	2906	2854	3092
衣着	486	1046	535	243	364	596	279	634	428	607
居住	1140	2036	1920	872	1021	590	1256	695	1655	1102
家庭用品及服务	495	586	382	210	447	519	204	502	448	626
交通和通讯	810	1335	685	529	499	829	461	736	845	1014
文教用品及服务	1412	1497	1825	1063	1209	1168	1249	1260	1169	1792
医疗保健	457	412	473	524	499	323	369	447	874	718
其他商品及服务	227	303	310	128	184	143	190	336	452	275
财产性支出	2	2	6		5	0	0		15	
转移性支出	759	1340	387	365	518	308	388	1259	2302	1530

4－25　分地区农村居民人均现金收入与支出情况

（2013 年）　　单位:元

指　　标	全市	亭湖区	盐都区	响水县	滨海县	阜宁县	射阳县	建湖县	东台市	大丰市
年内现金收入	16760	22890	18501	13204	14330	12974	17371	17590	21023	20217
工资性收入	7971	11688	10317	7602	6111	6786	4013	6761	8356	10325
家庭经营收入	6957	9500	6156	3881	7067	5382	11302	9038	9769	8704
财产性收入	275	628	317	127	84	62	273	203	609	77
转移性收入	1557	1073	1711	1594	1068	744	1783	1589	2289	1111
非收入现金所得	1832	2851	4085	720	694	591	559	3393	1232	2695
年内现金支出	10766	16353	11021	7776	9825	8019	9197	11514	17250	14819
生产费用支出	3149	4919	2055	2235	2832	2370	3278	4039	6859	4710
税费支出					7	20	40			43
生活消费支出	6856	10093	8573	5175	6459	5290	5532	6216	8074	8624
财产性支出	2	2	6		0	0	0		15	
转移性支出	759	1340	387	365	518	339	388	1259	2302	1442
非消费性现金支出	3737	4984	9783	964	670	953	1215	5545	723	6040
期末金融资产余额					6980	12869	7152			
#年末手存现金					1310	1086	900			

4－26 分地区农民人均纯收入环比指数

（1984年－2013年）

单位:%

年份	全市	亭湖区	盐都区	响水县	滨海县	阜宁县	射阳县	建湖县	东台市	大丰市
1984	111.5		113.2	95.9	113.8	117.1	104.0	112.9	118.2	107.6
1985	104.3		164.6	88.6	104.4	113.3	113.3	102.3	108.2	94.9
1986	116.6		81.7	124.4	115.8	118.9	123.8	101.4	119.6	117.1
1987	118.7		103.8	110.1	116.4	121.0	128.9	137.1	110.8	122.3
1988	123.3		129.4	128.6	129.8	119.1	120.6	105.7	128.7	127.3
1989	114.3		115.4	104.0	112.9	108.4	104.8	117.5	125.4	120.8
1990	99.1		94.7	93.3	103.2	93.2	101.6	96.7	109.1	102.6
1991	113.8		115.0	127.0	118.0	138.7	150.2	100.1	98.8	94.7
1992	100.1		108.6	98.1	97.8	90.1	77.1	107.2	110.9	113.7
1993	127.0		137.6	132.2	121.1	126.9	122.3	130.5	119.3	125.9
1994	138.0		121.1	131.5	137.6	128.7	132.7	145.3	143.7	143.5
1995	140.0		138.8	145.3	145.3	145.7	141.8	136.3	136.8	142.8
1996	122.3		127.1	128.1	123.6	125.7	128.5	127.5	112.0	115.5
1997	116.2		113.6	131.5	128.5	118.1	110.7	114.6	107.9	109.7
1998	107.7		104.2	112.5	110.8	110.6	105.6	107.3	108.7	102.9
1999	104.8		104.1	106.9	106.8	106.6	100.5	105.3	105.4	104.0
2000	103.1	104.7	104.7	86.0	103.7	104.5	105.8	103.7	108.5	109.0
2001	104.7	103.3	103.3	116.4	100.1	103.8	103.9	103.9	104.8	102.6
2002	107.2	105.3	105.8	106.7	105.1	105.0	105.6	105.1	105.2	105.5
2003	105.1	105.9	105.2	105.6	106.0	105.1	104.9	105.0	105.7	104.8
2004	111.5	111.7	111.7	112.0	112.2	111.2	111.7	111.1	111.4	111.4
2005	110.8	111.2	111.2	110.8	110.8	110.9	110.6	110.8	111.2	110.7
2006	110.2	110.6	110.5	110.6	110.2	110.7	110.4	110.1	109.7	111.2
2007	113.0	112.3	113.9	113.7	113.8	111.2	111.6	113.7	113.0	114.4
2008	112.7	112.7	112.8	113.2	113.1	112.5	112.2	113.0	112.7	112.8
2009	111.4	111.4	111.7	111.8	111.6	111.5	111.3	111.4	111.3	110.7
2010	114.4	114.3	114.3	114.4	114.4	114.3	114.1	114.3	114.6	114.3
2011	119.1	118.8	118.8	119.2	119.2	119.2	119.0	119.0	119.4	119.4
2012	113.2	113.2	113.1	113.7	113.4	113.4	113.0	113.0	113.2	113.2
2013	112.1	111.5	111.8	112.4	112.2	112.4	111.9	112.4	112.2	112.2

主要统计指标解释

城镇居民家庭总收入 指调查户中生活在一起的所有家庭成员在调查期得到的工资性收入、经营性收入、财产性收入、转移性收入的总和，不包括出售财物和借贷收入。

城镇居民可支配收入 指调查户可用于最终消费支出和其它非义务性支出以及储蓄的总和，即居民家庭可以用来自由支配的收入。它是家庭总收入扣除经营性支出、交纳的个人所得税、个人交纳的社会保障费以及调查户的记账补贴后的收入。计算公式为：可支配收入=家庭总收入-经营性支出-交纳个人所得税-个人交纳的社会保障支出-记账补贴

城镇居民家庭总支出 指家庭除借贷支出以外的全部实际支出。包括消费性支出、经营性支出、购房建房支出、转移性支出、财产性支出、社会保障支出。

消费性支出 指调查户用于本家庭日常生活的全部支出，包括食品、衣着、居住、家庭设备用品及服务、医疗保健、交通和通信、娱乐教育文化服务、其它商品和服务八大类等。包括用于赠送的商品或服务。消费支出按商品（服务）的用途分类，详细解释见消费支出表。

农民总收入 指调查期内农村住户和住户成员从各种来源渠道得到的收入总和。按收入的性质划分为工资性收入、家庭经营收入、财产性收入和转移性收入。

农民纯收入 指农村住户当年从各个来源得到的总收入相应地扣除所发生的费用后的收入总和。纯收入主要用于再生产投入和当年生活消费支出，也可用于储蓄和各种非义务性支出。“农民人均纯收入”按人口平均的纯收入水平，反映的是一个地区或一个农户农村居民的平均收入水平。计算方法：纯收入=总收入-家庭经营费用支出-税费支出-生产性固定资产折旧-赠送农村内部亲友

农民现金收入 指农村住户和住户成员在调查期内得到以现金形态表现的收入。按来源分成工资性收入、家庭经营现金收入、财产性收入、转移性收入。

农民全年总支出 指农村住户用于生产、生活和再分配的全部支出。家庭经营费用支出、购置生产性固定资产支出、生产性固定资产折旧、税费支出、生活消费支出、财产性支出和转移性支出。

农民生活消费支出 指农村住户用于物质生活和精神生活方面的消费支出。生活消费支出分为食品消费支出、衣着消费支出、居住消费支出、家庭设备用品及服务消费支出、医疗保健消费支出、交通和通讯消费支出、文化教育娱乐用品及服务消费支出、其他商品和服务消费支出。

经济普查对象是中华人民共和国境内从事第二产业、第三产业活动的全部法人单位、产业活动单位和个体经营户。

经济普查的主要内容包括:单位基本属性、从业人员、财务状况、生产经营情况、生产能力、原材料和能源消耗、科技活动情况等。

各级经济普查机构及其工作人员应当遵守《中华人民共和国统计法》和《中华人民共和国统计法实施细则》的有关规定,对在经济普查中所知悉的国家秘密和经济普查对象的商业秘密,履行保密义务。

地方、部门、单位的领导人自行修改经济普查资料、编造虚假数据或者强令、授意经济普查机构、经济普查人员篡改经济普查资料或者编造虚假数据的,依法给予行政处分或者纪律处分,并由县级以上人民政府统计机构给予通报批评。

经济普查人员参与篡改经济普查资料、编造虚假数据的,由县级以上人民政府统计机构给予通报批评,依法给予行政处分,或者建议有关部门、单位依法给予行政处分或者纪律处分。

摘自《全国经济普查条例》

五、价格指数

Price Indices

5－1 市区居民消费价格环比指数

(2000–2013 年) 单位:%

指　标	2000 年	2005 年	2008 年	2010 年	2011 年	2012 年	2013 年
居民消费价格总指数	101.0	101.4	104.9	103.5	105.0	102.8	102.7
非食品价格指数		99.7	100.6	101.9	103.0	101.9	102.5
服务项目价格指数		102.8	100.9	102.4	102.4	101.2	103.2
工业品价格指数			100.2	101.5	103.4	102.5	101.9
扣除食品和能源价格指数			100.2	101.4	102.5	101.7	102.8
扣除鲜菜鲜果总指数		100.7	105.1	102.8	105.1	102.2	102.7
消费品价格指数		101.1	106.3	103.9	106.3	103.5	102.5
食　品	98.0	104.0	113.4	107.1	110.4	104.8	103.2
粮食	86.8	98.7	103.5	116.8	114.8	102.9	99.6
淀粉	93.9	103.4	108.1	108.7	110.9	107.5	110.1
干豆类及豆制品	95.0	100.7	135.7	104.1	110.3	108.2	104.6
油脂类	89.1	95.8	130.0	102.8	115.3	104.0	97.6
肉禽及其制品	101.2	104.7	117.5	102.4	122.4	101.8	102.0
蛋　类	83.3	102.7	105.6	109.5	116.7	96.2	104.4
水产品类	97.8	105.8	110.3	101.4	108.5	110.1	108.9
菜　类	109.1	120.1	104.3	119.4	98.7	121.5	103.7
#鲜　菜	109.6	121.3	102.4	120.2	98.4	124.0	102.7
调味品	105.4	100.2	104.6	104.1	103.9	115.4	100.5
糖类	107.5	102.2	103.7	109.3	112.5	101.6	101.3
茶及饮料		101.1	105.9	100.1	102.1	102.5	99.7
干鲜瓜果类	97.5	96.5	104.7	117.2	112.7	99.7	101.7
#鲜瓜果	93.1	94.8	100.6	120.1	111.7	98.9	102.5
糕点饼干面包	100.0	101.8	110.8	105.4	111.5	104.4	99.4
液体乳及乳制品	100.0	100.2	121.7	107.4	112.8	108.8	108.4
在外用膳食品	100.0	103.3	114.9	105.2	102.4	100.2	103.7
其他食品		100.0	110.3	103.9	110.4	105.3	102.6
烟酒及用品		100.1	103.9	103.1	106.3	105.8	97.6
烟　草	98.0	100.1	100.3	99.6	99.8	101.1	99.4
酒		99.9	110.9	109.5	116.0	111.8	95.6
衣　着	99.7	97.8	95.3	100.6	107.7	103.0	106.0

5-1 续表

单位:%

指　　标	2000 年	2005 年	2008 年	2010 年	2011 年	2012 年	2013 年
服　装	100.2	97.0	94.8	99.4	107.7	101.6	105.9
衣着材料	99.5	99.2	101.3	102.2	102.8	104.2	105.4
鞋 袜 帽	98.7	98.4	96.5	104.0	108.0	107.5	106.5
衣着加工服务		105.2	101.7	113.2	104.0	102.8	105.5
家庭设备用品及维修服务	98.3	99.9	102.1	100.2	102.2	103.9	103.3
耐用消费品	96.6	99.8	100.4	100.3	101.7	103.6	103.8
室内装饰品	100.0	100.3	100.1	106.9	103.1	102.0	101.1
床上用品	100.0	101.1	97.6	98.1	99.8	105.9	105.4
家庭日用杂品	100.2	99.8	108.9	100.5	101.9	102.3	100.5
家庭服务及加工维修服务		100.0	99.5	100.0	108.6	110.4	107.6
医疗保健和个人用品		101.9	101.1	103.2	105.0	103.1	100.3
医疗保健	103.0	103.0	98.9	104.0	104.6	101.3	101.8
个人用品及服务		99.6	104.7	101.7	105.4	105.1	98.6
交通和通信	99.0	94.6	98.7	100.5	100.9	100.5	100.6
交　通	100.0	100.9	100.3	102.5	102.3	101.2	100.3
通　信	97.4	91.0	97.3	97.7	97.3	98.8	101.3
娱乐教育文化用品及服务	95.1	98.3	99.3	101.3	104.2	99.1	102.7
文娱用耐用消费品及服务	88.4	85.0	84.0	90.4	83.6	94.6	101.5
教　育		104.5	101.7	104.4	111.6	99.4	101.7
文化娱乐用品	99.9	99.3	101.0	101.6	100.2	100.3	100.1
旅游及外出		95.7	103.0	100.0	98.0	100.2	112.0
居　住	108.2	104.2	105.0	103.3	100.3	102.6	103.1
建房及装修材料		100.4	109.0	102.3	106.1	102.7	102.6
租　房		100.0	102.3	100.9	103.7	102.9	104.2
自 有 住 房	104.1	108.7	101.0	102.0	95.2	102.8	104.0
水、电、燃料	111.6	105.4	103.6	108.4	102.7	101.8	100.0

5－2 市区商品零售价格环比指数

(2000–2013年)

单位:%

指　标	2000年	2005年	2008年	2010年	2011年	2012年	2013年
商品零售价格总指数	**99.1**	**100.2**	**105.7**	**103.8**	**105.6**	**103.3**	**101.7**
食品类	97.5	104.6	114.2	107.6	110.3	104.9	103.3
饮料、烟酒类	98.3	100.2	104.4	102.6	105.2	104.9	98.2
服装、鞋帽类	100.1	96.1	95.2	100.9	107.5	102.9	105.9
纺织品类	99.4	99.9	98.3	98.8	99.8	104.7	107.2
家用电器及音像器材类	93.6	94.9	95.4	96.1	95.4	100.0	101.0
文化办公用品类		93.0	92.5	93.8	90.5	98.2	100.0
日用品类	99.7	98.5	104.0	100.3	102.2	104.9	100.4
体育娱乐用品类		95.5	81.0	96.3	97.7	99.1	101.1
交通、通信用品类		85.2	95.2	96.4	96.3	99.1	101.3
家具类		95.7	102.0	105.8	104.6	103.0	108.1
化妆品类	100.1	101.6	103.4	99.4	102.3	105.8	100.0
金银珠宝类	101.3	103.6	121.6	120.2	123.8	103.4	93.8
中西药品及医疗保健用品类	101.9	100.3	98.1	102.9	105.9	102.3	102.5
书报杂志及电子出版物类	106.6	100.1	106.9	100.0	99.6	101.3	100.2
燃料类	127.3	112.3	111.3	123.3	112.6	103.2	99.1
建筑材料及五金电料类	97.3	99.6	107.6	103.5	109.6	102.1	100.4

5－3 市区分年份物价环比总指数

（1985–2013 年）

单位：%

年　　份	居民消费价格总指数	商品零售价格总指数
1985	108.8	107.5
1986	109.3	109.2
1987	109.6	110.0
1988	119.5	120.4
1989	117.1	116.3
1990	104.4	103.2
1991	105.5	105.6
1992	109.7	107.6
1993	116.5	114.5
1994	124.6	120.2
1995	117.4	114.6
1996	112.1	107.0
1997	101.9	99.0
1998	98.0	96.4
1999	98.6	96.1
2000	101.0	99.1
2001	100.5	99.1
2002	97.5	93.6
2003	102.1	98.6
2004	103.6	100.2
2005	101.4	100.2
2007	103.8	103.0
2008	104.9	105.7
2009	99.0	100.0
2010	103.5	103.8
2011	105.0	105.6
2012	102.8	103.3
2013	102.7	101.7

5－4 滨海县分年份物价环比指数

(2000–2013 年) 单位:%

指　　标	2000 年	2005 年	2008 年	2010 年	2011 年	2012 年	2013 年
居民消费价格总指数	**99.3**	**102.3**	**104.7**	**104.4**	**105.9**	**102.1**	**102.4**
食品类	100.0	103.1	107.9	106.2	109.1	103.2	104.3
烟酒及用品类		99.5	104.4	102.8	102.8	103.1	99.2
衣着类	100.4	98.3	94.4	102.8	97.6	107.1	102.5
家庭设备用品及维修服务类	98.6	100.0	103.4	99.8	101.9	101.0	101.5
医疗保健和个人用品类	102.5	100.9	102.0	103.3	103.8	101.0	99.9
交通和通讯类	88.3	96.6	99.7	99.6	101.5	101.0	100.2
娱乐教育文化用品及服务类	89.1	107.2	104.7	102.6	100.3	99.5	102.5
居住类	98.1	103.0	104.7	107.1	112.2	100.8	101.4
商品零售价格总指数	**99.2**	**100.6**	**103.9**	**104.3**	**103.8**	**101.8**	**101.6**
食品类	100.1	103.0	108.3	106.2	108.8	103.0	104.1
饮料、烟酒类	96.8	99.4	101.7	102.3	103.7	102.5	99.9
服装、鞋帽类	99.1	98.3	94.2	102.8	97.7	106.9	102.5
纺织品类	101.0	99.8	97.1	100.8	103.5	98.7	101.1
家用电器及音像器材	90.1	100.9	100.5	98.5	94.1	95.9	100.0
文化办公用品类		99.0	97.7	96.4	100.1	95.5	100.2
日用品类		100.3	105.4	99.2	103.1	102.5	101.4
体育娱乐用品类		100.0	99.9	99.9	98.3	101.1	101.4
交通、通信用品类		87.0	91.5	96.1	95.5	97.1	98.2
家具类		98.5	99.3	98.8	100.2	103.4	100.1
化妆品类	98.6	100.4	101.9	99.2	100.9	105.0	101.3
金银珠宝类	94.7	105.7	114.0	110.9	113.9	101.6	87.4
中西药品及医疗保健用品类	102.8	91.7	100.6	105.0	95.5	100.7	100.1
书报杂志及电子出版物类	106.6	101.1	104.2	104.0	109.6	102.2	110.2
燃料类	119.9	116.5	120.4	123.3	116.7	102.9	101.1
建筑材料及五金电料类	92.4	101.1	103.7	104.3	106.3	99.6	100.1

5－5 大丰市分年份物价环比指数

(2000-2013 年) 单位:%

指　标	2000 年	2005 年	2008 年	2010 年	2011 年	2012 年	2013 年
居民消费价格总指数	**100.1**	**102.5**	**105.3**	**104.0**	**107.7**	**103.1**	**102.9**
食品类	96.7	103.0	111.2	108.6	115.8	103.7	103.7
烟酒及用品类		103.8	101.8	101.9	105.8	106.7	99.2
衣着类	95.9	101.3	98.2	99.0	104.4	106.7	108.4
家庭设备用品及维修服务类	98.4	103.0	103.0	100.4	104.3	104.7	102.0
医疗保健和个人用品类	100.1	99.7	103.2	102.5	104.3	104.1	101.4
交通和通讯类	95.1	98.0	104.8	98.4	102.3	99.8	99.1
娱乐教育文化用品及服务类	95.0	101.3	94.5	100.4	100.5	101.8	101.7
居住类	104.2	106.4	106.8	107.5	107.5	101.5	103.0
商品零售价格总指数	**96.9**	**100.5**	**105.8**	**104.2**	**106.9**	**102.6**	**101.8**
食品类	95.9	102.3	110.8	108.6	115.2	103.5	103.5
饮料、烟酒类	96.3	103.4	100.7	100.6	104.9	105.7	98.9
服装、鞋帽类	97.5	101.4	97.5	99.1	104.4	106.5	108.6
纺织品类	92.7	98.9	108.5	106.1	128.4	107.0	101.3
家用电器及音像器材类	93.9	97.7	98.0	98.6	97	98.4	99.4
文化办公用品类		95.2	85.6	95.2	98.1	99.5	99.4
日用品类		99.6	112.5	97.9	102.7	101.3	101.2
体育娱乐用品类		97.4	100.2	98.4	99.6	100.7	99.8
交通、通信用品类		89.5	97.0	92.6	95.4	97.1	98.9
家具类	95.4	101.1	103.6	99.0	106	110.3	104.4
化妆品类	99.5	96.6	99.1	99.0	101.2	104.4	101.5
金银珠宝类	99.4	99.8	121.4	110.8	114.4	101.7	87.8
中西药品及医疗保健用品类	99.2	96.7	105.1	101.7	92.8	100.4	100.9
书报杂志及电子出版物类	105.2	101.1	105.4	104.0	98.5	100.7	100.5
燃料类	127.8	116.2	117.8	118.0	112.3	104.6	100.6
建筑材料及五金电料类	97.5	107.2	107.6	105.5	108.1	97.0	98.9

5－6 全市分月居民

(20

月份＼地区	市区			响水			滨海		
	环比	同比	累计	环比	同比	累计	环比	同比	累计
1月	100.8	102.4	102.4	100.9	102.0	102.0	101.1	102.2	102.2
2月	100.8	102.4	102.1	101.0	103.2	102.6	100.9	103.3	102.8
3月	99.1	101.0	101.7	99.0	102.2	102.5	98.9	102.2	102.6
4月	100.4	101.9	101.8	99.5	101.8	102.3	99.9	102.2	102.5
5月	99.9	101.9	101.8	99.9	101.5	102.1	99.1	101.1	102.2
6月	101.0	103.1	102.0	100.3	102.0	102.2	100.2	101.5	102.1
7月	100.2	102.7	102.1	100.3	102.9	102.2	100.3	101.7	102.0
8月	100.6	103.0	102.2	100.7	102.7	102.3	100.8	102.3	102.1
9月	101.0	104.0	102.4	101.4	103.8	102.5	101.3	103.3	102.2
10月	99.4	104.0	102.6	100.3	104.0	102.6	100.1	103.3	102.3
11月	99.6	103.4	102.6	100.1	104.0	102.7	99.8	103.0	102.4
12月	100.3	103.3	102.7	100.4	103.8	102.8	100.3	102.9	102.4

消费价格指数

13 年)

单位:%

阜宁			射阳			建湖			东台			大丰		
环比	同比	累计	环比	同比	累计	环比	同比	累计	环比	同比	累计	环比	同比	累计
101.2	102.4	102.4	100.8	102.1	102.1	101.0	102.3	102.3	101.0	102.3	102.3	100.9	102.2	102.2
100.9	103.4	102.9	100.7	102.8	102.5	100.6	102.9	102.6	100.5	102.9	102.6	100.4	102.7	102.4
99.1	102.5	102.8	99.3	102.2	102.5	99.3	102.2	102.5	99.5	102.0	102.4	99.2	101.5	102.1
99.9	102.5	102.7	99.5	102.0	102.3	99.7	102.0	102.4	99.8	102.5	102.4	100.2	102.0	102.1
99.4	101.7	102.5	99.9	101.7	102.2	99.7	101.5	102.2	99.5	102.0	102.3	99.3	101.7	102.0
100.5	102.4	102.5	100.4	102.3	102.2	100.6	102.3	102.2	100.5	103.0	102.4	100.5	102.7	102.1
100.0	103.0	102.6	100.2	103.1	102.3	100.2	103.1	102.3	100.4	103.0	102.4	100.4	103.1	102.3
100.6	102.7	102.6	100.9	103.1	102.4	100.9	103.1	102.4	101.0	103.9	102.7	101.2	103.8	102.5
101.2	103.6	102.7	101.0	103.8	102.6	101.2	104.0	102.6	100.6	104.2	102.9	100.5	104.0	102.6
99.2	102.7	102.7	100.2	103.9	102.7	100.2	104.1	102.8	99.5	103.7	103.0	100.0	104.1	102.8
100.1	102.7	102.7	100.2	104.0	102.8	99.7	103.7	102.8	99.6	102.5	102.9	100.1	103.3	102.8
100.3	102.4	102.6	100.7	104.1	103.0	100.7	103.8	102.9	100.3	102.3	102.9	100.4	103.0	102.9

5－7 全市工业生产者出厂价格环比指数＊

（2005–2013 年）

单位：%

指标	2005 年	2008 年	2009 年	2010 年	2011 年	2012 年	2013 年
全部工业品	**102.00**	**105.78**	**98.97**	**106.20**	**108.85**	**99.10**	**99.97**
其中：轻工业	101.63	106.97	98.86	110.71	111.26	97.29	99.51
以农产品为原料	101.27	106.16	98.58	111.98	112.54	97.82	99.48
以非农产品为原料	102.20	109.01	99.59	108.55	105.17	94.69	99.61
重工业	102.63	104.39	99.08	103.22	107.82	99.90	100.17
采掘	143.26	111.42	94.89	119.55	118.95	98.47	99.86
原料	105.96	111.82	99.11	116.42	117.39	97.78	100.08
加工	100.26	102.19	99.09	100.95	105.58	100.43	100.19
其中：生产资料	102.43	104.84	98.16	109.04	110.61	98.19	100.10
采掘	143.26	111.42	94.89	119.55	118.95	98.47	99.86
原料	108.86	107.99	93.84	118.84	116.97	94.41	100.32
加工	100.48	104.37	98.92	107.43	109.12	99.09	100.06
生活资料	101.21	107.51	100.46	101.04	105.31	100.98	99.70
食品	100.41	117.52	101.18	104.18	111.05	101.79	99.57
衣着	104.38	106.98	99.26	100.95	106.85	102.25	98.46
一般日用品	103.47	106.16	102.45	103.59	119.09	102.73	99.63
耐用消费品	93.90	100.09	100.14	100.01	100.05	99.99	99.99
按工业行业大、中类分							
有色金属矿采选业					99.07	83.75	99.07
非金属矿采选业	152.07	111.42	94.89	108.11	122.84	101.28	100.00
农副食品加工业	101.63	117.71	100.47	104.18	111.29	102.79	99.50
食品制造业	118.96	119.61	94.65	98.96	107.91	103.35	100.00
饮料制造业	99.64	106.68	105.99	96.41	119.39	105.37	100.00
纺织业	100.12	100.12	96.42	116.81	114.07	95.01	99.43
纺织服装、鞋、帽制造业	108.92	105.38	101.45	103.24	107.01	102.20	99.91

＊本资料为试算指数，仅供参考。

5-7 续表

单位:%

指　　标	2005 年	2008 年	2009 年	2010 年	2011 年	2012 年	2013 年
皮革、毛皮、羽毛(绒)及其制品业	102.48	111.72	96.86	99.42	113.85	100.80	98.19
木材加工及木、竹、藤、棕、草制品业	101.30	116.89	89.87	106.37	101.12	100.53	99.84
造纸及纸制品业	116.20	104.10	108.52	109.04	107.39	98.65	99.95
印刷业和记录媒介的复制	100.17	104.00	102.96	103.68	100.30	100.37	100.00
文教体育用品制造业	109.49	108.44	100.58	99.96	98.70	103.70	99.77
石油加工、炼焦及核燃料加工业	117.97	113.95	84.98	128.66	115.75	101.76	100.00
化学原料及化学制品制造业	105.15	109.37	100.26	105.30	119.69	97.68	100.23
医药制造业	98.29	119.49	101.44	107.21	148.36	104.93	98.93
化学纤维制造业	112.48	97.61	93.36	134.11	100.87	83.81	99.32
橡胶制品业	104.52	109.58	105.05	107.84	107.62	99.32	100.05
塑料制品业	106.00	107.38	102.40	100.62	102.14	100.16	100.18
非金属矿物制品业	95.27	109.53	98.87	109.45	127.58	95.20	102.47
黑色金属冶炼及压延加工业	107.93	117.30	85.27	106.93	108.65	93.87	99.16
有色金属冶炼及压延加工业	124.82	90.71	77.77	135.22	121.97	98.03	99.89
金属制品业	100.11	124.88	91.69	94.43	110.12	99.96	100.08
通用设备制造业	102.32	103.57	100.04	100.93	104.16	100.13	100.12
专用设备制造业	94.21	101.92	100.86	100.23	101.87	102.73	100.03
交通运输设备制造业	95.80	100.38	100.16	99.74	100.42	101.21	99.99
电气机械及器材制造业	104.96	102.77	93.18	108.32	104.50	100.93	100.02
通信设备、计算机及其他电子设备制造业	99.63	99.49	98.36	97.44	102.15	101.21	101.38
仪器仪表及文化、办公用机械制造业	100.00	104.76	97.06	100.17	115.76	102.54	100.02
工艺品及其他制造业	99.42	101.80	100.42	107.91	106.32	101.85	100.21
电力、热力的生产和供应业	104.16	105.90	100.71	103.45	104.24	98.94	100.00
水的生产和供应业	103.51	102.04	100.09	99.06	99.97	100.00	100.00

5－8 全市工业生产者购进价格环比指数 *

(2005-2013 年) 单位:%

指 标	2005 年	2008 年	2009 年	2010 年	2011 年	2012 年	2013 年
全部原材料	**108.86**	**109.78**	**97.86**	**107.68**	**108.90**	**97.09**	**100.01**
燃料、动力类	110.95	109.86	101.35	102.71	110.55	98.36	101.58
黑色金属材料类	112.67	122.03	92.09	104.73	110.04	94.62	100.03
其中:钢材	106.47	119.54	92.97	104.43	110.13	94.20	100.03
其它	144.65	153.44	86.58	106.79	109.15	98.75	100.00
有色金属材料和电线类	117.00	95.60	88.39	112.45	115.37	95.67	99.32
化工原料类	106.73	100.01	89.43	110.95	118.71	97.57	99.78
木材及纸浆类	104.43	109.10	83.71	102.96	107.80	102.48	99.53
建筑材料及非金属矿类	103.14	107.04	98.93	106.06	110.48	92.52	102.20
其它工业原材料及半成品类	104.41	111.79	99.34	102.82	103.13	99.87	99.86
农副产品类	94.25	106.33	105.52	115.80	111.77	91.29	99.68
纺织原料类	118.75	103.48	94.25	113.32	118.45	97.85	100.15
按行业分(企业法):							
农业					107.02	95.15	100.29
林业					107.99	104.10	100.00
畜牧业					120.55	96.23	97.32
渔业					97.06	101.83	98.40
农、林、牧、渔服务业					120.31	79.15	99.37
煤炭开采和洗选业	101.41				112.38	101.74	100.70
石油和天然气开采业		102.23	100.45	116.26	115.40	89.33	100.00
有色金属矿采选业		100.63	100.26	161.45	103.92	90.28	100.05
非金属矿采选业	108.34	104.29	98.19	108.11	109.54	103.25	99.91
农副食品加工业	92.68	105.89	98.54	107.39	104.84	102.92	99.43
食品制造业	105.61	114.21	96.18	114.07	100.06	100.04	100.04
饮料制造业	109.36	124.42	118.49	102.01	100.39	100.91	100.00

* 本资料为试算指数,仅供参考。

5-8 续表 单位:%

指　　标	2005 年	2008 年	2009 年	2010 年	2011 年	2012 年	2013 年
纺织业	107.77	103.19	100.00	112.13	118.45	97.85	100.15
皮革、毛皮、羽毛(绒)及其制品业	100.00	117.62	136.69	106.54	104.65	101.91	102.17
木材加工及木、竹、藤、棕、草制品业	99.65	116.80	87.63	98.27	100.27	100.27	100.00
造纸及纸制品业		105.54	88.39	106.50	107.95	102.46	99.51
石油加工、炼焦及核燃料加工业	126.17	108.79	84.95	119.98	108.71	99.86	103.23
化学原料及化学制品制造业	119.18	107.32	92.90	105.97	109.46	99.58	99.70
医药制造业	108.08	123.92	106.21	127.31	112.07	99.56	98.29
化学纤维制造业	152.20	117.90	93.77	124.98	139.48	94.23	99.95
橡胶制品业	130.84	104.90	76.01	106.98	107.22	100.34	100.00
塑料制品业	123.33	115.39	84.49	106.62	108.71	95.13	100.00
非金属矿物制品业	109.70	110.90	96.48	105.05	110.87	87.99	103.11
黑色金属冶炼及压延加工业		100.62	101.63	110.56	110.04	94.62	100.03
有色金属冶炼及压延加工业	136.91	95.07	81.16	124.15	116.91	96.35	99.22
金属制品业	94.27	113.27	92.57	107.72	103.65	90.78	100.00
通用设备制造业	112.14	116.92	90.69	103.49	108.62	101.69	99.92
交通运输设备制造业	99.57	119.82	101.46	102.68	101.31	100.15	100.00
电气机械及器材制造业		104.53	103.40	108.64	102.54	99.84	99.73
废弃资源和废旧材料回收加工业				97.59	112.75	96.96	99.24
电力、热力的生产和供应业	117.18	139.80	100.87	104.57	98.71	102.78	100.56

主要统计指标解释

消费者物价指数 英文是 Consumer Price Index，缩写为 CPI。反映居民生活中的产品和劳务价格所统计出来的物价变动指标，用于衡量消费者经常购买的确定的一篮子商品和劳务的价格变化，每月公布一次。CPI 通常是作为观察通货膨胀水平的重要指标。一般定义超过 3%为通货膨胀，超过 5%就是比较严重的通货膨胀。

CPI 测量的是随着时间的变化，包括 200 多种各式各样的商品和服务零售价格的平均变化值。这 200 多种商品和服务被分为 8 个主要的类别。在计算消费者物价指数时，每一个类别都有一个能显示其重要性的权数。这些权数是通过向成千上万的家庭和个人调查他们购买的产品和服务而确定的。权数每两年修正一次，以使它们与人们改变了的偏好相符。中国 CPI 包括食品、烟酒、衣着、家庭设备、医疗卫生保健、文化教育娱乐、交通通讯、居住等八大类。

工业生产者出厂价格指数（简称 PPI） 工业生产者价格调查是我国政府价格统计的重要组成部分。工业生产者出厂价格指数及时、准确、科学地反映各工业行业产品价格水平及其变动趋势和幅度，为国民经济核算、计算工业发展速度、宏观经济分析和调控、理顺价格体系等提供科学、准确的依据。根据价格传导规律，PPI 对 CPI 是有一定影响的，PPI 反映生产环节价格水平，CPI 反映消费环节的价格水平。而整体价格水平的波动一般首先出现在生产领域，然后通过产业链向下游产业扩散，最后波及到消费品。

工业生产者购进价格指数（简称 IPI） 工业生产者购进价格指数主要是及时、准确、科学地反映各工业行业产品原材料购进价格水平及其变动趋势和幅度。

六、固定资产投资

Investment In Fixed Assess

6-1 分地区全社会

(1949-

年　份	合　计	市　区	市　直	亭湖区	盐都区
1949	189	27			27
1952	612	77			77
1957	2959	2526	2489		37
1962	884	483	436		47
1965	1994	851	643		208
1970	2810	660	467		193
1975	2533	1029	898		131
1978	6528	2476	1929		547
1979	11094	4616	3601		1015
1980	13488	5641	4137		1504
1981	10781	3996	2793		1203
1982	14094	4613	3061		1552
1983	13770	4986	3566	86	1334
1984	17861	7021	4823	314	1884
1985	37274	14284	9815	841	3628
1986	107625	25151	13880	711	10560
1987	168577	36830	23188	1415	12227
1988	195571	49398	32340	1960	15098
1989	185299	38407	19020	3811	15576
1990	174472	41990	24255	1926	15809
1991	232993	67040	38159	4381	24500
1992	353046	114145	63301	10807	40037
1993	548915	189501	108566	17923	63012
1994	808494	254677	148926	27349	78402
1995	1023487	278113	157806	26340	93967
1996	1060486	318597	174267	31660	112670
1997	961378	317641	162537	42804	112300
1998	1126038	357236	181478	51724	124034
1999	1318246	466020	241906	85185	138929
2000	1458815	600177	363252	96400	140525
2001	1588189	577075	300426	113299	163350
2002	1934880	643411	290814	136069	216528
2003	2806381	984228	526590	167579	290059
2004	3749071	1288392	664610	265200	358582
2005	5000000	1685000	815000	370000	500000
2006	6380282	2237614	746900	521364	696750
2007	8263133	2757829	636800	698900	909000
2008	11201743	3586768	637600	952359	1244209
2009	15002554	4664613	674300	1295800	1690603
2010	18910496	5786057	593700	1758800	2143757
2011	15869807	4957088	121602	1830817	1917062
2012	19408861	6052221	97030	1972476	1790370
2013	22176914	6686794	78558	2165236	1976157

* 根据投资统计方法制度的规定，从 2011 年开始全社会固定资产投资统计范围从 50 万元以上调整到 500 万元以上。

固定资产投资额

2013 年)

单位:万元

响水县	滨海县	阜宁县	射阳县	建湖县	东台市	大丰市
	13	49	37	4	3	56
	102	90	186	20	61	76
	105	55	75	42	73	83
	113	49	183	6	34	16
	232	117	277	241	187	89
159	224	106	573	217	675	196
169	72	343	280	114	193	333
362	553	645	510	437	919	626
383	1308	1625	578	700	1084	800
1141	945	1131	888	765	1513	1464
998	842	978	498	689	1624	1156
656	1074	996	1550	846	2363	1996
616	1017	918	1399	855	2471	1508
1009	975	1487	2064	1124	2110	2071
3280	2995	2388	3702	2516	4170	3939
5963	9565	8573	8601	7247	11014	31511
8040	9479	10013	10168	9925	47030	37092
10114	13361	14419	18373	13654	37183	39069
7309	13096	13379	14182	11405	48051	39470
5912	12023	13407	16738	12326	33886	38190
10545	12429	15664	22545	18940	32197	53633
13649	16175	23042	35179	25336	65255	60265
17350	21685	30706	49355	49158	107020	84140
23772	26635	45166	62296	60783	241149	94016
24013	43403	66307	90245	79797	322713	118896
26127	44778	86178	99378	98470	257240	129718
31738	72819	103942	80152	89506	160608	104972
60210	77534	128445	102692	89007	177678	133236
57495	82584	134234	106365	111691	221067	138790
62406	71937	118046	117466	125535	227139	136109
76983	79686	120912	142609	156268	268762	165894
99000	131365	153106	180347	201176	315275	211200
155043	230124	209247	241975	284503	418910	282351
230000	341290	260261	358673	352710	550348	367397
320000	470000	365000	490000	470000	700000	500000
375011	577830	483796	600300	533213	903056	669462
506267	810404	627946	779556	719765	1181727	879639
801455	1106428	852956	1057600	987077	1613257	1196202
1086579	1491457	1167039	1432600	1338294	2194653	1627319
1377300	1882600	1482169	1816640	1710139	2796600	2058990
1163298	1525864	1325665	1387743	1456236	2283063	1770850
1429102	1873565	1632211	1684862	1777593	2782315	2176992
1626599	2120456	1873322	1928338	2049821	3299923	2591661

6－2 分地区全社会

(1979-

年份	合计	市区	市直	亭湖区	盐都区
1979	169.9	186.4	186.7		185.6
1980	121.6	122.2	114.9		148.2
1981	79.9	70.8	67.5		80.0
1982	130.7	115.4	109.6		129.0
1983	97.7	108.1	116.5		86.0
1984	129.7	140.8	135.2	365.1	141.2
1985	208.7	203.4	203.5	267.8	192.6
1986	288.7	176.1	141.4	84.5	291.1
1987	156.6	146.4	167.1	199.0	115.8
1988	116.0	134.1	139.5	138.5	123.5
1989	94.7	77.8	58.8	194.4	103.2
1990	94.2	109.3	127.5	50.5	101.5
1991	133.5	159.7	157.3	227.5	155.0
1992	151.5	170.3	165.9	246.7	163.4
1993	155.5	166.0	171.5	165.8	157.4
1994	147.3	134.4	137.2	152.6	124.4
1995	126.6	109.2	106.0	96.3	119.9
1996	103.6	114.6	110.4	120.2	119.9
1997	90.7	99.7	93.3	135.2	99.7
1998	117.1	112.5	111.7	120.8	110.4
1999	117.1	130.5	133.3	164.7	112.0
2000	110.7	128.8	150.2	113.2	101.1
2001	108.9	96.2	82.7	117.5	116.2
2002	121.8	111.5	96.8	120.1	132.6
2003	145.0	153.0	181.1	123.2	134.0
2004	133.6	130.9	126.2	158.3	123.6
2005	133.4	130.8	122.6	139.5	139.4
2006	127.6	132.8	91.6	140.9	139.4
2007	129.5	123.2	85.3	134.1	130.5
2008	135.6	130.1	100.1	136.3	136.9
2009	133.9	130.1	105.8	136.1	135.9
2010	126.0	124.0	104.2	126.5	126.8
2011	122.4	121.8		121.9	122.1
2012	122.3	122.1	79.8	107.7	93.4
2013	122.2	122.2	81.0	122.0	122.1

固定资产投资指数

2013 年）

单位:%

响水县	滨海县	阜宁县	射阳县	建湖县	东台市	大丰市
105.8	236.5	251.9	113.3	160.2	118.0	127.8
297.9	72.2	69.6	153.6	109.3	139.6	183.0
87.5	89.1	86.5	56.1	90.1	107.3	79.0
65.7	127.6	101.8	311.2	122.8	145.5	172.7
93.9	94.7	92.2	90.3	101.1	104.6	75.6
163.8	95.9	162.0	147.5	131.5	85.4	137.3
325.1	307.2	160.6	179.4	223.8	197.6	190.2
181.8	319.4	359.0	232.3	288.0	264.1	800.0
134.8	99.1	116.8	118.2	137.0	427.0	117.7
125.8	141.0	144.0	180.7	137.6	79.1	105.3
72.3	98.0	92.8	77.2	83.5	129.2	101.0
80.9	91.8	100.2	118.0	108.1	70.5	96.8
178.4	103.4	116.8	134.7	153.7	95.0	140.4
129.4	130.1	147.1	156.0	133.8	202.7	112.4
127.1	134.1	133.3	140.3	194.0	164.0	139.6
137.0	122.8	147.1	126.2	123.6	225.3	111.7
101.0	163.0	146.8	144.9	131.3	133.8	126.5
108.8	103.2	130.0	110.1	123.4	79.7	109.1
121.5	162.6	120.6	80.7	90.9	62.4	80.9
189.7	106.5	123.6	128.1	99.4	110.6	126.9
95.5	106.5	104.5	103.6	125.5	124.4	104.2
108.5	87.1	87.9	110.4	112.4	102.7	98.1
123.4	110.8	102.4	121.4	124.5	118.3	121.9
128.6	164.9	126.6	126.5	128.7	117.3	127.3
156.6	175.2	136.7	134.2	141.4	132.9	133.7
148.3	148.3	124.4	148.2	124.0	131.4	130.1
139.1	137.7	140.2	136.6	133.3	127.2	136.1
117.2	122.9	132.5	122.5	113.4	129.0	133.9
135.0	140.2	129.8	129.9	135.0	130.9	131.4
158.3	136.5	135.8	135.7	137.1	136.5	136.0
135.6	134.8	136.8	135.5	135.6	136.0	136.0
126.8	126.2	127.0	126.8	127.8	127.4	126.5
122.6	123.3	122.6	123.0	122.1	122.6	123.3
122.8	122.8	123.1	121.4	122.1	121.9	122.9
122.4	122.4	119.7	119.8	122.9	123.2	123.4

6－3 固定资产

(20

投资种类	合计	市区	开发区	城南新区	亭湖区	盐都区
固定资产投资	22176914	6686794	1461188	1005655	2165236	1976157
按城乡分						
城镇投资	18590936	5938202	1412176	1005655	1897356	1544457
# 项目投资	15317812	4363296	1347920	446630	1222652	1267536
房地产开发投资	3273124	1574906	64256	559025	674704	276921
农村投资	3585978	748592	49012		267880	431700
按产业分						
第一产业	318562	90254		2000	60554	27700
第二产业	13834437	3354106	919096	90620	954454	1389936
# 工业投资	13834437	3354106	919096	90620	954454	1389936
第三产业	8023915	3242434	542092	913035	1150228	558521

* 固定资产投资是指500万元以上项目投资和房地产投资。

投资

13年) 单位:万元

响水县	滨海县	阜宁县	射阳县	建湖县	东台市	大丰市
1626599	2120456	1873322	1928338	2049821	3299923	2591661
1626599	1690756	1452320	1324176	1551835	3004869	2002179
1525379	1475684	1217963	1083168	1299410	2640655	1712257
101220	215072	234357	241008	252425	364214	289922
	429700	421002	604162	497986	295054	589482
7500	31170	39900	16790	13692	101456	17800
1309651	1382154	1310512	1325660	1459469	2031424	1661461
1309651	1382154	1310512	1325660	1459469	2031424	1661461
309448	707132	522910	585888	576660	1167043	912400

6－4 固定资产投资

（2000–2013 年） 单位:万元、万平方米

指　标	2000 年	2005 年	2008 年	2010 年	2011 年	2012 年	2013 年
投资完成额	**980737**	**4396513**	**9200838**	**14955082**	**15869807**	**19408861**	**22176914**
按报表种类分							
城镇项目投资	606006	2128193	5404277	8894784	10746464	13284587	15317812
房地产开发投资	118941	522357	1136417	1654728	2143718	2734118	3273124
农村投资	255790	1745963	2660144	4405570	2979625	3390156	3585978
按构成分							
建筑安装工程	623185	2348369	5557992	8222175	14054272	11177920	14054272
设备工器具购置	291952	1555419	2803817	5057468	5265439	6614292	6624524
其他费用	65600	492725	839029	1675439	1549915	1616649	1498118
本年投资资金来源小计	**958075**	**4562616**	**10353448**	**15987585**	**18548107**	**21753032**	**26873285**
国家预算内资金	10887	8662	50114	69878	93051	229387	133611
国内贷款	188829	112950	1374895	2830460	3338547	3029507	2624813
利用外资	12205	78971	253702	238031	313371	626280	351112
自筹资金	521647	4034571	7715206	11342940	13093352	16027598	21045897
其他资金	224507	327162	959531	1506276	1709786	1840260	2717852
本年新增固定资产	**883883**	**3373347**	**6274737**	**9210056**	**9174535**	**14580703**	**16629523**
本年施工房屋面积	**488.09**	**1152.91**	**2648.42**	**3253.63**	**3834.95**	**4413.3**	**5730**
#住宅	222.83	490.69	791.93	983.97	1120.65	1524.9	2115
本年竣工房屋面积	**344.01**	**520.23**	**982.78**	**1176.06**	**1355.90**	**1629.2**	**1572**
#住宅	154.18	230.14	305.21	338.88	356.64	464.3	350

6－5 固定资产分项投资

(2013年) 单位:万元、万平方米

指　　标	总　计	城镇投资	房地产开发	农村投资
投资完成额	**22176914**	**18590936**	**3273124**	**3585978**
按经济登记注册类型				
国有	2975493	2616017	85001	359476
集体	758609	508399	948	250210
有限责任公司	5540482	5095621	1116137	444861
股份有限公司	879706	772461	315389	107245
港澳台商投资	283700	251256	11918	32444
外商投资	1022068	968798	48504	53270
私营个体经营	10151135	7898993	1658848	2252142
其他	565721	479391	36379	86330
按构成分				
建筑工程	13053153	11232826	2674366	1820327
按装工程	1001119	845566	149355	155553
设备工器具购置	6624524	5287158	76734	1337366
其他费用	1498118	1225386	372669	272732
本年固定资产投资资金来源合计	**27629081**	**23567501**	**6178732**	**4061580**
上年末结余资金	755796	754796	750096	1000
本年资金来源小计	26873285	22812705	5428636	4060580
国家预算内资金	133611	84261		49350
国内贷款	2624813	2307573	537108	317240
利用外资	351112	290412	612	60700
自筹资金	21045897	17489655	2349031	3556242
其他资金来源	2717852	2640804	2541885	77048
本年新增固定资产	**16629523**	**13809217**	**1664828**	**2820306**
本年施工房屋面积	**5730.2**	**4939.5**	**2729.0**	**790.8**
#住宅	2115.5	2088.2	2065.2	27.3
本年竣工房屋面积	**1572.2**	**1289.2**	**413.1**	**283.1**
#住宅	350.5	350.5	331.9	

6－6 分地区

(20

指标	合计	市区				
			开发区	城南新区	亭湖区	盐都区
投资额	22176914	6686794	1461188	1005655	2165236	1976157
按报表种类分						
城　镇	15317812	4363296	1347920	446630	1222652	1267536
房地产开发	3273124	1574906	64256	559025	674704	276921
农　村	3585978	748592	49012		267880	431700
按构成分						
建筑工程	13053153	4802494	1063181	943315	1297487	1342172
安装工程	1001119	410151	78977	13743	174399	95826
设备工器具购置	6624524	988474	258335	18017	255259	388258
其他费用	1498118	485674	60695	30580	170211	149901
按国民经济行业分						
农、林、牧、渔业	318562	90254		2000	12736	27700
制造业	12704669	3254906	901096	46920	714975	1387936
电力、煤气及水的水生产和供应业	1129768	99200	18000	43700	29128	2000
建筑业						
批发和零售贸易、餐饮业	643038	130004	54724	12000	24881	36600
交通运输、仓储及邮电通信业	982915	255815	10330	42620	149838	41400
住宿和餐饮业	275354	96211		33350	39334	4500
信息传输、计算机服务和软件业	120662	50530	25100		23895	
金融业	61105	14400		13200		
房地产业	3530142	1703317	103921	576225	54260	276921
租赁和商务服务业	152469	32426		15500	15904	
科学研究、技术服务和地质勘探业	90955	27055	9980		12755	3500
水利、环境和公共设施管理业	1235191	619114	287765	116270	64542	139850
居民服务和其他服务业	93100	21500		2000	18323	
教育	189481	62022	3572	20750	21611	12200
卫生和社会工作	153769	71510	18800	17460	16678	2000
文化、体育和娱乐业	233096	87030		57160	7348	22050
公共管理、社会保障和社会组织	262638	71500	27900	6500	16443	19500
本年新增固定资产	16629523	5645958	1417963	704926	1479981	1638747
本年施工房屋面积	5730.2	1333.1	217.6	434.1	409.5	262.9
#住宅	2115.5	735.4	65.5	315.0	261.1	93.7
本年竣工房屋面积	1572.2	311.1	25.3	31.0	101.9	151.4
#住宅	350.5	122.9		21.1	66.9	34.9

固定资产投资

13 年）　　　　　　　　　　　　　　　　　　　　　　　　单位:万元、万平方米

响水县	滨海县	阜宁县	射阳县	建湖县	东台市	大丰市
1626599	2120456	1873322	1928338	2049821	3299923	2591661
1525379	1475684	1217963	1083168	1299410	2640655	1712257
101220	215072	234357	241008	252425	364214	289922
	429700	421002	604162	497986	295054	589482
700072	1104597	893450	1134893	963313	1981515	1472818
79140	111457	80306	27851	85578	133986	72650
766903	776081	813609	552452	860002	1013811	853191
80484	128321	85957	213141	140928	170611	193002
7500	31170	39900	16790	13692	101456	17800
927228	1304877	1310512	1131950	1419265	1818764	1537167
382423	77277		193710	40204	212660	124294
41700	149910	21527	180680	36697	68420	14100
62055	74000	96233	56900	30620	227142	180150
22000	65000	25700		30023	27820	8600
			27600	1500	38432	2600
				800	45905	
105220	277472	234357	241008	252425	389554	326789
21000				5500	21260	72283
22000				1700	3900	36300
10000	91200	102893	2800	86430	106784	215970
	5000	5600	20500	3600	33100	3800
10773	23250	23420	1500	6378	42750	19388
	6000	8000	15000	17800	23909	11550
	5500		6900	28746	97820	7100
14700	9800	5180	33000	74441	40247	13770
1251670	1485212	1551245	1313830	890619	2112666	2378322
298.9	662.5	524.1	367.8	872.0	608.0	1064.0
88.6	190.6	266.1	190.8	170.3	210.8	262.8
105.3	278.1	236.9	68.0	137.8	183.1	251.9
15.5	37.5	68.1	10.1	16.0	31.0	49.4

6－7 分地区城镇

(20

指　　标	合　计	市　区	开发区	城南新区	亭湖区	盐都区
项目个数(个)						
施工项目个数	2504	651	109	77	225	226
#本年新开工	1820	489	83	51	172	172
本年投产项目个数	1672	481	80	42	173	175
投资额和新增固定资产						
计划总投资	33226494	8116221	2374114	1118380	2222303	2258636
自开始至本年底累计完成投资	22186676	6143494	1864567	719820	1710196	1739027
本年完成投资	15317812	4363296	1347920	446630	1222652	1267536
按构成分						
建筑工程	8558460	3021426	981939	427110	783922	778086
安装工程	696211	264581	69190		112465	75700
设备工器具购置	5210424	808841	250403	14020	230273	299350
其他费用	852717	268448	46388	5500	95992	114400
按经济类型分						
国有经济	2531016	746878	367697	159940	206005	
集体经济	507451	288216		118620	83529	80700
有限责任公司	3979484	280746	127534	15500	121881	8000
股份制经济	457072	265401	116480	40450	91586	11000
港澳台商投资经济	239338	40563	25817	1500	12446	
外商投资经济	920294	611546	597698		13012	
私营个体经济	6240145	2044826	98694	52800	681696	1167836
其他	443012	85120	14000	57820	12497	
本年新增固定资产	12144389	3918567	1345420	361900	1083541	1058086
房屋建筑面积(平方米)						
本年施工房屋面积	22104789	3225220	1235676	358949	286426	1325765
#住宅	230596	7000			6577	
本年竣工房屋面积	8760646	1377477	233062	60200	174188	898835
#住宅	185250	5750			5403	
固定资产投资资金来源						
本年资金来源合计	17388769	5246223	1808911	447120	1457091	1439480
上年末结余资金	4700	4700			4416	
本年资金来源小计	17384069	5241523	1808911	447120	1452675	1439480
#国家预算内资金	84261	54200	54200		0	
国内贷款	1770465	210500	93000	3800	1503	112100
利用外资	289800	139400	135900		0	3500
自筹资金	15140624	4831123	1521811	443320	1449010	1323880
其他资金来源	98919	6300	4000		2161	
本年各项应付款合计	424717	70455	200	7400	59060	
#工程款	228744	59400		6450	49753	

＊此表不包括房地产投资

固定资产投资

13 年）

单位:万元

响水县	滨海县	阜宁县	射阳县	建湖县	东台市	大丰市
139	319	171	120	319	562	223
124	265	154	83	232	374	99
99	241	158	85	135	368	105
2482415	3040234	1778248	2468023	3739172	5558643	6043538
1854279	1872745	1587256	1532268	1857279	4082845	3256510
1525379	1475684	1217963	1083168	1299410	2640655	1712257
627478	742031	510077	606298	557225	1586303	907622
72020	64798	52792	12426	50757	122250	56587
765506	596648	591847	337731	629924	827899	652028
60375	72207	63247	126713	61504	104203	96020
442896	202500	31751	62000	191793	522403	330795
	21400	135045			60890	1900
137700	966984	870857	35400	391660	847991	448146
50000	5000			35810	81024	19837
20000	12000	37760		4100	36660	88255
29600	3500		7800		205948	61900
840683	264300	142550	939558	676047	578257	753924
4500			38410		307482	7500
1202273	1108883	945877	834368	658561	1755910	1719950
1707354	2885291	1764590	718060	3890874	2869636	5043764
	169000			3200		51396
871151	1886617	1021539	244000	890534	1267406	1201922
	167500					12000
1627364	1643588	1226983	1083168	1459430	3149124	1952889
1627364	1643588	1226983	1083168	1459430	3149124	1952889
	5700				7297	17064
146730	300805	7200	26000	325150	294280	459800
	36200	40000			14100	60100
1470684	1300383	1157179	1057168	1120480	2793982	1409625
9950	500	22604		13800	39465	6300
		59400		219565	43660	31637
		56950		81375	31019	

6－8 分地区城镇

（20

指　　标	合　计	市　区	开发区	城南新区	亭湖区	盐都区
总　计	**15317812**	**4363296**	**1347920**	**446630**	**1222652**	**1267536**
农、林、牧、渔业	167560	21254		2000	12736	5700
制造业	10220523	2821866	890296	46920	714975	1123736
农副食品加工业	364984	15380	2380			13000
食品制造业	88500	45900			564	45300
酒、饮料和精制茶制造业	68615	8000			7517	
烟草制品业						
纺织业	700683	40084			28268	10000
纺织服装、服饰业	210877	96310		1500	26601	66500
皮革、毛皮、羽毛及其制品和制鞋业	63950	11000			10336	
木材加工和木、竹、藤、棕、草制品业	106117	2600			2443	
家具制造业	53850	9000				9000
造纸和纸制品业	195906	5000				5000
印刷和记录媒介复制业	20000	6600				6600
文教、工美、体育和娱乐用品制造业	44341	5790			5440	
石油加工、炼焦和核燃料加工业	64900					
化学原料和化学制品制造业	828909	31990	2500		18313	10000
医药制造业	217755	17000				17000
化学纤维制造业	98802	18000				18000
橡胶和塑料制品业	232840	42760		1500	38769	
非金属矿物制品业	634422	90828	17705		40050	30500
黑色金属冶炼和压延加工业	169423					
有色金属冶炼和压延加工业	263309	8679	6979		1597	
金属制品业	331434	51230	17670	3000	15090	14500
通用设备制造业	1921613	868021	100297	5100	139523	614136
专用设备制造业	1160575	334748	8000	9900	223488	79000
汽车制造业	989746	783535	690965	6000	41409	42500
铁路、船舶、航空航天和其他运输设备制造业	226425	9300			8739	
电气机械和器材制造业	791150	235904	29100		73483	128600
计算机、通信和其他电子设备制造业	258033	44830	14700	5120	21527	2100
仪器仪表制造业	73034	29507		9000	7993	12000
其他制造业	9060	5800		5800		
废弃资源综合利用业	15200					
金属制品、机械和设备修理业	16070	4070			3824	
电力、热力、燃气及水生产和供应业	940254	94700	18000	43700	29128	2000
批发和零售业	486124	113804	54724	12000	24881	20600
交通运输、仓储和邮政业	934873	237015	10330	42620	149838	24600
住宿和餐饮业	210416	75211		33350	39334	
信息传输、软件和信息技术服务业	116562	50530	25100		23895	
金融业	59105	13200		13200		
房地产业	215618	114611	39665	17200	54260	
租赁和商务服务业	142169	32426		15500	15904	
科学研究和技术服务业	89655	27055	9980		12755	3500
水利、环境和公共设施管理业	920821	497162	267553	116270	64542	44650
居民服务、修理和其他服务业	84800	21500		2000	18323	
教育	166783	59522	3572	20750	21611	12200
卫生和社会工作	132019	54010	18800	17460	16678	
文化、体育和娱乐业	229230	86030		57160	7348	21050
公共管理、社会保障和社会组织	201300	43400	9900	6500	16443	9500

固定资产投资行业分布

13年)

单位:万元

响水县	滨海县	阜宁县	射阳县	建湖县	东台市	大丰市
1525379	**1475684**	**1217963**	**1083168**	**1299410**	**2640655**	**1712257**
7500	21150		1300		101456	14900
927228	979457	1023667	764358	1048352	1530610	1124985
10000	52130	147435	37100	9800	79139	14000
	32000				7200	3400
11700	4900			4900	15878	23237
80850	37950	117587	181200	62083	150762	30167
16800	37195	16172	15000	7010	22390	
	5500	2880		22450	7220	14900
3500	35617		7500		24900	32000
8200	13300				15750	7600
32800	17000	21616	2000	13100	13390	91000
8800				200	4400	
	4000	7071		4680	22800	
20000		9300			1000	34600
238728	208072	120251	4800	18470	10150	196448
38200	65890	12820	18750	300	12350	52445
2700		18282			59820	
37600	19100	35770	1400	27152	68458	600
60750	88900	101694	6300	49070	130910	105970
23800	12400	12000		9800	44490	66933
175200	7050			5000	61780	5600
15500	32500	31107	7300	62407	46930	84460
44100	147653	163224	113468	285526	142814	156807
12500	84750	50944	110960	226409	297264	43000
3000	14000		49900	37198	73480	28633
42000		31920		89210	39595	14400
17500	26100	80436	154400	83587	135600	57623
15000	24000	31958	46280	20100	36270	39595
	9450			9900	2610	21567
					3260	
		7200	8000			
8000		4000				
382423	64977		51710	17890	210660	117894
41700	107700	9000	118800	17500	63520	14100
62055	74000	82471	48000	29340	227142	174850
22000	48500	12500		15785	27820	8600
			27600		38432	
					45905	
4000	54100				25340	17567
21000					21260	67483
22000				1700	3900	35000
10000	81450	64325		62780	106784	98320
	1000	1800	20500	3500	33100	3400
10773	23250	11600		500	42750	18388
	6000	8000	15000	17000	23909	8100
	5500		6900	27480	97820	5500
14700	8600	4600	29000	57583	40247	3170

6－9 施工规模与新增生产能力(或效益)

(2013年)

能力名称	计量单位	建设规模	本年施工规模	本年新开工	累计新增生产能力	本年新增
石油加工:蒸馏设备能力	万吨/年	100	100	100		
生铁	万吨/年	450	450	450		
铁合金	万吨/年	18	18	18		
钢材	万吨/年	28	28	28		
镍冶炼	吨/年	5000	5000	5000		
火力发电	万千瓦	193	192.3		0.8	0.3
太阳能发电	万千瓦	8.5	7.3	4.3	5.5	4.3
化学纤维	吨/年	64000	54000		10000	
棉纺锭	锭	150000	150000	50000		
啤酒	万吨/年	20	10		20	10
白酒	万吨/年	2	2	2		
机制纸浆	万吨/年	75	75			
新建公路	公里	216.9	197.09	102.14	44.76	24.95
一级公路	公里	216.9	197.09	102.14	44.76	24.95
改建公路	公里	67.53	67.53	17.53	20	20
一级公路	公里	67.53	67.53	17.53	20	20
新(扩)建港口码头	万吨	2462.5	2388.5	467.5	434	360
新(扩)建港口码头	标准集装箱	59691	59689	16	502	500
新(扩)建港口码头	个	24	24	7	2	2
其中:新(扩)建沿海港口码头	万吨	1025	1025			
其中:新(扩)建沿海港口码头	个	4	4			
城市污水处理能力	万吨/日	3.3	3.3	3.3	3.3	3.3

6－10 房地产开发投资额

（2000–2013 年）

指 标	2000 年	2005 年	2007 年	2008 年	2010 年	2011 年	2012 年	2013 年
单位个数(个)	**87**	**163**	**219**	**421**	**304**	**330**	**349**	**445**
本年完成投资(万元)	**118941**	**522357**	**925642**	**1136417**	**1654728**	**2143718**	**2734118**	**3273124**
按构成分								
建筑安装工程	111207	417596	708263	892151	1413014	1725643	2266690	2823721
设备工器具购置	234	409	10159	14761	10217	122200	67103	76734
其他费用	7500	104352	207220	229505	231497	295875	400325	372669
按工程用途分								
住宅	82170	375668	755389	874821	1241939	1671593	2006117	2495502
办公楼	5696	12643	27103	17218	24667	63980	72470	70288
商业营业用房	27405	115075	112928	203096	341333	343604	547996	600476
其他	3670	18971	30222	41282	46789	64541	107535	106858
本年施工房屋面积(万平方米)	**202.4**	**561.3**	**764.8**	**985.7**	**1180.4**	**1403.1**	**1920.9**	**2728.98**
# 住宅	157.6	465.1	640.0	782.9	967.8	1105.8	1470.3	2065.16
本年竣工房屋面积(万平方米)	126.8	249.5	255.5	366.8	418.2	427.6	521.2	413.09
# 住宅	100.2	210.6	220.4	296.5	332.9	355.6	423.6	331.93
竣工房屋价值(万元)	113042	264074	371746	633038	945152	793430	1233944	1106159
# 住宅	81902	214146	317947	509964	655786	647470	960259	886207
商品房销售面积(万平方米)	117.2	178.1	313.7	325.8	581.3	562.9	548.2	742.32
# 住宅	102.3	159.6	276.6	272.4	490.5	482.8	467.8	589.93
商品房销售额(万元)	131544	338370	722883	908876	2247917	2494662	2513808	3394892
# 住宅	108148	268160	596341	699973	1696937	1978858	1940916	2605267
本年经营收入总计(万元)	**143784**	**388693**	**770860**	**1083162**	**1683873**	**1994278**	**2275803**	**3407967**
土地转让收入	2298	31	69833	12112	73239	64730	26630	8511
商品房屋销售收入	140740	364130	682171	1021433	1508590	1911103	2071823	3335341
房屋出租收入	117	589	11	8972	27439	7027	3321	14347
其他经营收入	629	23192	18845	40646	74604	11256	174029	49768
资产总额	280805	876697	2060843	2920310	5994512	6697712	8823441	13041347
负债总计	248518	652252	1528748	2087357	4138450	5050193	6474128	9671363
所有者权益总计	32287	224445	532095	832953	1856062	1647520	2349313	3369984
年末职工人数(人)	5245	4894	5375	8318	7213	7298	9056	11924
全年工资总额	4127	6668	11327	24193	21551	30557	37735	54800

6－11 分经济类型房地产开发

(2013 年)

单位:万元

指标	合计	国有经济	集体经济	其他有限责任公司	股份制经济	港澳台经济	外商投资	私营经济	其他
投资额和新增固定资产									
计划总投资	19867529	618278	86280	6908636	1797686	16445	313200	9909001	218003
自开始建设累计完成投资	10217050	414973	50766	3339251	821530	17401	282550	5112182	178397
本年完成投资	3273124	85001	948	1116137	315389	11918	48504	1658848	36379
按构成分:									
建筑工程	2674366	50513	948	887184	265819	8533	38902	1389286	33181
安装工程	149355	17487		39805	12249		6755	70919	2140
购置工器具	76734	5024		23367	9146	3385	2847	32765	200
其他费用	372669	11977		165781	28175			165878	858
按工程用途分:									
住宅	2495502	66608	754	839832	278457	10677	30326	1246427	22421
#90 平方米以下	310935	16247	454	108633	60870	150	1500	119171	3910
114 平方米以上住房	172117	12455	300	30636	11797	697	15166	95541	5525
别墅、高档公寓	32354			4782			1500	25172	900
办公楼	70288	5064		22625	7279		2450	32070	800
商业营业用房	600476	7892	194	223939	28661	271	15628	311911	11980
其他	106858	5437		29741	992	970	100	68440	1178
本年新增固定资产	1664828	27869		512617	65262	5817	125421	875098	52744

6-11 续表

单位:万元

指标	合计	国有经济	集体经济	其他有限责任公司	股份制经济	港澳台经济	外商投资	私营经济	其他
土地开发									
待开发土地面积(平方米)	4104788	200000		1197001	153177			2495371	59239
本年购置土地面积(平方米)	2025261	31949		927188	188679			877445	
本年土地成交价款	470105	821		314890	22619			131775	
土地使用权出让金	381196	165		252866	22285			105880	
房地产开发资金来源									
本年资金来源合计	6178732	134623	26968	2197442	585836	11963	87116	3050375	84409
上年末结余资金	750096	25441	6525	146552	100516	400	14766	447532	8364
本年资金来源小计	5428636	109182	20443	2050890	485320	11563	72350	2602843	76045
国内贷款	537108	44976	19145	268559	28237	4965	6000	138226	27000
利用外资	612						612		
自筹资金	2349031	18048		887338	344154	4626	2940	1075075	16850
# 自有资金	713459	9888		299071	68408			324892	11200
其他资金来源	2541885	46158	1298	894993	112929	1972	62798	1389542	32195
# 定金及预收款	1434978	26570	860	573920	65928	224	29625	718345	19506
个人按揭贷款	711646	9822	438	261849	37001	56	2807	386984	12689
本年各项应付款合计	1480716	121683	17645	530289	141731	125	56733	568858	43652
# 工程款	872667	34934	16145	349339	42279	125	22337	382607	24901

6－12 分地区

(20

指　　标	合 计	市 区	开发区	城南新区	亭湖区	盐都区
商品房建设						
施工面积	2728.98	968.71	92.02	398.23	380.88	97.58
# 新开工	1026.59	319.09	9.20	85.66	190.07	34.16
竣工面积	413.09	144.63		24.99	84.44	35.20
竣工房屋价值	110.62	47.60		9.86	22.38	15.37
住宅建设						
施工面积	2065.16	734.67	65.54	315.04	260.42	93.67
# 新开工	763.89	220.37	8.32	47.89	130.00	34.16
竣工面积	331.93	122.34		21.08	66.41	34.85
竣工房屋价值	88.62	39.84		8.82	15.74	15.28
商品房屋销售						
商品房销售面积	742.32	324.48	9.45	135.11	125.09	54.83
# 现房销售	158.21	87.95		58.07	29.67	0.21
期房销售	584.10	236.53	9.45	77.05	95.41	54.62
商品房销售额	339.49	159.79	5.02	47.87	79.12	27.78
# 现房销售	58.00	28.08		5.01	23.01	0.07
期房销售	281.49	131.71	5.02	42.86	56.11	27.72
待售面积	157.53	48.14	0.43	24.19	23.41	0.10
住宅销售						
商品房销售面积	589.93	218.39	5.35	74.31	83.97	54.76
# 现房销售	82.32	23.41		7.26	15.94	0.21
期房销售	507.60	194.99	5.35	67.05	68.04	54.55
商品房销售额	260.53	112.93	1.95	41.36	42.05	27.57
# 现房销售	31.30	10.86		4.01	6.79	0.07
期房销售	229.23	102.08	1.95	37.35	35.27	27.51
待售面积	116.51	39.45	0.43	20.85	18.06	0.10

房地产建设与销售

13年)

单位:亿元、万平方米

响水县	滨海县	阜宁县	射阳县	建湖县	东台市	大丰市
128.19	236.76	292.20	254.59	258.98	270.98	318.58
43.31	47.46	84.80	138.34	101.34	176.67	115.59
18.23	28.30	79.29	22.11	24.20	34.99	61.34
4.42	6.24	18.69	5.75	4.03	8.49	15.38
88.64	173.70	266.10	190.79	169.97	210.83	230.46
22.85	30.95	82.24	104.82	69.40	137.55	95.71
15.54	20.75	68.05	10.09	15.98	30.95	48.22
3.80	4.20	15.76	2.72	2.51	7.57	12.22
34.72	55.03	55.40	71.01	61.66	67.60	72.40
0.37	9.77	30.65	6.92	12.37	4.35	5.83
34.36	45.26	24.75	64.09	49.29	63.25	66.57
12.45	23.24	22.02	27.50	28.93	30.68	34.88
0.21	4.36	13.47	2.03	6.48	0.92	2.46
12.24	18.88	8.56	25.47	22.46	29.76	32.41
	15.32	21.81	27.72	29.47	2.61	12.46
32.53	47.06	50.49	67.17	52.88	58.80	62.61
	8.37	26.14	6.12	9.80	4.26	4.23
32.53	38.69	24.36	61.05	43.08	54.54	58.37
11.47	17.18	17.35	24.43	22.67	25.69	28.82
	3.04	9.01	1.77	4.45	0.90	1.28
11.47	14.14	8.34	22.66	18.21	24.79	27.54
	8.52	20.06	25.78	15.98	1.75	4.98

6－13 分地区

(20

指　　标	合　计	市　区	开发区	城南新区	亭湖区	盐都区
企业个数	**445**	**157**	**7**	**30**	**86**	**34**
投资额和新增固定资产						
计划总投资	19867529	10133636	583361	4305953	3622553	1621770
自开始建设累计完成投资	10217050	4989477	289828	1796293	1869520	1033836
本年完成投资	3273124	1574906	64256	559025	674704	276921
配套工程投资	57010	28340		350	22004	5986
按构成分						
建筑工程	2674366	1336436	36530	516205	513565	270136
安装工程	149355	83890	6787	13743	61934	1426
设备工器具购置	76734	36553	6632	3997	24986	938
其他费用	372669	118026	14307	25080	74219	4421
按工程用途分						
住宅	2495502	1252489	56009	473670	449404	273406
其中:90平方米以下	310935	209988	8660	39462	143437	18430
140平方米以上住房	172117	92554	1134	43464	36603	11352
别墅、高档公寓	32354	15291	860	1625	12806	
办公楼	70288	61812	4162	15192	42458	
商业营业用房	600476	227579	3299	67639	152761	3881
其他	106858	33691	604	6641	25583	862
本年新增固定资产	**1664828**	**918557**	**23531**	**343026**	**396440**	**155559**
本年资金来源合计	**6178732**	**3080810**	**163696**	**1296146**	**1113667**	**507301**
上年末结余资金	750096	274205	12968	152801	91159	17277
本年资金来源小计	5428636	2806605	150728	1143345	1022508	490024
国内贷款	537108	328112	55260	145700	91252	35900
自筹资金	2349031	1410695	21131	427628	592236	369700
其中:自有资金	713459	377808	9842	28700	314866	24400
其他资金来源	2541885	1067798	74337	570017	339020	84424
其中:定金及预收款	1434978	527329	59132	235391	180531	52275
个人按揭贷款	711646	208804	15205	47099	127636	18864
本年各项应付款合计	**1480716**	**781506**	**81584**	**318516**	**353845**	**27561**
其中:工程款	872667	417895	64747	137414	199424	16310
土地开发						
待开发土地面积	4104788	2184840	203754	1330516	373870	276700
本年购置土地面积	2025261	438144		107583	301603	28958
本年土地成交价款	470105	114679		53355	57333	3991

房地产开发情况

13 年)

单位:万元、万平方米

响水县	滨海县	阜宁县	射阳县	建湖县	东台市	大丰市
20	**28**	**27**	**40**	**41**	**58**	**74**
659217	1176216	1268075	1271447	1304927	2208298	1845714
362686	601619	597387	568874	900570	960710	1235727
101220	215072	234357	241008	252425	364214	289922
1580	12016	1168	2315	4303	2300	4988
72594	163171	199514	190692	196889	309876	205193
7120	18413	11188	4230	11239	665	12610
1397	5090	20090	1194	4589	153	7667
20109	28398	3565	44891	39708	53520	64452
64098	138266	201815	188524	164535	278694	207080
4432	12657	12187	15201	9565	12026	34879
4860	8420	3655	25416	6054	16115	15043
	105		13999	1359	1434	166
1271	499	43	3860	2590	1	212
30463	63824	28919	43695	66590	80910	58497
5398	12148	4252	5071	17639	5816	22843
49397	**83119**	**184366**	**63372**	**82725**	**101052**	**182239**
216172	**418177**	**365545**	**411757**	**512835**	**626975**	**546461**
51895	57547	32657	41200	113289	113082	66221
164277	360630	332888	370557	399546	513893	480240
1800	35800	5250	33200	18116	73890	40940
40535	71741	66811	179850	157107	306513	115779
3497	5133	41498	91203	76050	94006	24264
121942	253089	260827	157507	224323	133490	322909
78294	170364	160115	80150	134905	85044	198777
43188	76003	93920	77148	62221	39752	110610
54421	**104008**	**89310**	**62242**	**148990**	**109904**	**130335**
26335	71443	64883	45911	106686	78556	60958
106943	169399	43995	375148	279352	287821	657290
115559	152084	35281	381174	183718	268118	451183
14434	116452	7725	51805	37704	86948	40358

6－14 分地区

(20

指　　标	合　计	市　区	开发区	城南新区	亭湖区	盐都区
年初存货	**57503157**	**24859694**	**1017402**	**13064015**	**8007125**	**2771152**
年末资产负债						
流动资产合计	103529692	47924916	7386094	16936000	17007470	6595352
其中:存货	60246551	23050168	2189561	9892937	9916405	1051265
固定资产原价	3670061	2384825	629263	297680	1099578	358304
累计折旧	748172	406077	19054	37679	306036	43308
其中:本年折旧	228439	120983	17957	6376	88971	7679
资产总计	130413468	62955996	12486527	19918385	23170329	7380755
负债合计	96713626	46890786	8172275	15558027	17008302	6152182
所有者权益合计	33699842	16065210	4314252	4360358	6162027	1228573
其中:实收资本	23086542	11393964	4150000	3639623	2962608	641733
损益及分配						
主营业务收入	34079667	15043059	609304	6097910	6246085	2089760
土地转让收入	85110	35110		12580	22530	
商品房屋销售收入	33353406	14449939	409514	6047771	5902894	2089760
房屋出租收入	143470	94126	33788	36957	23381	
其他收入	497681	463884	166002	602	297280	
主营业务成本	24813890	10594953	487066	4441361	4005054	1661472
主营业务税金及附加	2433797	877619	44837	418433	320211	94138
其他业务利润	83264	29613	0	4490	22433	2690
销售费用	836148	389056	12589	121613	208976	45878
管理费用	1075339	472553	39808	123667	276778	32300
其中:税金	74470	25052	772	10210	14005	65
差旅费						
工会经费						
财务费用	436541	224554	3098	171661	32714	17081
其中:利息支出	261316	108819	573	86494	21732	20
营业利润	4411108	2467800	22929	806689	1396601	241581
营业外收入	119771	105190	6	101246	1633	2305
营业外支出	117353	62999	813	13042	47678	1466
利润总额	4423936	2510011	22122	894893	1350576	242420
应交所得税	540729	197242	4954	76827	77517	37944

房地产财务情况

13 年)　　单位:千元

响水县	滨海县	阜宁县	射阳县	建湖县	东台市	大丰市
1775815	**3279814**	**3184045**	**2125430**	**5403815**	**9559883**	**7314661**
2969450	4754686	6419276	5787099	9441316	13906127	12326822
1706503	2611488	3913012	4346750	5912007	10796674	7909949
109059	222406	249341	32192	148284	265654	258300
11290	29240	75062	10135	78856	49931	87581
4705	17459	36452	3257	13896	12552	19135
3461583	5982933	7684076	6534213	10540755	14701479	18552433
2775381	4837445	5808254	5291354	8600999	11240827	11268580
686202	1145488	1875822	1242859	1939756	3460652	7283853
546300	819194	1400449	1141543	1633460	1974761	4176871
1552584	3038477	2158631	1990043	3044809	3070745	4181319
			50000			
1552584	3038477	2158631	1930887	3041234	3010894	4170760
			3000	2492	37862	5990
			6156	1083	21989	4569
1194393	2371647	1713472	1508883	2244007	2008245	3178290
120181	221673	159825	168327	307998	238490	339684
18653	19800	11789	3026	-3977	1518	2842
32921	41371	35113	111065	74519	76323	75780
48842	67902	60505	63590	108637	95961	157349
2384	1522	5808	2780	4256	1912	30756
5994	34179	33075	9522	75184	46864	7169
2885	21106	16000	354	64541	44739	2872
163439	301928	156641	107074	220037	598696	395493
11	1303	2865	193	1731	611	7867
1236	6781	936	2972	10629	7839	23961
164213	296450	158570	104295	211139	591892	387366
17176	44006	38210	3580	59954	101036	79525

6－15 分地区农村

(20

指 标	合 计	市 区	开发区	亭湖区	盐都区
项目个数(个)					
施工项目个数	1084	197	7	74	116
# 本年新开工	780	146	6	64	76
本年投产项目个数	631	137	5	56	76
投资额					
计划总投资	7797035	1387900	61112	564910	761878
累计完成投资	4789286	924212	51612	338722	533878
本年完成投资	3585978	748592	49012	267880	431700
按构成分					
建筑工程	1820327	444632	44712	105970	293950
安装工程	155553	61680	3000	39980	18700
设备工器具购置	1337366	143080	1300	53810	87970
其他费用	272732	99200		68120	31080
按登记注册类型分					
国有	359476	30200	28100	2100	
集体	250210	135690		20440	115250
有限责任公司	444861	3572	912	2660	
股份有限公司	107245	14100		14100	
港澳台商投资	32444	3000		3000	
外商投资	53270	9000	9000		
私营个体经济	2252142	487380		170930	316450
其他	86330	65650	11000	54650	
新增固定资产	**2820306**	**808834**	**49012**	**334720**	**425102**
房屋建筑面积(平方米)					
施工房屋面积	7907860	418360	20000	71000	327360
其中：住宅	272500				
竣工房屋面积	2830850	287460	20000	4300	263160
其中：住宅					
本年资金来源合计	**4061580**	**849630**	**59520**	**334160**	**455950**
上年末结余资金	1000	1000		1000	
本年资金来源小计	4060580	848630	59520	333160	455950
国家预算内资金	49350	20000	19500	500	
国内贷款	317240	38300			38300
利用外资	60700	9100	9100		
自筹资金	3556242	779330	30920	331860	416550
其他资金来源	77048	1900		800	1100
本年各项应付款合计	**298205**	**8630**		**8630**	
其中：工程款	99473				

固定资产投资主要指标

13 年）

单位：万元

响水县	滨海县	阜宁县	射阳县	建湖县	东台市	大丰市
	77	106	122	275	116	191
	61	104	79	207	79	104
	48	106	102	49	86	103
	796891	432802	1068946	1790070	603500	1716926
	508330	432802	867322	672272	416046	968302
	429700	421002	604162	497986	295054	589482
	199395	183859	337903	209199	85336	360003
	28246	16326	11195	23582	11071	3453
	174343	201672	213527	225489	185759	193496
	27716	19145	41537	39716	12888	32530
	12000		152400	60926		103950
	8750	61730		3390		40650
	252520	89250	1450	6070	67499	24500
	8000		2000	68735	810	13600
	2500			7544		19400
	7000			28320	500	8450
	132930	270022	446812	313201	224465	377332
	6000		1500	9800	1780	1600
	293210	**421002**	**416090**	**149333**	**255704**	**476133**
	1371918	554125	413789	2239202	500330	2410136
						272500
	611371	554125	214489	245760	213490	704155
	477110	**424620**	**619872**	**678439**	**370069**	**641840**
	477110	424620	619872	678439	370069	641840
	400					28950
	92390		82000	58450	11800	34300
	20000				5600	26000
	356220	420260	537872	565901	351469	545190
	8100	4360		54088	1200	7400
		3760		**274565**	**2750**	**8500**
		3250		94045	2178	

6－16 分地区农村

(20

指　　标	合　计	市　区	开发区	亭湖区	盐都区
总　计	3585978	748592	49012	267880	431700
农、林、牧、渔业	151002	69000		47000	22000
采矿业					
制造业	2484146	433040	10800	158040	264200
农副食品加工业	177301	10000		10000	
食品制造业	4800				
酒、饮料和精制茶制造业	10330				
纺织业	254073	12000		12000	
纺织服装、服饰业	54974				
皮革、毛皮、羽毛及其制品和制鞋业	15390				
木材加工和木、竹、藤、棕、草制品业	13700				
家具制造业	1000				
造纸和纸制品业	15950				
印刷和记录媒介复制业	16000	11000			11000
文教、工美、体育和娱乐用品制造业	19300				
石油加工、炼焦和核燃料加工业	2500				
化学原料和化学制品制造业	133890	15000			15000
医药制造业	68200	21000			21000
化学纤维制造业	24490	9500		9500	
橡胶和塑料制品业	121713	31250		28250	3000
非金属矿物制品业	240720	72000		72000	
黑色金属冶炼和压延加工业	61620				
有色金属冶炼和压延加工业	11100				
金属制品业	69187				
通用设备制造业	625496	189860		8660	181200
专用设备制造业	244674	30630		17630	13000
汽车制造业	95896	10800	10800		
铁路、船舶、航空航天和其他运输设备制造业	21840				
电气机械和器材制造业	114135	20000			20000
计算机、通信和其他电子设备制造业	53467				
仪器仪表制造业	4200				
废弃资源综合利用业	8200				
电力、热力、燃气及水生产和供应业	189514	4500		4500	
批发和零售业	156914	16200		200	16000
交通运输、仓储和邮政业	48042	18800		2000	16800
住宿和餐饮业	64938	21000		16500	4500
信息传输、软件和信息技术服务业	4100				
金融业	2000	1200		1200	
房地产业	41400	13800		13800	
租赁和商务服务业	10300				
科学研究和技术服务业	1300				
水利、环境和公共设施管理业	314370	121952	20212	6540	95200
居民服务、修理和其他服务业	8300				
教育	22698	2500		2500	
卫生和社会工作	21750	17500		15500	2000
文化、体育和娱乐业	3866	1000			1000
公共管理、社会保障和社会组织	61338	28100	18000	100	10000

固定资产投资行业分布

13 年) 单位:万元

响水县	滨海县	阜宁县	射阳县	建湖县	东台市	大丰市
	429700	421002	604162	497986	295054	589482
	10020	39900	15490	13692		2900
	325420	286845	367592	370913	288154	412182
		12800	90951	19950	2000	41600
		800	2000		2000	
			7530			2800
	6930	47280	58100	28600	18300	82863
	4000	15400	25150	9374		1050
		13200		2190		
	2900		3000		4500	3300
					1000	
		5800	10150			
		4000		1000		
	5000	1800		500		12000
		2500				
	94470	3000	9390	4930	2000	5100
	28200		3500			15500
		4000	2900	3890		4200
	30000	15200	5700	21463	12150	5950
	20000	39700	26770	37390	21210	23650
		30700		14960	1810	14150
		9100		1000		1000
	3990	3000	9250	6000	25514	21433
	81360	32550	15700	68538	117738	119750
	20600	24500	51801	77628	28115	11400
	2600	3000	28800	12450	16400	21846
			14900	2400	400	4140
	11670	13715	2000	49220	3680	13850
	13700	4800		3830	30337	800
				3200	1000	
				2400		5800
	12300		142000	22314	2000	6400
	42210	12527	61880	19197	4900	
		13762	8900	1280		5300
	16500	13200		14238		
				1500		2600
				800		
	8300					19300
				5500		4800
						1300
	9750	38568	2800	23650		117650
	4000	3800		100		400
		11820	1500	5878		1000
				800		3450
				1266		1600
	1200	580	4000	16858		10600

6－17 全省固定资产投资完成情况表

(2013 年)　　单位:亿元、万平方米

地　区	固定资产投资额				商品房销售面积
		工业投资	服务业投资		
				房地产投资	
全　　省	35982.5	18387.5	17397.1	7241.5	11454.8
南　　京	5093.8	2399.0	2673.2	1037.7	1222.0
无　　锡	4015.8	1565.6	2432.4	1128.9	909.4
徐　　州	3090.1	1707.9	1355.4	380.5	856.8
常　　州	2850.1	1513.6	1327.2	681.4	876.0
苏　　州	5822.1	2363.6	3452.7	1414.0	1875.1
南　　通	3298.7	1856.1	1440.7	596.5	1035.3
连 云 港	1350.1	849.3	485.4	174.1	489.6
淮　　安	1453.1	804.2	623.7	312.2	842.4
盐　　城	2217.7	1383.4	805.2	327.3	742.3
扬　　州	2025.2	1146.9	856.7	315.9	699.5
镇　　江	1753.1	1014.2	738.0	296.3	592.2
泰　　州	1764.2	982.5	760.5	271.2	491.4
宿　　迁	1290.7	831.2	454.0	305.5	822.7

主要统计指标解释

固定资产投资额：指以货币形式表现的在一定时期内建造和购置固定资产的工作量以及与此有关的费用的总称。

计划总投资：指在建的建设工程按照总体设计（或按设计概算或预算）规定的内容全部建成计划需要的总投资。统计范围为计划总投资500万元以上的项目。

自开始建设至本年底累计完成投资：指建设项目从开始建设到本年底止累计完成的全部投资。

本年完成投资：指从本年1月1日起至本年最后一天止完成的全部投资额。

本年新增固定资产：指已经完成建造和购置过程，并已交付生产或使用单位的固定资产的价值，包括已经建成投入生产或交付使用的工程投资和达到固定资产标准的设备、工具、器具的投资及有关应摊入的费用。

房屋施工面积：指报告期内施工的全部房屋建筑面积。包括本期新开工的面积、上期跨入本期继续施工的房屋面积、上期停缓建在本期恢复施工的房屋面积、本期竣工的房屋面积以及本期施工后又停缓建的房屋面积。多层建筑应填各层建筑面积之和。

房屋竣工面积：指报告期内房屋建筑按照设计要求已全部完工，达到住人和使用条件，经验收鉴定合格或达到竣工验收标准，可正式移交使用的各栋房屋建筑面积的总和。

房屋竣工价值：指报告期内按规定已经上报竣工的房屋本身的建造价值。一般按房屋设计和预算规定的内容计算。

本年实际到位资金合计：指固定资产投资项目单位在报告期收到的，用于固定资产建造和购置的各种资金。包括上年末结余资金、本年度内拨入或借入的资金及以各种方式筹集的资金。

上年末结余资金：指上年资金来源中没有形成固定资产投资额而结余的资金。包括尚未用到工程上的材料价值、未开始安装的需要安装设备价值及结存的现金和银行存款等。

本年实际到位资金小计：指固定资产投资单位在报告期收到的，用于固定资产投资的各种货币资金。包括国家预算资金、国内贷款、债券、利用外资、自筹资金和其他资金。

国家预算资金：自2011年起，按照全国人大和国务院的要求，各级财政的所有资金，包括税收和非税收入，均必须纳入预算管理，我国已不存在预算外资金的概念，因此各级政府用于固定资产投资的财政资金均为预算资金。

国内贷款：指报告期固定资产投资项目单位向银行及非银行金融机构借入用于固定资产投资的各种国内借款。

债券：指企业或金融机构为筹集用于固定资产投资的资金向投资者出具的承诺按一定发行条件还本付息的债务凭证，包括金融债券和企业债券。

利用外资：指报告期收到的境外（包括外国及港澳台地区）资金（包括设备、材料、技术在内）。

外商直接投资：指外国投资者在我国境内通过设立外商投资企业、合伙企业、与中方投资者共同进行石油资源的合作勘探开发等方式进行投资。

自筹资金：指固定资产投资单位在报告期收到的，由各企事业单位筹集用于固定资产投资的资金，包括各类企事业单位的自有资金和从其他单位筹集的用于固定资产投资的资金，但不包括各类财政性资金、从各类金融机借入资金和国外资金。

其他资金来源：指在报告期收到的除以上各种资金之外的用于固定资产投资的资金。包括社会集资、个人资金、无偿捐赠的资金及其他单位拨入的资金等。

房地产开发投资：指各种登记注册类型的房地产开发法人单位统一开发的包括统代建、拆迁还建的住宅、厂房、仓库、饭店、宾馆、度假村、写字楼、办公楼等房屋建筑物，配套的服务设施，土地开发工程（如道路、给水、排水、供电、供热、通讯、平整场地等基础设施工程）和土地购置的投资；不包括单纯的土地开发和交易活动。

配套工程投资：指为供出售、出租用的商品房屋工程配套的服务设施所完成的投资额。具体是指房地产开发企业为完成楼盘总体规划而进行的小区内的道路建设，以及为提高商品房的品质而进行的绿地和其他必要设施所完成的投资。

商品房销售面积：指报告期内出售商品房屋的合同总面积（即双方签署的正式买卖合同中所确定的建筑面积）。本月销售面积指从本月 1 日起至本月最后一天止出售商品房屋的合同总面积。商品房销售面积由现房销售面积和期房销售面积两部分组成。

商品房销售额：指报告期内出售商品房屋的合同总价款（即双方签署的正式买卖合同中所确定的合同总价）。本月销售额指从本月 1 日起至本月最后一天止出售商品房屋的合同总价款。该指标与商品房销售面积同口径，由现房销售额和期房销售额两部分组成。

待售面积：指报告期末已竣工的可供销售或出租的商品房屋建筑面积中，尚未销售或出租的商品房屋建筑面积，包括以前年度竣工和本期竣工的房屋面积，但不包括报告期已竣工的拆迁还建、统建代建、公共配套建筑、房地产公司自用及周转房等不可销售或出租的房屋面积。按照商品房待售时间的长短可以划分为待售一年以下、待售一到三年（含一年）和待售三年以上（含三年）。

七、财政金融

Finance, Banking And Insurance

7－1 财 政 收 入

（2013 年） 单位:万元

指　　标	2013 年
财政收入	**9630170**
公共财政收入	3667672
国内增值税(25%)	266190
改征增值税	59793
营业税	1176117
企业所得税(40%)	257155
个人所得税(40%)	110711
资源税	3316
固定资产投资方向调节税	
城市维护建设税	168177
房产税	119076
印花税	46137
城镇土地使用税	100203
土地增值税	348303
车船税	12881
耕地占用税	35687
契税	321349
专项收入	99400
行政性收费收入	197829
罚没收入	78884
国有资本经营收入	141982
国有资源(资产)有偿使用收入	111668
其中:土地和海域有偿使用收入	2862
其他收入	12814
基金收入	4325498
政府性基金收入	2938853
社保基金收入	1386645
上划中央收入	1637000
国内消费税	286252
国内增值税(75%)	798946
企业所得税(60%)	385736
个人所得税(60%)	166066

7－2 财 政 支 出

(2013年) 单位:万元

指 标	2013年
公共财政支出	5556174
一般公共服务	682264
外交	
国防	8326
公共安全	230750
教育	1046605
科学技术	197879
文化体育与传媒	108246
社会保障和就业	455334
医疗卫生	441717
节能环保	124060
城乡社区事务	568529
农林水事务	762465
交通运输	107281
资源勘探电力信息等事务	465608
商业服务业等事务	56692
金融监管等事务支出	8291
地震灾后恢复重建支出	
援助其他地区支出	5173
国土资源气象等事务	17907
住房保障支出	80269
粮油物资储备管理事务	12493
国债还本付息支出	3967
其他支出	172318
政府性基金支出	3089391
社会保险基金支出	1196030

7－3 分地区财政收入

(2013 年)　　单位:万元

地区	财政收入	地方收入	一般预算收入	营业税	企业所得税	增值税
全市	**5304672**	**3667672**	**325983**	**1176117**	**257155**	**110711**
市区	2120658	1208182	129295	320192	156777	54532
市直	194280	128079				
开发区	843420	275335				
亭湖区	421544	328066				
盐都区	440877	266096				
城南新区	220537	210606				
响水县	316687	239849	20401	85471	10971	3972
滨海县	372717	290726	24057	137936	12789	4763
阜宁县	379996	294470	20306	103791	13669	7887
射阳县	291318	225000	18365	69439	11822	4968
建湖县	484666	384166	27154	152825	16597	4912
东台市	690956	524613	46387	186706	13925	20447
大丰市	647674	500666	40018	119757	20605	9230

7－4 分地区财政支出

(2013 年)　　单位:万元

地区	公共财政支出	一般公共服务	教育	文化体育与传媒	医疗卫生	农林水事务
全市	**5556174**	**682264**	**1046605**	**108246**	**441717**	**762465**
市区	1659924	189342	269333	36529	113999	180401
市直	647507	62805	103922	21058	41333	52578
开发区	144600	22904	7158	72	5089	7322
亭湖区	297622	43804	58498	7078	23982	37949
盐都区	432222	47283	71756	5473	42740	70123
城南新区	137973	12546	27999	2848	855	12429
响水县	382077	70878	61906	3794	28927	64336
滨海县	530104	46623	111772	5004	58692	73615
阜宁县	514699	65790	97568	11813	53073	81056
射阳县	450806	64800	100997	9885	47581	58586
建湖县	597668	43778	128837	10057	43303	88388
东台市	734736	73987	155983	15628	55052	94556
大丰市	686160	127066	120209	15536	41090	121527

注:本表财政收入为财政部统一口径,不含基金收入

7－5 金融机构存贷款年末余额

(2000–2013 年) 单位:万元

指　　标	2000 年	2005 年	2008 年	2009 年	2010 年	指　　标	2011 年	2012 年	2013 年
金融机构存款余额	3750196	8588448	13110738	16586383	20091730	金融机构存款余额	23361875	27168734	32199900
企业存款	868336	1712279	2721835	3703467	3948537	单位存款	10156053	11378398	13421548
城乡居民储蓄	2654056	5933526	8667385	9978225	11318210	个人存款	12732383	15321458	18204513
信托存款						财政性存款	301394	289105	358749
委托存款		65	3758	2072	11506	临时性存款	59576	75595	70005
其他存款	68305	942580	1717761	2902619	4813477	委托存款	36801	4833	1182
金融机构贷款余额	3018318	4855225	7299936	10531069	13339254	其他存款	75668	99344	143903
短期贷款	2536664	3557579	4099088	5349247	6676627	金融机构贷款余额	15852399	18561092	22145893
中长期贷款	265169	809000	2049630	4082322	5875398	境内贷款	15851824	18560523	22145308
信托贷款						短期贷款	8203938	9683525	11251015
委托贷款						中长期贷款	7013617	7620037	9514884
其他贷款	215236	488646	87360	134671	158201	票据融资	634023	1246403	1370819
票据融资			1062357	963475	628828	各项垫款	246	10558	8590
各项垫款			1502	1354	200	境外贷款	575	569	585

7－6 分地区金融机构存贷款年末余额

(2000–2013 年) 单位:万元

地　　区	存款余额	贷款余额		
			短期贷款	农业贷款
全　　市	32199900	22145893	11251015	3269665
市　　区	12798859	9176965	4468786	321972
响 水 县	1098176	953922	523601	178907
滨 海 县	1829282	1351594	606060	325298
阜 宁 县	2416123	1746685	965960	422708
射 阳 县	2443827	1712180	894062	567066
建 湖 县	2789878	2090628	1327367	511737
东 台 市	4995694	2693956	1456821	508836
大 丰 市	3828061	2419963	1008358	433141

注:本外币口径

7－7 分地区金融机构现金收支

（2013 年） 单位:万元

地 区	金融机构累计收入	金融机构累计支出	净投入(+)或 净回笼(-)(累计)
全 市	**140784569**	**140872381**	**87812**
市 区	47151125	47190374	39249
响 水 县	7789543	7796312	6769
滨 海 县	11702934	11715098	12164
阜 宁 县	11446688	11456934	10247
射 阳 县	15000298	15003992	3694
建 湖 县	14896744	14902794	6050
东 台 市	18143939	18146928	2989
大 丰 市	14653298	14659949	6651

7－8 城乡居民储蓄存款年末余额

（2013 年） 单位:万元

地 区	城乡居民储蓄存款	城乡居民人均储蓄存款(元)
全 市	**17932566**	**24838**
市 区	4861029	30045
响 水 县	620009	12334
滨 海 县	1149019	12185
阜 宁 县	1633491	19469
射 阳 县	1647755	18477
建 湖 县	1905712	25847
东 台 市	3762421	38143
大 丰 市	2353129	33535

7－9 保险业务发展情况

（2000–2013 年） 单位:万元

指　　标	2000 年	2005 年	2008 年	2009 年	2010 年	2011 年	2012 年	2013 年
承保额（财产险）	2292424	9011051	33710205	32665593	37269822	32244478.66	45363534	95759158
# 企业财产	1376411	3282061	3247707	6186413	20666794	8337681.39	13491824	15466398
家庭财产	201869	210362	225429	929183	870703	1177440.11	2015173	2283883
保费收入	65804	237402	445944	543341	643506	712182.0436	644172	690272
财产险	15695	37788	75397	95053	126294	151962	178327	215055
# 企业财产	3311	3634	5739	5778	6868	7542	9126	10113
家庭财产	372	306	842	1067	1050	1420	1855	2150
人身险	50109	199615	370547	448288	517212	560221	465845	475218
人身意外伤害险	3525	39911	5974	14470	7310	8877	10006	12985
赔偿支出	13725	29661	59671	75109	78100	187487	211198	287235
财产险	11973	23148	48630	63880	64259	83086	96353	113372
# 企业财产	4059	1995	2946	1498	1413	3118	3717	2806
家庭财产	228	208	199	197	205	367	391	478
人身险	1752	6513	11041	11229	13841	104401	114845	173862

备注：以上为盐城市保险行业协会各会员单位（50 家）的汇总数据。

八、对外经济贸易

Foreign Trade And Tourism

8－1 对外经济主要指标

（2000–2013 年） 单位:万元

指 标	2000 年	2005 年	2008 年	2009 年	2010 年	2011 年	2012 年	2013 年
外贸								
进出口总额(万美元)	37725	143460	283049	286191	395477	524532	575364	652829
进口总额(万美元)	10259	56415	72428	99792	163561	226691	228881	274968
出口总额(万美元)	27466	87045	210621	186399	231916	297841	346483	377860
外资								
合同外商直接投资项目(个)	28	255	458	315	378	321	332	262
合同外商直接投资金额(万美元)	11720	77756	309393	229618	304019	290156	372066	304621
实际外商直接投资(万美元)	22632	16183	94394	104376	130355	168778	211103	154983
接待海外旅游者(人次)								
外国人	6662	20937	25467	28847	34445	36996	41060	21314
港澳台同胞	4241	19773	25237	26091	27655	35012	39017	4734
旅游外汇收入(万美元)		2125	3490	3903	4535	5556	6477	2533

8－2 按贸易方式和经济

（2000–

项目	2000年		2005年		2008年		2009年	
	出口	进口	出口	进口	出口	进口	出口	进口
总计	**28629**	**8175**	**87045**	**56415**	**210621**	**72428**	**186399**	**99792**
按贸易方式分								
#一般贸易	23513	4784	74909	48317	175827	51297	145430	77096
来料加工贸易	1129	602	3036	1718	19263	6375	21094	5772
进料加工贸易	3987	2570	9100	3976	15527	7051	19864	9878
来料加工的设备				14				19
外商作为投资进口的设备、物品		214		2347		7501		6836
出料加工贸易								
保税仓库进出境货物						18		82
保税区仓储转口货物								
其他		5		43	4	55		80
按经济类型分								
#国有企业	14336	938	13461	1385	16574	513	12063	512
集体企业	2666	851	13912	6977	20864	1582	11868	4001
外商投资企业	11551	6321	31475	46633	68070	65124	61332	87332
私营企业	76	65	28197	1420	105024	5209	101025	7946

类型分的进出口额

2013 年）

单位:万美元

2010 年		2011 年		2012 年		2013 年	
出口	进口	出口	进口	出口	进口	出口	进口
231916	**163561**	**297841**	**226691**	**346483**	**228881**	**377860**	**274968**
181807	124238	241594	200377	276090	195980	294511	212305
25565	5960	29490	7817	34914	11443	30710	10984
22110	10398	26214	10362	34705	14207	46452	19901
	6		8		22		4
	21636		5705		4025		26815
						11	13
	508		1787	536	2172	33	1390
							1524
2391	119	714	263	300	289	6194	478
8375	1515	6346	2471	6685	2655	6750	2257
14843	1759	22343	1504	16916	2043	19872	2960
75111	153358	102167	208262	117021	186678	125207	234429
133397	6920	166468	14521	205332	38241	225452	35519

8－3 进出口商品细分类总额

（2013年） 单位:万美元

项目	进出口总额	出口	进口
总计	**652829**	**377860**	**274968**
活动物;动物产品	10507	8682	1825
肉及食用杂碎	14		14
鱼,甲壳动物,软体动物等	3335	3175	160
乳,蛋,蜂蜜;其他食用动物产品	439	439	
其他动物产品	6719	5068	1650
植物产品	8847	1561	7286
食用蔬菜,根及块茎	813	813	
食用水果及坚果;水果或甜瓜的果皮	230		230
咖啡,茶,马黛茶及调味香料	26	25	
谷物	4570		4570
制粉工业产品;麦芽,淀粉;菊粉;面筋	132	10	122
果实,果仁,工业或药用植物;稻草,饲料	2600	247	2353
虫胶;树胶,树脂及其他植物液,汁	438	438	
编结用植物材料;其他植物产品	37	26	11
动,植物油,脂,蜡及其分解产品	913		913
动,植物油,脂,蜡及其分解产品	913		913
食品,饮料,酒及醋;烟草及制品	5681	5190	491
肉,鱼,甲壳动物,软体动物及制品	1921	1921	
糖及糖食	526	506	20
谷物,粮食粉淀粉或乳的制品;糕饼点心			
蔬菜,水果,坚果或植物其他部分的制品	3003	2542	462
杂项食品	220	220	
饮料,酒及醋	11	1	10
矿产品	2457	27	2431
盐,硫磺,泥土,石料,石膏料,石灰,水泥	199	25	174
矿沙,矿渣及矿灰	1992	2	1991
矿物燃料,油及其蒸馏产品;沥青;矿物蜡	266		266

8-3 续表 1 单位:万美元

项 目	进出口总额	出 口	进 口
化学工业及其相关工业的产品	108517	87932	20585
无机化学品;稀贵金属.放射性元素	1171	784	388
有机化学品	97506	78976	18529
药品	155	155	
肥料	43	43	
鞣料,染料,颜料,漆,胶粘剂,墨水,油墨	2474	2266	208
精油及香膏;芳香料制品及化妆盥洗品	106	97	9
肥皂.洗涤剂,润滑剂,光洁剂,蜡,活性剂	732	153	579
蛋白类物质;改性淀粉;胶,酶	334	118	216
炸药,烟火制品;火柴,引火合金,易燃料	647	647	
照相及电影用品	1	1	
杂项化学用品	5350	4693	657
塑料及其制品;橡胶及其制品	35114	16898	18217
塑料及其制品	28001	13165	14837
橡胶及其制品	7113	3733	3380
生皮,皮革,毛皮及其制品	4535	4446	88
生皮(毛皮除外)及皮革	89		88
皮革制品,旅行用品,手提包及类似容器	4367	4367	
毛皮,人造毛皮及其制品	79	79	
木及木制品;其他编结材料制品	4729	2381	2348
木及木制品,木炭	4425	2077	2348
稻草,秸秆,柳,滕等编结材料制品	304	304	
纸浆;纸,纸板及其制品	4473	1080	3393
木浆及其他纤维素浆;回收纸或纸板	3248		3248
纸,纸板,纸浆,纸或纸板制品	1056	931	125
书籍,报纸,印刷图画及印刷品;手稿	168	148	20
纺织原料及纺织制品	95614	77561	18054
蚕丝	2137	2135	2

8-3 续表 2

单位:万美元

项目	进出口总额	出口	进口
羊毛,动物毛,马毛纱线及其机织物	533	4	529
棉花	14855	4554	10301
其他植物纺织纤维;纸纱线及其织物	539	331	208
化学纤维长丝	5295	3604	1691
化学纤维短丝	3558	3092	466
絮胎,毡呢及无纺织物;线,绳,缆及制品	2694	2171	524
地毯及纺织材料的其他铺地制品	1764	1763	1
特种机织物;花边,装饰毯.带,刺绣品	665	88	577
浸,涂,包或层压的纺织物;工业用纺织制品	1856	732	1124
针织物及钩编织物	9597	8168	1430
针织及钩编的服装及衣着附件	13615	13388	227
非针织及钩编的服装及衣着附件	14388	13420	968
其他纺织制成品;成套物品,旧纺织品	24118	24111	7
鞋帽伞杖鞭;羽毛制品;人造花	4856	4848	8
鞋靴,护腿和类似品及其零件	4065	4057	7
鞋类及其零件	523	522	
雨伞,阳伞,手杖,鞭子,马鞭及其零件	60	60	
羽毛,羽绒及制品;人造花,人发制品	209	209	
石料及其制品;陶瓷玻璃及制品	9108	8376	732
石料,石膏,水泥,石棉,云母及类似制品	1203	1134	69
陶瓷制品	1501	1332	169
玻璃及其制品	6404	5910	494
珍珠,宝石,贵金属;仿首饰;硬币	1848	1427	421
珍珠,宝石,贵金属;仿首饰;硬币	1848	1427	421
贱金属及其制品	53293	19307	33986
钢铁	22014	3145	18869
钢铁制品	19746	11008	8738

8-3 续表 3

单位:万美元

项　　目	进出口总额	出　口	进　口
铜及其制品	1048	49	1000
镍及其制品	52	17	35
铝及其制品	4253	1749	2505
锌及其制品	53	53	
锡及其制品	7	4	2
其他贱金属,金属陶瓷及其制品	1078	1077	1
贱金属工具,器具,利口器,餐匙.餐叉	2431	1026	1405
贱金属杂项制品	2612	1180	1432
机器,电子产品,电气设备及零件	183479	96058	87422
核反应堆,锅炉,机器,机械器具及零件	126912	69998	56914
电机电气设备,电视音像设备及零部件	56567	26060	30508
车辆,航空器,船舶及运输设备	64878	10002	54876
铁道电车道机车及其固定装置的零件			
车辆及其零件,铁道及电车道车辆除外	64756	9996	54760
船舶及浮动结构体	122	6	116
光学,检测,医疗设备;钟表,乐器	18638	3210	15428
光学,计量,检验,医疗设备及零件	18345	2917	15428
钟表及其零件	236	236	
乐器及其零件,附件	58	58	
杂项制品	35525	28863	6661
家具,寝具,褥垫,照明装置,活动房屋	24486	18021	6465
玩具,游戏品,运动用品及其零件,附件	8991	8984	7
杂项制品	2048	1858	189
艺术品,收藏品及古物	62	62	
艺术品,收藏品及古物	62	62	
机电产品(包括本目录已具体列名的产品)	299707	129541	170167
农产品　(包括本目录已具体列名的产品)	33419	16933	16486

8－4 进出口商品主要国别和地区

(2013年) 单位:万美元

国别(地区)	2012年			2013年		
	进出口	出口	进口	进出口	出口	进口
进出口贸易总值	**575364**	**346483**	**228881**	**652829**	**377860**	**274968**
亚洲	302260	117697	184563	383122	139683	243439
#阿富汗	214	214		194	194	
巴林	237	237		111	111	
孟加拉国	4082	4082		3663	3663	
文莱	61	61		58	58	
缅甸	2852	2852		3402	3402	
柬埔寨	834	834		1714	1714	
塞浦路斯	59	59		65	65	
香港	3570	3383	187	10820	9895	925
印度	13510	9651	3859	16378	11305	5073
印度尼西亚	9821	9712	108	13203	11242	1960
伊朗	1076	1072	4	2605	2548	57
伊拉克	2044	2044		2640	2640	
以色列	2099	2099		2523	2106	418
日本	28229	19936	8293	33842	21745	12096
约旦	578	566	13	937	937	
科威特	571	558	13	1003	996	7
老挝	1	1		6	6	
黎巴嫩	211	211		302	302	
澳门	4	4		375	375	
马来西亚	4717	4300	416	5332	4858	474
马尔代夫	20	20		1	1	
尼泊尔	2	2		5	5	
阿曼	366	366		206	206	
巴基斯坦	4898	4480	418	5011	4424	588
巴勒斯坦	9	9		18	18	
菲律宾	1576	1351	225	2913	2676	237
卡塔尔	159	99	60	125	65	61
沙特阿拉伯	3334	3330	4	2890	2868	22
新加坡	3892	3755	137	4789	4232	557
韩国	181893	17827	164066	229943	19180	210763
斯里兰卡	256	255	1	393	393	
叙利亚	251	251		213	213	
泰国	3797	2855	942	5953	3996	1957
土耳其	2797	2729	68	2495	2493	2
阿拉伯联合酋长国	5156	5130	26	5531	5530	1
也门共和国	1391	1391		1371	1371	
越南	7463	6591	872	7266	6295	971
台湾	7131	4100	3031	10806	5262	5544
非洲	17386	17302	84	17064	16590	475
#阿尔及利亚	532	532		596	596	
安哥拉	1365	1365		923	923	
贝宁	55	55		97	56	41
博茨瓦纳	12	12		11	11	
喀麦隆	399	399		316	316	

8-4 续表 1

单位:万美元

国别(地区)	2012年			2013年		
	进出口	出口	进口	进出口	出口	进口
乍得	2	2				
刚果	20	20		20	20	
吉布提	115	115		199	199	
埃及	2436	2436		1132	1132	
赤道几内亚	20	20		15	15	
埃塞俄比亚	375	375		431	431	
加蓬	366	329	37	247	247	
冈比亚	29	29		6	6	
加纳	535	535		538	538	
几内亚	86	86		75	75	
科特迪瓦(象牙海岸)	29	29		94	94	
肯尼亚	530	530		601	601	
利比利亚	47	47		55	55	
利比亚	702	702		584	584	
马达加斯加	208	208		209	209	
马拉维	24	24		5	5	
马里	187	187		249	249	
毛里塔尼亚	9	9		33	33	
毛里求斯	54	54		74	74	
摩洛哥	1783	1763	20	1434	1431	3
莫桑比克	118	118		128	128	
纳米比亚	3	3		9	9	
尼日利亚	2731	2729	1	2828	2828	
留尼汪				5	5	
卢旺达				14	14	
圣多美和普林西比	5	5		5	5	
塞内加尔	66	66		103	103	
塞拉利昂	30	30		14	14	
索马里	3	3		71	71	
南非(阿扎尼亚)	2073	2073		1886	1885	1
苏丹	898	898		721	721	
坦桑尼亚	670	644	26	2825	2456	369
多哥	298	298		75	75	
突尼斯	257	257		78	78	
乌干达	139	139		121	121	
布基纳法索	17	17		3	3	
扎伊尔	50	50		71	71	
赞比亚	75	75		99	48	51
津巴布韦	3	3		44	34	10
莱索托				7	7	
梅利利亚	10	10				
厄立特里亚	10	10		11	11	
欧洲	103463	70575	32888	96024	82646	13378
# 比利时	3229	3158	71	4591	4307	284
丹麦	2181	1449	732	988	928	60
英国	8394	6503	1892	7363	7000	363

8-4 续表 2

单位:万美元

国别(地区)	2012年			2013年		
	进出口	出口	进口	进出口	出口	进口
德国	16364	11507	4857	17417	13204	4213
法国	5758	4087	1671	5400	3363	2037
爱尔兰	645	591	54	1140	1115	25
意大利	10693	7943	2749	11253	10474	778
卢森堡	1		1	12		11
荷兰	11212	11059	153	12100	11835	265
希腊	589	589		690	690	
葡萄牙	662	660	1	1082	1079	3
西班牙	3611	3487	124	6242	6147	94
阿尔巴尼亚	12	12		86	86	
奥地利	14225	404	13820	740	344	397
保加利亚	92	92		269	269	
芬兰	2747	302	2444	2122	609	1514
直布罗陀	10	10				
匈牙利	434	168	266	262	183	79
冰岛	10	10		4	4	
马耳他	271	271		23	23	
摩纳哥				5	5	
挪威	243	214	30	217	217	
波兰	1914	1720	194	2343	1984	359
罗马尼亚	2336	2237	99	2827	2827	
瑞典	2473	1636	837	1801	1576	225
瑞士	2455	1015	1440	2144	612	1533
爱沙尼亚	280	49	232	188	188	
拉脱维亚	207	207		399	399	
立陶宛	481	481		662	662	
格鲁吉亚	37	37		111	111	
亚美尼亚	28	28		16	16	
阿塞拜疆	22	22		26	26	
白俄罗斯	157	154	3	62	62	
摩尔多瓦	45	45		29	29	
俄罗斯	8753	7789	964	10743	9660	1083
乌克兰	1614	1614		1610	1610	
斯洛文尼亚共和国	172	171	1	327	315	12
克罗地亚共和国	218	218		171	171	
捷克共和国	602	349	253	252	225	26
斯洛伐克共和国	199	199		232	217	15
马其顿	1	1				
波黑	1	1		4	4	
拉丁美洲	39499	39257	242	42861	38376	4485
#阿根廷	3180	3180		2513	2513	
巴哈马	10	10		11	11	
巴巴多斯				1	1	
伯利兹				1	1	
玻利维亚	38	38		80	80	
巴西	17556	17507	48	20152	16426	3725

8-4 续表 3

单位:万美元

国别(地区)	2012年			2013年		
	进出口	出口	进口	进出口	出口	进口
智利	3076	3076		3460	3460	
哥伦比亚	1641	1641		2494	2494	
多米尼克	4	4				
哥斯达黎加	142	142		208	208	
古巴				9	9	
库腊索岛	9	9				
多米尼加共和国	137	137		161	161	
厄瓜多尔	619	619		803	803	
格林纳达	10	10				
危地马拉	571	571		933	933	
圭亚那	102	102		166	166	
海地	102	102		231	231	
洪都拉斯	175	168	7	90	90	
牙买加	118	118		67	67	
墨西哥	5668	5485	184	5526	5367	159
尼加拉瓜	1036	1036		667	667	
巴拿马	1131	1131		849	849	
巴拉圭	464	464		239	239	
秘鲁	1503	1503		1794	1650	143
波多黎各	421	421		467	467	
萨尔瓦多	77	77		132	132	
苏里南	21	21		37	37	
特立尼达和多巴哥	59	59		31	31	
乌拉圭	135	132	2	709	252	457
委内瑞拉	1494	1494		1027	1027	
北美洲	100741	95029	5712	99722	93130	6591
#加拿大	7250	7134	116	7179	6385	794
美国	93491	87895	5596	92540	86742	5798
百慕大				3	3	
大洋洲	12812	6686	6126	14281	7486	6795
#澳大利亚	12102	6228	5874	13455	6976	6480
库克群岛	1	1				
斐济	4	4		29	29	
新喀里多尼亚	4	4		7	7	
瓦努阿图	7	7		15	15	
新西兰	642	390	252	714	398	315
巴布亚新几内亚	32	32		30	30	
社会群岛				7	7	
所罗门群岛	2	2		3	3	
萨摩亚				9	9	
汤加	10	10				
基里巴斯				10	10	
密克罗尼西亚联邦	1	1				
大洋洲其他国家(地区)	2	2		1	1	
附:东盟组织	35014	32313	2701	44636	38479	6157
欧盟组织	87403	57051	30352	80789	70027	10763

8－5 分地区利用外资情况

（2013 年） 单位:万美元

地　　区	新批项目数（个）	合同外商直接投资金额	实际外商直接投资
全　　市	**262**	**304621**	**154983**
市　　区	88	106258	57848
市　　直	43	47655	28482
亭 湖 区	20	26592	13835
盐 都 区	25	32011	15531
响 水 县	14	19479	9467
滨 海 县	22	17295	13025
阜 宁 县	29	22017	14640
射 阳 县	18	21083	13245
建 湖 县	34	41866	13185
东 台 市	26	26495	17639
大 丰 市	31	50128	17639

8－6 分地区进出口总额

（2013 年） 单位:万美元

地　　区	进出口总额	出口	进口	比上年±%		
				进出口	出口	进口
全　　市	**652829**	**377860**	**274968**	**13.5**	**9.1**	**20.1**
市　　直	283052	92799	190253	19.3	3.2	29.2
亭 湖 区	27475	25657	1818	0.1	-3.1	85.9
盐 都 区	43482	25010	18472	6	-6.5	29.4
响 水 县	40189	32379	7810	-11.8	-8.2	-24.2
滨 海 县	27513	22534	4979	28.3	15.3	162.5
阜 宁 县	21909	18241	3668	29.5	26	50.3
射 阳 县	27504	17902	9602	12.5	-1.3	52.1
建 湖 县	37197	33924	3273	15.4	20.8	-21
东 台 市	57122	52337	4785	26.1	27.5	12.5
大 丰 市	87740	57138	30602	3.7	22	-19

8－7　分地区分企业性质出口总额

(2013 年)　　单位:万美元

地　　区	出　口	国有企业	外商投资企业	集体企业	私营企业
全　　市	**377860**	**6750**	**125207**	**19872**	**225452**
市　　直	92799	3388	44310	670	44430
亭 湖 区	25657		6332	1834	17491
盐 都 区	25010	67	8171	149	16618
响 水 县	32379		5381	627	26371
滨 海 县	22534	5	5535		16994
阜 宁 县	18241	1705	6732	65	9715
射 阳 县	17902		7017	30	10855
建 湖 县	33924		8722	960	24242
东 台 市	52337	1585	17568	2195	30389
大 丰 市	57138		15450	13342	28346

8－8　分地区外商投资企业进出口总额

(2013 年)　　单位:万美元

地　　区	进出口	出　口	进　口
全　　市	**359636**	**125207**	**234429**
市　　直	233597	44310	189287
亭 湖 区	7208	6332	876
盐 都 区	24724	8171	16553
响 水 县	12092	5381	6711
滨 海 县	6761	5535	1226
阜 宁 县	7981	6732	1249
射 阳 县	11181	7017	4165
建 湖 县	9611	8722	888
东 台 市	19594	17568	2026
大 丰 市	26996	15450	11547

8－9 按行业分新批外商直接投资

(2013 年)

行业	项目(个)		金额(万美元)	
	2012 年	2013 年	2012 年	2013 年
总计	**332**	**262**	**211103**	**154983**
农、林、牧、渔业	36	29	20813	11198
采掘业				
制造业	231	179	132188	109310
电力、煤气及水的生产和供应业		3	2600	200
建筑业	9	5	12398	7860
交通运输、仓储及邮电通信业	5	5	1946	3321
金融、保险业	2		4182	
批发和零售贸易餐饮业	23	26	11901	13364
房地产业	2	1	6526	2345
租赁和商务服务业	10	7	7340	1542
社会服务业	3	2	6000	1515
卫生体育和社会福利业				
教育、文化艺术和广播电影电视业				
科学研究和综合技术服务业	2	2	1606	165
其他行业	9	3	3603	4165

8-10 主要国家或地区外商直接投资

(2013年) 单位:万美元

国家和地区	2012年			2013年		
	新签项目数(个)	合同外资	实际投资	新签项目数(个)	合同外资	实际投资
合　计	**332**	**372046**	**211103**	**262**	**304621**	**154983**
亚洲						
#香港	242	275678	157718	194	260148	120234
澳门	1	3100	2175	1	1000	790
台湾	27	21844	10766	18	9293	7225
韩国	22	27759	18836	26	12549	12107
日本	6	1255	1377	1	255	549
新加坡	6	10095	2220	2	509	2488
土耳其				1	230	
印度	1	520	105	1	25	263
印度尼西亚		-21	200		-175	
阿联酋		-618				
菲律宾			41			
马来西亚			8	1	3300	
非洲						
#毛里求斯		1324	600			841
塞舌尔	1	-1234	314	2	2140	114
欧洲						
#英国	1	-133	753		-300	48
德国			100		320	125
法国	1	105				
俄罗斯	1	522	787			
比利时		-300				
波兰				1	4200	
葡萄牙	1	500				247
匈牙利				1	650	
荷兰	1	900		1	1030	450
瑞典		-108				
瑞士					82	
西班牙			20		-97	
意大利		224	383		-116	104
南美洲						
#阿根廷			298			
巴西	1	200				
北美洲						
#美国	7	3686	338	4	3641	473
加拿大	2	614	1411	3	-428	15
百慕大			810			
伯利兹			100			
开曼群岛	2	2580	162			842
英属维尔京群岛	4	6049	5802		-744	2199
大洋洲						
#澳大利亚	2	2881		2	330	600
萨摩亚	4	14101	2580	4	3500	5185
其他	1	541	3204	1	3279	86

注:实际投资为注册外资实际到帐数。

8－11 接待外国和港澳台旅游人数和天数

(2000–2013 年)

指　　标	2000 年	2005 年	2008 年	2009 年	2010 年	2011 年	2012 年	2013 年
接待国外旅游人数(人次)	10903	40710	50704	54938	62100	72008	80077	26048
外国人	6662	20937	25467	28847	34445	36996	41060	21314
港澳台	4241	19773	25237	26091	27655	35012	39017	4734
接待外国人分国别(人天)	19270	58436	381544	231136	259651	277776	305819	109345
接待外国人分国别(人)								
日本	1508	2812	2405	2718	3068	3375	3774	1657
菲律宾	25	116	166	154	175	211	304	502
新加坡	534	1066	1204	1123	1173	1342	1298	136
泰国	25	202	223	341	274	250	259	72
印度尼西亚		119	53	44	57	64	121	56
马来西亚	40	710	626	629	560	589	684	150
韩国	987	6780	11527	14466	18168	20107	23699	12697
美国	1918	3432	2765	2487	2696	2714	2557	845
加拿大	253	952	830	857	1033	1060	1027	235
英国	87	432	482	629	815	798	798	192
法国	84	188	275	280	545	579	625	291
德国	106	1672	1483	1154	1263	1215	1243	419
意大利	86	154	334	378	293	309	311	360
瑞士	11	13	24	15	32	50	19	37
瑞典	34	80	16	29	16	20	23	53
荷兰	20							70
俄罗斯	77	48	111	99	165	154	228	837
西班牙	23	37	57	95	81	79	76	70
澳大利亚	235	954	984	938	974	979	974	185
其他	553	1160	1902	2411	3057	3101	3040	2450

注:2013 年旅游统计口径做调整

8－12 进出口总额环比指数

（1993-2013年） 单位：%

年 份	全 市	亭湖区	盐都区	响水县	滨海县	阜宁县	射阳县	建湖县	东台市	大丰市
1993	100.0	100.0	100.0	100.0	100.0	100.0	100.0	100.0	100.0	100.0
1994	172.6	219.5	369.0	33.3	5.3	578.7	79.4	126.5	223.2	345.4
1995	223.0	153.7	208.4	704.8	1003.0	147.4	173.8	247.3	322.4	220.4
1996	144.8	202.8	186.6	29.1	143.2	162.8	133.4	148.7	62.7	140.8
1997	140.6	59.4	152.9	18.6	127.0	142.6	175.4	115.3	221.2	125.9
1998	126.4	131.2	129.2	4475.0	194.7	152.6	109.9	170.8	166.4	148.5
1999	57.0	74.8	27.2	47.5	16.6	23.2	43.7	29.8	51.8	56.7
2000	119.7	154.3	133.4	216.5	102.6	126.1	147.4	93.8	167.1	128.7
2001	99.6	176.7	116.6	68.8	75.0	139.9	78.3	108.4	89.9	97.2
2002	140.8	165.2	169.5	110.3	211.3	159.1	134.7	120.1	143.1	131.0
2003	148.6	213.1	131.6	102.5	127.4	161.4	139.4	175.8	128.1	126.8
2004	141.2	180.9	149.8	121.3	149.0	175.3	115.9	211.3	145.0	119.5
2005	129.2	163.7	93.7	302.0	158.5	110.3	93.0	130.7	205.7	141.3
2006	125.7	115.0	132.3	589.2	225.2	122.3	98.3	133.5	102.6	120.9
2007	129.5	146.4	123.2	229.0	263.1	110.9	102.3	132.4	85.6	125.0
2008	121.2	104.1	142.3	155.0	167.2	137.7	135.0	107.6	144.6	167.3
2009	102.5	119.5	110.7	128.0	78.4	106.3	130.5	118.9	84.3	94.1
2010	138.2	174.5	135.1	129.7	152.2	136.9	114.7	92.9	110.2	142.8
2011	133.2	167.8	108.2	116.0	142.0	145.4	118.3	134.0	137.3	137.5
2012	109.7	85.9	108.3	107.9	133.8	74.1	144.9	148.6	118.6	145.3
2013	113.5	100.1	106.0	88.2	128.3	129.5	112.5	115.4	126.1	103.7

8－13 出口总额环比指数

(1993-2013 年)

单位:%

年 份	全 市	亭湖区	盐都区	响水县	滨海县	阜宁县	射阳县	建湖县	东台市	大丰市
1993	100.0	100.0	100.0	100.0	100.0	100.0	100.0	100.0	100.0	100.0
1994	291.4		244.2	360.0	5.6	557.4	77.3	181.8	410.1	351.6
1995	225.5	174.2	212.5	638.9	1003.0	120.4	279.2	239.7	257.7	199.7
1996	164.8	173.4	197.0	37.4	143.2	199.8	222.3	163.2	111.2	146.2
1997	142.5	160.4	135.5	18.6	127.0	146.2	164.9	124.3	152.3	133.6
1998	126.0	139.6	135.6	4475.0	151.0	150.4	117.6	151.9	174.3	128.3
1999	50.1	70.9	22.5	47.5	21.5	23.3	31.1	23.4	37.1	63.3
2000	121.5	157.2	137.1	211.2	102.6	126.6	137.7	104.9	165.6	131.6
2001	104.2	190.8	148.5	66.3	75.0	128.5	103.7	79.8	118.7	94.3
2002	133.1	130.8	153.8	116.8	199.3	138.4	121.4	140.5	164.6	135.7
2003	128.2	108.8	110.1	96.8	113.4	159.5	128.7	177.2	145.9	125.9
2004	130.2	107.1	142.2	124.9	146.6	164.2	136.9	205.7	129.6	113.2
2005	136.8	223.0	96.7	248.5	160.2	117.1	93.3	145.7	176.3	146.9
2006	121.9	138.8	150.1	453.8	207.7	116.8	110.4	129.2	103.9	120.7
2007	133.8	150.7	128.4	284.2	297.5	114.8	107.2	150.2	107.9	124.8
2008	148.4	144.1	151.9	145.7	176.9	150.9	178.0	118.7	150.7	162.2
2009	88.6	89.3	87.4	123.0	81.0	97.0	88.6	112.7	76.6	90.3
2010	124.4	143.4	137.1	140.9	150.3	157.8	139.8	100.0	117.3	118.3
2011	128.4	161.3	121.6	116.8	141.0	128.2	105.1	135.8	143.2	124.6
2012	116.3	98.2	119.5	111.1	131.0	81.7	167.4	139.2	117.4	120.7
2013	109.1	96.9	93.5	91.8	115.3	126.0	98.7	120.8	127.5	122.0

8－14 实际利用外资环比指数

（1993-2013 年） 单位:%

年 份	全 市	亭湖区	盐都区	响水县	滨海县	阜宁县	射阳县	建湖县	东台市	大丰市
1990	100.0	100.0	100.0	100.0	100.0	100.0	100.0	100.0	100.0	100.0
1991	197.3	1084.6	92.6	100.0	100.0	182.4	543.3	328.6	353.8	134.7
1992	81.1	97.2	692.0	285.7	1300.0	72.6	66.3	101.4	600.0	140.2
1993	367.9	71.5	223.7	2885.0	1061.5	457.8	355.6	269.3	236.2	219.9
1994	121.6	122.4	105.9	59.3	56.5	203.9	123.7	117.5	72.5	151.5
1995	163.1	210.8	280.0	55.3	359.0	71.4	268.4	187.1	360.5	135.5
1996	121.7	75.5	114.1	35.4	29.3	121.7	107.1	124.0	44.6	172.1
1997	122.2	125.7	129.3	447.8	304.9	170.4	133.7	99.9	158.9	149.3
1998	126.6	188.8	135.6	142.3	42.8	317.8	110.2	153.6	168.4	140.7
1999	122.8	64.9	112.6	138.9	267.3	128.3	119.8	122.6	125.4	117.1
2000	120.1	165.0	119.0	121.1	230.8	112.8	118.7	118.0	121.5	117.7
2001	110.2	107.0	70.9	104.5	42.9	121.7	120.8	119.3	119.4	120.3
2002	66.6	77.1	64.8	115.3	94.0	60.6	58.2	59.2	81.3	51.8
2003	144.0	137.8	153.4	138.7	199.2	161.1	134.7	135.2	131.8	142.1
2004	64.4	115.4	67.4	49.5	91.5	64.5	72.0	36.8	41.9	78.8
2005	105.2	158.0	108.3	247.6	71.8	91.6	81.6	134.8	120.1	144.8
2006	201.0	145.4	189.4	1.7	186.5	160.2	145.1	193.7	160.7	146.1
2007	249.3	381.5	311.3	10932.0	386.0	268.8	316.2	280.9	361.7	407.2
2008	116.4	140.6	108.3	135.6	188.9	100.2	111.7	113.8	149.8	100.1
2009	110.6	133.2	88.3	149.8	167.4	88.3	103.1	130.7	112.7	105.5
2010	124.9	137.4	145.5	180.1	149.3	153.2	130.9	131.0	119.9	121.0
2011	129.5	111.7	124.3	105.2	115.1	134.5	114.8	118.4	112.7	112.8
2012	125.1	126.1	122.5	125.4	110.3	111.2	126.6	118.2	117.0	117.0
2013	73.4	74.7	83.8	71.7	86.8	87.0	82.8	82.3	56.9	56.9

主要统计指标解释

进出口总额 指实际进出我国国境的货物总金额。包括对外贸易实际进出口货物，来料加工装配进出口货物，国家间、联合国及国际组织无偿援助物资和赠送品，华侨、港澳台同胞和外籍华人捐赠品，租赁期满归承租人所有的租赁货物，进料加工进出口货物，边境地方贸易及边境地区小额贸易进出口货物(边民互市贸易除外)，中外合资企业、中外合作经营企业、外商独资经营企业进出口货物和公用物品，到、离岸价格在规定限额以上的进出口货样和广告品(无商业价值、无使用价值和免费提供出口的除外)，从保税仓库提取在中国境内销售的进口货物，以及其他进出口货物。该指标可以观察一个国家在对外贸易方面的总规模。我国规定出口货物按离岸价格统计，进口货物按到岸价格统计。

商品经营单位所在地进、出口额 指在所在地海关注册登记的有进出口经营权的企业实际进、出口额。

外商直接投资 是指外国投资者在我国境内通过设立外商投资企业、合伙企业、与中方投资者共同进行石油资源的合作勘探开发以及设立外国公司分支机构等方式进行投资。外国投资者可以用现金、实物、无形资产、股权等投资，还可以用从外商投资企业获得的利润进行再投资。

实际利用外资 是指外商投资企业的外方投资者以出资形式向外商投资企业实际缴付的注册资本内的资本金，以美元为统计单位，又称实际到帐注册外资。

入境游客 指报告期内来中国(大陆)观光、度假、探亲访友、就医疗养、购物、参加会议或从事经济、文化、体育、宗教活动的外国人、港澳台同胞等游客(即入境旅游人数)。统计时，入境游客按每入境一次统计 1 人次。入境旅游人数包括入境过夜游客和入境一日游游客。

国际旅游(外汇)收入 指入境游客在中国(大陆)境内旅行、游览过程中用于交通、参观游览、住宿、餐饮、购物、娱乐等全部花费。

统计工作应当接受社会公众的监督。任何单位和个人有权检举统计中弄虚作假等违法行为。对检举有功的单位和个人应当给予表彰和奖励。

摘自《中华人民共和国统计法》第七条

统计人员进行统计调查时,有权就与统计有关的问题询问有关人员,要求其如实提供有关情况、资料并改正不真实、不准确的资料。

统计人员进行统计调查时,应当出示县级以上人民政府统计机构或者有关部门颁发的工作证件;未出示的,统计调查对象有权拒绝调查。

摘自《中华人民共和国统计法》第三十条

九、农　业

Agriculture

9－1 分地区

(20

指　　标	全　市	市　区	开发区	城南新区	亭湖区	盐都区
农村基层组织情况(个)						
镇政府	99	14	1	0	5	8
村民委员会	1826	293	24	11	88	170
村民小组	15375	2274	192	48	863	1171
乡村户数、人口						
乡村户数(万户)	184.6	31.58	3.57	0.72	9.45	17.84
乡村人口(万人)	592.29	98.40	10.56	2.34	30.46	55.04
乡村实有从业人员(万人)	302.48	53.49	4.99	1.54	18.84	28.12
按性别分						
男	158.42	28.27	2.64	0.78	10.05	14.80
女	144.06	25.22	2.35	0.76	8.79	13.32
按行业分						
农林牧渔业	113.07	18.14	1.98	0.56	6.25	9.35
# 种植业	92.41	12.06	1.37	0.43	4.46	5.80
工业	59.19	11.57	1.32	0.40	3.51	6.34
建筑业	36.7	8.37	0.62	0.32	2.75	4.68
交通运输、仓储业和邮电通讯业	13.52	2.53	0.10	0.03	0.61	1.79
批发、零售贸易业和餐饮业	18.42	3.49	0.16	0.05	1.59	1.69
金融、保险业	1.07	0.23	0.02	0.01	0.07	0.13
其它	60.51	9.16	0.79	0.17	4.06	4.14

农村基本情况

13年)

响水县	滨海县	阜宁县	射阳县	建湖县	东台市	大丰市
8	12	14	13	12	14	12
100	261	247	150	199	368	208
1357	2090	2414	1181	1370	3393	1296
11.72	25.55	22.01	21.50	19.13	32.20	20.91
46.12	94.31	78.93	73.85	57.42	89.71	53.55
21.25	45.43	37.56	34.93	30.32	48.14	31.36
11.35	23.34	19.84	18.55	16.51	24.43	16.13
9.90	22.09	17.72	16.38	13.81	23.71	15.23
9.04	17.54	15.75	12.95	9.30	20.14	10.21
7.46	15.01	14.08	11.73	7.61	16.12	8.34
5.39	5.92	4.78	5.31	9.09	9.78	7.35
1.30	4.69	5.71	3.75	3.57	6.53	2.78
0.72	2.45	1.37	1.70	1.35	1.98	1.42
1.16	2.81	1.94	2.38	2.13	2.65	1.86
0.04	0.09	0.11	0.14	0.11	0.18	0.17
3.60	11.93	7.90	8.70	4.77	6.88	7.57

9－2 农村基层组织和从业人员情况

(2000-2013 年)

指　　标	2000 年	2005 年	2008 年	2010 年	2011 年	2012 年	2013 年
农村组织情况(个)							
乡个数	40	9	9	9	0	0	0
镇个数	146	129	129	114	99	99	99
村委会个数	3990	2206	2093	2065	1858	1826	1826
村民小组个数	31150	16047	15744	15693	15411	15377	15375
乡村户数、人口							
乡村户数(万户)	184.15	184.25	188.11	188.07	186.71	184.94	184.60
乡村人口(万人)	623.46	602.18	597.84	597.49	597.26	592.56	592.29
乡村实有从业人员(万人)	274.58	275.63	290.87	299.84	303.21	301.98	302.48
按性别分							
男	140.97	144.76	154.64	160.54	159.12	157.64	158.42
女	133.61	130.87	136.23	139.30	144.09	144.34	144.06
按行业分							
农林牧渔业	175.83	129.65	121.09	120.10	118.57	115.47	113.07
# 种植业	139.75	107.87	98.88	96.59	94.71	93.29	92.41
工业	22.63	36.89	45.79	52.95	56.04	57.95	59.19
建筑业	20.81	27.23	32.43	35.27	35.83	36.46	36.70
交通运输、仓储业和邮电通讯业	10.65	12.20	13.32	13.50	13.33	13.43	13.52
批发、零售贸易业、餐饮业	8.90	10.54	12.23	17.56	17.63	18.25	18.42
金融、保险业	0.31	0.75	0.95	1.06	1.16	1.10	1.07
其他	35.45	58.37	65.06	59.40	60.65	59.32	60.51

9－3 年末耕地面积

(2000-2012 年)　　单位:千公顷

地　区	2000 年 *	2005 年	2008 年	2009 年	2010 年	2011 年	2012 年
全　市	**778.96**	**776.59**	**781.42**	**781.65**	**837.13**	**835.59**	**836.05**
市　区	99.84	100.47	109.06	107.54	110.17	108.88	108.47
开发区	0.43	1.99	2.63	2.43	4.67	4.15	11.77
亭湖区	17.40	35.90	43.92	42.63	48.58	48.24	40.22
盐都区	82.01	62.58	62.51	62.48	56.92	56.49	56.48
响水县	64.34	61.78	61.15	60.93	70.60	70.48	70.41
滨海县	97.13	95.34	96.10	97.34	100.44	100.52	100.35
阜宁县	88.71	86.60	87.77	87.46	90.03	89.93	89.71
射阳县	136.81	140.65	132.02	132.12	134.90	134.90	135.80
建湖县	64.67	64.88	64.86	64.77	67.62	67.57	67.68
东台市	122.89	123.43	125.87	126.60	132.90	132.84	133.12
大丰市	104.57	103.44	104.62	104.89	130.47	130.47	130.51

*2000 年以后耕地面积根据省要求和农普数接轨,2013 年暂无数据。

9－4 主要年份耕地面积

(1949-2012 年) 单位:千公顷

年　份	年末实有耕地面积	水　田	水　浇　地
1949 年	603.13	207.74	395.39
1952 年	665.39	232.50	432.89
1957 年	724.09	318.21	405.87
1962 年	678.92	276.08	402.84
1965 年	673.73	271.45	402.28
1970 年	657.03	296.63	360.28
1975 年	652.61	317.36	334.48
1978 年	649.11	303.28	342.29
1980 年	648.54	304.47	344.07
1983 年	654.07	314.63	339.44
1985 年	655.21	328.87	326.34
1986 年	653.63	328.86	324.77
1987 年	653.21	334.17	319.04
1988 年	652.48	339.33	313.15
1989 年	652.39	342.55	309.84
1990 年	653.32	339.25	314.07
1991 年	654.27	342.83	311.43
1992 年	653.24	333.09	320.15
1993 年	651.68	324.46	327.22
1994 年	650.40	320.66	329.74
1995 年	651.42	325.52	325.90
1996 年	651.00	325.72	325.28
1997 年	649.18	332.01	317.17
1998 年	647.38	324.90	322.48
1999 年	644.89	323.75	321.14
2000 年 *	779.00	404.04	374.96
2001 年	778.35	403.71	374.64
2002 年	775.05	382.95	392.10
2003 年	773.66	377.19	396.47
2004 年	775.68	367.32	408.36
2005 年	776.59	377.50	399.09
2006 年	778.18	381.26	322.94
2007 年	780.52	384.36	323.92
2008 年	781.42	382.12	321.93
2009 年	781.65	381.19	320.04
2010 年	837.13	446.27	248.21
2011 年	835.59	444.39	247.80
2012 年	836.05	443.32	249.13

*2000 年及以后为农业普查接轨数

9－5 农林牧渔业总产值(当年价格)

(2013年) 单位:万元

地区	合计	现价增长(%)	农业	林业	牧业	渔业	农林牧渔服务业
全市	**9916617**	**7.2**	**4304287**	**242423**	**2717165**	**1959767**	**692975**
市区	1453051	7.3	606900	28978	487400	251325	78448
亭湖区	524500	7.3	216713	11441	205249	73126	17971
盐都区	821737	7.3	353427	15800	253000	161010	38500
开发区	61600	6.5	22576	988	16258	7198	14580
城南新区	45214	7.1	14184	749	12893	9991	7397
响水县	680490	7.2	327260	12650	171520	107610	61450
滨海县	951299	7.4	457491	40359	218541	200851	34057
阜宁县	986507	7.9	374000	34090	333606	163898	80913
射阳县	1652128	7.1	645602	41646	378914	452839	133127
建湖县	828566	7.3	310500	12170	234800	200096	71000
东台市	1810476	7.0	841534	38730	529684	271648	128880
大丰市	1554100	6.8	741000	33800	362700	311500	105100

9－6 农林牧渔业分项产值

(2012-2013 年)　　单位:万元

指　　标	总　产　值 （当年价）	
	2012	2013
农林牧渔业总产值	**9251956**	**9916617**
农业产值	3998795	4304287
谷物及其他作物	2020881	2153596
# 谷物	1578363	1682822
薯类	9549	13811
豆类	83596	69597
棉花	177410	192797
油料	140738	152744
蔬菜园艺作物	1607147	1656664
# 蔬菜(含菜用瓜)	1473699	1512121
水果、坚果、饮料和香料作物	318675	426742
# 水果(含果用瓜)	305827	415625
中药材	52092	67285
林业产值	223856	242423
林木的培育和种植	89640	92004
竹木采运	101912	118715
林产品	32304	31704
畜牧业产值	2593794	2717165
牲畜饲养	166552	224489
# 牛	23829	30100
羊	118924	167522
猪的饲养	1005826	1018030
家禽饲养	1245016	1263380
# 肉禽	433067	432278
禽蛋	811949	831102
狩猎和捕捉动物	159	56
其他畜牧业	176241	211210
渔业产值	1792327	1959767
海水产品	608442	653120
淡水产品	1183885	1306647
农林牧渔服务业产值	643184	692975

9－7 农林牧渔业增加值

(2013 年) 单位:万元

地　区	合　计	可比价增长(%)	农　业	林　业	牧　业	渔　业	农林牧渔服务业
全　市	**4891815**	**3.2**	**2443632**	**145332**	**1168961**	**874842**	**259048**
市　区	761149	3.3	394384	13766	206738	104733	41528
亭湖区	294717	3.3	155396	7862	87627	33896	9936
盐都区	396740	3.3	209650	4900	103190	61300	17700
开发区	41111	2.8	17373	533	8652	3152	11401
城南新区	28581	2.8	11965	471	7269	6385	2491
响水县	380840	3.2	177750	8370	107600	73800	13320
滨海县	529837	3.1	288160	29453	105690	86937	19597
阜宁县	495578	3.3	238711	21975	138557	72434	23901
射阳县	746858	3.0	347893	24808	166832	161853	45472
建湖县	450560	3.2	201300	6200	115260	101000	26800
东台市	841021	3.4	429762	20960	197784	134185	58330
大丰市	685972	3.3	365672	19800	130500	139900	30100

9－8 主要年份农林牧渔业增加值

(2000–2013 年)

单位:万元

地 区	2000 年	2005 年	2008 年	2010 年	2011 年	2012 年	2013 年
全 市	**1651370**	**2278656**	**2948932**	**3748528**	**4168021**	**4561323**	**4891815**
市 区	271108	349681	447808	598828	650296	711154	761149
亭湖区	47340	129581	183201	259400	250806	275179	294717
盐都区	223768	220100	264607	339428	338200	370588	396740
开发区					36480	38645	41111
城南新区					24810	26742	28581
响水县	87628	140315	184979	294400	325010	355840	380840
滨海县	162803	232017	308230	410900	454129	497010	529837
阜宁县	165230	221538	298610	377300	423017	463404	495578
射阳县	242617	365878	450305	553700	636574	695917	746858
建湖县	141987	208023	277500	358000	385061	421300	450560
东台市	334023	411523	532518	633700	714934	783298	841021
大丰市	244997	346400	443000	521700	579000	633400	685972

9-9 主要农作物播种面积和产量

(2013年)

指　　标	播种面积(千公顷)	单位面积产量(千克/公顷)	总　产　量(吨)
农作物总播种面积	**1460.13**		
粮食大豆总计	972.32	7061	6865101
夏粮	459.53	5649	2595707
小麦	355.37	5690	2022149
大麦	92.00	5760	529935
蚕豌豆	12.16	3587	43623
秋粮	512.79	8326	4269394
稻谷	373.14	9329	3481173
中稻	373.14	9329	3481173
单季晚稻			
在稻谷中:籼稻	7.51	9313	69941
薯类	6.26	7296	45670
玉米	97.82	6647	650247
其他秋粮	5.74	2272	13040
大豆	29.83	2657	79264
经济作物	177.64		
棉花	66.85	1459	97529
油料	104.88	3006	315236
#花生	12.95	3288	42574
油菜籽	90.71	2977	270050
芝麻	1.10	2112	2323
糖类	0.10	42710	4271
#甘蔗	0.08	50888	4071
药材	5.71		
其他经济作物	0.10	310	31
#薄荷	0.10	310	31
其他农作物	310.17		
#蔬菜	264.41	45091	11922499
瓜果类	36.70	41867	1536522
绿肥	0.93		

9－10 农作物播种面积

(1978-2013年) 单位:千公顷

年份	总播种面积	粮食作物	小麦	稻谷	薯类	玉米	大豆
1978年	1132.51	655.77	89.57	229.37	39.63	87.55	20.14
1980年	1154.07	668.21	103.29	235.92	23.95	87.83	17.10
1983年	1249.81	749.38	161.10	265.75	20.12	80.04	26.17
1985年	1269.75	798.11	193.84	278.28	23.99	69.37	43.11
1990年	1274.29	832.39	238.85	287.44	18.97	61.84	44.06
1995年	1255.01	793.58	221.42	249.21	13.28	84.31	39.63
2000年	1277.13	790.19	270.36	261.29	11.41	83.49	46.87
2001年	1294.99	755.54	223.38	247.81	12.35	87.98	43.44
2002年	1328.95	709.58	270.91	228.72	12.06	84.52	40.70
2003年	1294.99	755.54	223.38	247.81	12.35	87.98	43.44
2004年	1352.17	748.71	200.98	292.30	10.41	74.08	36.99
2005年	1362.59	779.06	214.61	312.68	9.92	72.11	37.32
2006年	1372.32	824.63	256.61	330.37	9.49	73.33	37.19
2007年	1402.32	873.30	265.14	342.89	7.82	76.44	28.43
2008年	1407.41	890.83	295.08	339.72	9.56	76.27	40.01
2009年	1413.12	913.10	301.62	346.64	9.64	81.32	43.80
2010年	1460.12	949.00	328.41	353.81	7.70	97.16	42.38
2011年	1472.02	956.48	339.82	358.44	7.56	100.27	37.69
2012年	1460.68	965.44	345.87	364.13	6.97	98.72	35.69
2013年	1460.13	972.32	355.37	373.14	6.26	97.82	29.83

9-10 续表

年　份	经济作物	棉　花	油菜籽	花　生	芝　麻	黄红麻	其他作物
1978 年	198.95	172.99	6.63	1.92	0.07		277.79
1980 年	199.62	182.36	8.73	2.17	0.03		286.25
1983 年	236.33	200.35	25.63	4.73	0.17	0.31	264.10
1985 年	261.78	193.52	29.00	9.92	2.79		209.86
1990 年	281.15	211.56	46.38	10.03	0.87		160.74
1995 年	283.79	206.75	61.25	9.85	0.88	0.04	177.64
2000 年	251.25	122.01	94.89	14.52		0.05	235.69
2001 年	319.68	141.25	96.46	17.44		0.05	219.77
2002 年	361.27	176.22	129.27	18.36		0.11	258.10
2003 年	252.06	141.25	96.46	17.44		0.05	287.39
2004 年	357.14	178.89	150.03	16.80		0.03	246.31
2005 年	353.70	179.80	148.34	15.47	1.70	0.06	229.83
2006 年	311.76	173.32	112.58	15.83	1.60	0.01	235.93
2007 年	299.77	188.88	95.97	9.52	1.39		229.25
2008 年	280.82	157.49	99.37	14.47	1.53		235.76
2009 年	252.33	126.26	103.51	14.26	1.20		247.69
2010 年	224.22	106.46	112.34	13.25	1.06		286.90
2011 年	230.01	111.33	98.39	13.13	1.01		285.53
2012 年	195.48	80.85	95.29	13.01	1.14		299.76
2013 年	177.64	66.85	90.71	12.95	1.10		310.17

9－11 主要农副产品产量占历史最高水平的比重

（2013年）

指　　标	2013年	建国以来最高年份		2013年为最高年份的%
		年　份	产　量	
粮食总产量(万吨)	686.51	2013	686.51	100.0
#夏粮	259.57	2013	259.57	100.0
秋粮	426.94	2012	430.21	99.2
棉花产量(万吨)	9.75	2004	27.74	35.1
油料产量(万吨)	31.52	2004	45.5	69.3
水果产量(万吨)	32.68	2010	45.1	72.5
蚕茧产量(万吨)	2.60	1994	3.4	76.5
猪年末存栏数(万头)	374.97	2011	405.75	92.4
家禽年末存栏数(万只)	12265	2012	12570	97.6
猪肉产量(吨)	538045	2012	538764	99.9
禽肉产量(吨)	308955	2012	309674	99.8
禽蛋产量(吨)	962914	2013	962914	100.0
水产品总产量(吨)	1100583	2013	1100583	100.0
#淡水	720646	2013	720646	100.0
海水	379937	2012	384345	98.9

9－12 主要农作物产量

（1949–2013 年）　　单位：万吨

年 份	粮 食			棉 花	油 料		
		夏 粮	秋 粮			# 花 生	# 油菜籽
1949 年	69.07	22.93	46.14	0.74	0.81	0.64	0.15
1952 年	92.25	31.29	60.97	2.10	1.02	0.90	0.09
1957 年	112.59	32.35	80.24	3.97	1.09	0.81	0.22
1962 年	91.99	30.83	61.16	1.37	0.43	0.17	0.20
1965 年	126.89	45.50	81.39	3.42	0.74	0.31	0.12
1970 年	194.55	60.34	134.21	8.67	0.50	0.34	0.09
1975 年	237.45	74.59	162.86	14.06	1.18	0.31	0.69
1978 年	259.59	84.56	175.03	14.58	1.30	0.16	0.58
1980 年	291.42	119.24	172.18	11.52	1.68	0.19	0.69
1983 年	344.50	141.49	203.05	21.01	5.69	0.83	4.79
1985 年	391.09	156.58	234.51	15.42	8.71	1.89	6.38
1989 年	442.82	168.43	274.39	19.51	10.97	2.57	8.15
1990 年	405.00	189.18	215.82	15.76	12.44	2.22	10.02
1995 年	439.45	167.97	271.48	19.54	18.47	3.03	14.91
1996 年	485.70	201.39	284.31	18.59	18.65	3.01	15.37
1997 年	496.46	208.29	288.17	20.56	19.71	3.28	16.13
1998 年	485.41	158.15	327.26	19.19	17.20	4.14	12.24
1999 年	537.38	203.30	334.08	12.52	24.90	4.65	19.40
2000 年	479.01	177.09	301.92	16.21	28.23	4.39	23.21
2001 年	475.71	176.27	299.44	22.57	29.86	5.02	24.15
2002 年	468.28	158.17	310.11	21.16	28.39	5.65	22.14
2003 年	397.19	146.86	250.33	15.63	38.47	5.10	32.83
2004 年	462.85	162.25	300.60	27.74	45.50	5.58	39.44
2005 年	483.96	173.07	310.89	17.19	44.37	4.85	39.16
2006 年	535.33	195.51	339.82	19.23	35.82	5.08	30.39
2007 年	543.53	197.14	346.39	20.11	29.78	3.25	26.20
2008 年	603.03	239.17	363.86	18.36	33.60	5.19	28.08
2009 年	622.90	244.03	378.87	13.56	35.96	5.20	30.47
2010 年	651.66	249.30	402.36	13.61	33.43	4.66	28.49
2011 年	661.79	249.49	412.30	13.39	28.77	4.19	24.35
2012 年	672.71	242.50	430.21	10.92	30.94	4.26	26.42
2013 年	686.51	259.57	426.94	9.75	31.52	4.26	27.00

9－13 主要农产品产量

（1990-2013 年） 单位：吨

年　份	蚕　茧	水　果	猪　肉	禽　蛋	水产品
1990 年	25465	86470	196547	185375	168462
1991 年	27667	90920	200375	222026	184258
1992 年	30000	115272	223034	266367	224466
1993 年	32981	153841	232684	369451	284518
1994 年	34018	160573	268062	432167	332655
1995 年	33980	191539	349159	439047	439047
1996 年	17799	245313	354886	577931	496250
1997 年	14055	269891	355044	754224	552632
1998 年	16660	282952	346321	773199	595046
1999 年	16962	306834	332126	811859	646131
2000 年	18139	363661	336636	655595	583908
2001 年	21941	366184	349527	683048	629154
2002 年	24990	375570	361135	779604	655557
2003 年	24062	370800	368950	792501	675410
2004 年	23126	396596	392152	773522	780427
2005 年	24119	380800	411630	764258	820941
2006 年	31092	408591	368990	559163	851925
2007 年	30743	427059	324186	574622	880431
2008 年	29079	361846	382630	699992	940521
2009 年	26000	305375	439652	787846	945466
2010 年	30526	451009	486100	868156	986909
2011 年	26977	384412	500144	880631	1020211
2012 年	27071	341519	538764	943913	1061056
2013 年	26000	326769	538045	962914	1100583

9－14 主要农产品人均占有量

（1990–2013 年） 单位：公斤/人

年份	粮食	棉花	油料	蚕茧	水果	猪肉	禽蛋	水产品
1990 年	603.5	23.5	18.5	3.8	12.9	29.3	27.6	25.1
1991 年	603.0	30.5	18.7	4.1	13.5	29.8	33.0	27.4
1992 年	651.2	25.8	21.2	4.5	17.2	33.3	39.8	33.5
1993 年	709.4	23.6	21.8	4.9	23.1	34.9	55.4	42.7
1994 年	623.6	22.7	23.9	5.1	24.1	40.3	64.9	50.0
1995 年	663.3	29.5	27.9	5.1	28.9	52.7	66.3	66.3
1996 年	739.6	28.3	28.4	2.7	37.4	54.0	88.0	75.6
1997 年	764.2	31.6	30.3	2.2	41.5	54.6	116.1	85.1
1998 年	753.8	29.8	26.7	2.6	43.9	53.8	120.1	92.4
1999 年	843.3	19.6	39.1	2.7	48.2	52.1	127.4	101.4
2000 年	768.3	26.0	45.3	2.9	58.3	54.0	105.2	93.7
2001 年	766.6	36.4	48.1	3.5	59.0	56.3	110.1	101.4
2002 年	757.3	34.2	45.9	4.0	60.7	58.4	126.1	106.0
2003 年	647.0	25.5	62.7	3.9	60.4	60.1	129.1	110.0
2004 年	761.3	45.6	74.8	3.8	65.2	64.5	127.2	128.4
2005 年	803.7	28.5	73.7	4.0	63.2	68.4	126.9	136.3
2006 年	889.5	32.0	59.5	5.2	67.9	61.3	92.9	141.6
2007 年	907.6	33.6	49.7	5.1	71.3	54.1	95.9	147.0
2008 年	1008.7	30.7	56.2	4.9	60.5	64.0	117.1	157.3
2009 年	1048.6	22.8	60.5	4.4	51.4	74.0	132.6	159.2
2010 年	1090.7	22.8	56.0	5.1	75.5	81.4	145.3	165.2
2011 年	1108.0	22.4	48.2	4.5	64.4	85.1	158.3	170.8
2012 年	1135.3	18.4	52.2	4.6	57.6	90.9	159.3	179.1
2013 年	1159.1	16.5	53.2	4.4	55.2	90.8	162.6	185.8

9－15 农作物

(20

指标		全市	市区	开发区	城南新区	亭湖区	盐都区
农作物总播种面积		**1460.13**	**181.86**	**14.38**	**3.85**	**60.17**	**103.46**
粮食作物合计	面积	972.32	125.84	7.95	3.3	32.14	82.45
	单产	7061	7263	5660	7398	6882	7561
	总产	6865101	913994	44997	24415	221174	623408
夏收粮食	面积	459.53	64.56	4.85	1.50	18.69	39.52
	单产	5649	5631	5667	5687	5634	5622
	总产	2595707	363513	27483	8530	105306	222194
夏收谷物	面积	447.37	62.83	4.43	1.50	17.89	39.01
	单产	5705	5661	5928	5687	5658	5631
	总产	2552084	355686	26261	8530	101226	219669
小麦	面积	355.37	49.40	1.53	1.40	9.96	36.51
	单产	5690	5649	5750	5675	5625	5650
	总产	2022149	279048	8797	7945	56025	206281
大麦	面积	92	13.43	2.90	0.10	7.93	2.50
	单产	5760	5706	6022	5850	5700	5355
	总产	529935	76638	17464	585	45201	13388
蚕豌豆	面积	12.16	1.73	0.42	0	0.8	0.51
	单产	3587	4524	2910		5100	4951
	总产	43623	7827	1222		4080	2525
秋收粮食	面积	512.79	61.28	3.10	1.80	13.45	42.93
	单产	8326	8983	5650	8825	8615	9346
	总产	4269394	550481	17514	15885	115868	401214
秋收谷物	面积	471.27	57.96	2.08	1.80	11.67	42.41
	单产	8771	9259	7444	8825	9094	9412
	总产	4133285	536642	15484	15885	106125	399148
#稻谷	面积	373.14	54.98	1.12	1.80	9.76	42.30
	单产	9329	9386	8522	8825	9450	9418
	总产	3481173	516043	9545	15885	92232	398381
中稻	面积	373.14	54.98	1.12	1.80	9.76	42.30
	单产	9329	9386	8522	8825	9450	9418
	总产	3481173	516043	9545	15885	92232	398381
稻谷中 籼稻	面积	7.51	0.83				0.83
	单产	9313	9428				9428
	总产	69941	7825				7825
粳稻	面积	354.87	51.41	1.12	1.80	9.41	39.08
	单产	9338	9398	8522	8825	9488	9427
	总产	3313839	483126	9545	15885	89285	368411

播种面积和产量

13年）

单位：千公顷、公斤、吨

响水县	滨海县	阜宁县	射阳县	建湖县	东台市	大丰市
112.61	**175.50**	**168.99**	**208.18**	**116.46**	**250.04**	**246.49**
78.93	125.70	125.76	154.07	99.45	143.27	119.3
6797	7399	7397	7162	7247	6637	6532
536511	930108	930225	1103497	720694	950825	779247
36.92	50.54	59.56	76.79	44.84	63.00	63.32
5699	5701	5618	5606	5363	5817	5711
210414	288149	334604	430470	240486	366440	361631
36.49	50.33	58.5	72.34	43.89	61.67	61.32
5728	5710	5648	5713	5416	5869	5818
209014	287371	330417	413249	237688	361929	356730
29.81	36.12	54.52	48.87	41.46	50.07	45.12
5729	5681	5647	5685	5425	5872	5818
170781	205180	307874	277826	224921	294011	262508
6.68	14.21	3.98	23.47	2.43	11.60	16.20
5724	5784	5664	5770	5254	5855	5816
38233	82191	22543	135423	12767	67918	94222
0.43	0.21	1.06	4.45	0.95	1.33	2.00
3256	3705	3950	3870	2945	3392	2451
1400	778	4187	17221	2798	4511	4901
42.01	75.16	66.2	77.28	54.61	80.27	55.98
7762	8541	8997	8709	8793	7280	7460
326097	641959	595621	673027	480208	584385	417616
39.31	72.33	61.62	72.53	50.75	68.84	47.93
8063	8703	9412	9054	9231	7996	8233
316937	629490	579997	656675	468479	550472	394593
26.79	54.30	57.57	64.83	49.75	36.09	28.83
8989	9296	9547	9398	9286	9193	9256
240815	504746	549647	609304	461979	331786	266853
26.79	54.30	57.57	64.83	49.75	36.09	28.83
8989	9296	9547	9398	9286	9193	9256
240815	504746	549647	609304	461979	331786	266853
	0.48		1.24	0.77		4.19
	9115		8981	8761		9513
	4375		11137	6746		39858
26.79	53.20	54.71	61.59	47.30	36.09	23.78
8989	9298	9609	9396	9301	9193	9212
240815	494646	525731	578727	439937	331786	219071

9-15 续表

指 标		全 市	市 区				
				开发区	城南新区	亭湖区	盐都区
#玉米	面积	97.82	2.98	0.96		1.91	0.11
	单产	6647	6912	6186		7274	6973
	总产	650247	20599	5939		13893	767
秋收豆类	面积	35.26	2.94	0.96		1.51	0.47
	单产	2565	2609	1729		3042	3013
	总产	90439	7669	1660		4593	1416
#大豆	面积	29.83	2.81	0.96		1.45	0.40
	单产	2657	2562	1729		3075	2700
	总产	79264	7199	1660		4459	1080
秋收薯类	面积	6.26	0.38	0.06		0.27	0.05
	单产	7296	16237	6167		19074	13000
	总产	45670	6170	370		5150	650
油料合计	面积	104.88	10.59	1.45	0.10	3.57	5.47
	单产	3006	2820	2959	2880	2859	2758
	总产	315236	29868	4290	288	10205	15085
花生	面积	12.95	0.18			0.15	0.03
	单产	3288	3039			3193	2267
	总产	42574	547			479	68
油菜籽	面积	90.71	10.27	1.45	0.10	3.40	5.32
	单产	2977	2835	2959	2880	2850	2790
	总产	270050	29111	4290	288	9690	14843
棉花合计	面积	66.85	16.42	4.19	0.05	10.65	1.53
	单产	1459	1315	1350	1300	1285	1430
	总产	97529	21596	5658	65	13685	2188
麻类合计	面积						
	总产						
糖料合计	面积	0.10	0.01			0.01	
	总产	4271	100			100	
药材播种面积		5.71	0.58			0.57	0.01
蔬菜播种面积		264.41	24.34	0.79	0.36	10.81	12.38
瓜类播种面积		36.70	3.19		0.04	2.42	0.73
其它农作物播种面积		9.16	0.89				0.89
#青饲料		1.32	0.00				
绿肥		0.93	0.00				
薄荷	面积	0.10	0.00				
	总产	310	0.00				

响水县	滨海县	阜宁县	射阳县	建湖县	东台市	大丰市
12.52	18.03	4.05	7.69	1.00	32.45	19.10
6080	6919	7494	6152	6500	6684	6688
76122	124744	30350	47306	6500	216886	127740
1.86	1.33	3.58	4.08	3.55	9.87	8.05
2550	1965	2800	2850	2797	2108	2860
4743	2614	10024	11628	9929	20809	23023
1.86	1.33	3.31	3.42	3.52	7.33	6.25
2550	1965	2850	3150	2800	2235	2923
4743	2614	9433	10773	9856	16380	18266
0.84	1.50	1.00	0.67	0.31	1.56	
5258	6570	5600	7051	5806	8400	
4417	9855	5600	4724	1800	13104	
7.63	14.60	6.33	11.17	6.11	27.21	21.24
3220	2973	2850	3104	2789	3155	2910
24568	43399	18038	34668	17043	85846	61806
2.21	1.39	1.27	1.42	0.25	3.51	2.72
3943	3858	2850	3030	2724	3030	3203
8714	5363	3619	4302	681	10636	8712
5.42	13.18	5.05	9.41	5.80	23.50	18.08
2925	2880	2851	3150	2808	3180	2880
15854	37958	14400	29641	16286	74730	52070
0.08	0.59	0.09	13.33	1.61	6.14	28.59
1213	1800	1200	1610	1245	1564	1455
97	1062	108	21461	2004	9603	41598
			0.01		0.01	0.07
			200		100	3871
0.64	0.59	0.08	3.12		0.18	0.52
21.92	30.58	32.85	21.50	7.55	57.98	67.69
3.41	1.85	2.92	4.85	0.92	12.25	7.31
	1.59	0.96	0.13	0.82	3.00	1.77
	0.03	0.05			0.38	0.86
	0.03		0.13		0.55	0.22
						0.10
						310

9－16 渔业

(20

指　　标	全市	市区	亭湖区	盐都区
渔业组织情况				
渔业镇(个)	4			
渔业村(个)	66	4	4	
渔业户数(户)	41960	6788	3780	3008
渔业人口(人)	176654	21518	10282	11236
渔业专业从业人员(人)	84794	10345	3778	6567
水产品产量(吨)	1100583	220925	123105	97820
海水产品产量	379937	36430	35510	920
#鱼类	95382	5346	4723	623
虾蟹类	60275	4130	3930	200
贝类	196386	26581	26509	72
淡水产品产量	720646	184495	87595	96900
#鱼类	551612	154349	76434	77915
虾蟹类	145853	27357	10021	17336
贝类	18777	2649	1007	1642
水产养殖面积(公顷)	129905	21697	13364	8333
海水养殖面积	61314	7900	7900	
淡水养殖面积	68591	13797	5464	8333
水产加工品总量(吨)	633022	130700	83000	47700
淡水加工产品	366062	122890	81190	41700
海水加工产品	266960	7810	1810	6000

注:亭湖区包括银宝集团

生产情况

13 年)

响水县	滨海县	阜宁县	射阳县	建湖县	东台市	大丰市
	2		1		1	
	14	2	17	4	12	13
	5022	6018	7381	3789	6133	6829
	16928	18356	53047	13913	30894	21998
1930	5948	6971	25173	7469	13955	13003
63979	97004	70660	205376	97366	176165	169108
37061	27909	529	104898		97028	76082
9408	10194	529	26382		23397	20126
4246	4414		23638		12647	11200
21267	10150		46830		51043	40515
26918	69095	70131	100478	97366	79137	93026
24657	58127	33370	66242	73991	59851	81025
1673	10174	33149	32247	18822	14332	8099
588	740	1054	1851	3885	4133	3877
6540	9060	6050	16927	12111	30370	27150
4000	1667		6927		23070	17750
2540	7393	6050	10000	12111	7300	9400
18069	36440	39066	191512	16000	61215	140020
196	4620	31011	39320	16000	24915	127110
17873	31820	8055	152192		36300	12910

9－17 畜牧业

(20

指　　标	计量单位	全　市	市　区			
				开发区	城南新区	亭湖区
当年出栏量						
大牲畜	万头	2.01	0.17			0.01
黄牛	万头	1.16	0.00			
良种及改良乳牛	万头	0.17	0.00			
水牛	万头	0.68	0.17			0.01
猪	万头	706.05	117.32	10.66	2.50	52.47
羊	万只	234.27	17.37	3.50		6.27
山羊	万只	234.26	17.36	3.50		6.27
绵羊	万只	0.01	0.01			
家禽	万只	19116.61	2544.32	298.00	30.00	1051.32
兔	万只	269.05	3.79			1.25
年末存栏量						
大牲畜	万头	3.85	0.20			0.16
#从事农事劳役	万头	0.67	0.04			0.04
牛	万头	3.83	0.20			0.16
黄牛	万头	1.41	0.00			
良种及改良乳牛	万头	1.45	0.12			0.12
水牛	万头	0.97	0.08			0.04
驴	万头	0.02	0.00			
猪	万头	374.97	60.77	5.20	0.90	27.50
#能繁母猪	万头	41.86	5.47	0.42	0.10	2.38
羊	万只	137.47	10.81	1.95		2.27
山羊	万只	137.47	10.81	1.95		2.27
绵羊	万只		0.00			
家禽	万只	12264.73	2571.79	296.00	14.00	1280.79
兔	万只	272.12	2.23			0.82
肉类及其他总产量						
肉类总产量	吨	889284	127477	6670	2575	53779
牛肉	吨	4754	534			29
猪肉	吨	538045	87825	420	2065	35195
羊肉	吨	29469	1634	420		501
山羊	吨	29468	1633	420		501
绵羊	吨	1	1			
禽肉	吨	308955	41708	5830	510	17893
兔肉	吨	4524	82			30
其他肉产量	吨	3537	736			131
奶类产量	吨	64917	6063			5653
牛奶产量	吨	64917	6063			5653
蜂蜜产量	吨	980	53			49
禽蛋产量	吨	962914	133723	31296	1750	39677
#鸡蛋	吨	883579	123492	27496	1700	39296

生产情况

13年)

盐都区	响水县	滨海县	阜宁县	射阳县	建湖县	东台市	大丰市
0.16	0.72	0.11	0.33	0.29	0.00	0.07	0.32
	0.72	0.04	0.33	0.07			
		0.00		0.02			0.15
0.16		0.07		0.20	0.00	0.07	0.17
51.69	50.66	84.85	151.89	67.65	48.77	99.26	85.65
7.60	10.30	19.00	29.60	29.80	15.08	78.26	34.86
7.59	10.30	19.00	29.60	29.80	15.08	78.26	34.86
0.01		0.00		0.00			
1165.00	695.55	2301.60	3060.00	1875.30	1654.00	3485.84	3500.00
2.54	1.27	3.90	5.20	10.40	12.58	98.92	132.99
0.04	1.05	0.27	0.29	0.30	0.02	0.44	1.29
	0.29	0.04		0.20			0.10
0.04	1.05	0.26	0.29	0.30	0.02	0.44	1.29
	1.05	0.01	0.29	0.06			
	0.00	0.01		0.04		0.12	1.17
0.04		0.24		0.20	0.02	0.32	0.12
		0.02					
27.17	21.83	51.03	80.69	37.15	25.71	53.89	43.90
2.57	3.13	5.05	9.39	4.09	1.66	7.38	5.69
6.59	6.05	10.50	9.40	19.80	9.01	49.66	22.24
6.59	6.05	10.50	9.40	19.80	9.01	49.66	22.24
				0.00			
981.00	473.22	1080.00	1546.00	1137.20	1101.00	3100.52	1255.00
1.41	0.75	4.14	1.90	15.50	7.65	94.72	145.23
64453	50236	111065	185388	83359	64025	142014	125720
505	2238	265	578	540	13	106	480
45103	35929	68001	123721	50708	39687	73608	63608
713	1036	2386	3520	4057	2074	9738	5024
712	1036	2386	3520	4057	2074	9738	5024
1							
17475	11018	40275	57465	27846	21190	55773	53680
52	15	53	104	208	580	1489	1993
605		85			481	1300	935
410	300	179		3069		6486	48820
410	300	179		3069		6486	48820
4		125	93	165	47	338	159
61000	27287	90059	131694	93100	93289	312562	81200
55000	21938	85014	101653	85100	81290	310412	74680

9－18 林业、水果生产情况

(2000–2013 年)

指标	2000 年	2005 年	2008 年	2010 年	2011 年	2012 年	2013 年
造林面积(公顷)	2110	7398	12823	14569	12067	21193	8800
用材林	927	1505	3452	3780	3987	14808	745
经济林	580	426	2810	2440	2680	2519	874
防护林	603	5467	6561	8104	5400	3867	7513
迹地更新面积(公顷)	172	338	473		13	59	663
四旁植树(万株)	2300	3000	4654	2587	1527	2090	1802
幼林抚育实际面积(公顷)	10402	21754	26681	33377	33649	35260	34201
幼林抚育作业面积(公顷次)	13070	42221	57174	42830	43097	66236	53210
成林抚育面积(公顷)	20980	48877	62532	61403	61469	51321	59138
年末实有林地面积(公顷)	49369				278159	299293	30072
村及村以下木材采伐量(万立方米)	10.1	2.9			14.1		20
蚕茧产量(吨)	18139	24119	29070	30526	26977	27071	26000
年末桑园面积(公顷)	14098	16000	17420	16067	15627	15991	15667
水果生产							
果园面积(公顷)	16526	25528	20331	20675	20778	20340	28629
#苹果园	2211	886	685	1059	558	675	735
梨　园	8106	13383	11036	8983	11505	11119	11200
水果产量(吨)	363661	380848	361846	402368	384412	341519	326769
#苹　果	22836	19240	19551	21519	18479	19920	20072
梨	138262	175678	214622	195590	229374	225995	299078
葡　萄	15034	10516	7560	119630	15025	22409	22292
柿　子	123929	86358	75721	11385	85357	73586	73201

9－19 主要年份农业机械和农产品加工机械拥有量

（1978–2013 年）

年 份	农业机械总动力（万千瓦）	农用大中型拖拉机（台）	农用小型及手扶拖拉机（台）	农用排灌动力机械（万千瓦）	农用水泵（台）	喷灌机械（套）
1978 年	82.80	782	24746	33.69	30212	——
1980 年	109.23	1268	32337	43.41	34448	1430
1983 年	137.68	1323	44204	49.64	37623	2018
1985 年	153.05	1218	44800	52.27	38400	1676
1990 年	181.67	1157	60600	57.34	37500	772
1995 年	204.84	1564	65139	59.30	38630	1103
2000 年	356.26	7649	89965	83.77	54178	4496
2001 年	366.38	8196	89830	85.01	58386	4660
2002 年	381.27	10986	90113	84.96	58771	4939
2003 年	392.67	14507	88560	85.68	58260	5043
2004 年	400.84	17294	88389	85.73	60399	4356
2005 年	413.36	17870	87980	87.03	61356	5125
2006 年	422.96	18470	87046	86.89	60710	4856
2007 年	438.89	19820	77302	88.17	57371	4282
2008 年	480.42	11119	101261	86.96	56640	4283
2009 年	495.49	12742	100362	87.92	57319	66
2010 年	510.81	15831	99110	90.53	56811	84
2011 年	528.61	16215	98298	91.21	57752	323
2012 年	563.75	17934	81016	90.07	58273	1073
2013 年	596.35	20611	64687	98.25	58084	8147

注：1、大中型拖拉机不含手扶变型运输机；2、2009 年后喷灌机械统计口径调整为节水型灌溉机械。

9-19 续表

年　份	联　合收割机（台）	机　动脱粒机（台）	机动喷雾（粉）器（部）	饲　料粉碎机（台）	农用运输车（辆）	粮食加工机械（台）
1978 年	76	23958	4287	16141	120	21351
1980 年	96	29308	6244	16241	221	22094
1983 年	91	44612	4783	14912	319	26373
1985 年	164	49477	3600	16500	474	27300
1990 年	237	56325	7100	15500	402	24900
1995 年	709	72065	53757	14161	530	21864
2000 年	5691	104883	161953	30078	8807	29694
2001 年	6072	99692	181022	30214	9498	29477
2002 年	7068	80250	177265	30130	10735	29829
2003 年	7640	69224	184260	28805	10835	28991
2004 年	7813	64157	186028	28978	11341	28884
2005 年	8803	60100	198088	28846	13150	28807
2006 年	9812	45574	205121	27190	13380	28224
2007 年	9857	30016	211721	26193	14416	27296
2008 年	12961	17457	279158	29394	16355	25934
2009 年	12504	14915	284545	29592	16550	25383
2010 年	13516	12298	285347	26850	16565	25376
2011 年	13750	11816	288339	30982	15307	24901
2012 年	16482	11472	292217	36847	15684	25262
2013 年	19833	11550	293367	38430	15555	27109

9－20 农业现代化情况

（2000–2013 年）

指标	2000 年	2005 年	2008 年	2010 年	2011 年	2012 年	2013 年
农业机械化情况（千公顷）							
机耕面积	733.13	739.42	1055.17	1139.12	1156.19	1188.84	1272.14
机播面积	314.80	366.99	528.09	545.53	550.82	603.23	796.44
机械植保面积	748.96	1134.15	1198.31	1150.57	1013.81	1055.55	1207.58
机械收获面积	443.86	604.37	837.21	892.90	819.05	819.68	935.23
农村电气化情况（万千瓦小时）							
农村用电量	158265	282084	456907	579644	612448	691909	754241
农用物资使用情况(吨)							
化肥施用量（折纯量）	503458	574293	594186	606767	592873	557105	540560
氮肥	331884	381764	390872	392333	371881	349266	341229
磷肥	108644	116057	124539	131213	137629	128270	122124
钾肥	18244	20218	20729	21426	21528	20750	19726
复合肥	44686	56254	58046	61795	61835	58819	57481
农药使用量	12644	15602	15534	15785	14947	14451	14128
农用塑料薄膜使用量	13293	18620	24300	27230	28302	29132	29883
农用柴油使用量	106743	133426	182687	221566	239244	253353	263267
农村基础设施建设情况（个）							
自来水覆盖村数	3635	2202	2093	2065	1858	1826	1826
通公路村数	3870	2198	2093	2065	1858	1826	1826
农田水利情况（千公顷）							
有效灌溉面积	598.2	611.2	603.3	612.1	581.3	671.3	689.5
旱涝保收面积	416.1	467.2	478.5	480.5	484.7	531.2	573.3

9－21 各市主要指标完成情况

(2013 年)

指 标	农林牧渔业增加值(亿元)	可比增幅(%)	农民人均纯收入(元)	增幅(%)	增幅排名
江苏省	3646.1	3.1	13598	11.4	
南京市	204.6	3.4	16531	11.8	9
无锡市	148.5	3.0	20587	11.2	12
徐州市	432.4	3.2	12052	12.0	4
常州市	138.1	3.1	18643	11.4	11
苏州市	214.5	3.0	21578	11.2	12
南通市	345.4	3.1	14754	11.5	10
连云港市	259.2	3.1	10745	12.0	4
淮安市	272.6	3.3	11045	12.3	2
盐城市	489.2	3.2	13344	12.1	3
扬州市	224.5	4.6	14214	12.0	4
镇江市	129.0	3.1	16258	12.0	4
泰州市	206.0	3.1	13982	11.9	8
宿迁市	235.0	3.0	10703	12.7	1

9–21 续表 1

指 标	农村劳动力总量(万人)	转移劳动力总量(万人)	转移比重(%)	劳务输出(万人)	劳务输出比重(%)
南京市	121.42	91.87	75.66	33.59	27.66
无锡市	135.22	117.99	87.26	10.59	7.83
徐州市	360.67	210.56	58.38	127.84	35.45
常州市	127.93	96.94	75.78	20.40	15.95
苏州市	186.39	161.56	86.68	9.01	4.83
南通市	314.42	223.50	71.08	105.42	33.53
连云港市	175.99	106.49	60.51	74.84	42.53
淮安市	210.71	143.14	67.93	107.29	50.92
盐城市	301.98	195.71	64.81	125.44	41.54
扬州市	180.62	128.84	71.33	62.17	34.42
镇江市	96.82	73.35	75.76	18.32	18.92
泰州市	210.25	152.99	72.77	83.39	39.66
宿迁市	227.06	140.95	62.08	105.73	46.56

9-21 续表 2

指　标	生猪出栏量(万头)	生猪存栏量(万头)	家禽出栏量(万只)	家禽存栏量(万只)
南京市	92.43	49.35	3259.14	1090.60
无锡市	86.25	62.69	1791.33	651.38
徐州市	520.84	297.20	25157.22	9908.59
常州市	91.99	49.87	5227.30	1300.74
苏州市	106.15	85.98	2403.01	787.92
南通市	379.28	276.87	10928.41	4956.77
连云港市	290.33	158.89	3284.42	1524.76
淮安市	277.55	143.20	7876.96	2513.02
盐城市	706.05	374.97	19116.61	12264.73
扬州市	136.00	74.22	4429.18	1554.42
镇江市	59.89	44.38	1912.98	652.72
泰州市	293.02	164.56	3288.98	1802.66
宿迁市	260.75	146.14	9179.25	3906.09

9-21 续表 3

指　标	粮食产量(吨)	棉花产量(吨)	油料产量(吨)	禽蛋总产量(吨)
南京市	1169500	4217	107872	75645
无锡市	796426		8953	25260
徐州市	4511339	36291	99557	579238
常州市	1137169	462	42579	33743
苏州市	1131211	1038	24209	46716
南通市	3334636	50657	408370	456723
连云港市	3547290	2837	121148	111725
淮安市	4610225	147	96181	129659
盐城市	6865101	97529	315236	962914
扬州市	3121938	4637	75724	135389
镇江市	1257868	1120	58020	26491
泰州市	3266796	14047	122904	121524
宿迁市	3759911	1883	49859	141376

主要统计指标解释

农林牧渔业总产值 是以货币表现的农、林、牧、渔业全部产品的总量，它反映一定时期内农业生产的总规模和总成果。

农、林、牧、渔业的统计范围是：

(1) 农业 包括农作物种植业和其它农业。农作物种植业包括谷物、豆类、薯类、棉、油料、糖料、麻类、烟叶、蔬菜、药材、瓜类和其它农作物的种植，以及茶园、桑园、果园的生产经营。其它农业包括采集野生植物的果实、纤维、树胶、树脂、油料以及柴草、野生药材、菌类等。

(2) 林业 包括林业的栽培（不包括茶园、桑园和果园的栽培、管理和收获等活动）、林产品的采集和村及村以下合作经济组织和农民的竹木采伐。

(3) 牧业 包括除渔业养殖以外的一切动物饲养和放牧以及野生动物的捕猎和饲养。

(4) 渔业 包括水生动物和海藻类植物的养殖和捕捞

从所有制看，包括国有经济的各种专业农（农、林、牧、渔）场以及国家各级机关团体、学校、科研机构、部队经营的农业；集体所有制的乡镇村各级办农场；农村各种经济组织经营的农、林、牧、渔业以及工矿企业家属集体经营的农业；农民家庭自营的农林牧渔业。

农林牧渔业增加值 是指各种经济类型的农林牧渔业生产单位和农户从事农林牧渔业生产经营活动所提供的社会最终产品的货币表现。增加值的计算方法有两种，一是生产法：农林牧渔业增加值=农林牧渔业总产值-农林牧渔业中间消耗；二是分配法：农林牧渔业增加值=固定资产折旧+劳动者报酬+生产税净额（生产税-补贴）+营业盈余。

粮食产量 粮食产量指全社会的产量。包括国有经济经营的、集体统一经营的和农民家庭经营的粮食产量，还包括工矿企业家属办的农场和其它生产单位的产量。粮食除包括稻谷、小麦、玉米、高粱、谷子及其它杂粮外，还包括薯类和豆类。其产量计算方法，豆类按去豆荚后的干豆计算；薯类（包括甘薯和马铃薯，不包括芋头和木薯）1963年以前按每4公斤鲜薯折1公斤粮食计算，从1964年开始改为按5公斤鲜薯折1公斤粮食计算。城市郊区作为蔬菜的薯类（如马铃薯等）按鲜品计算，并且不作粮食统计。其他粮食一律按脱粒后的原粮计算。

油料产量 指全部油料作物的生产量。包括花生、油菜籽、芝麻、向日葵籽、胡麻籽（亚麻籽）和其它油料。不包括大豆、木本油料和野生油料。花生以带壳干花生计算。

水产品产量 指人工养殖的水产品和天然生长的水产品的捕捞量。包括海水的鱼类、虾蟹类、贝类和藻类以及内陆水域的鱼类、虾蟹类和贝类，不包括淡水生植物。

肉类总产量 指牛、马、驴、骡、猪、羊、禽类、兔及其他肉类合计。猪、牛、羊、驴、骡肉产量按去掉头蹄下水后带骨肉的胴体重量计算；兔、禽肉产量按屠宰后去毛和内脏后的重量计算。

耕地面积 指年初可以用来种植农作物、经常进行耕锄的田地，除包括熟地、当年新开荒地、连续撂荒未满三年的耕地和休闲地（含轮歇地、轮作地）外，还包括以种植农作物为主并附带种植桑树、茶树、果树和其它林地的土地，以及沿海、沿湖地区已围垦利用的“海涂”、“湖田”等面积。但不包括属于专业性的桑园、茶园、果园、果木苗圃、林地、芦苇地、天然或人工草地面积。

农作物播种面积 指实际播种或移植有农作物的面积。凡是实际种植有农作物的面积，不论种植在耕地上还是种植在非耕地上，均包括在农作物播种面积中，同时还包括因遭灾而重新改种和补种的农作物面积，种一公顷算一公顷。

有效灌溉面积 指具有一定的水源，地块比较平整，灌溉工程设施或设备已经配套，在一般年景可进行正常灌溉的耕地面积。

当年造林面积 指报告期内在荒山、荒地沙丘等一切可以造林的土地上，采用人工播种、植苗、飞机播种等方法种植成片乔木林和灌木林，经过检查验收符合《造林技术规程》要求，并按《中华人民共和国森林法实施细则》规定，成活率达到85%及以上的造林面积。造林面积不包括补植面积和治沙种草面积。

农业机械总动力 指主要用于农、林、牧、渔业的各种动力机械的动力总和。包括耕作机械、排灌机械、收获机械、农产品加工机械、运输机械、植物保护机械、牧业机械、林业机械、渔业机械和其他农业机械〔内燃机按引擎马力折成瓦（特）计算、电动机按功率折成瓦特计算〕。不包括专门用于乡、镇、村、组办工业、基本建设、非农业运输、科学试验和教学等非农业生产方面用的动力机械与作业机械。

期初（末）畜禽存栏头（只）数 指本期期初（末）农村各种合作经济组织和国营农场、农民个人、机关、团体、学校、工矿企业、部队等单位以及城镇居民饲养的大牲畜、猪、羊、家禽等畜禽的存栏头（只）数。

乡村户数 指长期（一年以上）居住在乡镇（不包括城关镇）行政管理区域内的住户，还包括居住在城关镇所辖行政村范围内的农村住户。户口不在本地而在本地居住一年及以上的住户也包括在本地农村住户内；有本地户口，但举家外出谋生一年以上的住户，无论是否保留承包耕地都不包括在本地农村住户范围内。不包括乡村地区内的国有经济的机关、团体、学校、企业、事业单位的集体户。

乡村人口数 指乡村地区常住居民户数中的常住人口数，即经常在家或在家居住6个月以上，而且经济和生活与本户连成一体的人口。外出从业人员在外居住时间虽然在6个月以上，但收入主要带回家中，经济与本户连为一体，仍视为家庭常住人口；在家居住，生活和本户连成一体的国家职工、退休人员也为家庭常住人口。但是现役军人、中专及以上（走读生除外）的在校学生、以及常年在外（不包括探亲、看病等）且已有稳定的职业与居住场所的外出从业人员，不应当作家庭常住人口。

乡村从业人员 指乡村人口中16岁以上实际参加生产经营活动并取得实物或货币收入的人员，既包括劳动年龄内经常参加劳动的人员，也包括超过劳动年龄但经常参加劳动的人员。但不包括户口在家的在外学生、现役军人和丧失劳动能力的人，也不包括待业人员和家务劳动者。从业人员年龄为16岁以上。从业人员按从事主业时间最长（时间相同按收入）分为农业从业人员、工业从业人员、建筑业从业人员、交运仓储及邮电通讯业从业人员、批零贸易及餐饮业从业人员、其它从业人员。

农用化肥施用量 指本年内实际用于农业生产的化肥数量，包括氮肥、磷肥、钾肥和复合肥。化肥施用量要求按折纯量计算数量。折纯量是指把氮肥、磷肥、钾肥分别按含氮、含五氧化二磷、含氧化钾的百分之一百成份进行折算后的数量。复合肥按其所含主要成分折算。

农村用电量 指本年度内，扣除在农村中的国有工业、交通、基建等单位的用电量以后的农村生产和生活的全年用电总量（计量单位千瓦小时，按全年累计数统计）。既包括国家电网供电，也包括农村自办电站供电量。

转移劳动力 指到调查时点时，劳动力已发生地域性转移，即转移出本乡镇以外就业的劳动力（包括到本乡镇以外仍然从事第一产业的劳动力），或劳动力未发生地域性转移，但在本乡镇内到非农产业就业的劳动力，具有一定的稳定性，连续从业时间全年6个月以上。由于婚姻关系而引起的地域的变化，以及由于考取大学、中专等院校和参军而离开农村的，都不应视为转移劳动力。

本期输出就业人数 指报告期内到户籍所在县（市、区）以外地区就业的本地农村劳动力人数，具有一定的稳定性，连续从业时间全年6个月以上。

县级以上人民政府统计机构在调查统计违法行为或者核查统计数据时，有权采取下列措施：

（一）发出统计检查查询书，向检查对象查询有关事项；

（二）要求检查对象提供有关原始记录和凭证、统计台账、统计调查表、会计资料及其他相关证明和资料；

（三）就与检查有关的事项询问有关人员；

（四）进入检查对象的业务场所和统计数据处理信息系统进行检查、核对；

（五）经本机构负责人批准，登记保存检查对象的有关原始记录和凭证、统计台账、统计调查表、会计资料及其他相关证明和资料；

（六）对与检查事项有关的情况和资料进行记录、录音、录像、照相和复制。

县级以上人民政府统计机构进行监督检查时，监督检查人员不得少于二人，并应当出示执法证件；未出示的，有关单位和个人有权拒绝检查。

摘自《中华人民共和国统计法》第三十五条

十、工　业

Industry

10－1 工业现价

(20

年　份	全　市	市　区				
			开发区	城南新区	亭湖区	盐都区
1978	163.6	118.9			0.0	114.3
1979	110.1	114.5			0.0	110.1
1980	117.0	120.1			0.0	118.7
1981	109.1	109.3			0.0	109.0
1982	111.2	113.3			0.0	110.9
1983	111.2	110.5			100.0	100.6
1984	123.7	122.8			128.0	130.6
1985	125.7	130.1			142.2	129.3
1986	122.0	120.0			127.5	123.6
1987	125.1	127.7			122.4	121.7
1988	127.6	130.2			147.2	130.3
1989	110.8	103.3			124.4	108.5
1990	111.0	113.4			112.7	114.7
1991	105.8	148.7			129.4	144.7
1992	121.2	120.3			145.6	126.6
1993	140.6	137.0			118.8	148.0
1994	138.4	134.3			142.4	141.6
1995	118.6	115.7			107.1	116.4
1996	94.4	51.7			121.2	70.2
1997	107.9	103.1			104.4	101.8
1998	85.0	92.8			108.8	95.0
1999	113.8	105.9			118.1	112.9
2000	112.2	161.5			116.9	108.7
2001	110.6	77.1	100.0		116.2	102.6
2002	116.4	114.5	108.9		117.6	108.4
2003	118.5	146.8	183.5		126.5	127.8
2004	116.7	218.7	131.9		172.3	109.5
2005	123.5	121.9	100.0		128.1	121.9
2006	125.6	119.3	126.8		139.4	122.5
2007	133.8	131.0	452.0		155.3	143.0
2008	136.3	128.6	163.8		144.7	143.2
2009	122.9	119.4	147.0		113.4	104.1
2010	127.4	138.3	143.4		146.5	127.2
2011	135.0	138.8	145.2	121.1	130.5	140.0
2012	127.4	100.0	117.1	104.2	121.2	134.8
2013	115.0	114.3	123.5	101.4	111.5	106.4

总产值指数

13 年)　　　　单位:%

响水县	滨海县	阜宁县	射阳县	建湖县	东台市	大丰市
128.9	118.2	116.9	105.8	113.0	122.0	106.6
102.0	107.7	100.0	112.8	106.4	113.2	109.5
116.0	117.0	109.5	109.2	119.3	121.3	114.3
119.0	111.5	102.7	114.4	109.1	107.4	109.5
110.1	108.9	109.7	107.4	109.3	114.8	107.3
114.5	111.3	107.7	108.1	109.3	115.8	112.6
120.7	113.6	123.6	123.1	131.8	127.8	121.2
119.0	137.3	118.2	128.8	125.6	121.8	118.9
124.8	124.3	113.1	126.4	130.7	122.7	121.3
132.7	125.4	127.2	122.5	120.3	122.9	123.9
122.7	115.6	118.5	131.2	129.7	128.9	127.0
104.3	107.8	111.9	120.0	120.7	112.2	118.5
109.4	107.1	114.9	106.3	109.8	108.6	112.7
179.3	106.8	144.6	155.6	142.2	154.8	161.0
125.8	120.2	124.0	121.4	119.5	117.5	127.2
130.7	121.2	147.9	133.9	140.6	150.1	144.7
129.7	115.7	138.1	153.9	142.8	147.1	130.1
103.2	127.3	123.5	130.4	121.6	106.2	130.7
121.0	143.3	93.1	105.9	102.1	66.3	97.3
118.6	115.8	123.5	100.9	115.2	110.7	104.5
64.6	55.1	90.2	73.3	83.2	86.3	89.2
123.9	109.7	125.0	108.9	128.4	114.5	106.7
89.6	96.1	113.4	111.5	111.7	116.8	113.6
122.5	90.4	112.9	114.3	111.8	119.2	111.9
123.5	129.2	116.6	114.3	117.2	123.7	116.2
103.9	163.8	122.4	108.5	120.3	120.6	74.4
157.0	166.9	75.1	130.3	87.9	114.6	127.0
169.4	137.8	130.8	122.7	123.7	112.1	120.4
131.5	143.4	132.8	127.4	126.8	123.2	131.3
143.0	144.9	137.5	116.2	144.1	134.4	137.7
180.2	144.1	130.6	141.7	140.7	136.6	130.6
129.3	137.5	128.0	109.7	121.0	126.0	127.2
126.7	122.4	124.5	127.6	114.6	123.6	120.9
134.0	143.8	140.2	133.2	121.7	132.6	129.9
135.9	125.2	129.1	123.7	128.5	131.3	100.0
120.2	114.7	115.5	106.2	120.5	113.7	117.5

10－2 规模以上工业企业主要经济指标 *

(2000–2013 年) 单位:万元

指　　标	2000 年	2005 年	2008 年	2010 年	2011 年	2012 年	2013 年
企业单位数(个)	1149	2085	2910	3827	2590	2816	2920
#亏损企业数(个)	104	106	117	115	70	117	164
工业总产值	4990688	10974040	25142827	39383436	43600722	55543541	63705123
工业销售产值	4823492	10776420	24658928	38406591	43429949	54979941	63448481
工业增加值	1156700	2712258	5726994	9890814	10691452	13769590	15005437
全部从业人员年平均人数(人)	346362	377707	469144	559674	483454	535876	560704
资产总计	4049383	6272953	11616189	21741992	24753180	30948692	35655337
应收账款净额	450044	845999	1359280	1979219	2651150	3297250	3657620
产成品	284316	451320	811471	981715	1249095	1412167	1561580
流动资产年平均余额	1939760	3177718	5244891	9009791	11524736	13440326	15325319
固定资产净值年平均余额	1525373	2179517	4386844	10296438	10197867	13592435	15715260
负债合计	3031585	4140646	6791325	11756273	13627121	17408633	19829579
主营业务收入	4501298	10493836	23848248	38916611	43553225	55618777	63893293
主营业务成本	3895160	9284751	21130504	33069967	37206261	47050571	54660521
营业费用	159329	346914	682197	1268684	1211129	1593511	1715986
管理费用	218323	340744	715703	1416951	1413077	1893395	2011244
财务费用	83290	110737	249990	421727	457893	611752	657060
#利息支出	76245	112303	223712	383031	444367	565526	617809
利税总额	297866	782306	1869840	4044459	5095035	6908944	8049314
利润总额	115950	328982	875010	2170759	2691656	3969052	4279918
亏损企业亏损额	13363	22100	86367	41329	55736	82964	109325
工业经济效益综合指数(%)	105.7	156.4	213.5	268.4	305.2	322.3	328.5
总资产贡献率(%)	9.6	15.4	19.4	23.8	26.7	26.4	23.3
资本保值增值率(%)	103.8	117.1	107.1	154.0	127.7	114.5	117.2
资产负债率(%)	74.9	66.0	58.5	54.4	55.1	54.2	54.9
流动资金周转率(次)	2.3	3.3	4.6	5.0	4.7	4.7	4.5
成本费用利润率(%)	2.7	3.3	3.8	5.5	6.3	7.0	6.9
全员劳动生产率(元/人)	33396	71809	129198	178716	235789	263428	287271
工业产品销售率(%)	96.6	98.2	98.1	97.8	98.5	99.0	98.5

* 注:规模以上工业口径从 2011 年调整为国有企业及其年主营业务收入 2000 万元及以上的工业企业。

10－3 民营规模以上工业企业主要经济指标

（2000-2013 年） 单位：万元

指 标	2000 年	2005 年	2008 年	2010 年	2011 年	2012 年	2013 年
企业单位数（个）	790	1812	2583	3447	2264	2461	2532
#亏损企业数（个）	35	76	77	80	46	78	117
工业总产值	3170801	7886738	19398547	29808929	31332253	40857946	46296653
工业销售产值	3077799	7725237	18966967	29161121	30926814	40288450	45714902
工业增加值	736370	1966269	4461715	7544084	7712475	10119453	10731513
全部从业人员年平均人数（人）	177505	287372	370440	451099	381365	424452	439504
资产总计	1662031	4044407	7866306	14987078	16252576	20888839	23774986
应收账款净额	195644	552652	940252	1489585	1733058	2162812	2352888
产成品	179736	339416	598872	689987	865812	971409	993053
流动资产年平均余额	863384	2036715	3548391	5807330	7091678	8501426	9644053
固定资产净值年平均余额	533284	1461450	2835545	7254662	7173937	9637248	11043816
负债合计	1253279	2573680	4494460	7613856	8276150	11370617	12960896
主营业务收入	2885402	7499427	18290475	29611204	30965475	40580746	46384581
主营业务成本	2560343	6661017	16338013	25532007	26646343	34773026	40092964
营业费用	95936	230113	480675	904122	767767	1059432	1116001
管理费用	105225	238305	536355	1089887	1018338	1432228	1512762
财务费用	37221	79804	195035	325569	355745	470957	540147
#利息支出	32785	77449	181164	287300	324996	430884	468524
利税总额	182882	537228	1526865	2944991	3304317	4520243	5104420
利润总额	72727	251924	763973	1613962	1871836	2616148	2848929
亏损企业亏损额	1541	6545	8917	14733	15413	47618	67548
工业经济效益综合指数（%）	131.0	159.8	230.2	273.6	290.5	310.8	311.4
总资产贡献率（%）	16.1	15.5	24.3	28.3	27.9	27.6	27.8
资本保值增值率（%）	111.8	118.1	137.9	154.0	127.7	114.5	117.2
资产负债率（%）	75.4	63.6	57.1	50.8	50.9	54.4	54.5
流动资金周转率（次）	3.3	3.7	5.2	5.0	4.7	4.7	4.5
成本费用利润率（%）	1.9	3.5	4.4	5.8	6.5	6.9	6.6
全员劳动生产率（元/人）	41484	68422	120444	167238	202233	238412	244173
工业产品销售率（%）	97.1	98.0	97.8	97.8	98.7	98.6	98.7

10－4 主要工业产品产量

(2000-2013 年)

指 标	2000 年	2005 年	2008 年	2010 年	2011 年	2012 年	2013 年
原盐(万吨)	72.1	82.5	51.6	51.0	44.4	54.8	53.1
发电量(亿千瓦小时)	26.4	67.0	62.8	51.7	49.7	112.9	161.3
食用植物油(万吨)	20.5	13.9	19.2	29.1	26.0	32.0	61.8
饮料酒(万千升)	5.1	8.8	16.0	12.8	12.2	11.1	11.7
配混合饲料(万吨)	12.5	16.3	46.9	48.1	43.0	41.6	125.6
化学纤维(万吨)	3.0	2.4	5.0	11.8	17.1	8.4	21.2
纱(万吨)	21.0	49.8	75.2	85.2	88.6	100.3	104.0
布(亿米)	3.0	4.4	8.2	11.5	7.4	8.9	10.0
印染布(万米)	213	4384	9297	12621	7953	8685	25130
毛线(吨)	9429	6334	4090	5845	2119	1217	1253
丝(吨)	2603	5647	10529	22137	4115	5164	5214
丝织品(万米)	2848	2182	7212	1468	1377	1578	2171
服装(万件)	3651	10012	18643	30143	27368	27695	29316
皮鞋(万双)	822	1526	1726	664.61	620	818	744
人造板(万立方米)	10.6	19.6	22.3	20.5	16.6	16.0	53.2

10-4 续表

指 标	2000 年	2005 年	2008 年	2010 年	2011 年	2012 年	2013 年
机制纸及纸板(万吨)	8.6	12.8	24.2	55.9	52.9	64.3	57.8
合成氨(万吨)	13.4	13.8	29.1	18.3	28.5	40.0	45.9
化肥(折 100%)(万吨)	27.6	19.4	25.6	19.3	21.0	34.4	36.4
化学农药原药(万吨)	1.4	4.1	9.6	6.9	7.7	11.8	12.3
化学药品原药(吨)	325	96	87	64	84	14874	30248
力车胎外胎(万条)	837	437	749	724.93	679	514	558
塑料制品(万吨)	2.0	2.4	6.0	9.7	7.9	10.7	14.9
水泥(万吨)	229	752	1454	1898	1791	1918	1969
砖(折合量)(亿块)	14.71	12.56	12.87	17.5	2.08	2.6	2.4
工业锅炉(蒸吨)	167	3128	5670	4891.5	4198	4773	4947
成品钢材(万吨)	1.9	7.7	23.1	106.1	172.2	139.2	197.4
金属切削机床(台)	4341	10099	13982	4828	5105	4187	3914
泵(万台)	0.4	0.3	0.2	2.0	1.5	2.5	17.9
拖拉机(万台)	6.2	2.6	2.4	2.6	3.0	5.9	2.3
汽车(万辆)	0.3	11.0	13.9	33.8	43.1	48.5	54.9

10－5 规模以上工业企业按经济

(20

类　　别	企业单位数（个）	#亏损企业数（个）	工业总产值	工业增加值	工业销售产值	从业人员年平均人数(人)
总　计	**2920**	**164**	**63705123**	**15005437**	**63448481**	**560704**
#民营企业	2532	117	46296653	10731513	45714902	439504
按经济类型分						
国有企业	9	3	172083	47470	187670	2681
集体企业	8	1	76824	15830	75961	1001
股份合作企业	5		97113	22691	96758	817
股份制企业	2321	122	45064916	10445581	44497609	428588
国有独资公司	10	2	483576	117108	477018	8276
其他有限责任公司	547	50	12857790	2978344	12709188	119876
股份有限公司	80	11	3218677	788870	3186217	33825
私营有限责任公司	1619	57	27028396	6231793	26704855	252313
私营股份有限公司	65	2	1476477	329466	1420330	14298
外商及港澳台企业	333	36	15779318	3868295	16118521	102738
港澳台商投资企业	123	15	3042535	735052	2958228	39363
外商投资企业	210	21	12736782	3133243	13160293	63375
其他经济类型企业	244	2	2514870	605570	2471962	24879
私营独资企业	210	1	2129595	508331	2094637	21251
私营合伙企业	20		234423	62095	229641	2183
其他内资企业	14	1	150852	35145	147684	1445
按控股情况分						
国有控股	59	11	1804581	447979	1792304	19479
集体控股	19	2	438000	71389	549930	2255
私人控股	2556	110	45987580	10684931	45298790	443472
港澳台控股	73	9	1937226	466507	1855228	24793
外商控股	138	17	11081982	2742620	11530290	45097
按轻重工业分						
轻工业	1215	54	22382313	5419800	22062334	266063
重工业	1703	110	41280335	9576328	41343701	294495
按企业规模分						
大型企业	54	3	15740929	3822949	15946305	107176
中型企业	329	26	14733389	3454446	14518627	162025
小型企业	2508	129	33117788	7711088	32871793	290832

类型、控股情况、规模分主要经济指标

13 年)　　　　单位:万元

资产总计	流动资产小计	固定资产净值	负债合计	主营业务收入	利税总额	利润总额	亏损企业亏损额
35655337	**15325319**	**15715260**	**19829579**	**63893293**	**8049314**	**4279918**	**109325**
23774986	9644053	11043816	12960896	46384581	5104420	2848929	67548
233579	71498	153855	171730	189249	21644	13135	1790
24331	16167	7073	19186	68412	4267	2150	259
39357	27196	11419	16243	98487	14058	8641	
25585001	10105995	12151582	14473136	45344349	4973539	2811225	69412
855237	329673	451230	656164	615015	49945	38325	1137
9328131	3204555	4878477	5696601	12946599	1379536	879440	31772
3287171	1720450	890559	1884294	3393766	386001	220944	5905
11496261	4537514	5679177	5920332	26985306	2734921	1590154	30431
618201	313804	252138	315744	1403663	147416	82362	168
8956347	4800316	2947886	4747913	15743336	2789202	1323398	32837
2269788	818805	1154793	1111225	2976530	286921	143986	15302
6686559	3981511	1793093	3636689	12766806	2502281	1179412	17535
816721	304147	443443	401370	2449460	244383	121369	5027
670611	237378	384461	321142	2092164	204945	111981	30
63844	29652	31847	28154	231710	20544	10518	
82266	37117	27135	52075	125586	4196	-1130	4997
3183449	952388	1900821	2261342	1967750	163974	112001	8940
177948	107128	57347	101973	545550	30266	19681	261
22033488	9034669	10318254	11495527	45816339	5100727	2839097	57882
1220960	459419	551116	635967	1884500	188817	101683	10720
5897718	3686059	1499764	3252965	11105295	2320951	1072245	14900
10338704	4036879	5156959	5676939	22195345	2330360	1293510	42538
25294813	11277729	10549798	14143525	41659427	5712736	2981097	66787
9922740	5020044	3407835	5925442	15830980	2848420	1317042	13591
9466643	3804648	4555991	5445669	14923887	1818492	1050229	34851
16098181	6434692	7683053	8357828	33022078	3369860	1904267	59201

10－6 规模以上工业企业按

(20

类　　别	企业及单位数(个)	#亏损企业数(个)	工业总产值	工业增加值	工业销售产值	从业人员年平均人数(人)
合　计	**2920**	**164**	**63705123**	**15005437**	**63448481**	**560704**
非金属矿采选业	2		19379	12333	19406	899
农副食品加工业	166	12	3577506	851689	3571128	24307
食品制造业	19		235478	64129	222176	5190
酒、饮料和精制茶制造业	20	2	443587	114873	438628	3015
纺织业	474	14	8086489	1894045	7925211	109367
纺织服装、服饰业	166	8	2393546	589587	2393463	45999
皮革、毛皮、羽毛及其制品和制鞋业	27	3	832163	216698	796253	7081
木材加工和木、竹、藤、棕、草制品业	19	5	200693	41138	201285	2803
家具制造业	3		17312	3284	17312	286
造纸和纸制品业	28	3	584320	103080	564409	6817
印刷和记录媒介复制业	13	1	86320	38045	86249	1782
文教、工美、体育和娱乐用品制造业	68	1	833119	208233	822848	14412
石油加工、炼焦和核燃料加工业	8	3	249624	24636	244692	2231
化学原料和化学制品制造业	265	23	8257627	1923276	8147101	50559
医药制造业	66	4	1733143	511075	1711562	13444
化学纤维制造业	26	1	900337	167849	876594	5481
橡胶和塑料制品业	94	3	1201444	271667	1187073	13945
非金属矿物制品业	199	12	3296545	858540	3286108	30484
黑色金属冶炼和压延加工业	98	8	2672723	510616	2630057	21673
有色金属冶炼和压延加工业	32	4	662456	102607	784497	4155
金属制品业	105	2	1366968	318939	1342071	14405
通用设备制造业	408	16	6816487	1566381	6688510	65581
专用设备制造业	209	13	3410457	773018	3343047	33014
汽车制造业	98	7	9171552	2245886	9588131	24044
铁路船舶航空航天和其他运输设备制造业	21	1	224321	54808	223184	3343
电气机械和器材制造业	147	7	2888773	675175	2858131	27954
计算机、通信和其他电子设备制造业	41	6	689962	153939	672055	9467
仪器仪表制造业	41	1	1414658	297698	1385956	9039
其他制造业	1		3623		3623	90
废弃资源综合利用业	11	1	121236	37383	118414	1381
金属制品、机械和设备修理业	4		76667	22167	74418	817
电力、热力生产和供应业	30	1	1136085	308123	1124878	5765
燃气生产和供应业	2		42475	9309	42446	146
水的生产和供应业	9	2	58049	35212	57568	1728

行业分主要经济指标

13 年)

单位：万元

资产总计	流动资产小计	固定资产净值年平均余额	负债合计	主营业务收入	利税总额	利润总额	亏损企业亏损额
35655337	**15325319**	**15715260**	**19829579**	**63893293**	**8049314**	**4279918**	**109325**
43234	28089	14026	40706	20152	1048	425	
1534241	633407	717922	928597	3518153	269312	156927	9282
268088	146599	85412	179075	266474	24991	15237	
365100	118306	188325	212493	439965	54143	29886	907
3324465	1366668	1680816	1831250	8029835	815041	432272	9767
851367	315768	451035	371561	2361407	260630	133313	10183
270320	91764	75386	99127	788715	93217	43821	886
102763	45340	42874	55833	203230	17243	9064	967
9015	6364	2107	5317	17051	948	460	
826551	284688	491612	578340	579369	52775	29502	2460
46591	18232	22033	24737	84641	11745	6948	4
328759	120657	181921	131582	836580	89892	51373	58
128659	83591	30623	173515	242271	12457	-887	6031
4869962	1798585	2374649	2493597	8462629	1019575	630724	23444
851203	297560	425579	445093	1724030	242402	156223	950
557892	187070	294741	317542	903372	70250	35177	6244
498873	201503	242668	259872	1193076	131322	73354	1619
1891825	734505	859439	1047468	3281022	439604	247909	2531
1508672	566067	822213	897232	2820420	266402	130814	5675
275916	142535	99436	173650	782334	35632	13982	5320
920237	395292	381675	563837	1352238	148765	80056	146
3296276	1469333	1248145	1558647	6827899	833320	444293	4382
1785909	889958	675235	906532	3350324	373354	193875	4763
4512825	3026962	818000	2620041	9041535	2040359	901161	4612
220070	102068	82561	112749	244452	23174	13323	88
1995577	1246464	578149	1011808	3019647	303091	175224	3894
329083	146560	155785	179885	662967	62652	32447	3555
638779	251400	344383	290381	1396669	165740	95546	55
3348	763	402	659	3316	264	252	
45522	18754	19848	26696	123525	8025	4771	184
60911	12479	45529	24626	75842	10420	5673	
3090699	490934	2174468	2146711	1141047	161292	129760	63
21820	10711	8503	9115	38521	6218	5311	
180784	76346	79759	111308	60587	4013	1703	1256

10－7 分类型、分地区规模以上

(20

类别	全市	市区	开发区	城南新区	亭湖区	盐都区
总计	**2920**	**656**	**83**	**30**	**208**	**335**
#民营企业	2532	543	33	20	189	301
按经济类型分						
国有企业	9	2			2	
集体企业	8	2				2
股份合作企业	5	2			2	
股份制企业	2321	503	35	20	178	270
国有独资公司	10	2		1		1
其他有限责任公司	547	117	16	7	27	67
股份有限公司	80	27	1	1	4	21
私营有限责任公司	1619	341	15	9	142	175
私营股份有限公司	65	16	3	2	5	6
外商及港澳台企业	333	99	48	9	14	28
港澳台商投资企业	123	24	7	4	3	10
外商投资企业	210	75	41	5	11	18
其他经济类型企业	244	48		1	12	35
私营独资企业	210	43		1	12	30
私营合伙企业	20	4				4
其他内资企业	14	1				1
按控股类型分						
国有控股	59	15	2	1	6	6
集体控股	19	5		1	2	2
私人控股	2556	542	30	18	190	304
港澳台控股	73	18	7	3	2	6
外商控股	138	64	40	5	6	13
按轻重工业分						
轻工业	1215	209	16	11	75	107
重工业	1703	447	67	19	133	228
按企业规模分						
大型企业	54	17	7	3	3	4
中型企业	329	121	17	5	50	49
小型企业	2508	509	55	21	152	281

工业企业单位数

13 年）　　　　　　　　　　　　　　　　单位：个

响水县	滨海县	阜宁县	射阳县	建湖县	东台市	大丰市
142	**210**	**255**	**285**	**374**	**573**	**425**
132	200	231	245	357	493	331
	1	1		1		4
1	1	1	1	2		
			1		1	1
131	191	229	230	335	399	303
1			3		2	2
68	157	15	21	30	85	54
6	8	4	10	9	11	5
55	26	204	186	278	293	236
1		6	10	18	8	6
7	7	20	32	16	74	78
2	3	5	19	7	31	32
5	4	15	13	9	43	46
3	10	4	21	20	99	39
2	4	3	20	14	92	32
			1	5	7	3
1	6	1		1		4
3	3	4	8	1	9	16
1	2	1	4	2	2	2
119	189	230	254	358	514	350
2	3	3	11	5	17	14
4	3	12	6	5	21	23
60	89	78	182	134	266	197
82	121	177	103	240	307	226
4	5	4	3	8	6	7
18	28	12	14	40	42	54
120	176	238	263	321	521	360

10－8 分类型、分地区规模以上

(20

类　　别	全　市	市　区				
			开发区	城南新区	亭湖区	盐都区
总　　计	**63705123**	**22080678**	**9373298**	**450119**	**5602855**	**6654407**
#民营企业	46296653	11291102	559174	303361	4974758	5453808
按经济类型分						
国有企业	172083	123097			123097	
集体企业	76824	7547				7547
股份合作企业	97113	56155			56155	
股份制企业	45064916	11165303	634659	316734	4851470	5362440
国有独资公司	483576	268246		15587		252658
其他有限责任公司	12857790	2378991	226319	126185	645324	1381164
股份有限公司	3218677	758440	228506	4100	52722	473112
私营有限责任公司	27028396	7348547	168757	152252	3851268	3176270
私营股份有限公司	1476477	411080	11078	18609	302157	79236
外商及港澳台企业	15779318	10167527	8738638	131170	399181	898537
港澳台商投资企业	3042535	468684	110439	23928	30048	304269
外商投资企业	12736782	9698843	8628199	107242	369134	594268
其他经济类型企业	2514870	561051		2215	172952	385884
私营独资企业	2129595	533514		2215	172952	358347
私营合伙企业	234423	21467				21467
其他内资企业	150852	6070				6070
按控股类型分						
国有控股	1804581	631045	75485	15587	237911	302062
集体控股	438000	137392		73690	56155	7547
私人控股	45987580	11413700	312696	220127	5199736	5681141
港澳台控股	1937226	393246	110439	18508	21052	243247
外商控股	11081982	9168442	8623744	107242	56502	380954
按轻重工业分						
轻工业	22382313	4349882	184497	239867	1717132	2208386
重工业	41280335	17730796	9188800	210252	3885723	4446021
按企业规模分						
大型企业	15740929	8867750	7834294	192712	345224	495521
中型企业	14733389	5943095	766749	42158	2634619	2499569
小型企业	33117788	7231059	751858	210074	2612109	3657018

工业现价总产值

13 年）　　　　单位：万元

响水县	滨海县	阜宁县	射阳县	建湖县	东台市	大丰市
5171905	**4910094**	**4871063**	**4949277**	**6511962**	**8630623**	**6579521**
4347370	4690205	4386739	3958852	5534435	7143697	4944254
	11252	2139		14132		21464
1420	28428	17364	5000	17066		
			2397		19488	19072
4325716	4582171	4373591	4091035	5110650	6430815	4985637
14556			51579		36569	112627
2603560	3818690	277681	564198	290520	1353094	1571056
158968	92048	77158	249596	419642	1218432	244394
1540550	671434	3936628	2907191	3963040	3655268	3005738
8082		82124	318470	437448	167452	51822
780282	201354	442324	607781	963396	1323393	1293261
152247	90684	98910	349385	685884	630990	565752
628035	110671	343414	258396	277511	692403	727509
64487	86889	35645	243064	406719	856927	260087
22409	29391	30558	200369	313291	805928	194135
			42696	77687	50999	41575
42078	57498	5087		15742		24377
44253	18535	41999	382644	14132	329966	342007
1420	36848	17364	58881	17066	44489	124541
3824090	4484334	4376246	4228986	5725725	7305663	4628837
152247	94553	46653	118464	538838	396215	197010
624679	30558	268080	107846	195259	258278	428841
1507894	2655313	1686182	3300860	2747400	3473817	2660966
3664011	2254781	3184881	1648417	3764563	5156806	3876081
1628545	671615	576731	196739	1319802	1120892	1358856
1306646	1421521	491976	698964	1603812	1548889	1718487
2236714	2814203	3802357	4037495	3553302	5954178	3488482

10－9 分类型、分地区规模以上

(20

类　　别	全　市	市　区	开发区	城南新区	亭湖区	盐都区
总　计	**15005437**	**5248707**	**2293267**	**124009**	**1295456**	**1535975**
#民营企业	10731513	2574922	116539	71161	1127667	1259555
按经济类型分						
国有企业	47470	35525			35525	
集体企业	15830	1826				1826
股份合作企业	22691	13960			13960	
股份制企业	10445581	2541607	117524	79376	1101666	1243041
国有独资公司	117108	69775		8215		61560
其他有限责任公司	2978344	543208	29956	28023	157015	328214
股份有限公司	788870	167757	47986		9135	110636
私营有限责任公司	6231793	1687789	37018	40321	887215	723235
私营股份有限公司	329466	73079	2564	2817	48301	19396
外商及港澳台企业	3868295	2526746	2175742	44633	103189	203182
港澳台商投资企业	735052	115015	26623	4356	11955	72080
外商投资企业	3133243	2411731	2149119	40278	91233	131101
其他经济类型企业	605570	129043			41116	87927
私营独资企业	508331	122780			41116	81664
私营合伙企业	62095	5040				5040
其他内资企业	35145	1222				1222
按控股类型分						
国有控股	447979	153102	986	8215	70663	73239
集体控股	71389	30620		14834	13960	1826
私人控股	10684931	2619490	64045	53863	1184738	1316845
港澳台控股	466507	93836	26623	2938	5892	58383
外商控股	2742620	2283992	2149119	40278	12353	82242
按轻重工业分						
轻工业	5419800	1048701	47304	79689	410148	511561
重工业	9576328	4200006	2245963	44320	885309	1024414
按企业规模分						
大型企业	3822949	2234257	1985511	67555	63087	118104
中型企业	3454446	1363832	163150	10654	606663	583365
小型企业	7711088	1647198	143934	44558	624750	833957

工业企业增加值

13 年）　　单位：万元

响水县	滨海县	阜宁县	射阳县	建湖县	东台市	大丰市
1209607	**1164721**	**1124992**	**1202259**	**1530332**	**2024707**	**1500113**
1016288	1116289	1012520	951303	1295139	1669121	1095932
	2716	1441		4169		3619
904	5899	2527	1110	3565		
			479		3660	4593
1009309	1090856	1010344	996994	1188176	1500800	1107494
			5091		10111	32131
651442	904866	67056	159889	57601	312805	281478
36138	21794	20268	61929	101122	323260	56602
319811	164196	905512	690350	924392	815051	724692
1918		17508	79735	105062	39574	12592
185290	44455	102830	143686	231023	311275	322991
37606	18385	22190	81570	174471	145693	140123
147684	26070	80640	62116	56552	165582	182867
14105	20795	7850	59991	103398	208972	61417
5071	6605	6635	46665	78431	196391	45753
			13325	21205	12581	9943
9034	14190	1216		3762		5721
8030	3977	9643	107270	4169	80598	81190
904	7931	2527	15112	3565	9058	1672
861923	1068324	1013104	1017390	1335380	1712677	1056643
37606	19851	10621	25053	138090	92371	49080
146636	7335	61840	24278	44352	63678	110510
382276	669752	389753	799405	674362	820496	635055
827331	494969	735239	402854	855969	1204211	855750
345888	141747	131684	50083	328703	312101	278486
325122	360457	119533	183591	382386	317339	402187
538597	661870	873776	966499	811363	1395267	816519

10－10 分类型、分地区规模以上

(20

类别	全市	市区	开发区	城南新区	亭湖区	盐都区
总计	**63893293**	**22115695**	**9403381**	**463093**	**5610529**	**6638692**
#民营企业	46384581	11370233	687181	265748	4980373	5436933
按经济类型分						
国有企业	189249	123097			123097	
集体企业	68412	7547				7547
股份合作企业	98487	56155			56155	
股份制企业	45344349	11282690	763816	315080	4858730	5345064
国有独资公司	615015	301487		51352		250135
其他有限责任公司	12946599	2347283	234689	123160	633234	1356200
股份有限公司	3393766	924360	351470	4046	53158	515686
私营有限责任公司	26985306	7301136	167494	118203	3869191	3146249
私营股份有限公司	1403663	408423	10163	18319	303147	76795
外商及港澳台企业	15743336	10089104	8639565	145993	401381	902165
港澳台商投资企业	2976530	450342	102393	23516	29303	295130
外商投资企业	12766806	9638762	8537172	122477	372078	607035
其他经济类型企业	2449460	557103		2020	171167	383916
私营独资企业	2092164	529793		2020	171167	356607
私营合伙企业	231710	21467				21467
其他内资企业	125586	5843				5843
按控股类型分						
国有控股	1967750	665354	76635	51352	237771	299594
集体控股	545550	129587		65886	56155	7547
私人控股	45816339	11372143	319945	190318	5208830	5653050
港澳台控股	1884500	372496	102393	17287	20307	232508
外商控股	11105295	9118220	8532805	122477	55870	407068
按轻重工业分						
轻工业	22195345	4313248	176188	256024	1714113	2166923
重工业	41659427	17802447	9227193	207069	3896417	4471769
按企业规模分						
大型企业	15830980	8757726	7717028	209127	346224	485348
中型企业	14923887	5991995	787814	47074	2645496	2511611
小型企业	33022078	7328143	879244	201542	2607912	3639444

工业企业主营业务收入

13 年)

单位:万元

响水县	滨海县	阜宁县	射阳县	建湖县	东台市	大丰市
5194072	**5010810**	**4854007**	**4918775**	**6182569**	**8726802**	**6890563**
4347707	4778371	4300518	3923668	5262305	7217724	5184055
	24446	4907		13365		23434
1249	29427	9298	5000	15891		
			3742		19518	19072
4337486	4687570	4294652	4061938	4874403	6503137	5302473
14555			56854		36063	206055
2599327	3834052	258202	575753	271824	1391701	1668457
154488	92671	76494	251259	387775	1253582	253136
1561302	760846	3894182	2867673	3805318	3672188	3122660
7814		65774	310400	409487	149602	52164
799787	200828	510296	600091	906899	1350314	1286017
140534	89757	111362	348924	645462	623005	567145
659253	111071	398935	251167	261437	727309	718872
55550	68538	34853	248005	372011	853833	259567
17583	28459	29767	201474	286285	803492	195312
			46531	71974	50341	41397
37968	40080	5087		13752		22857
46579	31610	43193	395016	13365	352143	420491
1249	40816	9298	55063	15891	44489	249157
3841732	4558343	4300426	4182163	5451444	7373131	4736956
140534	93608	59172	122406	501632	393509	201143
655531	30685	327798	111342	179994	260324	421400
1437358	2625534	1748437	3255484	2641666	3562364	2611254
3756714	2385276	3105570	1663290	3540903	5164438	4240788
1682943	684947	594425	199396	1251128	1147033	1513381
1336979	1450166	518832	711796	1515689	1601740	1796691
2174151	2871572	3740751	3991653	3382515	5970984	3562309

10－11 分类型、分地区规模以上

(20

类别	全市	市区				
			开发区	城南新区	亭湖区	盐都区
总计	**8049314**	**3669851**	**2024305**	**38100**	**743370**	**864076**
#民营企业	5104420	1450807	60806	14596	660769	714636
按经济类型分						
国有企业	21644	19919			19919	
集体企业	4267	1108				1108
股份合作企业	14058	10683			10683	
股份制企业	4973539	1402322	65659	18120	634197	684346
国有独资公司	49945	16135		3359		12777
其他有限责任公司	1379536	260379	17545	6773	71462	164600
股份有限公司	386001	79657	31130	261	4069	44197
私营有限责任公司	2734921	914808	15458	5264	488126	405959
私营股份有限公司	147416	54244	491	1443	42180	10130
外商及港澳台企业	2789202	2165369	1958646	19959	55760	131004
港澳台商投资企业	286921	40700	-6206	2682	2536	41688
外商投资企业	2502281	2124669	1964852	17276	53225	89317
其他经济类型企业	244383	69002		21	21441	47539
私营独资企业	204945	61311		15	20354	40942
私营合伙企业	20544	2222				2222
其他内资企业	4196	948				948
按控股类型分						
国有控股	163974	55465	4853	3545	28631	18436
集体控股	30266	15926		3599	11141	1187
私人控股	5100727	1469378	28175	10434	692034	738735
港澳台控股	188817	32654	-6206	3077	745	35038
外商控股	2320951	2053466	1966631	17276	5669	63890
按轻重工业分						
轻工业	2330360	523929	-2331	22273	228607	275380
重工业	5712736	3145922	2026636	15827	514763	588696
按企业规模分						
大型企业	2848420	1950952	1825337	20352	52675	52588
中型企业	1818492	820253	104237	5180	349369	361467
小型企业	3369860	894195	92684	12143	339602	449766

工业企业利税总额

13年） 单位：万元

响水县	滨海县	阜宁县	射阳县	建湖县	东台市	大丰市
781906	**541005**	**427321**	**385062**	**736547**	**867486**	**640135**
650309	524539	389266	321236	612057	724354	431852
	-1607	177		2015		1140
145	-252	1342	166	1758		
			115		1343	1918
653480	518552	389217	322131	565526	671704	450607
-1077			2683		14329	17873
387049	392561	21892	42509	31147	105261	138737
26116	2885	4076	12120	52442	182123	26583
229156	90996	335980	212708	389110	322929	239236
899		1741	19584	52467	13535	4946
130919	17887	32632	40056	122469	117893	161977
24032	7270	9681	19785	85848	48066	51541
106887	10617	22951	20271	36621	69828	110436
-2743	6395	3872	22398	44744	76495	24221
2169	1763	3290	16395	32973	69228	17816
			4548	7636	3150	2989
-4991	4553	562		1077		2047
678	-1421	5423	23770	2022	31730	46307
251	-61	1408	6636	1786	3396	923
593789	516242	391337	338650	639178	744347	407806
24032	8482	4229	6385	67046	28053	17938
107623	4181	15177	4588	24404	34687	76827
228802	323807	159675	256242	300569	295885	241452
553104	217198	267646	128820	435979	571601	392465
285933	69212	39538	16769	158359	183904	143753
187050	191330	44470	50401	216026	118232	190731
308924	280235	343313	316042	357853	566297	303003

10－12 分类型、分地区规模以上

（20

类别	全市	市区	开发区	城南新区	亭湖区	盐都区
总计	**4279918**	**1765721**	**870209**	**21791**	**444848**	**428873**
#民营企业	2848929	779196	21841	8041	397744	351570
按经济类型分						
国有企业	13135	12465			12465	
集体企业	2150	613				613
股份合作企业	8641	6853			6853	
股份制企业	2811225	745454	24275	10321	377865	332993
国有独资公司	38325	5568		2295		3273
其他有限责任公司	879440	141654	9450	4493	42407	85305
股份有限公司	220944	30353	6703	16	1259	22375
私营有限责任公司	1590154	534507	7869	2381	307288	216970
私营股份有限公司	82362	33372	254	1137	26911	5071
外商及港澳台企业	1323398	964563	845934	11455	35242	71932
港澳台商投资企业	143986	15923	-8337	1741	1636	20884
外商投资企业	1179412	948640	854271	9715	33606	51048
其他经济类型企业	121369	35772		15	12423	23334
私营独资企业	111981	34043		15	12423	21605
私营合伙企业	10518	1242				1242
其他内资企业	-1130	487				487
按控股类型分						
国有控股	112001	23013	2434	2295	12913	5372
集体控股	19681	10181		2715	6853	613
私人控股	2839097	804078	13885	5053	418666	366474
港澳台控股	101683	12941	-8337	2135	585	18558
外商控股	1072245	902225	856279	9715	2833	33399
按轻重工业分						
轻工业	1293510	281461	-7460	10576	140681	137664
重工业	2981097	1484260	877669	11215	304167	291210
按企业规模分						
大型企业	1317042	807953	741113	9772	32617	24451
中型企业	1050229	454174	68587	3113	203285	179189
小型企业	1904267	500506	58851	8877	207678	225099

工业企业利润总额

13 年)　　　　　　单位：万元

响水县	滨海县	阜宁县	射阳县	建湖县	东台市	大丰市
565892	**299541**	**213112**	**195351**	**394488**	**476882**	**368931**
472413	291627	193276	157385	332534	385766	236732
	-1607	17		1795		466
5	-259	685	80	1027		
			102		719	967
476094	288881	194810	164775	308692	370421	262097
-1077			2683		14329	16822
303855	231118	13253	30208	17289	56804	85259
20735	747	1765	2564	29347	110822	24612
151932	57016	178983	119669	236433	178784	132829
649		809	9651	25623	9682	2576
93291	9490	16021	18342	60159	66911	94620
21337	4715	4625	7038	41768	26217	22362
71954	4775	11396	11305	18391	40694	72258
-3497	3037	1579	12052	22815	38831	10781
1500	1274	1390	9626	18006	37105	9038
			2426	4181	1726	945
-4997	1762	190		629		799
188	-1575	3815	19623	1795	27564	37579
5	-114	685	5517	1027	1861	518
422442	288131	194389	164432	346380	396728	222518
21337	5965	2119	2293	31927	16105	8996
72690	2149	8168	1635	12105	21931	51343
178871	182927	79591	121684	163512	155467	129997
387021	116615	133522	73666	230976	321414	233623
176396	32777	15281	3722	81996	109031	89886
147248	116216	21456	32802	110310	56932	111091
242248	150344	176375	157558	199477	311994	165765

10－13 分行业规模以上

(20

行业	全市	市区	开发区	城南新区	亭湖区	盐都区
合计	**2920**	**656**	**83**	**30**	**208**	**335**
非金属矿采选业	2					
农副食品加工业	166	23	2		7	14
食品制造业	19	5		2	2	1
酒、饮料和精制茶制造业	20	5			3	2
纺织业	474	54	4	1	22	27
纺织服装、服饰业	166	52	5	6	12	29
皮革、毛皮、羽毛及其制品和制鞋业	27	5		1	1	3
木材加工和木、竹、藤、棕、草制品业	19					
家具制造业	3	1			1	
造纸和纸制品业	28	4			1	3
印刷和记录媒介复制业	13	6			3	3
文教、工美、体育和娱乐用品制造业	68	15	1	1	5	8
石油加工、炼焦和核燃料加工业	8	1			1	
化学原料和化学制品制造业	265	6	1		2	3
医药制造业	66	4			2	2
化学纤维制造业	26	3			2	1
橡胶和塑料制品业	94	28	2	6	12	8
非金属矿物制品业	199	44			22	22
黑色金属冶炼和压延加工业	98	7	1		2	4
有色金属冶炼和压延加工业	32	6	2			4
金属制品业	105	26		2	3	21
通用设备制造业	408	124	10	5	28	81
专用设备制造业	209	82	8	2	34	38
汽车制造业	98	71	38	2	15	16
铁路船舶航空航天和其他运输设备制造业	21					
电气机械和器材制造业	147	50	4	1	14	31
计算机、通信和其他电子设备制造业	41	11	3		4	4
仪器仪表制造业	41	14		1	6	7
其他制造业	1	1	1			
废弃资源综合利用业	11					
金属制品、机械和设备修理业	4	2				2
电力、热力生产和供应业	30	5	1		3	1
燃气生产和供应业	2					
水的生产和供应业	9	1			1	

工业企业单位数

13年)　　　　单位:个

响水县	滨海县	阜宁县	射阳县	建湖县	东台市	大丰市
142	**210**	**255**	**285**	**374**	**573**	**425**
2						
7	9	14	42	6	36	29
		2	3		9	
	1		7		3	4
21	16	31	73	60	125	94
9	6	10	25	17	34	13
	2		3	8	7	2
2	3		1		7	6
					1	1
2	1	4	6	3	5	3
			3	2	1	1
	2	5	7	3	11	25
		4		1	2	
49	92	36	17	12	32	21
8	28	4	2	2	8	10
1	1	1	6	1	11	2
3	1	16	2	21	14	9
7	5	49	12	20	39	23
4	7	7	1	16	32	24
2	3	5		3	11	2
	1	3	1	20	38	16
6	15	31	13	79	58	82
1	6	7	20	61	24	8
4	2	2	4	5	2	8
3				2	12	4
4	3	14	17	29	20	10
1	2	7	4		12	4
1	1	1	3	1	11	9
2			5			4
			2			
3	1	1	5	2	7	6
						2
	2	1	1		1	3

10－14 分行业规模以上

(20

行业	全市	市区				
			开发区	城南新区	亭湖区	盐都区
合计	**63705123**	**22080678**	**9373298**	**450119**	**5602855**	**6654407**
非金属矿采选业	19379					
农副食品加工业	3577506	770185	18954		179616	571616
食品制造业	235478	59116		23847	16329	18939
酒、饮料和精制茶制造业	443587	220750			156578	64172
纺织业	8086489	1301807	36655	5561	538808	720783
纺织服装、服饰业	2393546	905103	84680	200759	217977	401686
皮革、毛皮、羽毛及其制品和制鞋业	832163	46383		5421	2516	38447
木材加工和木、竹、藤、棕、草制品业	200693					
家具制造业	17312	2307			2307	
造纸和纸制品业	584320	128717			84760	43957
印刷和记录媒介复制业	86320	45578			24829	20749
文教、工美、体育和娱乐用品制造业	833119	193974	5039	4278	123130	61527
石油加工、炼焦和核燃料加工业	249624	23190			23190	
化学原料和化学制品制造业	8257627	55867	27032		20577	8258
医药制造业	1733143	35394			18711	16683
化学纤维制造业	900337	95568			93418	2150
橡胶和塑料制品业	1201444	432538	24334	38422	290528	79254
非金属矿物制品业	3296545	1068062			611304	456759
黑色金属冶炼和压延加工业	2672723	322856	24869		194503	103484
有色金属冶炼和压延加工业	662456	45472	5755			39717
金属制品业	1366968	286724		19061	25087	242576
通用设备制造业	6816487	3277509	566939	52512	871619	1786439
专用设备制造业	3410457	1422558	122110	7713	841384	451352
汽车制造业	9171552	8795546	8385828	14063	286145	109509
铁路船舶航空航天和其他运输设备制造业	224321					
电气机械和器材制造业	2888773	1123865	37138	73690	339011	674026
计算机、通信和其他电子设备制造业	689962	233764	27705		70464	135596
仪器仪表制造业	1414658	882367		4792	390074	487502
其他制造业	3623	3623	3623			
废弃资源综合利用业	121236					
金属制品、机械和设备修理业	76667	47067				47067
电力、热力生产和供应业	1136085	245796	2638		170998	72160
燃气生产和供应业	42475					
水的生产和供应业	58049	8996			8996	

工业企业现价总产值

13 年) 单位:万元

响水县	滨海县	阜宁县	射阳县	建湖县	东台市	大丰市
5171905	**4910094**	**4871063**	**4949277**	**6511962**	**8630623**	**6579521**
19379						
115521	118971	271830	922308	129981	572252	676459
		12220	54127		110015	
	15732		152560		16320	38225
588974	703952	579524	1421714	1035014	1496761	958743
189755	115480	131705	355120	304023	322838	69522
	14666		41795	560968	131273	37078
6697	49215		934		113657	30191
					9509	5496
14614	2061	26283	101293	37062	65489	208801
			16007	18439	3134	3163
	87269	160768	43055	25806	123224	199024
		106386		2750	117299	
2416085	2410577	892581	293677	455586	483334	1249922
313823	801959	112152	18800	28989	153596	268432
3687	9600	292010	120817	9348	299919	69387
38345	6707	170234	31714	263742	154647	103518
81093	28765	637250	166813	233327	943777	137459
686772	126483	220077	2235	228818	554806	530677
51904	78855	126946		45980	193857	119443
	2763	10900	21167	249614	607948	187852
95472	103860	483279	180467	1249445	607694	818760
5379	46521	111499	242900	978949	572156	30495
49216	2775	16456	54516	56181	25746	171116
50178				11174	124229	38740
41796	122499	304197	207887	551120	332406	205004
45852	26825	147093	47489		168976	19964
9539	3024	45331	54115	7298	226714	186270
14573			60085			46578
			29600			
333252	23945	10204	286841	28352	95501	112194
						42475
	7593	2139	21240		3547	14536

10－15 分行业规模以上

(20

行　　业	全　市	市　区	开发区	城南新区	亭湖区	盐都区
合　计	**15005437**	**5248707**	**2293267**	**124009**	**1295456**	**1535975**
非金属矿采选业	12333					
农副食品加工业	851689	180760	5737		51265	123758
食品制造业	64129	20089		10468	4455	5167
酒、饮料和精制茶制造业	114873	58146			41532	16614
纺织业	1894045	273419	11013	2534	103233	156638
纺织服装、服饰业	589587	236330	20552	62806	53452	99520
皮革、毛皮、羽毛及其制品和制鞋业	216698	11395		1418		9977
木材加工和木、竹、藤、棕、草制品业	41138					
家具制造业	3284					
造纸和纸制品业	103080	33840			22843	10998
印刷和记录媒介复制业	38045	20708			10406	10302
文教、工美、体育和娱乐用品制造业	208233	48400	1197	2462	30688	14052
石油加工、炼焦和核燃料加工业	24636	3374			3374	
化学原料和化学制品制造业	1923276	11662	7312		4350	
医药制造业	511075	9724			4714	5009
化学纤维制造业	167849	20047			20047	
橡胶和塑料制品业	271667	101193	5215	7948	69635	18395
非金属矿物制品业	858540	272790			158436	114354
黑色金属冶炼和压延加工业	510616	43706	5526		15186	22994
有色金属冶炼和压延加工业	102607	9199	672			8527
金属制品业	318939	63767		3629	5008	55130
通用设备制造业	1566381	745044	121262	12698	201860	409224
专用设备制造业	773018	328614	27233	1931	197153	102296
汽车制造业	2245886	2166679	2078588	2245	62853	22992
铁路船舶航空航天和其他运输设备制造业	54808					
电气机械和器材制造业	675175	260326	8960	14834	79133	157400
计算机、通信和其他电子设备制造业	153939	49881			17198	32683
仪器仪表制造业	297698	189335		1035	83097	105203
其他制造业						
废弃资源综合利用业	37383					
金属制品、机械和设备修理业	22167	13455				13455
电力、热力生产和供应业	308123	70762			49475	21287
燃气生产和供应业	9309					
水的生产和供应业	35212	6063			6063	

工业企业增加值

13年）

单位：万元

响水县	滨海县	阜宁县	射阳县	建湖县	东台市	大丰市
1209607	**1164721**	**1124992**	**1202259**	**1530332**	**2024707**	**1500113**
12333						
25398	24431	61700	224590	27940	130989	175880
		1455	14766		27819	
	4073		39527		4225	8902
140433	169260	136967	337491	247909	362306	226261
47548	24467	29674	84644	71612	78517	16795
	2850		11195	143836	37191	10232
	10497		203		25194	5244
					1999	1285
3938	486	6054	19423	9899	17281	12159
			5881	9155	1556	746
	23388	39147	9351	5845	30735	51368
		15479			5783	
559041	543206	205947	77549	110803	124365	290703
100298	226047	34202	5468	8959	43237	83142
	2060	61351	25728	2006	42078	14578
9181		37609	7612	57330	33966	24777
15851	7716	161870	46790	62292	258677	32555
119243	26949	46035	454	48517	115518	110194
9034	15091	24358		8474	36136	315
	697		7104	57288	145917	44165
21790	21742	113066	42171	292212	138261	192096
	9338	27739	53182	214243	133414	6489
11138	107	3211	11513	10840	5284	37114
12072				1191	31351	10194
7558	32852	67653	43083	130160	77183	56361
11628	6679	37978	2513		40476	4784
1904	604	9048	10801	1457	47033	37517
4886			16879			15618
			8711			
96334	7064	3010	81315	8364	25826	15448
						9309
	5118	1441	14316		2390	5884

10－16 分行业规模以上

(20

行　　业	全　市	市　区	开发区	城南新区	亭湖区	盐都区
合　　计	**63893293**	**22115695**	**9403381**	**463093**	**5610529**	**6638692**
非金属矿采选业	20152					
农副食品加工业	3518153	736495	18681		177054	540760
食品制造业	266474	93763		58495	16329	18939
酒、饮料和精制茶制造业	439965	224259			160086	64172
纺织业	8029835	1296348	32513	5561	541624	716650
纺织服装、服饰业	2361407	880885	81241	181602	217366	400676
皮革、毛皮、羽毛及其制品和制鞋业	788715	47635		6229	2960	38447
木材加工和木、竹、藤、棕、草制品业	203230					
家具制造业	17051	2307			2307	
造纸和纸制品业	579369	128713			84760	43953
印刷和记录媒介复制业	84641	43610			22861	20749
文教、工美、体育和娱乐用品制造业	836580	190513	4935	4138	120199	61242
石油加工、炼焦和核燃料加工业	242271	25211			25211	
化学原料和化学制品制造业	8462629	56521	27826		20508	8187
医药制造业	1724030	35145			18648	16497
化学纤维制造业	903372	95568			93418	2150
橡胶和塑料制品业	1193076	432047	23946	43559	290353	74190
非金属矿物制品业	3281022	1066588			612621	453967
黑色金属冶炼和压延加工业	2820420	319375	24370		193221	101784
有色金属冶炼和压延加工业	782334	45678	5960			39717
金属制品业	1352238	289761		18771	28601	242389
通用设备制造业	6827899	3410037	719006	53419	866938	1770673
专用设备制造业	3350324	1418567	122466	7688	844376	444036
汽车制造业	9041535	8683387	8271595	13977	288231	109584
铁路船舶航空航天和其他运输设备制造业	244452					
电气机械和器材制造业	3019647	1167319	35718	65886	342026	723689
计算机、通信和其他电子设备制造业	662967	233650	27705		75457	130488
仪器仪表制造业	1396669	892741		3770	392445	496526
其他制造业	3316	3316	3316			
废弃资源综合利用业	123525					
金属制品、机械和设备修理业	75842	47067				47067
电力、热力生产和供应业	1141047	240197	4103		163934	72160
燃气生产和供应业	38521					
水的生产和供应业	60587	8996			8996	

工业企业主营业务收入

13 年） 单位：万元

响水县	滨海县	阜宁县	射阳县	建湖县	东台市	大丰市
5194072	**5010810**	**4854007**	**4918775**	**6182569**	**8726802**	**6890563**
20152						
98508	117716	292646	916288	120028	563218	673254
		12125	48572		112014	
	15548		146976		16124	37058
522347	721460	590842	1403160	999097	1542373	954208
188385	112947	135659	356344	291756	325788	69642
	8513		38934	522093	134526	37014
7042	50128		2475		115128	28458
					9509	5235
12425	1870	26332	99111	35382	78660	196877
			15797	19003	3068	3163
	89020	176422	42069	25873	122514	190170
		98124		2619	116317	
2483416	2570375	888469	300133	416923	480153	1266639
323746	764970	131856	19086	28511	154291	266425
3687	9042	290225	114431	9249	330285	50886
38266	2528	167014	31149	259845	157429	104798
80045	26870	643116	165193	224510	945063	129637
710073	126089	210944	2235	213919	555548	682236
47809	79854	122561		44445	194730	247258
	2718	11252	16803	233051	612816	185836
96262	101237	442998	178193	1175328	606497	817347
5028	46597	109731	246013	915411	578663	30316
42305	2667	14491	51853	55155	25746	165931
69871				10936	124205	39440
40029	108953	320862	210203	546101	333522	292658
42553	18849	132650	45677		169923	19666
9253	3219	19854	55104	7291	224385	184823
14305			62570			46649
			28775			
338566	22279	10926	300390	26046	90760	111883
						38521
	7362	4907	21240		3547	14536

10－17 分行业规模以上

(20

行业	全市	市区				
			开发区	城南新区	亭湖区	盐都区
合计	**8049314**	**3669851**	**2024305**	**38100**	**743370**	**864076**
非金属矿采选业	1048					
农副食品加工业	269312	89240	2111		16767	70362
食品制造业	24991	8278		3607	2129	2542
酒、饮料和精制茶制造业	54143	33589			24308	9282
纺织业	815041	139113	-3320	607	69246	72580
纺织服装、服饰业	260630	105651	-4151	18097	33062	58643
皮革、毛皮、羽毛及其制品和制鞋业	93217	3987		-394	104	4277
木材加工和木、竹、藤、棕、草制品业	17243					
家具制造业	948	227			227	
造纸和纸制品业	52775	21142			15162	5980
印刷和记录媒介复制业	11745	8395			4382	4013
文教、工美、体育和娱乐用品制造业	89892	23790	384	355	13776	9275
石油加工、炼焦和核燃料加工业	12457	1346			1346	
化学原料和化学制品制造业	1019575	5294	3034		1086	1173
医药制造业	242402	3925			2854	1071
化学纤维制造业	70250	13239			12812	427
橡胶和塑料制品业	131322	55498	2265	4782	38665	9786
非金属矿物制品业	439604	151179			86552	64627
黑色金属冶炼和压延加工业	266402	21282	2974		6116	12192
有色金属冶炼和压延加工业	35632	3115	172			2943
金属制品业	148765	37031		1710	4028	31293
通用设备制造业	833320	451598	77466	3040	123978	247113
专用设备制造业	373354	178530	5885	494	119912	52239
汽车制造业	2040359	1994710	1937010	1494	36488	19718
铁路船舶航空航天和其他运输设备制造业	23174					
电气机械和器材制造业	303091	125601	857	3599	42725	78421
计算机、通信和其他电子设备制造业	62652	32943	-583		8990	24535
仪器仪表制造业	165740	119385		709	53005	65671
其他制造业	264	264	264			
废弃资源综合利用业	8025					
金属制品、机械和设备修理业	10420	7924				7924
电力、热力生产和供应业	161292	31787	-63		23861	7989
燃气生产和供应业	6218					
水的生产和供应业	4013	1790			1790	

工业企业利税总额

13年） 单位：万元

响水县	滨海县	阜宁县	射阳县	建湖县	东台市	大丰市
781906	**541005**	**427321**	**385062**	**736547**	**867486**	**640135**
1048						
9268	7693	11170	66039	12953	27370	45579
		1687	6574		8452	
	1310		11605		1010	6629
74159	75831	63919	116655	104874	158490	82000
28285	8472	13824	28660	32850	37417	5471
	741		4352	69443	13720	973
1762	3349		77		11700	355
					627	93
978	113	2904	4137	3255	4110	16136
			1085	1641	367	256
	13071	11653	2672	3678	16393	18635
		10226		-161	1047	
398924	272195	75247	29683	57635	46374	134222
66614	103256	13358	1277	2865	7212	43896
75	599	30648	8614	834	6898	9345
3745	-789	14285	2875	30879	14378	10451
6101	1214	60383	11702	25488	173043	10494
117916	6001	18110	248	21185	42158	39501
-5005	6209	11190		6955	12399	769
	-94	876	1044	26789	61293	21826
14601	9380	45804	17429	140136	68478	85895
-502	6249	8156	15179	120467	44156	1119
5601	-59	362	5647	6537	3149	24411
4151				692	14811	3519
3700	16005	27152	14825	63392	27782	24636
4729	1936	4517	1602		16046	881
998	463	1300	2503	369	16586	24137
1514			5216			1295
			2495			
43244	6940	361	22086	3790	31773	21311
						6218
	920	192	781		249	81

10－18 分行业规模以上

(20

行业	全市	市区	开发区	城南新区	亭湖区	盐都区
合计	4279918	1765721	870209	21791	444848	428873
非金属矿采选业	425					
农副食品加工业	156927	53978	1241		10394	42343
食品制造业	15237	4711		2357	892	1462
酒、饮料和精制茶制造业	29886	21756			16804	4951
纺织业	432272	69422	-3409	477	42995	29360
纺织服装、服饰业	133313	48251	-6356	7962	18149	28496
皮革、毛皮、羽毛及其制品和制鞋业	43821	1654		-394	74	1974
木材加工和木、竹、藤、棕、草制品业	9064					
家具制造业	460	5			5	
造纸和纸制品业	29502	11187			8864	2324
印刷和记录媒介复制业	6948	5324			2948	2375
文教、工美、体育和娱乐用品制造业	51373	14009	172	174	8969	4694
石油加工、炼焦和核燃料加工业	-887	-3835			-3835	
化学原料和化学制品制造业	630724	2634	1532		506	596
医药制造业	156223	2103			1687	416
化学纤维制造业	35177	7591			7336	255
橡胶和塑料制品业	73354	31970	1075	2810	23142	4942
非金属矿物制品业	247909	84034			52060	31974
黑色金属冶炼和压延加工业	130814	9455	1571		2580	5304
有色金属冶炼和压延加工业	13982	1488	132			1356
金属制品业	80056	18863		1246	2477	15141
通用设备制造业	444293	235975	37582	2490	74824	121080
专用设备制造业	193875	96582	346	189	71693	24353
汽车制造业	901161	872221	837275	1275	20893	12778
铁路船舶航空航天和其他运输设备制造业	13323					
电气机械和器材制造业	175224	67437	-558	2715	27871	37410
计算机、通信和其他电子设备制造业	32447	16911	-583		5383	12111
仪器仪表制造业	95546	68893		491	32452	35951
其他制造业	252	252	252			
废弃资源综合利用业	4771					
金属制品、机械和设备修理业	5673	4218				4218
电力、热力生产和供应业	129760	17583	-63		14635	3011
燃气生产和供应业	5311					
水的生产和供应业	1703	1051			1051	

工业企业利润总额

13 年）　　单位：万元

响水县	滨海县	阜宁县	射阳县	建湖县	东台市	大丰市
565892	**299541**	**213112**	**195351**	**394488**	**476882**	**368931**
425						
6563	3233	4992	35164	9279	16533	27186
		1142	5387		3997	
	465		5387		510	1768
57712	39367	32034	53113	59146	83390	38088
23004	2985	6900	12090	17156	20506	2422
	-5		2065	33423	6776	-92
1716	2303		75		5609	-639
					371	84
757	55	938	-135	1577	1758	13364
			364	904	196	160
	7670	6609	1035	2195	10348	9508
		4954		-178	-1829	
289138	152938	31292	17614	32779	22559	81769
52940	62106	7923	455	1716	3761	25219
75	443	14395	4006	373	902	7393
2555	-789	8955	1571	16659	7701	4733
4531	187	32017	5114	13125	104416	4485
62367	3669	9752	87	11146	20826	13513
-5011	3493	3484		3757	6295	476
	-94	684	363	14496	31721	14022
11625	4158	23682	9032	73323	38015	48484
-502	3344	3482	7359	61855	21731	24
3702	-150	104	3528	2998	1855	16904
3305				272	8254	1492
2919	8225	16561	6932	35595	17060	20494
3619	1014	1963	532		8382	25
750	217	924	1072	234	7753	15704
1027			2868			876
			1455			
42674	4371	308	18206	2660	27479	16479
						5311
	337	17	615		7	-323

10－19 分地区规模以上

(20

类　　别	全　市	市　区				
			开发区	城南新区	亭湖区	盐都区
企业单位数(个)	2920	656	83	30	208	335
#亏损企业数(个)	164	33	21	1	4	7
工业总产值(现价)	63705123	22080678	9373298	450119	5602855	6654407
工业销售产值(现价)	63448481	22361703	9794804	451461	5570345	6545093
#出口交货值	2763806	690755	219736	64182	60741	346096
工业增加值(现价)	15005437	5248707	2293267	124009	1295456	1535975
资产总计	35655337	11109870	5215626	373300	2480824	3040120
应收帐款净额	3657620	1337012	741986	78205	154624	362198
产成品	1561580	575136	307407	43781	80339	143609
流动资产小计	15325319	5705436	3480909	262512	663777	1298239
累计折旧	10901121	2931433	655825	50411	773860	1451337
固定资产净值	15715260	3910166	804926	80545	1629969	1394727
负债合计	19829579	5846504	3120755	239028	1226741	1259980
主营业务收入	63893293	22115695	9403381	463093	5610529	6638692
主营业务成本	54660521	18577553	7738624	367083	4735496	5736350
营业费用	1715986	695996	341565	38960	170680	144791
主营业务税金及附加	643495	400398	310130	2246	32646	55376
营业利润	4260622	1767051	863589	22072	446058	435333
管理费用	2011244	608060	191535	30842	171869	213814
财务费用	657060	100653		5633	44888	55287
利息支出	617809	114956	15129	4510	42042	53276
利润总额	4279918	1765721	870209	21791	444848	428873
亏损企业亏损额	109325	33130	21591	394	4286	6859
利税总额	8049314	3669851	2024305	38100	743370	864076
应交增值税	3125901	1503732	843966	14063	265876	379827
从业人员年平均人数(人)	560704	157984	31089	14374	47195	65326

工业企业主要经济指标

13年)

单位:万元

响水县	滨海县	阜宁县	射阳县	建湖县	东台市	大丰市
142	210	255	285	374	573	425
13	29	7	18	8	15	41
5171905	4910094	4871063	4949277	6511962	8630623	6579521
4985530	4827182	4912250	4889542	6236572	8581377	6654327
222627	121464	67538	83671	305327	708212	564211
1209607	1164721	1124992	1202259	1530332	2024707	1500113
3251181	2407129	2039717	3143654	2559942	5256172	5887671
190960	213686	291204	194291	403650	539897	486919
84838	118613	69207	126478	126325	209902	251082
858492	1024404	867004	1001027	1292184	2231364	2345408
435560	1205675	1259513	2334010	831028	1124910	778992
1935295	1118445	879118	1890099	829054	2378419	2774664
1765678	1201012	1211630	1875062	1185208	3284007	3460478
5194072	5010810	4854007	4918775	6182569	8726802	6890563
4377965	4220931	4256641	4219733	5083654	7846960	6077084
67502	124458	157167	135192	294457	121117	120096
13594	34735	27671	41437	50441	43628	31591
564113	292226	213840	194755	393884	466495	368258
103560	278016	154288	200640	280914	156564	229203
67637	54885	42673	128724	79192	95847	87449
61055	43895	30502	122836	79025	84714	80826
565892	299541	213112	195351	394488	476882	368931
10590	18851	12182	6582	676	13207	14106
781906	541005	427321	385062	736547	867486	640135
202420	206729	186538	148274	291619	346977	239613
31060	45841	43209	42811	68015	95110	76674

10-19 续表

类　　别	全　市	市　区				
			开发区	城南新区	亭湖区	盐都区
工业经济效益综合指数(%)	328.5	341.7	627.7	111.4	496.6	351.0
总资产贡献率(%)	23.3	14.3	17.8	1.7	54.4	31.5
资本保值增值率(%)	117.2	111.4	118.6	103.9	108.9	106.3
资产负债率(%)	54.9	52.6	59.8	68.6	49.1	41.3
流动资金周转率(%)	4.5	2.3	2.2	0.3	12.9	7.6
成本费用利润率(%)	6.9	8.0	9.3	4.9	8.6	6.0
全员劳动生产率(元/人)	287271	365910	818941	84218	321957	255680
工业产品销售率(%)	98.5	99.1	100.4	95.4	99.4	97.3
企业亏损面(%)	5.6	5.0	5.0	25.3	1.9	2.1
工业增加值率(%)	23.6	23.8	24.5	27.6	23.1	23.1
从业人员人均利税(元/人)	143557	232293	651132	26506	157510	132271
从业人员人均利润(元/人)	76331	111766	279909	15160	94257	65651
从业人员人均实现工业增加值(元/人)	267618	332230	737646	86273	274490	235125
主营业务收入利税率(%)	12.6	16.6	21.5	8.2	13.2	13.0
主营业务收入利润率(%)	6.7	8.0	9.3	4.7	7.9	6.5
现价产值占全市比重(%)	100.0	34.7	14.7	0.7	8.8	10.4
增加值占全市比重(%)	100.0	35.0	15.3	0.8	8.6	10.2
主营业务收入占全市比重(%)	100.0	34.6	14.7	0.7	8.8	10.4
利税总额占全市比重(%)	100.0	45.6	25.1	0.5	9.2	10.7
利润总额占全市比重(%)	100.0	41.3	20.3	0.5	10.4	10.0

单位:万元

响水县	滨海县	阜宁县	射阳县	建湖县	东台市	大丰市
423.4	332.6	337.9	307.7	323.8	298.3	247.2
24.8	23.4	20.9	19.7	30.2	25.2	13.5
114.9	110.9	108.5	121.1	121.2	118.1	136.9
55.3	45.4	60.0	59.2	45.7	62.4	55.9
5.3	5.6	5.5	5.5	5.6	5.3	3.1
10.9	6.6	4.8	4.2	6.8	5.8	5.5
401453	278288	308378	263198	239777	226196	208276
95.8	97.8	100.7	98.6	94.3	98.4	102.0
9.2	13.8	2.7	6.3	2.1	2.6	9.6
23.4	23.7	23.1	24.3	23.5	23.5	22.8
251741	118018	98896	89945	108292	91209	83488
182193	65343	49321	45631	58000	50140	48117
389442	254078	260361	280829	224999	212881	195648
15.1	10.8	8.8	7.8	11.9	9.9	9.3
10.9	6.0	4.4	4.0	6.4	5.5	5.4
8.1	7.7	7.6	7.8	10.2	13.5	10.3
8.1	7.8	7.5	8.0	10.2	13.5	10.0
8.1	7.8	7.6	7.7	9.7	13.7	10.8
9.7	6.7	5.3	4.8	9.2	10.8	8.0
13.2	7.0	5.0	4.6	9.2	11.1	8.6

10－20 分地区大中型工业

(20

类别	全市	市区	开发区	城南新区	亭湖区	盐都区
企业单位数(个)	383	138	24	8	53	53
#亏损企业数(个)	29	14	7		3	4
工业总产值(现价)	30474317	14810845	8601043	234870	2979843	2995090
工业销售产值(现价)	30464931	15092942	8928044	246020	2963539	2955339
#出口交货值	1610154	528033	178155	29014	22265	298598
工业增加值(现价)	7277395	3598089	2148660	78209	669751	701469
资产总计	19389382	7564286	4605906	230389	1317165	1410825
应收帐款净额	1755582	852177	598660	47290	55564	150663
产成品	889020	421966	279905	36741	50786	54535
流动资产小计	8824692	4137312	3076889	158615	379279	522528
累计折旧	5917415	1636722	591739	31588	444144	569251
固定资产净值	7963826	2294798	678319	51713	855622	709144
负债合计	11371111	4266807	2784038	135622	708100	639047
主营业务收入	30754866	14749721	8504842	256201	2991719	2996959
主营业务成本	25833167	12206530	6945430	184050	2504416	2572635
营业费用	933876	526175	332496	35350	94892	63437
主营业务税金及附加	441368	358768	307923	1729	20349	28767
营业利润	2359181	1262157	804554	13083	237198	207322
管理费用	932669	385231	160789	22195	98627	103621
财务费用	305100	44922		3235	26820	22167
利息支出	310444	64823	11922	2645	28874	21383
利润总额	2367271	1262126	809700	12885	235902	203640
亏损企业亏损额	48442	23953	15265		4126	4562
利税总额	4666912	2771205	1929574	25532	402044	414055
应交增值税	1858274	1150311	811951	10918	145793	181648
从业人员年平均人数(人)	269201	95798	23672	11605	27691	32830

企业主要经济指标

13 年）　　单位：万元

响水县	滨海县	阜宁县	射阳县	建湖县	东台市	大丰市
22	33	16	17	48	48	61
2	2	2			2	7
2935191	2093135	1068706	895703	2923614	2669780	3077342
2857611	2029017	1071337	896145	2791801	2666055	3060023
204012	39229	37865		216941	256571	327504
671010	502204	251217	233674	711089	629440	680673
2144206	931803	632313	958584	1283315	2390861	3484015
120327	78466	69371	54385	165094	177625	238137
44032	59823	16382	36142	62967	94566	153141
580806	406202	227369	293121	649388	1137528	1392965
320072	824762	794387	790323	595623	492507	463018
1326841	457852	308224	592181	379719	925159	1679052
1144718	441963	453524	663186	597841	1581034	2222038
3019922	2135112	1113256	911193	2766817	2748773	3310072
2576698	1804147	988704	794325	2209737	2405543	2847483
27128	42307	30824	20601	160147	46407	80286
7172	18198	5649	6406	20241	11953	12983
324058	142472	36630	36527	192189	159157	205991
42755	92561	37393	23859	151332	73926	125612
42767	29605	14662	31044	33171	54271	54658
42390	27055	11635	30816	33301	48545	51880
323644	148994	36737	36524	192306	165963	200977
5196	1502	6644			8263	2884
472983	260541	84009	67170	374384	302136	334484
142167	93350	41623	24241	161838	124220	120525
16451	24305	12554	11455	35033	35126	38479

10－21 分地区民营规模以上

(20

类　　别	全　市	市　区				
			开发区	城南新区	亭湖区	盐都区
企业单位数(个)	2532	543	33	20	189	301
#亏损企业数(个)	117	12	7		1	4
工业总产值(现价)	46296653	11291102	559174	303361	4974758	5453808
工业销售产值(现价)	45714902	11155772	542445	294113	4946845	5372369
#出口交货值	1631303	369955	88223	8468	57515	215749
工业增加值(现价)	10731513	2574922	116539	71161	1127667	1259555
资产总计	23774986	5244346	767090	178769	2067077	2231410
应收帐款净额	2352888	526891	109191	38674	132101	246925
产成品	993053	213039	22036	12223	75756	103025
流动资产小计	9644053	1965978	395050	117371	535229	918328
累计折旧	8037613	1899777	58890	29726	618330	1192831
固定资产净值	11043816	2540070	85434	52142	1382951	1019543
负债合计	12960896	2318343	474843	112340	928061	803099
主营业务收入	46384581	11370233	687181	265748	4980373	5436933
主营业务成本	40092964	9739320	614410	233411	4204743	4686756
营业费用	1116001	301944	19491	7590	152913	121950
主营业务税金及附加	284162	76684	722	840	25958	49164
营业利润	2847375	784947	20116	8297	398542	357993
管理费用	1512762	362580	26687	12485	149098	174311
财务费用	540147	107149	7898	3396	49106	46749
利息支出	468524	84358	4848	3033	33236	43241
利润总额	2848929	779196	21841	8041	397744	351570
亏损企业亏损额	67548	5497	1835		160	3502
利税总额	5104420	1450807	60806	14596	660769	714636
应交增值税	1971329	594928	38243	5715	237067	313903
从业人员年平均人数(人)	439504	107356	9853	4986	41008	51509

工业企业主要经济指标

13年)

单位:万元

响水县	滨海县	阜宁县	射阳县	建湖县	东台市	大丰市
132	200	231	245	357	493	331
10	25	5	12	8	11	34
4347370	4690205	4386739	3958852	5534435	7143697	4944254
4193315	4603209	4384940	3917755	5310552	7105917	5043442
61832	121464	39871	50335	288782	445601	253463
1016288	1116289	1012520	951303	1295139	1669121	1095932
2442341	2244247	1687764	1738486	2258117	3844815	4314870
153944	206494	225484	137198	363346	410250	329281
62611	113069	59830	94309	110717	168894	170586
648030	956340	700089	670481	1166426	1801565	1735144
356297	1145205	1103011	1555739	611034	843207	523343
1465799	1043392	730554	960447	738465	1544276	2020814
1370652	1110661	1010581	1047231	1091169	2440546	2571714
4347707	4778371	4300518	3923668	5262305	7217724	5184055
3662200	4021301	3761532	3380562	4371144	6503813	4653092
57157	116196	143839	106217	225842	103201	61606
11478	32482	25488	33230	43484	37588	23728
470637	285979	194263	156895	331930	379644	243080
91284	268260	137364	161365	220057	125543	146309
55245	48560	36628	86974	69822	69472	66297
49846	37167	26707	81558	69653	59472	59765
472413	291627	193276	157385	332534	385766	236732
8049	16758	6811	5429	676	11699	12629
650309	524539	389266	321236	612057	724354	431852
166418	200430	170502	130621	236039	301000	171392
28600	41752	36316	34393	61073	75452	54562

10－22　分地区私营规模以上

(20

类　　别	全　市	市　区	开发区	城南新区	亭湖区	盐都区
企业单位数(个)	1914	404	18	12	159	215
#亏损企业数(个)	60	3	3			
工业总产值(现价)	30868891	8314607	179835	173076	4326377	3635319
工业销售产值(现价)	30449463	8248749	178489	172036	4306119	3592105
#出口交货值	961424	152849	2043	8238	1026	141542
工业增加值(现价)	7131685	1888689	39582	43138	976632	829336
资产总计	12848917	3155405	95126	97208	1770836	1192234
应收帐款净额	1347463	251906	9376	14161	96807	131563
产成品	586594	130324	3463	7750	65083	54028
流动资产小计	5118347	923330	57571	58431	423279	384049
累计折旧	5258285	1218615	9846	19716	559369	629684
固定资产净值	6347624	1956605	16663	36905	1229799	673237
负债合计	6585372	1247030	53608	47875	780336	365211
主营业务收入	30712843	8260820	177657	138541	4343505	3601117
主营业务成本	26678128	7013798	162770	119391	3655391	3076245
营业费用	771752	234060	2190	5864	143059	82947
主营业务税金及附加	199624	57787	299	515	20727	36246
营业利润	1794934	609315	8109	3700	347645	249862
管理费用	953400	267667	3546	6678	132901	124543
财务费用	314753	78382	821	2409	43809	31343
利息支出	272379	62913	712	2158	30871	29172
利润总额	1795014	603163	8123	3533	346621	244887
亏损企业亏损额	30629	122	122			
利税总额	3307450	1090371	16247	7238	571388	495498
应交增值税	1312812	429421	7826	3190	204040	214365
从业人员年平均人数(人)	290045	74055	2619	3140	34441	33855

工业企业主要经济指标

13 年) 单位:万元

响水县	滨海县	阜宁县	射阳县	建湖县	东台市	大丰市
58	30	213	217	315	400	277
2	2	5	8	6	9	25
1571041	700825	4049311	3468725	4791465	4679647	3293270
1504392	689682	4051227	3431510	4619673	4624648	3279583
9150	19307	39871	49008	259800	276722	154718
326800	170801	929655	830075	1129089	1063597	792980
761408	332724	1503390	1392447	1906876	1848445	1948223
51214	11516	205404	115694	322744	220413	168573
19130	21382	57793	67736	96615	97716	95900
310234	165256	628989	560206	994875	779581	755877
178089	145474	1006092	1403719	512367	464346	329583
403189	118728	626591	747582	663963	870296	960671
415026	145269	913823	832279	943178	1092523	996244
1586699	789305	3989723	3426078	4573064	4675623	3411533
1359261	655463	3481902	2958184	3825399	4284251	3099871
25757	13472	136568	87074	182056	56799	35967
4091	4469	24563	29585	38137	24702	16290
153478	57759	181532	141267	283629	221558	146395
28803	58759	129990	139391	180592	62527	85673
12385	3110	33351	72159	63251	26865	25250
9505	1277	24586	67780	63082	23209	20027
154080	58291	181182	141372	284243	227297	145387
213	201	6811	4129	623	8301	10228
236314	97228	365573	282819	520323	433545	281277
78143	34469	159828	111863	197943	181546	119600
12258	4520	32662	26882	49613	49567	40488

10－23 分地区规模以上“三资”

(20

类　　别	全　市	市　区				
			开发区	城南新区	亭湖区	盐都区
企业单位数(个)	333	99	48	9	14	28
#亏损企业数(个)	36	17	13	1	1	2
工业总产值(现价)	15779318	10167527	8738638	131170	399181	898537
工业销售产值(现价)	16118521	10590988	9174518	145423	398306	872741
#出口交货值	1118156	306453	131364	55714	3226	116149
工业增加值(现价)	3868295	2526746	2175742	44633	103189	203182
资产总计	8956347	5177589	4399975	98940	197764	480909
应收帐款净额	1062493	740030	617212	13972	5207	103639
产成品	454564	334102	284842	24559	2920	21781
流动资产小计	4800316	3440094	3050988	75721	59383	254002
累计折旧	2206715	846402	594367	19313	47527	185195
固定资产净值	2947886	1042150	714401	16936	131487	179327
负债合计	4747913	2927239	2603135	38473	84409	201223
主营业务收入	15743336	10089104	8639565	145993	401381	902165
主营业务成本	13062349	8256028	7054192	94105	332677	775054
营业费用	563822	381658	320185	27138	17100	17235
主营业务税金及附加	350262	317266	309094	1220	1830	5122
营业利润	1307912	959337	841110	11325	34938	71965
管理费用	436182	218579	162219	11019	13947	31394
财务费用	70098			1258	3314	3661
利息支出	89486	18255	9805	469	3235	4747
利润总额	1323398	964563	845934	11455	35242	71932
亏损企业亏损额	32837	22484	18612	394	157	3322
利税总额	2789202	2165369	1958646	19959	55760	131004
应交增值税	1115542	883539	803617	7283	18689	53950
从业人员年平均人数(人)	102738	39690	20745	6431	3519	8995

工业企业主要经济指标

13 年）

单位：万元

响水县	滨海县	阜宁县	射阳县	建湖县	东台市	大丰市
7	7	20	32	16	74	78
2	2	2	5		3	5
780282	201354	442324	607781	963396	1323393	1293261
747962	190758	485456	589842	911988	1320119	1281409
160795		27667	33336	16546	262612	310747
185290	44455	102830	143686	231023	311275	322991
616370	98939	269893	599266	274813	880500	1038978
34885	5676	49635	29073	39783	51552	111860
21178	5067	7142	21873	15608	26831	22763
197128	43222	118680	161230	122146	294240	423576
56555	53821	151432	439530	218315	247582	193078
307838	40543	115840	400473	67188	487997	485857
269750	44511	148311	228348	78913	492958	557885
799787	200828	510296	600091	906899	1350314	1286017
678673	171464	459666	507185	701985	1223610	1063740
8790	7054	12459	20115	68422	16658	48666
2071	2244	2008	7258	6950	5933	6533
93289	7888	16003	18262	60159	63147	89826
10605	8178	15027	28212	60591	25985	69005
6361	4024	4937	19067	8792	17027	15058
5875	4072	2669	18571	8794	16084	15166
93291	9490	16021	18342	60159	66911	94620
1465	428	5371	863		1448	776
130919	17887	32632	40056	122469	117893	161977
35557	6154	14603	14456	55360	45049	60824
2222	3549	6336	6907	6932	18734	18368

10－24 分地区农产品加工业主要指标

(2013年)

县(市、区)	企业个数(个)	从业人数(人)	主营业务收入(万元)	注册商标数(个)	品牌数(个)
合计	1464	198503	14750986	1864	406
大市区	221	37082	3085135	285	140
开发区	11	378	71407	5	5
城南新区	9	727	24700	18	8
亭湖区	68	9320	892573	60	38
盐都区	133	26657	2096455	202	89
响水县	77	11168	1226331	285	38
滨海县	171	27828	1127692	67	32
阜宁县	167	23770	1523822	175	34
射阳县	203	16803	2506779	262	20
建湖县	135	20883	1139656	211	43
东台市	271	31433	2509670	214	32
大丰市	219	29536	1631901	365	67

注:主营业务收入统计范围系2000万元以上的农副食品加工业;食品制造业;酒饮料和精制茶制造业;纺织业;家具制造业;中药饮片加工与中成药生产;橡胶制品业;皮革、皮毛、羽毛及其制品和制鞋业;木材加工及木、竹、藤、棕、草制品业;造纸及纸制品业。其他指标系按500万元以上的农业龙头企业统计。

10－25 规模以上工业能源主要品种购进、消费与库存

(2013年)

能源名称	计量单位	年初库存	购进量		消费量		年末库存
			实物量	金额(千元)	合计	工业生产消费	
原煤	吨	446035	11602872	8133517	11430695	11428566	608221
其中:无烟煤	吨	22724	282418	315589	288789	288783	16159
炼焦烟煤	吨	1100	7904	5539	8553	8553	451
一般烟煤	吨	422211	11312538	7812389	11133295	11131188	585592
褐煤	吨		12	1	59	43	
洗精煤	吨	153895	958757	875439	1032146	1032146	80506
其它洗煤	吨						
焦炭	吨	17948	94228	138446	105577	105577	6535
其它焦化产品	吨	2801	11959	33486	11959	11959	2801
焦炉煤气	万立方米		12716	77660	12716	12716	
天然气(气态)	万立方米		3820	67758	3820	3820	
液化天然气(液态)	吨		6780	20154	6780	6780	
原油	吨	3509	40986	201896	41998	41998	2497
汽油	吨	18	12713	103487	13215	8278	12
煤油	吨	1	228	1865	228	228	1
柴油	吨	1273	30085	193376	30916	30373	768
燃料油	吨	32	727	3768	715	715	44
液化石油气	吨	4	6118	31765	6104	6104	18
其它石油制品	吨		229	1744	217	217	
热力	百万千焦		17148078	1440168	18560020	18560020	
电力	万千瓦时		1809746	12428626	1883463	1882883	
煤矸石用于燃料	吨				521	521	
城市垃圾用于燃料	吨		55110	15431	55110	55110	
生物质废料用于燃料	吨		144635	53273	316328	316328	
余热余压	百万千焦				111	111	
其它工业废料用于燃料	吨						
其他燃料	吨标准煤		2758	1328	2874	2874	
折标准煤合计	吨标准煤				12686917	12676629	

10－26 规模以上工业分地区

(20

类别	2012年		2013年	
	综合能源消费量（吨标准煤）	产值能耗（吨/万元）	综合能源消费量（吨标准煤）	产值能耗（吨/万元）
总计	**7134792**	**0.13**	**8901936**	**0.14**
按县(市、区)分				
大市区	1035690	0.22	1158558	0.22
亭湖区	550953	0.11	674705	0.12
盐都区	364979	0.06	363780	0.05
开发区	99417	0.01	103303	0.01
城南新区	20341	0.04	16770	0.03
响水县	1597540	0.37	2315910	0.44
滨海县	469906	0.11	531046	0.11
阜宁县	563537	0.13	691042	0.14
射阳县	1130041	0.24	1243648	0.25
建湖县	297556	0.06	322091	0.05
东台市	1173190	0.15	1222078	0.14
大丰市	867333	0.16	1417564	0.22
按轻重工业分				
轻工业	1190453	0.06	1200291	0.05
重工业	5944340	0.16	7701645	0.18
按行业分				
煤炭开采和洗选业				
非金属矿采选业	11138	0.41	9597	0.27
农副食品加工业	130696	0.04	120977	0.03
食品制造业	16689	0.08	17722	0.08
酒、饮料和精制茶制造业	29519	0.08	27463	0.06
烟草制品业	0	0.00	0	0.00
纺织业	430788	0.06	426379	0.05
纺织服装、鞋、帽制造业	57709	0.03	59575	0.03
皮革、毛皮、羽毛(绒)及其制品业	8206	0.0118	9150	0.01

☆能耗采用当量值

分行业综合能源消费量

13年)

类别	2012年		2013年	
	综合能源消费量（吨标准煤）	产值能耗（吨/万元）	综合能源消费量（吨标准煤）	产值能耗（吨/万元）
木材加工及木、竹、藤、棕、草制	22292	0.10	21160	0.11
家具制造业	88	0.01	112	0.01
造纸及纸制品业	184647	0.51	155751	0.37
印刷业和记录媒介的复制	2439	0.02	2606	0.03
文教、工美、体育和娱乐用品制造业	15867	0.03	13158	0.02
石油加工、炼焦及核燃料加工业	178140	0.51	162716	0.64
化学原料及化学制品制造业	1216798	0.18	1685376	0.20
医药制造业	108925	0.07	111888	0.06
化学纤维制造业	102763	0.14	140857	0.16
橡胶和塑料制品业	64517	0.06	71886	0.06
非金属矿物制品业	694526	0.21	702280	0.20
黑色金属冶炼及压延加工业	465627	0.22	590189	0.26
有色金属冶炼及压延加工业	160551	0.24	434041	0.33
金属制品业	57390	0.05	63052	0.05
通用设备制造业	280186	0.05	284934	0.04
专用设备制造业	74720	0.03	78907	0.02
汽车制造业	104589	0.01	113300	0.01
铁路、船舶、航空航天和其他运输设备制造业	12411	0.03	8593	0.04
电气机械及器材制造业	56299	0.02	60084	0.02
计算机、通信和其他电子设备制造业	13373	0.02	14524	0.02
仪器仪表制造业	34870	0.03	34740	0.03
其他制造业	694	0.02	333	0.01
废弃资源综合利用业	8969	0.09	7421	0.07
金属制品、机械和设备修理业	3039	0.03	2704	0.03
电力、热力生产和供应业	2577512	3.02	3457378	3.00
燃气生产和供应业	103	0.03	106	0.01
水的生产和供应业	8713	0.20	12977	0.22

10－27 规模以上工业分行业

(20

类　　别	原煤(吨)	洗精煤(吨)	焦炭(吨)	天然气(万立方米)	液化天然气(吨)	原　油(吨)
总　　计	**11430695**	**1032146**	**105577**	**3820**	**6780**	**41998**
其中:轻工业	786766		2026		5228	
重工业	10643930	1032146	103551	3820	1552	41998
非金属矿采选业	927					
农副食品加工业	93808					
食品制造业	12194					
酒、饮料和精制茶制造业	24441					
烟草制品业	0					
纺织业	199943		1790			
纺织服装、鞋、帽制造业	37544					
皮革、毛皮、羽毛(绒)等	6610					
木材加工及木、竹、藤等	18696					30
家具制造业	0					
造纸及纸制品业	127741					
印刷业和记录媒介的复制	610					
文教体育用品制造业	10351					
石油加工、炼焦及核燃料加工业	6506	1027419				41386
化学原料及化学制品制造业	848601					
医药制造业	47244				5132	
化学纤维制造业	157255					
橡胶和塑料制品业	52768					
非金属矿物制品业	599283		1856	3	1051	
黑色金属冶炼及压延加工业	314960		13975	540		
有色金属冶炼及压延加工业	123757	100	1076	93		582
金属制品业	23153	4627	1230	421	85	
通用设备制造业	127722		69671	381	512	
专用设备制造业	48792		2122			
汽车制造业	8243		2050	2239		
铁路、船舶、航空航天和其他运输设备制造业	2588			137		
电气机械及器材制造业	25926					
计算机、通信和其他电子设备制造业	1848					
仪器仪表制造业	18284		8594	6		
其他制造业	0					
废弃资源综合利用业	3875		3213			
金属制品、机械和设备修理业	1860					
电力、热力的生产和供应业	8482679					
燃气生产和供应业						
水的生产和供应业	2488					

分品种能源消费量

13 年）

汽油(吨)	煤油(吨)	柴油(吨)	燃料油(吨)	液化石油气(吨)	热 力 (百万千焦)	电 力 (万千瓦时)
13215	**228**	**30916**	**715**	**6104**	**18560020**	**1883463**
3257	200	6239		3061	2105221	403794
9958	28	24677	715	3043	16454799	1479669
						7240
582		2018			65945	38030
		401			5022	6637
					29782	7315
477	200	1957			269370	213842
205		129				26281
56		47			10169	3199
	2	195				5405
						91
185		446			424717	17755
7		1				1756
227		13		4		4389
592						4634
414	10	736	713	3	15117307	433767
1		18			1054730	25683
29		66			2543	23031
188		183			63580	23817
879		13924	2	3376	23145	124098
169		1071		14		263848
2		72			3900	278439
261		365		470	5782	28005
1067	1	4987				90395
1154	1	1167				31497
4723	8	463		1	119130	58017
41		17		8		3927
1784		1396		2228		26970
46		157				10501
43	5	88				10702
						271
						1247
5		24				1086
5		428			1364898	102573
						86
73		89				8919

10－28 规模以上工业企业能源加工转换产出

（2013 年）

能源名称	计量单位	工业生产消费量	加工转换投入合计	火力发电	供热	炼焦	炼油	能源加工转换产出
总　计	**吨标准煤**	**7389567.03**	**7212754.93**	**5033986.53**	**1194967.25**	**924677.1**	**59124.04**	**3774693.66**
原煤	吨	8485258	8482678	6762957	1719721			
其中：无烟煤	吨	49600	49600	49600				
炼焦烟煤	吨							
一般烟煤	吨	8435658	8433078	6713357	1719721			
褐煤	吨							
洗精煤	吨	1027419	1027419			1027419		
焦炭	吨							739938
其它焦化产品	吨							38518
焦炉煤气	万立方米							2341
天然气(气态)	万立方米							
液化天然气(液态)	吨							
原油	吨	41386	41386				41386	
汽油	吨	592						13823
煤油	吨							
柴油	吨	428	424	398	26			9949
燃料油	吨							
液化石油气	吨							4265
其它石油制品	吨							2381
热力	百万千焦	1364898						28205317
电力	万千瓦时	103783						1613008
城市垃圾用于燃料	吨	55110	55110	55110				
生物质废料用于燃料	吨	251275	251275	251275				
余热余压	百万千焦							
其它工业废料用于燃料	吨							
其他燃料	吨标准煤							

10－29 全社会用电量

(2005–2013 年) 单位:万千瓦时

类 别	2005 年	2008 年	2010 年	2011 年	2012 年	2013 年
全社会用电总计	**762559**	**1183875**	**1586253**	**1845826**	**2253086**	**2751571**
农、林、牧、渔、水利业	29166	30354	38270	46372	54536	61677
#排 灌	9446	7567	9791	11847	13270	12974
工 业	543362	847143	1118579	1322900	1644872	2041910
按轻重工业分:						
轻工业	189299	260134	331010	349840	405180	440472
重工业	354063	587009	787569	973060	1239692	1601438
按行业分:						
食品、饮料和烟草制造业	17231	29327	39167	42976	50735	55664
纺织业	111539	149383	182184	186256	203695	216600
服装鞋帽、皮革羽绒及其制品业	7480	13870	15726	15383	18365	20356
木材加工及制品和家具制品业	4119	4893	6393	6495	8077	8686
造纸及纸制品业	10742	18687	23814	25260	27117	29171
印刷业和记录媒介的复制	959	1213	1387	1368	1393	1344
石油加工、炼焦及核燃料加工业	653	3502	5420	7204	8617	8525
化学原料及化学制品制造业	100700	167578	184633	227411	326224	422996
医药制造业	4599	9030	15396	17615	15923	18293
化学纤维制造业	5433	7527	8577	9273	9215	11166
橡胶和塑料制品业	11086	19365	25995	31298	32079	33877
非金属矿物制品业	57013	88256	102923	104945	114311	112898
黑色金属冶炼及压延加工业	30936	69620	132648	187652	304177	551342
有色金属冶炼及压延加工业	5349	7069	8293	20160	22611	27769
金属制品业	17337	27251	39475	50976	91711	117599
通用及专用设备制造业	28070	67965	111594	137371	143153	141139
交通运输、电气、电子设备制造业	10547	28228	48999	62171	72115	77397
电力、燃气及水的生产和供应业	108394	126732	156070	179336	184747	174539
建筑业	5379	12621	18656	24297	26732	30611
交通运输、仓储和邮电通讯业	3562	4965	5492	6073	6828	7731
商业、住宿和餐饮业	14251	31598	45963	53374	62984	72628
城乡居民生活用电	138252	198101	270865	290218	336919	398903
乡村用电	86609	127790	171006	184541	213636	146195
城市用电	51643	70311	99859	105677	123283	252708

10－30 分 地 区 全

(20

类 别	合 计	大市区	响 水	滨 海
全社会用电总计	**2751571**	**460602**	**513449**	**244505**
全行业用电合计	2352668	359137	486436	200433
第一产业	61677	6570	3858	7065
第二产业	2072521	258794	473219	177310
第三产业	218470	93773	9359	16058
城乡居民生活用电合计	398903	101465	27013	44072
城镇居民	146195	52817	8824	11918
乡村居民	252708	48648	18189	32154
全行业用电分类	2352668	359137	486436	200433
农、林、牧、渔业	61677	6570	3858	7065
其中:排灌	12974	972	1852	3657
工业	2041910	249550	470005	175008
轻工业	440472	69092	20608	34403
重工业	1601438	180458	449397	140605
采矿业	4323	34	1810	29
制造业	1863048	210141	446945	156283
食品、饮料和烟草制造业	55664	7592	2918	2281
纺织业	216600	37400	9635	11187
服装鞋帽、皮革羽绒及其制品业	20356	3918	1218	590
木材加工及制品和家具制品业	8686	458	110	3674
造纸及纸制品业	29171	4319	761	609
印刷业和记录媒介的复制	1344	785	8	21
文体用品制造业	693	109	0	26
石油加工、炼焦及核燃料加工业	8525	980	4499	15
化学原料及化学制品制造业	422996	667	78100	72820
医药制造业	18293	514	2105	10117
化学纤维制造业	11166	686	5	101
橡胶和塑料制品业	33877	14062	783	733
非金属矿物制品业	112898	19824	3751	3512
黑色金属冶炼及压延加工业	551342	33715	338782	0
有色金属冶炼及压延加工业	27769	230	0	23791
金属制品业	117599	6289	573	1956
通用及专用设备制造业	141139	25802	1004	20807
交通运输、电气、电子设备制造业	77397	47509	2576	3813
工艺品及其他制造业	5131	3549	91	67
废弃资源和废旧材料回收加工业	2402	1733	26	163
电力、燃气及水的生产和供应业	174539	39375	21250	18696
建筑业	30611	9244	3214	2302
交通运输、仓储和邮政业	7731	3395	459	503
信息传输、计算机服务和软件业	16524	5765	965	1472
商业、住宿和餐饮业	72628	24427	3792	6573
金融、房地产、商务及居民服务业	49009	30839	1482	2079
公共事业及管理组织	72578	29347	2661	5431

社 会 用 电 量

13 年)

单位 :万千瓦时

阜 宁	射 阳	建 湖	东 台	大 丰
304789	**186938**	**172607**	**389887**	**478794**
259191	140252	132146	337561	437512
4140	7048	4343	13283	15370
237033	116043	111552	299617	398953
18018	17161	16251	24661	23189
45598	46686	40461	52326	41282
17056	14858	16658	12000	12064
28542	31828	23803	40326	29218
259191	140252	132146	337561	437512
4140	7048	4343	13283	15370
1584	1466	1335	1054	1054
232802	112906	109250	296168	396221
41255	71650	37201	73405	92858
191547	41256	72049	222763	303363
4	8	24	2271	143
217557	90199	93795	274264	373864
4649	21574	1164	8620	6866
26636	36639	22699	34324	38080
1816	985	2025	2665	7139
372	500	179	538	2855
1577	8626	1426	7601	4252
46	12	166	123	183
150	41	82	113	172
19	118	15	2879	0
76519	7783	2151	9392	175564
847	420	730	294	3266
609	632	190	8618	325
4225	757	5194	6002	2121
3653	4432	5141	65463	7122
78894	464	0	44890	54597
7	12	0	3729	0
3582	1846	4998	61035	37320
9836	2847	40595	13096	27152
3841	2371	6761	4387	6139
212	127	179	322	584
67	13	100	173	127
15241	22699	15431	19633	22214
4231	3137	2302	3449	2732
551	586	444	893	900
1450	1682	1484	2028	1678
7183	7752	6377	9113	7411
2242	1726	2528	4494	3619
6592	5415	5418	8133	9581

10－31　规模以上工业企业水消费量

（2013 年）

指　　标	报告期取水量（立方米）	支付费用的取水量（立方米）	水费金额（千元）	外供水量（立方米）
取水总量	439015267	394127685	141955	141525380
陆地地表水	256205816	211954955	45663	
其中:陆地湖咸水				
地下水	12936005	12344132	6919	
其中:地下咸水				
自来水	29411995	29390495	75615	141525380
海水	140420004	140420000	13725	
其他水	41448	18104	32	
重复用水量	332680404			
冷却直排水	261005233			
废水排放量	52489410			

主要统计指标解释

规模以上工业企业 指全部国有工业企业和年产品主营业务收入2000万元及以上的非国有工业企业。这是现行工业统计定期报表的统计对象，又称为工业定报企业。

工业总产值 是以货币表现的工业企业在报告期内生产的工业产品总量，它是反映一定时期内工业生产总规模和总水平的重要指标。它包括：本年生产成品价值、对外加工费收入和自制半成品和在产品期初期末差额。根据计算工业总产值的价格不同，工业总产值又分为现价工业总产值和不变价工业总产值。

工业增加值 是以货币表现的工业企业在报告期内生产活动的最终成果。工业增加值有两种计算方法：一是生产法，即工业总产值减去中间投入；二是收入法，即从收入的角度出发，根据生产要素在生产过程中应得到的收入份额计算，具体构成项目有固定资产折旧、劳动者报酬、生产税净额、营业盈余，这种方法也称要素分配法。

工业经济效益综合指数 是衡量工业经济效益各个方面在数量上总体水平的一种特殊相对数，是反映工业经济运行质量的综合指标，它是以各项指标的实际值分别除以该项指标的全国标准值，并乘以各自权数，加总后除以总权数求得。它是以每项指标的实际分值分别除以该项指标的标准值——“八五”末期、“九五”初期的全国平均值，并乘以权数，加总后再除以总权数而求得。七项指标的标准值分别为：总资产贡献率10.7%、资本保值增值率120%、资产负债率60%、流动资产周转率1.52次、成本费用利润率3.71%、全员劳动生产率16500元/人、产品销售率96%。七项指标的权数分别为：总资产贡献率20、资本保值增值率16、资产负债率12、流动资产周转率15、成本费用利润率14、全员劳动生产率10、产品销售率13。

总资产贡献率 是指企业一定时期内社会总贡献与平均资产总额的比率。社会总贡献包括利税总额和利息支出。该指标反映企业的获利能力，是企业经营业绩和管理水平的集中体现，是评价和考核企业盈利能力的核心指标。

资本保值增值率 是指企业报告期净资产与基期净资产的比率。该指标反映企业净资产的变动状况，是企业发展能力的集中体现。

资产负债率 是指企业负债与资产的比率。该指标既反映企业经营风险的大小，也反映企业利用债权人提供的资金从事经营活动的能力。

流动资产周转率 是指一定时期内企业流动资产完成的周转次数。该指标反映投入工业企业流动资金的周转速度。

成本费用利润率 是指企业利润与生产成本及费用的比率。该指标反映企业投入的生产成本及费用的经济效益，同时也反映企业降低成本所取得的经济效益。

全员劳动生产率 是指企业平均每个从业人员一定时期内新创造的价值——增加值。该指标反映企业的生产效率和劳动投入的经济效益。

产品销售率 是指企业销售产值与总产值的比率。该指标反映企业生产的产品已实现销售的程度，是分析产销衔接状况、研究工业产品满足社会需求程度的指标。

十一、建筑业

Construction

11－1 建筑业主要指标

(2000–2013 年) 单位：万元、万平方米

指标	2000 年	2005 年	2008 年	2010 年	2011 年	2012 年	2013 年
单位个数(个)	386	498	665	778	808	825	856
建筑企业总产值	1767917	2247224	4542374	6494356	8191297	9545644	11340584
竣工产值	1218695	1868243	3919602	5517445	7029822	7553533	9308818
施工房屋的面积	2581	2834	5257	7030	8431	8943	10450
#本年新开工	1807	1622	2944	4072	4663	4120	5239
竣工房屋的面积	1607	1518	2623	3120	3976	3979	4145
#住宅	904	770	1516	1963	2305	2625	2766
营业收入	1113387	1578118	4005938	5186568	6871292	8117699	9831427
营业成本	985640	1385676	3527765	4484798	5927291	8100429	8506684
利润总额	22790	43829	138515	226321	347986	387091	484891
年末固定资产原值	330939	542211	766036	936500	1103038	1211065	1426846

11－2　分经济类型施工总承包建筑企业主要指标

（2013 年）

指　　标	总　计	国　有	集　体	私　营	其　他
单位个数（个）	856	12	8	481	355
建筑业合同（万元）					
签订的合同额	18180124	123979	70420	7341442.5	10644283
上年结转合同额	6599317	40156	4664	3054333	3500164
本年新签合同额	11580807	83823	65756	4287109	7144119
承包工程（万元）					
从建设单位承揽工程完成的产值	10731173	111569	47547	4860426	5711631
#自行完成施工产值	10726325	111569	47547	4860116	5707093
#分包出去工程的产值	4848			310	4538
从建设单位以外承揽完成的产值	494215	35216	9370	176019	273609
建筑业总产值（万元）	11340584	146897	58177	5109080	6026430
#装饰装修产值	194385		780	88797	104808
#在外省完成的产值	3922757	169		1634204	2288385
建筑工程产值	10811317	143234	40337	4883382	5744365
安装工程产值	302204	3551	16580	137227	144845
其他产值	107019			15526	91492
竣工产值（万元）	9308818	78744	45776	4381823	4802475
房屋建筑施工面积（万平方米）	10450		45	4306	6099
#本年新开工面积	5239		29	2095	3115
#实行投标承包面积	9771		38	3850	5883
#本年新开工	4824		22	1829	2974
年末自有施工机械设备					
净值（万元）	676075	9651	5013	327645	333767
总台数（台）	113494	1105	1064	43096	68229
总功率（千瓦）	2790478	40817	24166	1264897	1460598
从业人员情况（人）					
从业人员平均人数	473485	3015	2789	212818	254863
年末从业人员中工程技术人员	69422	972	602	35582	32266
一级建造师	2035	5	11	998	1021
年末从业人员中现场施工工人	370824	2485	1770	159954	206615
#持证上岗人员	237374	560	1064	110358	125392
主要建筑材料消耗量					
钢材（吨）	4422655	18452	7982	1592615	2803606
木材（立方米）	2178494	7701	2502	1077695	1090596
水泥（吨）	13887490	278671	14297	5335868	8258654
平板玻璃（重量箱）	10802494		8775	4681160	6112559
平板玻璃（平方米）	1035622		835	318662	716125
铝材（吨）	465235		902	80222	384111
补充资料					
企业总产值（万元）	11482155	170463	58517	5117095	6136080

11－3 分经济类型施工承包建筑企业财务指标

(2013 年)

指　　标	总　计	国　有	集　体	私　营	其　他
单位个数(个)	856	12	8	481	355
年初存货	1001635	14542	7864	438235	540994
年末资产负债					
流动资产合计	5702074	122423	74963	2433176	3071512
#存　货	1285922	8158	11080	456998	809686
固定资产合计	1226873	27843	7636	646416	544978
固定资产原价	1426846	21206	12863	699416	693361
累计折旧	485003	6895	5491	223240	249378
在建工程	105056	12737	73	51438	40808
资产合计	7557888	152756	87365	3341962	3975806
流动负债合计	3619219	92033	57640	1367306	2102240
负债合计	3807839	93925.1	58229.5	1470357.8	2185327
所有者权益合计	3685793	58793	28080	1826364	1772557
#实收资本	1748009	22326	10073	962468	753143
#国家资本	49111	22288	3058		23766
#集体资本	30046		2433	5180	22433
#法人资本	363450		880	235132	127437
#个人资本	1256559		2800	686447	567313

11-3 续表

单位:万元

指　　标	总 计	国 有	集 体	私 营	其 他
损益及分配					
营业收入	9831427	133711	58662	4566745	5072310
营业成本	8506684	111643	48375	3908066	4438600
营业结算税金及附加	390497	4463	1903	177494	206637
其他业务利润	13487	39		5223	8225
管理费用	320726	4955	4788	169241	141743
#税　金	14970	166	71	7632	7100
财务费用	83772	505	346	37709	45212
#利息支出	63578	117	319	28812	34330
营业利润	490178	12124	2989	252799	222267
营业外收入	6338	24	105	2307	3903
营业外支出	9902	577	139	4359	4827
利润总额	484891	11570	2974	249031	221316
应交所得税	107442	2292	315	56316	48519
年末从业人员年平均人数(人)	473485	3015	2789	212818	254863

11－4 分地区施工承包

(20

指 标	合 计	市 区	开发区	城南新区	亭湖区	盐都区
单位个数(个)	856	374	8	13	217	136
建筑业合同(万元)						
签订的合同额	18180124	7258380	44863	267791	2923953	4021773
上年结转合同额	6599317	2351752	2349	23302	1123343	1202758
本年新签合同额	11580807	4906628	42514	244489	1800610	2819015
承包工程(万元)						
从建设单位承揽工程完成的产值	10731173	3491671	33474	175573	1757575	1525049
#自行完成施工产值	10726325	3491596	33474	175573	1757575	1524974
#分包出去工程的产值	4848	75				75
从建设单位以外承揽完成的产值	494215	176333	709	18595	49266	107763
建筑业总产值(万元)	11340584	3697791	34183	194168	1830408	1639032
#装饰装修产值	194385	112046	1100	14801	63969	32176
#在外省完成的产值	3922757	976059	205	5743	397332	572779
建筑工程产值	10811317	3428971	33288	177500	1656257	1561927
安装工程产值	302204	173017	895	16669	125349	30104
其他产值	107019	65941			25236	40706
竣工产值(万元)	9308818	2845177	29054	156005	1554553	1105564
房屋建筑施工面积(万平方米)	10450.32	4123.47	24.50	60.40	1415.34	2623.23
#本年新开工面积	5238.77	2136.03	14.10	25.54	561.93	1534.46
#实行投标承包面积	9771.13	3874.51	10.15	60.39	1313.20	2490.77
#本年新开工	4824.37	1950.56	3.60	25.54	480.85	1440.58
年末自有施工机械设备						
净值(万元)	676075	234795	2431	7399	100503	124462
总台数(台)	113494	42112	413	1165	27366	13168
总功率(千瓦)	2790478	1010324	4843	13861	545401	446219
从业人员情况(人)						
从业人员平均人数	473485	165175	1510	5816	80507	77342
年末从业人员中工程技术人员	69422	21395	269	897	11826	8403
一级建造师	2035	874	2	27	616	229
年末从业人员中现场施工工人	370824	138197	571	4688	60238	72700
#持证上岗人员	237374	90440	305	4387	41626	44122
主要建筑材料消耗量						
钢材(吨)	4422655	1397081	9460	74992	582449	730180
木材(立方米)	2178494	627875	3226	76133	297174	251342
水泥(吨)	13887490	5457361	70420	726918	1740434	2919589
平板玻璃(重量箱)	10802494	3296772	48300	529704	994108	1724660
平板玻璃(平方米)	1035622	302938	325	2501	82825	217287
铝材(吨)	465235	63836	265	20146	19167	24258
补充资料						
企业总产值(万元)	11482155	3812041	42886	202937	1925394	1640824

建筑企业主要指标

13 年）

响水县	滨海县	阜宁县	射阳县	建湖县	东台市	大丰市
31	66	112	47	98	57	71
299190	1040034	3849332	832312	2553722	1514847	832306
66433	242377	1660511	132241	1437829	478890	229285
232758	797657	2188821	700071	1115893	1035957	603021
238646	717465	2785278	607132	1383940	940734	566308
238646	717450	2784852	607132	1381630	940201	564818
	14	426		2310	533	1490
50659	16498	59561	34041	72828	60837	23458
289547	737273	2894508	646329	1475983	1009376	589777
960	9473	34729	6560	14147	7206	9265
15233	171540	1376486	151131	793217	361193	77899
289305	714990	2832120	589673	1414082	973922	568256
	18744	6673	19077	38628	27037	19028
	215	5620	32423	1748	79	992
256529	596565	2315162	582111	1407601	806487	499186
221.78	636.18	2508.50	331.58	973.55	1106.58	548.66
92.68	363.53	1092.91	255.38	479.50	524.02	294.71
156.62	574.18	2397.28	302.38	898.58	1076.54	491.05
72.83	329.51	1019.64	229.30	450.61	502.69	269.23
27198	83155	194154	25199	55735	28082	27758
3088	6342	28504	4334	11716	14123	3275
91392	194609	883272	91917	222216	204304	92444
10349	52350	100023	22432	50681	46257	26218
1804	7075	21553	3223	5210	4128	5034
38	159	515	62	148	107	132
7274	35384	71680	15810	44713	37396	20370
4114	25252	53457	9403	25788	15332	13588
154098	197854	1650288	204971	261584	420725	136054
29682	117349	643597	299213	93555	138234	228989
1082794	1993103	1170083	1001008	998191	1711599	473351
788966	392683	2455192	381608	627412	1240761	1619100
9887	64709	315589	62824	63797	125169	90709
1328	17150	283485	2257	11697	60879	24603
314047	741055	2844413	645313	1490363	1024774	610150

11－5 分地区施工承包

(20

指 标	合 计	市 区	开发区	城南新区	亭湖区	盐都区
年初存货	**1001635**	**281009**	**3197**	**4168**	**137664**	**135981**
年末资产负债						
流动资产合计	5702074	2300624	27535	73682	1152868	1046540
#存 货	1285922	539082	5824	6925	188765	337568
固定资产合计	1226873	498615	11685	8377	267731	210822
固定资产原价	1426846	510107	11810	12621	234154	251521
累计折旧	485003	164326	1936	4996	84261	73134
在建工程	105056	41869	1808	360	23055	16646
资产总计	7557888	2964984	45460	86382	1515549	1317592
流动负债合计	3619219	1492822	19588	48251	749269	675714
负债合计	3807839	1568532	22570	48257	793766	703940
所有者权益合计	3685793	1385679	22891	38126	713907	610755
#实收资本	1748009	686474	16820	19574	377134	272946
#国家资本	49111	20212		404	9799	10010
#集体资本	30046	7844			5447	2397
#法人资本	363450	183102		5230	117497	60376
#个人资本	1256559	464982	16820	13941	236441	197780

建筑企业财务指标

13 年) 单位:万元

响水县	滨海县	阜宁县	射阳县	建湖县	东台市	大丰市
19808	**44969**	**308981**	**34656**	**142445**	**113489**	**56279**
132220	205594	1163048	220734	679822	519401	480631
16104	46573	283132	45007	169564	112856	73605
46800	104495	282386	43218	108408	78429	64521
53969	123452	365338	67288	173010	73698	59985
12516	25889	127503	26712	72219	34060	21778
4305	2140	23005	462	8498	1272	23507
187324	341928	1541225	280934	915762	646628	679104
78441	126146	622829	147648	447173	391949	312212
80261	150095	646042	152775	456701	401732	351701
106194	177850	870997	127365	451248	240275	326186
58025	150672	370881	71022	198419	91025	121492
5289	6236			3571	5746	8058
1228	2850	5180	120	2506	4631	5687
13246	24760	54292	6708	41429	10267	29646
37509	103398	298700	63800	144103	66976	77090

11-5 续表

指　　标	合　计	市　区				
			开发区	城南新区	亭湖区	盐都区
损益及分配						
营业收入	9831427	3328013	36695	190351	1772125	1328843
营业成本	8506684	2909335	29368	168869	1543632	1167467
营业税金及附加	390497	123531	1820	6690	64948	50072
其他业务利润	13487	6090			6075	14
管理费用	320726	110798	1904	3725	66294	38874
#税　金	14970	6684	252	142	2999	3291
财务费用	83772	25814	467	811	14384	10153
#利息支出	63578	21532	401	577	12017	8537
营业利润	490178	137695	1888	9213	75362	51232
营业外收入	6338	4869		78	1859	2932
营业外支出	9902	6040		209	2542	3290
利润总额	484891	136477	1888	9082	74640	50867
应交所得税	107442	28549	511	1512	14886	11640
年末从业人员年平均人数(人)	473485	165175	1510	5816	80507	77342

单位:万元

响水县	滨海县	阜宁县	射阳县	建湖县	东台市	大丰市
266306	655114	2390682	606902	1392942	592557	598911
229259	576015	2063253	501899	1173237	527156	526530
9786	24309	101689	30269	57337	23120	20456
	152	34		1927	2173	3111
10571	27729	53370	37042	52160	12964	16092
819	809	1540	788	2052	1044	1234
1365	3128	14230	2476	24761	5311	6688
882	1712	9190	1808	21120	4444	2892
13942	22222	153879	33284	79857	22197	27102
		211	119	68	124	948
48	142	539	502	1333	327	973
13894	22173	152716	32883	77693	21984	27069
2385	4583	34740	6865	18768	4695	6857
10349	52350	100023	22432	50681	46257	26218

11－6 分地区劳务分包

(20

指　　标	合　计	市　区	亭湖区	盐都区
单位个数(个)	117	32	22	10
建筑业总产值	120044	29862	23566	6296
从业人员情况(人)				
从业人员期末人数	14939	3477	2242	1235
年末从业人员中工程技术人员	1899	339	196	143
年末从业人员中现场施工工人	12075	2294	1202	1092
资产及负债				
固定资产原价	21078	4760	2803	1958
本年折旧	1930	737	125	613
资产总计	94218	15166	10704	4462
负债合计	29963	4393	2828	1565
实收资本	48598	10089	7706	2383
损益及分配				
营业收入合计	111818	27847	23201	4647
#主营业务收入	111621	27847	23201	4647
主营业务成本	86458	19926	16073	3854
#主营业务税金及附加	3797	562	363	199
财务费用合计	693	107	31	76
营业利润	11181	5953	5781	172
利润总额	9459	5906	5742	164
从业人员工资总额	537259	89272	43438	45834
全部从业人员年平均人数(人)	13989	2757	1507	1250

建筑企业主要指标

13年) 单位:万元

响水县	滨海县	阜宁县	射阳县	建湖县	东台市	大丰市
2	10	27	6	22	11	7
242	3325	50095	5156	21525	8338	1501
96	1189	5738	340	2837	1022	240
17	59	1101	35	177	151	20
73	1002	4780	292	2555	900	179
471	1274	4988	774	4689	3188	933
21	62	552	93	167	242	56
1050	15558	40652	1802	10676	7418	1898
180	1575	16466	1009	2862	2797	681
753	13429	12709	395	6810	3405	1010
242	3280	48994	5156	16815	8022	1461
242	3280	48994	5156	16812	8022	1268
185	2997	37504	3809	14228	7064	745
7	90	1998	291	500	299	51
7	44	338	49	95	49	4
13	136	3303	120	1434	177	46
13	228	2469	101	535	168	38
1621	31047	257522	8725	110890	28467	9715
94	1167	5658	340	2728	1005	240

11-7 分经济类型劳务分包建筑企业主要指标

（2013年） 单位：万元

指 标	总 计	国 有	集 体	私 营	其 他
单位个数(个)	117	1	2	69	45
建筑业总产值	120044	112	1260	72945	45728
从业人员情况(人)					
从业人员期末人数	14939	28	217	8503	6191
年末从业人员中工程技术人员	1899	3	8	1111	777
年末从业人员中现场施工工人	12075	25	148	6444	5458
资产及负债					
固定资产原价	21078	42	872	8971	11193
本年折旧	1930	4	54	883	990
资产总计	94218	335	1567	57625	34691
负债合计	29963	297	511	12386	16769
实收资本	48598	38	902	35709	11950

11–7 续表

指　　标	总　计	国　有	集　体	私　营	其　他
损益及分配					
营业收入合计	111818	112	1260	67486	42960
# 主营业务收入	111621	112	1067	67483	42960
主营业务成本	86458	89	661	49308	36400
# 主营业务税金及附加	3797	7	33	2015	1743
财务费用合计	693	6	9	433	244
营业利润	11181	1	28	9627	1526
利润总额	9459	1	47	7913	1498
从业人员工资总额	537259	360	8749	253514	274636
全部从业人员年平均人数(人)	13989	28	217	7671	6073

11－8 分地区建筑业

(1992-

年 份	合 计	市 区					
			市直	开发区	城南新区	亭湖区	盐都区
1992	145.7	149.8	135.2			273.2	123.3
1993	185.4	161.8	207.6			151.0	147.4
1994	174.2	217.0	225.1			118.6	270.8
1995	148.1	137.1	126.4			151.8	138.9
1996	135.4	125.4	119.5			185.1	111.1
1997	114.3	113.2	76.3			133.2	122.9
1998	118.6	99.5	99.5			52.0	124.2
1999	120.9	125.7	111.8			176.8	118.2
2000	100.9	119.1	114.4			167.6	104.4
2001	92.5	98.3	149.3			72.8	97.9
2002	112.5	106.2	106.2			95.1	110.6
2003	109.8	115.5	221.6			132.1	67.9
2004	106.3	111.3	123.9			103.9	99.9
2005	108.8	105.4	92.7			128.3	110.4
2007	124.8	117.8	117.8			117.6	117.8
2008	126.2	129.7	128.0			162.4	113.4
2009	119.4	126.6	110.7			127.0	142.0
2010	119.7	107.0				95.1	109.8
2011	124.7	120.1				115.8	126.2
2012	117.9	112.0		112.0	112.0	112.0	112.0

总产值指数

2013 年)

单位:%

响水县	滨海县	阜宁县	射阳县	建湖县	东台市	大丰市
210.0	250.4	131.5	118.9	126.6	166.6	123.5
77.8	102.2	327.1	131.9	294.8	159.7	128.1
466.6	254.5	114.9	206.3	136.2	184.2	118.2
149.6	134.5	240.0	171.9	113.9	94.1	245.4
162.7	170.7	119.4	125.9	170.2	146.5	119.6
100.9	132.5	95.0	138.9	102.3	120.3	160.4
136.8	159.1	125.7	113.8	113.1	119.7	144.0
87.5	102.1	118.8	124.8	131.2	121.6	128.0
106.0	44.8	107.7	110.9	102.2	106.0	78.0
103.7	111.5	103.7	92.8	97.3	48.7	70.3
66.0	279.0	119.6	96.9	86.0	107.9	115.6
101.8	50.0	114.3	87.2	164.6	122.7	104.1
102.2	105.5	131.8	97.1	71.0	119.9	104.0
108.8	116.9	107.5	27.5	150.8	112.3	126.6
107.0	182.3	140.1	129.9	110.3	115.7	120.4
284.8	131.8	114.1	136.9	116.4	153.8	100.8
95.7	114.4	115.2	122.7	111.6	118.7	130.5
126.5	118.1	135.2	132.2	114.9	134.2	129.1
101.4	140.6	123.1	155.8	127.0	132.5	116.1
117.3	105.8	123.0	126.3	119.0	135.6	111.1

主要统计指标解释

建筑业总产值：指以货币表现的建筑业企业在一定时期内生产的建筑业产品和服务的总和。建筑业总产值包括建筑工程产值、安装工程产值和其他产值三部分内容。

劳务分包企业建筑业总产值：指劳务分包企业与总承包企业或专业承包企业签定劳务分包合同后，从事建筑安装工程取得的所有劳务收入。

在外省完成的产值：指建筑业企业在其他省份施工所完成的建筑业产值。

建筑工程产值：指列入建筑工程预算内的各种工程价值。

竣工产值：一般是以单位工程为对象，当该工程按照设计所规定的工程内容全部完成，达到了设计规定的交工条件，经有关部门检查验收鉴定合格的单位工程价值，即为竣工产值。

房屋建筑面积：指房屋全部平面面积的总和。它从房屋的外墙线算起，包括可供使用的有效面积和墙柱等结构占用面积。

房屋施工面积：指报告期内施工的全部房屋建筑面积。

房屋新开工面积：指报告期内新开工建设的房屋建筑面积，以单位工程为核算对象，即整栋房屋的全部建筑面积，不能分割计算。

房屋竣工面积：指报告期内房屋建筑按照设计要求已全部完工，达到住人和使用条件，经验收鉴定合格或达到竣工验收标准，可正式移交使用的各栋房屋建筑面积的总和。

营业收入：指企业经营主要业务和其他业务所确认的收入总额。营业收入合计包括“主营业务收入”和“其他业务收入”。

营业成本：指企业经营主要业务和其他业务所发生的成本总额。

营业税金及附加：指企业因从事生产经营活动按税法规定缴纳的应从经营收入中抵扣的税金和附加，包括营业税、消费税、城市维护建设税、教育费附加等。

营业利润：指企业从事生产经营活动所取得的利润。

利润总额：指企业在一定会计期间的经营成果，是生产经营过程中各种收入扣除各种耗费后的盈余，反映企业在报告期内实现的盈亏总额。

应付职工薪酬：指企业为获得职工提供的服务而给予各种形式的报酬以及其他相关支出。

从业人员期末人数：指报告期末最后一日24时在本单位中工作，并取得工资或其他形式劳动报酬的人员数。

直接从事生产经营活动的平均人数：指企业报告期平均实际拥有的、与主营业务活动高度相关的人员数。

十二、运输和邮电业

Transportation, Post And Telecommunications

12－1 全社会营业性公路客、货运输量

（2013 年）

指　　标	总　计	个体经济
客运量(万人)	9284	457
# 汽车	9284	457
旅客周转量(万人公里)	830732	40895
# 汽车	830732	40895
货运量(万吨)	4639	1926
# 汽车	4639	1926
其他机动车		
货运周转量(万吨公里)	1239223	468322
# 汽车	1239223	468322
其他机动车		

12－2 全社会营业性水路客、货运输量

（2013 年）

指　　标	总　计	内　河	沿　海
货运量(万吨)	8826	8649	177
机动船	6199	6022	177
轮驳船	2627	2627	
货运周转量(万吨公里)	2159011	2045132	113879
机动船	1346347	1232468	113879
轮驳船	812664	812664	

12－3 全社会民用车辆数

（2000–2013 年）

指　　标	2000 年	2005 年	2008 年	2009 年	2010 年	2011 年	2012 年	2013 年
汽车（辆）	39816	56015	169524	212009	267391	337839	411829	475859
载客汽车（辆）	21611	30839	115155	150655	197696	261343	330398	393835
（客位）	191982	272638		1002868	1284495	1648186	1999602	235052
#大型客车（辆）	2466	1592	3138	3472	3855	4350	4553	4314
（客位）	86821	62054		123184	140070	155581	158451	165380
#轿车（辆）	12608	23833	72867	97010	129386	175778	225525	274465
普通载货汽车（辆）	17095	25176	31210	41263	50992	60130	66423	67594
（吨位）	40417	115099		512570			751287	786206
#大型货车（辆）	11495	8878	5946	26284	32501	38129	40432	40815
（吨位）	36104	80032		361742			481379	495596
专用载货汽车（辆）	391	1921		3452				
（吨位）	2838	10008		15053				
其他专用汽车（辆）	91			200				
特种汽车（辆）	628						984	992
摩托车（辆）	424369		975179	971426	971594	970219	845374	770309
其他机动车（辆）	13752	4722	23159	20091				14430
载货挂车（辆）	7		3539	4721	5981	7231	15008	8691
拖拉机（辆）	97614		81606				8387	
#手扶式	89965	21901						

12－4 全社会内河运输船舶数

（2000–2013 年）

指　　标	2000 年	2005 年	2007 年	2008 年	2009 年	2010 年	2011 年	2012 年	2013 年
机动船									
# 货轮（艘）	12081	8329	9966	10343	10926	12072	12348	11284	11318
（吨位）	724114	601654	1640793	1814119	2305079	2570636	2920288	2974128	3030354
拖轮（艘）	524	353	359	416	467	477	458	379	353
（千瓦）	54895	46743	49080	56790	66209	72403	72771	63707	62240
货驳（艘）	3828	3055	2980	2578	2998	2789	2814	2443	2326
（吨位）	410326	599110	690813	527256	874102	893445	1076804	658492	954055
油轮（艘）		172	195	181	185	178	162	159	151
（吨位）		25197	32699	58833	40568	64880	64141	66011	73114
（千瓦）		17315	23139	23495	24353	23230	24463	24123	26569

12－5 全社会营业性陆运工具数

(2000–2013 年)

指 标	2000 年	2005 年	2008 年	2009 年	2010 年	2011 年	2012 年	2013 年
客车(辆)	6322	7058	4200	4362	3682	3632	3284	3094
(客位)	93511	116630	96936	102493	101461	104930	97581	92163
货车(辆)	13320	23157	18176	23252	26904	34684	36679	44363
(吨位)	39320	106280	103866	117017	208856	375535	413417	441478
拖拉机(辆)	14801	21951	8735	1408				

12－6 全社会海洋运输船舶数

(2000–2013 年)

指 标	2000 年	2005 年	2008 年	2009 年	2010 年	2011 年	2012 年	2013 年
艘数(艘)	7	16	20	34	34	34	29	36
总吨(吨位)	12592	29549	36910	39230	39230	39230	53682	69561
净载重量(吨位)	11850	36165	50336	43646	43646	43646	85784	115213
功率(千瓦)	6254	13171	19022	23336	23336	23336	21423	28693

12－7 公路、航道里程

(2000-2013 年)

类　　别	2000 年	2005 年	2008 年	2009 年	2010 年	2011 年	2012 年	2013 年
公路总里程(公里)	3269	7768	17571	17870	18415	18565	18807	19141
按行政等级分								
国道	208	215	419	403	403	403	403	648
省道	824	927	1021	1058	1118	1128	1178	1203
县道	618	834	2614	2658	2700	2755	2873	2887
乡道	1619	5231	6314	6282	6280	6280	6286	6287
村道			7042	7375	7820	7905	7973	8024
专用道		562	161	94	94	94	94	94
按公路等级分								
合计	3269	7432	17571	17870	18415	18565	18807	19141
高速		128	324	322	322	322	322	322
一级	297	325	487	685	802	846	995	1271
二级	953	1409	2224	2157	2252	2413	2559	2598
三级	985	1235	1440	1342	1356	1306	1235	1228
四级	1034	4335	10644	11212	11607	11621	11650	11703
等外公路		335	2452	2152	2076	2057	2046	2019
航道总里程								
内河航道通航总里程(公里)	4307	4342	4486	4486	4486	4486	4349	4344
#通机动船	3745	3239	3239	3239	3239	3239	3147	3301
水深 1 米以上里程	4260	4107	4107	4107	4107	4107	3982	4114
等级航道合计(公里)	1129	1218	1751	1751	1751	1387	1526	1562
二级		25	25	25	25	25	25	25
三级	64	247	247	247	247	247	247	283
四级		70	70	70	70	70	125	125
五级	422	295	295	295	295	295	295	302
六级	288	210	209	209	209	333	325	361
七级	356	372	373	373	373	418	509	466
等外级			532	532	532	0	0	0
等外航道(公里)	3178	3124	2735	2735	2735	2955	2968	2783
船闸(座)	9	11	11	11	11	11	11	10
碍航闸坎(座)	13	5	5	5	5	5	5	5

12－8 分地区邮电主要指标

(2013 年)

指 标	全 市	市 区	响水县	滨海县	阜宁县	射阳县	建湖县	东台市	大丰市
邮政局所数(处)	229	37	19	31	24	30	20	35	33
邮电业务总量(万元)	784569	361354	32811	57683	55823	65834	55805	84097	71162
#邮政业务总量(万元)	50400	14551	2014	4411	5801	3873	4687	8469	6594
邮政业务收入(万元)	54971	16332	2448	5220	6731	4391	4774	8221	6854
电信业务收入(万元)	476329	225006	19981	34563	32454	40200	33165	49067	41892
本地固定电话用户(户)	2862964	732921	163804	314097	284666	319812	250604	468761	328299
#城市电话用户(户)	1197188	462577	46719	106154	93834	128131	117286	128722	113764
住宅电话用户(户)	2284090	592944	131234	237853	220926	261440	198809	380968	259917
#农村电话用户(户)	1665777	270344	117085	207943	190832	191681	133318	340039	214535
移动电话年末用户(户)	5427969	1817883	290665	450415	423892	620990	513791	674875	635458
#3G 移动电话用户(户)	1774856	644561	94096	156718	135399	175314	158128	225006	185634
国际互联网用户(户)	797491	235096	43269	67182	97311	77800	68363	116420	92050

12－9 邮电业主要指标

(2000-2013 年)

类　　别	2000 年	2005 年	2008 年	2009 年	2010 年	2011 年	2012 年	2013 年
邮电业务总量(万元)	123818	254925	391839	394736	425579	422236	537307	784569
资产总计(万元)	350953	501236	306339	535266	441908	679116	570733	1277870
负债总计(万元)	140247	172312	76922	195347	215858	245922	471389	759645
利润总额(万元)	5172	30259	-37737	67927	63776	68652	85317	810949
出口计费函件(万件)	1974.2	2377.63	4767.96	5943.06	4872.6	5036.6	3992.45	4292
出口包件(万件)	25.87	22.87	14.28	14.62	15	10.32	9.91	8.07
出口特快专递(万件)	32.26	59.88	177.84	181.74	116.18	36.9	35.95	33.72
开发计费汇票(万张)	49.96	27.5	103.28	123.52	93.97	121	110.06	106.34
订销报纸累计份数(万份)	16962	9434	10961	10612	11088	11670.8	11343.4	11651
订销杂志累计份数(万份)	598	463	514	501	470	503	547.76	506
全年报刊流转额(万元)	8878	5608	9732	11086	12042	14287	14119.55	18460
市内电话期末到达计费户数(户)	293369	1047539	1304786	1188769	1263347	1621860	1710273	1930570
农村电话期末到达计费户数(户)	501206	1232792	1183685	1103488	2066549	2819531	3294591	1582777
市内住宅电话用户数(户)	244092	393127	357287	363789	567822	637835	572386	1100775
农村住宅电话用户数(户)	474627	1175325	1127628	1103488	1003871	911433	914896	794122
移动电话期末到达户数(户)	256371	1760824	3047739	3615206	2365070	5648872	5354696.5	5427969
数据用户期末到达户数(户)	56860	104921	286966	475678	586901	872824	1281099	1294532
邮电局(所)总数(处)	547	324	250	248	248	242	232	384
农村投递路线单程长度(公里)	35823	34241	29477	28681	28905	29119	27875.1	27134
邮路总长度(单程长度)(公里)	4498	5804	7393	7967	5752	4940	5365.5	5165
本地交换设备有线容量(万门)	117	198	189	203	328	1200	1410	1347
城乡每百人拥有电话机数(部/百人)	15.5	30.1	32.03	27.04	31.8	110	110	117

12－10 分地区港口吞吐量

(2000–2013 年)　　单位：万吨

类　别	2005 年	2008 年	2009 年	2010 年	2011 年	2012 年	2013 年
全　市	**2540**	**3390**	**3516**	**4161**	**4936**	**5747**	**8268**
市　区	595	530	418	262	216	140	813
其中:亭湖	227	180	113	23	27	28	223
盐都	125	112	117	119	109	112	590
港口集团	243	238	188	120	80	—	
响　水　县	53	326	418	616	721	923	1455
其中:陈家港	31	258	350	493	612	813	1280
滨　海　县	181	221	228	217	219	212	360
阜　宁　县	143	202	223	240	219	199	260
射　阳　县	619	656	586	413	302	337	830
其中:射阳港区	339	347	273	83	275	302	380
建　湖　县	238	234	245	330	328	296	40
东　台　市	424	675	778	1100	1257	1158	400
大　丰　市	287	545	620	983	1674	2482	3750
其中:大丰港		104	202	531	1237	2022	3350

主要统计指标解释

公路里程：也称“公路通车里程”，是指实际达到交通部指定的公路工程技术标准规定的等级公路的长度。它包括大中城市的郊区公路以及通过小城镇街道的公路里程、也包括桥梁、渡口的长度，但不包括城市的街道以及厂矿、林区和农业生产用道路的里程。两条或多条公路共同径由同一路段，只计算一次，不得重复计算里程长度。公路里程是反映公路建设发展规模的重要指标，也是计算运输网密度等指标的基础资料。

内河航道里程：也称“内河通航里程”，是指在枯水季节水深在0.3米以上，能通航运输船舶及排筏的天然河流、湖泊水库、运河及通航渠道的长度。包括全年季度性通航累计三个月以上的航道，但不包括反映零散流放竹、木排的河道。内河航道里程是反映内河水运网规模、水源和发展情况的重要指标。

货（客）运量：只运输业实际运送的货物（旅客）数量。货运按吨计算，客运按人计算。货物不论运输距离、货物类别、均按实际重量统计，旅客不论行程远近或票价多少，均按一人一次作为客运量统计。半价票、小孩票也按一人统计。货（客）量反映运输业为国民经济和人民生活服务的数量指标，也是制定和检查运输生产计划，研究运输发展规模和速度的重要指标。

货物（旅客）周转量：指运输业运送的货物（旅客）数量与其相应运输距离的乘积之和，通常以吨公里和人公里为计算单位。计算货物周转量通常按发生站与到达站之间的最短距离，也就是计算距离。这是反映运输业生产总成果的重要指标，也是编制和检查运输生产计划、计算运输效率、劳动成产率以及核算运输单位成本的主要基础资料。

港口货物吞吐量：指由水运进出港区及范围，并经过装卸的货物数量。吞吐量可以分为进口、出口，又可以分为国内贸易和对外贸易。吞吐量的货种分类及其主要流向流量，反映了港口在国内外物资交流和对外贸易运输中的地位和作用。

邮电业务总量：指以货币表现的邮电部门为用户传递信息和提供其他邮电服务的总量。他用多种邮电分类业务量，为函件件数、电报份数、长话张数、市内电话和农村电话的年均户数、订销报刊累计分数等，分别乘以相应的平均单价（不变价），加总后再加上出租电路和设备的收入、代用户维护电话交换机和线路等设备的收入、其他业务收入求得。邮电业务总量综合反映了一定时期邮电的工作总成果，是研究邮电业务量构成和发展趋势的重要指标。

十三、国内贸易

Domestic Trade

13－1 社会消费品零售总额

（2009-2013 年） 单位：万元

类别	2009 年	2010 年	2011 年	2012 年	2013 年
社会消费品零售总额	6448130	7595001	8950904	10231991	11633806
按销售单位所在地分组					
城镇		7193782	8468429	9716967	11132111
#城区		3349617	4096294	4580605	5593457
乡村		401219	482475	515024	501695
按行业分组					
批发零售业	5440941	6968764	8155333	9194596	10484355
批发业	1444781	540515	993221	1252923	1394179
零售业	3996160	6428249	7162112	7941673	9090176
住宿餐饮业	1007189	626237	795571	1037395	1149451
住宿业	194417	67161	86454	113338	112224
餐饮业	812772	559076	709117	924057	1037227

13－2 分地区社会

(20

类　　别	全　市	市　区		
			亭湖区	盐都区
社会消费品零售总额	**11633806**	**3937459**	**1792919**	**1488683**
按销售单位所在地分组				
城镇	11132111	3825958	1722546	1462556
#城区	5593457	3133094	1409332	1146416
乡村	501695	111501	70373	26126
按行业分组				
批发零售业	10484355	3595118	1610877	1371361
批发业	1394179	273900	95275	122886
零售业	9090176	3321218	1515602	1248475
住宿餐饮业	1149451	342341	182042	117322
住宿业	112224	58459	31431	13709
餐饮业	1037227	283882	150611	103613

消费品零售总额

13 年)

单位:万元

响水县	滨海县	阜宁县	射阳县	建湖县	东台市	大丰市
475405	**788914**	**925507**	**1238837**	**1233736**	**1799101**	**1234846**
434904	723916	870911	1191125	1169944	1726721	1188632
24404	45244	47356	81576	44081	1298683	919020
40502	64998	54597	47712	63792	72380	46214
433966	710317	874777	1085643	1043319	1609353	1131861
55204	78285	72330	104463	515444	201890	92664
378762	632033	802448	981180	527875	1407463	1039198
41440	78597	50730	153194	190417	189748	102985
1526	9449	1310	10913	14648	17004	1536
39914	69148	49420	142280	175769	172745	101449

13－3 分季度社会消费品零售总额

(2013年) 单位:万元

类　　别	合　计	一季度	二季度	三季度	四季度
社会消费品零售总额	**11633806**	**3030680**	**2692894**	**2824796**	**3085436**
按销售单位所在地分组					
城镇	11132111	2869568	2552844	2705679	3004020
#城区	5593457	1470112	1289570	1348694	1485083
乡村	501695	161112	140050	119117	81417
按行业分组					
批发零售业	10484355	2741492	2419479	2519790	2803594
批发业	1394179	368738	340571	315986	368883
零售业	9090176	2372754	2078908	2203804	2434710
住宿餐饮业	1149451	289188	273414	305006	281843
住宿业	112224	31996	29556	30689	19984
餐饮业	1037227	257193	243859	274317	261859

13－4 限额以上批发和零售业企业基本情况

(2013年)

指标名称	法人企业数(个)	营业面积(平方米)	年末从业人员数(人)
总 计	**1204**	**1319212**	**41165**
批发业	526	265795	13541
按国民经济行业分组			
农、林、牧产品批发	77	44569	1909
食品、饮料及烟草制品批发	59	63748	3132
纺织、服装及家庭用品批发	35	15038	972
文化、体育用品及器材批发	5	590	72
医药及医疗器材批发	18	11762	1350
矿产品、建材及化工产品批发	219	92427	3956
机械设备、五金产品及电子产品批发	50	23903	1069
贸易经纪与代理	5	1150	98
其他批发	58	12608	983
零售业	678	1053417	27624
按国民经济行业分组			
综合零售	91	455517	10399
食品、饮料及烟草制品专门零售	57	36875	1009
纺织、服装及日用品专门零售	74	50591	1484
文化、体育用品及器材专门零售	34	42284	952
医药及医疗器材专门零售	29	23978	1621
汽车、摩托车、燃料及零配件专门零售	180	264048	7486
家用电器及电子产品专门零售	95	52860	2232
五金、家具及室内装修材料专门零售	72	70248	1542
货摊、无店铺及其他零售业	46	57016	899
按经营方式分组			
独立门店	614	819079	18542
连锁总店(总部)	3	92286	1724
连锁门店	12	65010	3567
其他	49	77042	3791
按零售业态分组			
超市	58	72397	2173
大型超市	12	170656	4734
百货店	55	249386	4318
专业店	422	395681	12402
专卖店	96	101580	2767
其他	35	63717	1230

13－5 限额以上批发和零售业商品销售类值

(2013 年)

单位:万元

项　　目	合　　计	批 发 额	零 售 额
总　　计	**8896293**	**4707597**	**4188695**
粮油、食品、饮料、烟酒类	1579627	1017995	561631
# 烟酒类	739853	612520	127333
服装、鞋帽、针纺织品类	553465	193322	360142
# 服装类	248202	55120	193082
针纺织品类	225488	110701	114788
化妆品类	51345	288	51058
金银珠宝类	121393	1993	119401
日用品类	252766	73128	179638
# 洗涤用品类	67549	4150	63399
五金、电料类	86271	23746	62524
体育、娱乐用品类	9425	2324	7102
书报杂志类	70381	699	69682
电子出版物及音像制品类	3310		3310
家用电器和音像器材类	582654	147811	434843
中西药品类	605824	343253	262572

13-5 续表

单位:万元

项　　目	合　　计	批 发 额	零 售 额
文化办公用品类	49254	13298	35956
家具类	24581	345	24236
通讯器材类	33584	9040	24544
煤炭及制品类	613675	543268	70407
木材及制品类	12756	12756	
石油及制品类	804411	381203	423209
化工材料及制品类	349657	349657	
金属材料类	672821	672821	
建筑及装潢材料类	426590	47762	378828
机电产品及设备类	343445	272023	71422
#农机类	124419	124419	
汽车类	1097561	64056	1033505
种子饲料类	78663	78663	
棉麻类	90381	90381	
其他类	382453	367767	14687

13－6 限额以上批发和

(20

指标名称	流动资产合计	存货	固定资产原价	累计折旧	本年折旧
合计	**2157036**	**472983**	**831224**	**233652**	**62292**
批发业	1273385	226852	299673	87178	22165
按国民经济行业分组					
农、林、牧产品批发	149800	44506	43490	13233	3154
食品、饮料及烟草制品批发	370342	59524	80301	30303	4931
纺织、服装及家庭用品批发	70671	15412	19891	5979	1603
文化、体育用品及器材批发	2677	339	549	332	194
医药及医疗器材批发	113477	31842	19012	5050	2788
矿产品、建材及化工产品批发	342124	44629	91791	20793	6584
机械设备、五金产品及电子产品批发	144715	5228	17762	5744	1185
贸易经纪与代理	2415	633	1630	297	74
其他批发	77164	24740	25247	5447	1651
零售业	883651	246131	531551	146475	40128
按国民经济行业分组					
综合零售	250224	57158	174217	55912	13002
食品、饮料及烟草制品专门零售	23758	6389	18398	5209	1088
纺织、服装及日用品专门零售	16589	3672	24100	3846	1589
文化、体育用品及器材专门零售	39179	11314	28604	9822	1965
医药及医疗器材专门零售	70845	8853	14400	4583	791
汽车、摩托车、燃料及零配件专门零售	353084	114170	171539	45704	14061
家用电器及电子产品专门零售	68256	24725	36710	10386	3206
五金、家具及室内装修材料专门零售	37016	14926	24123	4731	1678
货摊、无店铺及其他零售业	24701	4925	39462	6281	2748
按经营方式分组					
独立门店	618447	156822	414451	99819	30207
连锁总店(总部)	43644	13310	19263	7815	699
连锁门店	33313	13969	43870	19626	2868
其他	188247	62030	53967	19214	6354
按零售业态分组					
超市	26774	13741	20922	5595	1662
大型超市	64324	17507	37050	15534	4356
百货店	171388	27869	132710	37300	7831
专业店	391626	109845	253703	68164	17854
专卖店	186571	63121	66025	15561	7047
其他	42968	14048	21143	4322	1378

零售业企业财务状况

13 年）　　单位：万元

资产总计	负债合计	所有者权益合计	实收资本	# 国家资本	集体资本	法人资本	个人资本
3337657	**1986502**	**1351155**	**625776**	**68704**	**16027**	**144400**	**355469**
1642845	886930	755914	299839	38227	8695	54397	191239
222506	140570	81936	62060	9869	5796	8227	33981
434114	117961	316153	29634	13809	1480	4108	10137
89183	64763	24420	16258		62	5604	10593
3010	1838	1172	896			66	830
142722	114694	28028	21070	4100		3222	13748
479904	254847	225057	130883	10450	1357	18702	97380
164361	123305	41056	14330			2536	11794
3864	2514	1349	550			330	220
103181	66439	36743	24159			11603	12556
1694812	1099571	595241	325937	30477	7332	90004	164230
482153	366759	115395	94797	900	6171	34961	25495
41577	21797	19780	10841	207		1759	8875
39878	22448	17430	9584		82	1804	7698
80514	45721	34793	12641	3598		3575	5468
92384	69897	22487	13901			1904	11997
727137	456694	270443	126217	25672	1009	33323	60139
102984	46448	56537	20506		20	4524	15962
62621	35066	27555	16199			1253	14946
65564	34742	30822	21251	100	50	6902	13649
1105268	756226	349042	252559	4532	7332	78497	129442
67064	46730	20334	4800			135	4665
230784	122458	108326	5953	2084		2719	1150
291697	174158	117540	62625	23861		8653	28973
55775	33248	22527	16760		773	2904	13083
116819	85813	31006	28758	900		3900	4301
336189	264244	71945	53310		5430	28832	11436
855724	512516	343208	156446	27297	729	34614	91756
267062	169201	97861	53512	2280	400	16025	30232
63245	34550	28695	17151			3729	13422

13-6 续表

指标名称	主营业务收入	主营业务成本	主营业务税金及附加	其他业务利润	销售费用
合计	**8684084**	**7472447**	**109532**	**14546**	**296759**
批发业	4826643	4121956	75984	1193	137247
按国民经济行业分组					
农、林、牧产品批发	562784	472562	5647	50	12104
食品、饮料及烟草制品批发	730905	569425	30303	500	16405
纺织、服装及家庭用品批发	396541	343403	4131		9136
文化、体育用品及器材批发	13484	11591	31		1009
医药及医疗器材批发	395782	370674	681	54	7969
矿产品、建材及化工产品批发	1958590	1677847	26392	517	73509
机械设备、五金产品及电子产品批发	391864	344395	2960	67	9029
贸易经纪与代理	9653	7539	42		358
其他批发	367040	324520	5796	5	7727
零售业	3857441	3350491	33548	13352	159512
按国民经济行业分组					
综合零售	850230	719944	9992	5270	54326
食品、饮料及烟草制品专门零售	168582	148652	1366	66	2787
纺织、服装及日用品专门零售	79155	58855	1506	145	5601
文化、体育用品及器材专门零售	106920	83058	996	950	5345
医药及医疗器材专门零售	211414	179329	3005	69	8609
汽车、摩托车、燃料及零配件专门零售	1795198	1612803	8732	5911	57924
家用电器及电子产品专门零售	352324	301329	3842	288	16911
五金、家具及室内装修材料专门零售	197666	167790	2856	21	4967
货摊、无店铺及其他零售业	95952	78732	1253	632	3042
按经营方式分组					
独立门店	2414755	2078029	26540	10534	97142
连锁总店(总部)	171427	153916	1225	604	6038
连锁门店	585316	540219	984	1112	24807
其他	685944	578326	4798	1104	31526
按零售业态分组					
超市	138279	116639	1603	1482	6316
大型超市	297611	263933	986	1344	28371
百货店	459036	373605	8045	2445	21331
专业店	2135762	1890072	16969	5319	73075
专卖店	599483	507988	3424	2721	23644
其他	227271	198254	2521	42	6774

单位:万元

管理费用	财务费用		营业利润	营业外收入	利润总额	应交所得税	应交增值税
		利息支出					
211964	**71752**	**24347**	**536823**	**15172**	**504561**	**77214**	**243864**
112429	36428	12218	345497	9590	331870	49884	134431
12984	7000	4682	52499	2187	49509	2373	15006
27430	2396	1605	85283	2027	84474	20076	24207
8376	4383	1865	26729	96	25877	1979	8205
233	12	0	609	30	532	79	178
5117	1834	669	9526	150	6785	1482	2697
46243	13461	1668	123397	516	117122	17185	45825
6154	3718	698	27535	256	26496	4508	7114
455	263	24	991		824	192	371
5438	3361	1008	18928	4328	20251	2008	30829
99535	35325	12129	191327	5582	172692	27331	109433
28254	7446	733	35355	1832	24486	4132	42655
3772	1164	450	11112	327	11069	1371	2829
4665	1693	174	7276		5645	862	2468
6696	997	47	13037	531	13096	1556	3499
6900	2940	982	10685	2	10572	1526	7818
32732	13669	9153	71340	2624	67712	13246	34647
6473	4112	103	19871	27	18916	2096	8565
6067	1790	297	14091	2	13705	1573	4253
3974	1515	191	8560	237	7490	968	2700
74926	26339	10861	119406	3992	105584	15019	81884
5837	1647		2764	42	2033	615	2071
7167	1005	210	12812	92	12563	663	6051
11605	6334	1058	56345	1456	52512	11035	19427
4375	1596	418	7651	625	4924	927	2663
2520	1397	136	3771	409	3424	1154	4115
23387	5259	215	28976	798	20999	2557	37164
48828	18585	8320	94152	1574	89828	10808	46701
16253	5559	2951	44286	1955	41508	10754	11982
4172	2928	89	12491	221	12010	1131	6808

13－7 限额以上住宿和

（20

指标名称	法人企业数(个)	年末餐饮营业面积(平方米)	年末全部从业人员数(人)	营业额
合　计	**277**	**426606**	**15113**	**250433**
住宿业	51	87599	4755	70962
#国有及国有控股	6	19320	1177	14469
按登记注册类型分组				
国有企业	6	19320	1177	14469
集体企业	1	1400	23	233
有限责任公司	19	24226	1924	30768
股份有限公司	1	3000	180	2509
私营企业	21	38403	1375	20631
其他	3	1250	76	2352
餐饮业	226	339007	10358	179471
#国有及国有控股	4	18820	942	9184
按登记注册类型分组				
国有企业	1	1200	80	760
有限责任公司	61	97077	3830	56918
股份有限公司	6	26003	592	10301
私营企业	153	212097	5663	108681
其他	5	2630	193	2812
按餐饮行业小类分组				
正餐服务	210	312057	9628	166143
快餐服务	5	2920	242	4946
饮料及冷饮服务	3	1370	40	1207
其他餐饮服务	8	22660	448	7175

餐饮业企业经营情况

13 年)

单位:万元

客房收入	餐费收入	商品销售收入	其他收入	客房数(间)	床位数(个)	餐位数(位)
53640	**181562**	**10837**	**4395**	**10009**	**15967**	**103837**
25011	42811	1517	1623	4427	7359	19499
3557	9875	511	526	796	1303	3625
3557	9875	511	526	796	1303	3625
129	104			28	58	130
11867	17632	382	887	1918	3206	7550
664	1679	114	53	135	207	902
7825	12146	510	150	1360	2304	6692
971	1374		7	190	281	600
28629	138751	9320	2771	5582	8608	84338
3480	5415	3	287	637	957	3422
143	617			30	50	200
12737	39005	4280	895	2214	3396	22035
1277	8394	103	527	346	563	6970
14220	88175	4937	1349	2943	4514	54013
252	2560			49	85	1120
26817	127615	8965	2747	5350	8262	79794
	4679	266				1040
	1207					1190
1812	5250	89	25	232	346	2314

13－8 限额以上住宿和

(20

指标名称	年初存货	年末资				
		流动资产合计	存货	固定资产原价	累计折旧	本年折旧
合　计	**15520**	**254228**	**7357**	**256320**	**68336**	**20591**
住宿业	5252	80803	2268	89771	34785	8568
#国有及国有控股	456	18515	391	17771	8171	2990
按登记注册类型分组						
国有企业	456	18515	391	17771	8171	2990
集体企业	3	18		355	219	13
有限责任公司	1403	26986	1008	49980	18386	3246
股份有限公司	178	3322	178	4610	1688	283
私营企业	2306	31318	685	16274	6161	1914
其他	907	644	6	782	160	123
餐饮业	10268	173425	5089	166550	33551	12024
#国有及国有控股	2131	82831	658	4009	1102	756
按登记注册类型分组						
国有企业	10			211	34	6
有限责任公司	5464	128705	1772	53064	7893	3938
股份有限公司	632	12501	525	21219	2913	1690
私营企业	4041	30882	2671	83378	22132	6199
其他	120	1336	122	8679	579	191
按餐饮行业小类分组						
正餐服务	9370	170157	4704	160891	31070	11323
快餐服务	446	709	38	974	288	166
饮料及冷饮服务	25	217	2	279	53	12
其他餐饮服务	427	2342	346	4406	2140	523

餐饮业企业财务状况

13年)　　　　　　　　　　　　　　　　　　　　　　单位:万元

产　负　债							
资产总计	负债合计	所有者权益合计	实收资本	#国家资本	集体资本	法人资本	个人资本
516483	**346344**	**170139**	**148946**	**13787**	**114**	**39504**	**94770**
163764	121024	42739	49822	7723	14	7492	34252
28299	23386	4913	6767	6747			20
28299	23386	4913	6767	6747			20
267	24	243	243		14	109	120
69514	54012	15502	20101	976		3501	15624
7297	6992	305	2000				2000
56759	35964	20795	20230			3777	16453
1628	647	981	481			105	35
352720	225320	127400	99124	6064	100	32012	60518
94662	98013	-3351	5663	5663			
585	422	163	163	163			
193216	141490	51726	39694	5901	100	29463	4230
31034	18567	12468	9456			550	8906
116630	60880	55750	43055			1429	41626
11254	3962	7293	6755			570	5756
344498	221480	123019	96229	6063	100	31448	58188
2110	950	1160	490	1		139	350
485	226	260	205				205
5626	2665	2962	2200			425	1775

13-8 续表

指标名称	损益					
	主营业务收入	主营业务成本	主营业务税金及附加	其他业务利润	销售费用	管理费用
合　计	**229325**	**130008**	**11650**	**1301**	**27771**	**40106**
住宿业	67177	32022	3551	586	12542	19332
# 国有及国有控股	14318	6089	797		2496	8507
按登记注册类型分组						
国有企业	14318	6089	797		2496	8507
集体企业	166	102	5		47	3
有限责任公司	29499	12899	1608	545	7250	7321
股份有限公司	2280	858	138	33	933	376
私营企业	19204	11138	946	8	1787	3093
其他	1709	935	57		30	33
餐饮业	162148	97986	8099	715	15229	20774
# 国有及国有控股	9170	3147	500	6	2770	3895
按登记注册类型分组						
国有企业	750	600	45		25	30
有限责任公司	54503	29032	2696	121	8632	10438
股份有限公司	8312	5651	475	10	87	462
私营企业	96109	60960	4764	583	6371	9721
其他	2473	1743	120		114	124
按餐饮行业小类分组						
正餐服务	149579	90000	7442	557	14582	19546
快餐服务	4480	3060	160		238	129
饮料及冷饮服务	1171	687	27		55	48
其他餐饮服务	6918	4240	470	157	355	1051

单位:万元

及 分 配							
财务费用		营业利润	营业外收入	利润总额	应交所得税	应付职工薪酬	亏损总额
	利息支出						
4710	**1916**	**15949**	**2179**	**16330**	**3150**	**42907**	**8832**
1654	550	−1242	508	−1293	296	14420	5756
165	137	−3689	224	−3524	6	4108	3608
165	137	−3689	224	−3524	6	4108	3608
1		5				55	
839	297	193	35	−97	96	5943	1479
190		−215	91	−123		421	123
432	116	1848	158	1910	167	3644	546
28		615		541	27	250	
3056	1367	17191	1671	17622	2855	28487	3076
43	−1	−1194	617	−599	6	3322	649
		50		50	6	220	
699	173	3017	1085	3997	786	11096	1750
76		1571		1316	187	1513	54
2236	1165	12227	547	11933	1864	15132	1272
46	29	326	40	326	12	526	
2837	1341	15194	1671	15675	2527	26424	2910
39		855		845	136	469	
28	13	326		326	58	109	
153	13	816		776	134	1486	166

13－9 社会消费品零售总额环比指数

(1978-2013 年)

单位:%

年 份	全 市	亭湖区	盐都区	响水县	滨海县	阜宁县	射阳县	建湖县	东台市	大丰市
1978	100.0	100.0	100.0	100.0	100.0	100.0	100.0	100.0	100.0	100.0
1979	119.6		129.4	109.0	108.4	118.2	112.4	120.1	125.6	120.5
1980	127.7		130.6	120.6	137.2	115.8	122.4	130.5	129.5	130.3
1981	104.5		107.0	114.1	109.4	111.8	97.8	104.3	98.8	98.2
1982	118.9		111.9	102.3	114.9	122.9	131.6	120.7	127.3	115.4
1983	108.6		60.4	112.1	107.2	107.7	101.8	109.2	108.9	114.7
1984	119.3	75.1	125.6	126.1	119.9	115.5	115.7	122.1	119.1	117.9
1985	116.2	107.0	117.3	105.4	119.0	111.7	118.7	110.1	114.8	118.4
1986	115.1	128.0	107.2	113.7	113.7	115.2	112.9	116.2	124.2	110.5
1987	117.6	203.9	114.6	117.4	109.0	107.3	120.0	108.8	122.5	116.5
1988	124.9	125.7	125.9	124.9	111.7	118.2	123.1	129.1	121.8	126.2
1989	116.1	120.5	111.5	112.0	104.0	107.8	106.3	118.8	121.8	124.8
1990	103.4	107.6	104.4	91.8	104.9	101.1	105.7	109.9	104.6	96.7
1991	108.9	105.3	105.5	107.2	107.7	107.3	109.3	105.6	110.0	103.7
1992	113.4	138.3	102.4	110.0	108.2	115.0	109.1	109.0	110.1	110.3
1993	125.9	178.8	116.4	112.5	112.3	125.7	117.8	121.3	113.1	112.1
1994	134.8	163.3	122.9	127.1	123.3	124.6	132.7	125.3	139.0	114.6
1995	127.8	103.8	133.5	128.6	135.2	135.1	131.6	132.2	120.4	137.5
1996	122.5	105.8	125.9	128.0	123.8	118.6	125.3	121.4	104.7	145.5
1997	108.3	73.9	118.0	118.2	117.8	119.1	114.8	115.1	119.1	108.8
1998	106.7	104.1	106.9	110.6	107.8	111.4	108.1	107.7	106.9	105.5
1999	108.3	115.5	109.2	108.7	107.4	110.5	106.0	109.3	108.7	108.8
2000	108.5	109.8	109.5	107.1	108.6	110.4	106.9	110.0	108.0	108.5
2001	108.7	109.7	109.9	106.9	107.9	110.3	109.4	109.8	109.6	109.0
2002	104.8	101.3	104.1	106.3	104.2	103.1	105.7	105.7	104.1	105.0
2003	111.8	113.2	112.7	112.5	113.0	112.4	112.1	112.0	112.1	110.9
2004	113.8	140.6	94.1	104.8	116.5	113.8	114.9	114.4	114.2	112.1
2005	123.8	124.3	124.2	127.7	127.9	123.6	122.7	122.7	123.1	123.1
2006	116.0	116.7	116.1	115.8	116.1	116.1	115.8	115.7	116.0	116.2
2007	118.0	119.9	117.3	117.7	117.7	117.0	115.0	117.3	117.6	117.5
2008	125.1	130.9	125.6	126.1	126.0	125.1	120.8	125.5	125.2	125.3
2009	117.1	118.4	118.3	118.9	118.7	118.3	118.7	118.9	117.6	118.0
2010	117.8	117.3	117.1	126.8	117.9	108.8	118.8	119.2	115.0	118.6
2011	117.9	118.7	118.3	117.9	117.7	117.5	117.9	118.6	117.7	117.5
2012	114.3	114.4	114.6	113.4	113.5	113.4	113.4	114.5	113.5	113.5
2013	113.7	113.7	113.1	112.7	112.7	112.7	112.6	113.9	113.8	113.5

主要统计指标解释

社会消费品零售总额 指企业（单位、个体户）通过交易直接售给个人、社会集团非生产、非经营用的实物商品金额，以及提供餐饮服务所取得的收入金额。个人包括城乡居民和入境人员，社会集团包括机关、社会团体、部队、学校、企事业单位、居委会或村委会等。

批发业 指向其他批发或零售单位（含个体经营者）及其他企事业单位、机关团体等批量销售生活用品、生产资料的活动，以及从事进出口贸易和贸易经纪与代理的活动，包括拥有货物所有权，并以本单位（公司）的名义进行交易活动，也包括不拥有货物的所有权，收取佣金的商品代理、商品代售活动；还包括各类商品批发市场中固定摊位的批发活动，以及以销售为目的的收购活动。

零售业 指百货商店、超级市场、专门零售商店、品牌专卖店、售货摊等主要面向最终消费者（如居民等）的销售活动，以互联网、邮政、电话、售货机等方式的销售活动，还包括在同一地点，后面加工生产，前面销售的店铺（如面包房）；谷物、种子、饲料、牲畜、矿产品、生产用原料、化工原料、农用化工产品、机械设备（乘用车、计算机及通信设备除外）等生产资料的销售不作为零售活动；多数零售商对其销售的货物拥有所有权，但有些则是充当委托人的代理人，进行委托销售或以收取佣金的方式进行销售。

批发额 指售给国民经济各行业用于生产、经营用的商品金额。

商品批发包括：（1）售给农业、工业、建筑业等行业用于生产的各种机器设备、工具、原料、材料、燃料、建筑材料，售给农民的农业生产资料，售给交通运输、仓储和邮政业用于业务活动的设备、车辆和燃料等；（2）售给信息传输、软件和信息技术服务，科学研究和技术服务业，水利、环境和公共设施管理业等行业用于生产经营、勘察设计、科研试验等业务经营使用的商品，售给批发和零售业、住宿和餐饮业使用的各种设备、工具、原材料、燃料、仓储运输用的商品；（3）售给居民服务、修理和其他服务业各种营业用品，如售给理发业的理发工具、毛巾等，日用品修理业的设备、工具、材料、零配件等，售给民政部门救灾用的商品等；（4）售给批发和零售业作为转卖用的商品；售给餐饮业用于烹饪、调制加工后出售的商品和转卖的商品；售给服务业转卖的商品；（5）出口的商品。

零售额 指售给城乡居民用于生活消费和社会集团用于公共消费的商品金额。

商品零售包括：（1）售给城乡居民的各种生活消费品，售给入境旅游的外国人、华侨、港澳台同胞的各类商品；（2）售给行政事业单位、社会团体、军队和武警等机构的商品，以及以零售方式售给各类企业的商品。具体包括：用于非生产和社会交往的办公用品，如通讯设备、计算器具和设备、电讯网络设备、文印设备、音像视听器材和设备、纸张、本册、文具及装订文印材料、家具、日用电器、针纺织品、清洁卫生用品、文体用品、奖品、纪念品、礼品等；供内部人员乘坐的交通工具和燃料；用于办公设施修缮的各类配件、材料、工具等；用于取暖和防暑降温的设备、燃料、材料及食品等；专用于教学的用品和设备；非营利医疗机构的中、西药品、中药材和医疗设备器材；非专用的劳动保护用品；不对外营业的内部食堂用的餐具、炊具、设备、清洁卫生工具和食品、燃料等；军队、武警用于其人员生活的衣着品和个人用品；其他各类非生产性设备和用品。

商品零售不包括：（1）售给城乡居民已确知是用于生产、经营的商品；（2）售给各类农业生产者的生产资料类商品，如农机、农药化肥、农膜、种子饲料等商品；（3）售给企业单位生产用具及生产上专用的劳动保护用品。

住宿业 指为旅行者提供短期留宿场所的活动，有些单位只提供住宿，也有些单位提供住宿、饮食、商务、娱乐一体的服务，不包括主要按月或按年长期出租房屋住所的活动。

餐饮业 指通过即时制作加工、商业销售和服务性劳动等，向消费者提供食品和消费场所及设施的服务。

住宿业和餐饮业营业额 指住宿和餐饮业单位在经营活动中因提供服务或销售商品等取得的收入。包括：客房收入、餐费收入、商品销售额（含增值税）和其他收入。其中，客房收入指住宿和餐饮业单位在经营活动中因提供住宿服务取得的收入。费收入指本单位为顾客提供就餐服务取得的收入，包括：经烹饪、调制加工后出售的各种食品，如主食、炒菜、凉拌菜等的收入。

作为统计调查对象的国家机关、企业事业单位或者其他组织有下列行为之一的，由县级以上人民政府统计机构责令改正，给予警告，可以予以通报；其直接负责的主管人员和其他直接责任人员属于国家工作人员的，由任免机关或者监察机关依法给予处分。

（一）拒绝提供统计资料或者经催报后仍未按时提供统计资料的；

（二）提供不真实或者不完整的统计资料的；

（三）拒绝答复或者不如实答复统计检查查询书的；

（四）拒绝、阻碍统计调查、统计检查的；

（五）转移、隐匿、篡改、毁弃或者拒绝提供原始记录和凭证、统计台账、统计调查表及其他相关证明和资料的。

企业事业单位或者其他组织有前款所列行为规定的，可以并处五万元以下的罚款；情节严重的，并处五万元以上二十万元以下的罚款。

个体工商户有本条第一套所列行为之一的，由县级以上人民政府统计机构责令改正，给予警告，可以并处一万元以下的罚款。

摘自《中华人民共和国统计法》第四十一条

十四、科技、教育、文化、卫生和体育事业

Science And Technology,Education, Culture, Public Health And Sports

14－1 规模以上工业

(20

指标名称	R&D人员合计(人)	#1.参加项目人员	2.管理和服务人员	#女性	#研究人员
总　计	**22858**	**21602**	**1256**	**3127**	**5784**
按企业规模分组					
大型	6130	5838	292	681	1329
中型	7152	6738	414	1192	1781
小型	9576	9026	550	1254	2674
按隶属关系分组					
中央	278	247	31	34	31
地(区、市、州、盟)	2044	1990	54	147	475
县(区、市、旗)	712	671	41	104	214
街道	111	107	4	14	36
镇	1245	1188	57	280	272
村委会	27	26	1	7	5
其他	18441	17373	1068	2541	4751
按登记注册类型分组					
内资企业	19332	18270	1062	2575	5032
集体企业	15	14	1	4	5
股份合作企业	36	35	1	2	5
有限责任公司	4813	4542	271	821	1184
国有独资公司	241	207	34	32	44
其他有限责任公司	4572	4335	237	789	1140
股份有限公司	3696	3498	198	279	726
私营企业	10678	10089	589	1451	3099
私营独资企业	545	505	40	77	143
私营合伙企业	33	29	4	4	12
私营有限责任公司	9264	8763	501	1290	2740
私营股份有限公司	836	792	44	80	204
其他企业	94	92	2	18	13
港、澳、台商投资企业	1348	1269	79	142	273
与港澳台商合资经营企业	1022	964	58	107	183
与港澳台商合作经营企业	31	30	1	4	2
港澳台商独资经营企业	178	167	11	17	52
港澳台商投资股份有限公司	117	108	9	14	36
外商投资企业	2178	2063	115	410	479
中外合资经营企业	1625	1533	92	319	305
中外合作经营企业	35	31	4	4	4
外资企业	136	128	8	26	30
外商投资股份有限公司	305	296	9	27	104
其他外商投资企业	77	75	2	34	36
按国民经济行业大类分组					
采矿业	15	14	1	4	5
非金属矿采选业	15	14	1	4	5

企业 R&D 人员情况

13 年)

#1.全时人员	2.非全时人员	R&D 人员折合全时当量合计(人年)	# 研究人员	# 试验发展人员
18029	**4829**	**19115**	**4861**	**19115**
4611	1519	5411	1189	5411
5581	1571	5975	1467	5975
7837	1739	7730	2205	7730
241	37	264	31	264
1222	822	1972	446	1972
480	232	564	170	564
44	67	65	21	65
975	270	1080	239	1080
	27	10	2	10
15067	3374	15161	3952	15161
15384	3948	16050	4203	16050
12	3	15	5	15
36		26	4	26
3798	1015	3940	955	3940
236	5	217	38	217
3562	1010	3723	917	3723
2873	823	3215	655	3215
8638	2040	8772	2575	8772
380	165	422	112	422
23	10	26	10	26
7592	1672	7649	2276	7649
643	193	675	177	675
27	67	83	9	83
1133	215	1155	241	1155
873	149	882	158	882
31		20	1	20
147	31	147	48	147
82	35	107	34	107
1512	666	1910	417	1910
1075	550	1431	254	1431
31	4	33	4	33
90	46	112	26	112
239	66	258	97	258
77		77	36	77
12	3	15	5	15
12	3	15	5	15

14-1 续表

指标名称	R&D 人员合计（人）	#1.参加项目人员	2.管理和服务人员	# 女性	# 研究人员
制造业	22780	21530	1250	3115	5771
农副食品加工业	495	462	33	74	142
食品制造业	142	137	5	28	34
酒、饮料和精制茶制造业	38	36	2	8	3
纺织业	1765	1651	114	423	450
纺织服装、服饰业	268	251	17	72	85
皮革、毛皮、羽毛及其制品和制鞋业	119	108	11	12	34
木材加工和木、竹、藤、棕、草制品业	31	28	3	4	7
造纸和纸制品业	165	159	6	19	31
印刷和记录媒介复制业	5	5		1	3
文教、工美、体育和娱乐用品制造业	330	319	11	35	155
石油加工、炼焦和核燃料加工业	9	8	1	2	6
化学原料和化学制品制造业	3743	3478	265	670	764
医药制造业	1343	1256	87	226	301
化学纤维制造业	255	245	10	49	49
橡胶和塑料制品业	380	348	32	46	143
非金属矿物制品业	1420	1353	67	104	370
黑色金属冶炼和压延加工业	298	283	15	28	56
有色金属冶炼和压延加工业	101	99	2	2	12
金属制品业	987	942	45	94	248
通用设备制造业	3968	3787	181	415	1207
专用设备制造业	2545	2425	120	299	527
汽车制造业	918	886	32	65	141
铁路、船舶、航空航天和其他运输设备制造业	166	150	16	7	42
电气机械和器材制造业	2042	1930	112	261	625
计算机、通信和其他电子设备制造业	504	475	29	54	173
仪器仪表制造业	729	696	33	115	155
金属制品、机械和设备修理业	14	13	1	2	8
电力、热力、燃气及水生产和供应业	63	58	5	8	8
电力、热力生产和供应业	55	51	4	7	7
水的生产和供应业	8	7	1	1	1
按企业控股情况分组					
国有控股	541	493	48	87	99
集体控股	172	162	10	34	39
私人控股	17828	16835	993	2453	4644
港澳台商控股	519	478	41	59	136
外商控股	1236	1173	63	184	223
其他	2562	2461	101	310	643
按地区分组					
开发区	2108	2054	54	156	456
城南新区	127	121	6	23	25
亭湖区	2080	1959	121	316	644
盐都区	2009	1866	143	306	685
响水县	853	818	35	97	166
滨海县	1876	1798	78	509	414
阜宁县	1869	1779	90	331	1033
射阳县	2140	2071	69	247	273
建湖县	2293	2150	143	314	741
东台市	3605	3439	166	266	602
大丰市	3898	3547	351	562	745

#1.全时人员	2.非全时人员	R&D人员折合全时当量合计(人年)	#研究人员	#试验发展人员
17971	4809	19050	4848	19050
437	58	422	126	422
140	2	130	33	130
31	7	34	3	34
1485	280	1496	384	1496
222	46	231	73	231
73	46	104	30	104
22	9	26	6	26
150	15	137	27	137
4	1	5	3	5
238	92	256	131	256
6	3	9	6	9
3047	696	3345	666	3345
1154	189	1201	276	1201
226	29	226	43	226
234	146	271	107	271
1163	257	1150	299	1150
186	112	260	50	260
98	3	55	7	55
858	129	673	184	673
3027	941	3373	1032	3373
1956	589	1955	416	1955
410	508	851	127	851
140	26	138	34	138
1648	394	1710	525	1710
365	139	346	116	346
640	89	634	139	634
11	3	14	8	14
46	17	51	8	51
38	17	45	7	45
8		6	1	6
483	58	497	87	497
135	37	151	38	151
14361	3467	14572	3818	14572
411	108	417	113	417
645	591	1113	201	1113
1994	568	2366	605	2366
1241	867	1949	429	1949
85	42	91	20	91
1617	463	1694	525	1694
1383	626	1460	488	1460
513	340	754	150	754
1483	393	1736	392	1736
1431	438	1563	879	1563
2107	33	1725	228	1725
1451	842	1869	605	1869
3061	544	2870	504	2870
3657	241	3405	642	3405

14－2 规模以上工业

(20

指标名称	R&D经费内部支出合计	(一)按支出用途分组				
		1.经常费支出	#人员劳务费	2.资产性支出	#①土建工程	②仪器设备
总计	**530056**	**442220**	**141150**	**87835**	**3011**	**84824**
按企业规模分组						
大型	108891	91146	38797	17746	476	17269
中型	161446	134091	46304	27355	886	26469
小型	259719	216984	56049	42735	1649	41086
按隶属关系分组						
中央	12967	11930	2682	1037	1	1036
地(区、市、州、盟)	40357	30923	13995	9434	284	9150
县(区、市、旗)	11620	10055	3092	1565	44	1521
街道	2601	2058	622	543	21	522
镇	28594	23086	6512	5508	434	5075
村委会	1910	1910	300			
其他	432007	362258	113948	69748	2228	67520
按登记注册类型分组						
内资企业	444671	373139	113730	71531	2640	68892
集体企业	241	220	100	21	1	20
股份合作企业	420	395	150	25		25
有限责任公司	127165	107527	29213	19639	797	18842
国有独资公司	17955	16636	3275	1319	48	1271
其他有限责任公司	109210	90891	25938	18320	749	17571
股份有限公司	61353	53900	18272	7453	115	7338
私营企业	253726	209623	65615	44103	1663	42440
私营独资企业	11142	9099	3060	2044	46	1998
私营合伙企业	560	445	232	115	9	106
私营有限责任公司	225475	186854	57356	38621	1490	37131
私营股份有限公司	16549	13226	4966	3323	119	3205
其他企业	1766	1475	380	291	64	228
港、澳、台商投资企业	29034	24965	9022	4069	50	4019
与港澳台商合资经营企业	19305	17155	6501	2150	31	2119
与港澳台商合作经营企业	559	508	154	51	4	47
港澳台商独资经营企业	4538	3584	1297	955	14	941
港澳台商投资股份有限公司	4632	3719	1070	913	1	912
外商投资企业	56351	44116	18398	12235	322	11913
中外合资经营企业	43638	32775	15114	10864	286	10577
中外合作经营企业	588	510	302	78	6	72
外资企业	4821	3977	1008	844		844
外商投资股份有限公司	5224	5154	1325	70		70
其他外商投资企业	2080	1700	650	380	30	350
按国民经济行业大类分组						
采矿业	241	220	100	21	1	20
非金属矿采选业	241	220	100	21	1	20
制造业	527592	440273	140487	87319	3009	84311
农副食品加工业	8200	7237	2526	963	14	949
食品制造业	2446	2034	729	412	3	409

企业 R&D 经费情况

13 年)

单位:万元

(二)按资金来源分组				R&D 经费外部支出			
1.政府资金	2.企业资金	3.境外资金	4.其他资金		对境内研究机构支出	对境内高等学校支出	对境外支出
16174	**508289**	**321**	**5272**	**27612**	**5281**	**8575**	**9467**
1367	106992		532	13920	873	1289	9334
6671	152899		1876	6880	2576	3281	35
8136	248398	321	2864	6812	1832	4005	98
531	12436			139		111	
184	39630		543	11815	615	100	9334
359	11261			808	255	553	
30	2571			30		30	
655	27939			598	51	528	
150	1760						
14266	412691	321	4729	14221	4360	7253	133
14483	425743	251	4193	14067	4419	7575	133
	241						
	420						
2839	123270		1057	3239	1060	1214	39
651	17304			425	270	155	
2189	105965		1057	2814	790	1059	39
1806	59015		532	2113	862	862	
9839	241032	251	2604	8715	2497	5499	93
390	10753			408	138	235	35
56	504						
8200	214490	181	2604	8064	2359	5021	58
1193	15286	70		243		243	
	1766						
486	27935	70	543	819	46	758	
367	18395		543	658	34	609	
30	529			130		130	
50	4418	70		19		19	
39	4593			12	12		
1205	54610		536	12726	816	242	9334
310	43328			12595	816	141	9334
	588			50		50	
	4285		536	52		22	
895	4329			29		29	
	2080						
	241						
	241						
16174	505825	321	5272	27612	5281	8575	9467
91	8109			592	387	165	39
80	2366			34		34	

14-2 续表

指标名称	R&D 经费内部支出合计	(一)按支出用途分组				
		1.经常费支出	# 人员劳务费	2.资产性支出	#①土建工程	②仪器设备
酒、饮料和精制茶制造业	823	759	194	65	7	58
纺织业	42568	37552	12290	5017	200	4816
纺织服装、服饰业	6196	5108	1830	1088	30	1058
皮革、毛皮、羽毛及其制品和制鞋业	4439	3497	1192	941	1	940
木材加工和木、竹、藤、棕、草制品业	1152	910	375	242		242
造纸和纸制品业	2439	2041	808	398	25	373
印刷和记录媒介复制业	36	36	27			
文教、工美、体育和娱乐用品制造业	3764	3253	1359	512	23	489
石油加工、炼焦和核燃料加工业	333	267	75	66		66
化学原料和化学制品制造业	84882	72919	20135	11963	570	11394
医药制造业	26679	21987	6910	4692	208	4484
化学纤维制造业	7827	7223	2009	604	20	584
橡胶和塑料制品业	9964	7437	2271	2527	106	2421
非金属矿物制品业	31977	28015	10174	3962	230	3732
黑色金属冶炼和压延加工业	7239	5723	1291	1516	29	1488
有色金属冶炼和压延加工业	4663	3186	1080	1477		1477
金属制品业	19347	15844	5356	3502	121	3382
通用设备制造业	69600	58181	19081	11419	299	11120
专用设备制造业	58225	49103	17965	9123	318	8805
汽车制造业	27393	19208	9700	8185	268	7917
铁路、船舶、航空航天和其他运输设备制造业	3547	2968	1113	579	26	553
电气机械和器材制造业	69790	56965	13808	12825	267	12559
计算机、通信和其他电子设备制造业	10025	8987	2619	1038	1	1037
仪器仪表制造业	23803	19651	5465	4151	246	3906
金属制品、机械和设备修理业	235	182	107	54		54
电力、热力、燃气及水生产和供应业	2223	1727	563	495	2	493
电力、热力生产和供应业	2000	1598	522	402	2	400
水的生产和供应业	223	130	41	93		93
按企业控股情况分组						
国有控股	30918	27987	5744	2931	67	2863
集体控股	6298	4137	817	2161	11	2150
私人控股	415427	348093	107889	67334	2603	64731
港澳台商控股	15411	12839	4073	2572	23	2549
外商控股	31586	22772	12062	8814	222	8592
其他	30415	26392	10566	4024	85	3939
按地区分组						
开发区	30452	22662	13548	7791	237	7553
城南新区	8742	5169	1012	3573		3573
亭湖区	57231	46796	15976	10435	433	10002
盐都区	49004	41953	12070	7051	226	6825
响水县	28914	26886	6352	2028	5	2024
滨海县	41419	32806	9403	8614	806	7808
阜宁县	43705	38884	10022	4822	365	4456
射阳县	44334	39926	10807	4407	245	4163
建湖县	58204	45254	16449	12950	384	12566
东台市	94784	80172	25591	14612	20	14592
大丰市	73267	61713	19920	11553	291	11263

单位：万元

(二)按资金来源分组				R&D经费外部支出			
1.政府资金	2.企业资金	3.境外资金	4.其他资金		对境内研究机构支出	对境内高等学校支出	对境外支出
50	773			105	9	96	
794	40553	181	1041	1639	353	1055	
30	5818		348	205		175	
40	4399			12	12		
	1152						
41	2338		60	83	76	7	
	36						
33	3731						
2	331						
1195	83421		266	1474	268	374	
480	26198			1152	783	369	
20	7807			180	8	172	
595	8839		530	119		30	
1068	30605		305	1337	133	574	
50	7076		114				
10	4653						
477	18334		536	518	51	467	
2411	66194		995	1540	637	854	
3452	54722		51	1080	299	429	75
149	26957	70	218	11133		12	9334
19	3528			51		5	
3190	66251	70	280	3258	1228	2007	8
450	9298		277	116	20	43	10
1448	22102		253	2986	1017	1708	
	235						
	2223						
	2000						
	223						
1126	29792			903	311	592	
570	5728			35		35	
12964	398019	251	4193	13675	3763	7579	133
126	14673	70	543	266	12	254	
178	30872		536	12231	765	58	9334
1211	29204			502	430	57	
64	29845		543	11728	350		9334
61	8680						
2400	54432		399	3620	1101	2262	
2661	45049		1294	1882	1191	630	40
150	28764			858	8	18	
500	40919			9		9	
2990	40715			641	287	354	
1180	43154			1871	394	1438	39
3195	54301		709	2169	484	1497	43
420	92709	321	1334	2956	120	1851	10
2552	69721		994	1878	1345	517	

14－3 规模以上工业

(20

指 标 名 称	机构数(个)	机构人员合计(人)	
			博士毕业
总 计	**850**	**18545**	**685**
按企业规模分组			
大型	76	3546	119
中型	224	6057	240
小型	550	8942	326
按隶属关系分组			
中央	9	208	5
省(自治区、直辖市)	3	172	
地(区、市、州、盟)	15	740	10
县(区、市、旗)	17	635	20
街道	5	111	3
镇	44	876	39
村委会	1	28	
其他	756	15775	608
按登记注册类型分组			
内资企业	752	15954	590
国有企业	3	172	
集体企业	1	12	
股份合作企业	1	37	
有限责任公司	183	3685	122
国有独资公司	6	184	7
其他有限责任公司	177	3501	115
股份有限公司	46	1925	46
私营企业	514	10067	417
私营独资企业	36	529	15
私营合伙企业	3	39	6
私营有限责任公司	445	8909	371
私营股份有限公司	30	590	25
其他企业	4	56	5
港、澳、台商投资企业	42	1071	44
与港澳台商合资经营企业	27	817	32
与港澳台商合作经营企业	1	32	
港澳台商独资经营企业	12	166	5
港澳台商投资股份有限公司	2	56	7
外商投资企业	56	1520	51
中外合资经营企业	38	1076	26
中外合作经营企业	2	27	
外资企业	9	142	13
外商投资股份有限公司	5	200	3
其他外商投资企业	2	75	9
按国民经济行业大类分组			
采矿业	1	12	
非金属矿采选业	1	12	
制造业	842	18302	682
农副食品加工业	29	458	24
食品制造业	7	146	6

企业办科技机构情况

13 年）

硕士毕业	本科毕业	机构经费支出（万元）	仪器和设备原价（万元）	进　口	境外机构数（个）
1846	**11052**	**481308**	**243293**	**17385**	**3**
318	2087	107549	111447	7455	1
671	3420	155620	62393	5363	2
857	5545	218139	69453	4567	
42	92	9030	927		
2	86	100	14		
49	574	45453	52553	1302	
56	442	11848	4153	564	
11	95	2282	77		
96	540	27666	7633	327	
15	13	1350	80		
1575	9210	383578	177855	15192	3
1607	9370	404982	143863	11558	3
2	86	100	14		
1	6	220	24		
2	35	314	123		
417	2217	118920	28587	2875	
44	114	16029	2511	1200	
373	2103	102891	26076	1675	
193	1248	49227	13060	102	1
970	5754	234406	101271	8581	2
39	254	10645	3313	386	2
2	22	663	210		
859	5083	207410	91300	6700	
70	395	15688	6449	1495	
22	24	1795	783		
92	688	19153	6003	561	
70	533	13913	3758	561	
2	30	232	74		
13	105	1969	1161		
7	20	3039	1010		
147	994	57173	93427	5265	
105	694	45789	90257	4784	
2	14	236	83		
15	81	4885	1448	446	
10	165	4263	1290	35	
15	40	2000	350		
1	6	220	24		
1	6	220	24		
1829	10932	480167	242723	17385	3
32	301	7101	3489	38	
22	86	1712	394	60	

14-3 续表

指标名称	机构数（个）	机构人员合计（人）	博士毕业
酒、饮料和精制茶制造业	5	66	3
纺织业	68	1630	45
纺织服装、服饰业	16	211	12
皮革、毛皮、羽毛及其制品和制鞋业	3	78	6
木材加工和木、竹、藤、棕、草制品业	2	20	1
造纸和纸制品业	9	172	8
印刷和记录媒介复制业	2	29	1
文教、工美、体育和娱乐用品制造业	11	271	9
石油加工、炼焦和核燃料加工业	1	8	
化学原料和化学制品制造业	98	2292	68
医药制造业	38	919	32
化学纤维制造业	10	215	6
橡胶和塑料制品业	24	365	12
非金属矿物制品业	49	934	21
黑色金属冶炼和压延加工业	15	231	12
有色金属冶炼和压延加工业	3	72	1
金属制品业	37	880	30
通用设备制造业	138	3077	102
专用设备制造业	105	2434	102
汽车制造业	24	510	21
铁路、船舶、航空航天和其他运输设备制造业	8	106	6
电气机械和器材制造业	80	2005	103
计算机、通信和其他电子设备制造业	22	319	15
仪器仪表制造业	37	848	35
金属制品、机械和设备修理业	1	6	1
电力、热力、燃气及水生产和供应业	7	231	3
电力、热力生产和供应业	6	216	2
水的生产和供应业	1	15	1
按企业控股情况分组			
国有控股	26	681	16
集体控股	4	113	7
私人控股	739	15402	580
港澳台商控股	21	471	23
外商控股	19	623	20
其他	41	1255	39
按地区分组			
开发区	12	753	7
城南新区	11	142	9
亭湖区	125	2812	114
盐都区	119	2219	113
响水县	39	518	5
滨海县	54	1172	53
阜宁县	90	1346	53
射阳县	54	1979	63
建湖县	73	2221	132
东台市	158	2711	45
大丰市	115	2672	91

		机构经费支出（万元）	仪器和设备原价（万元）		境外机构数（个）
硕士毕业	本科毕业			进　口	
9	52	603	683	24	
155	1000	32075	11017	1855	
40	109	4748	1126		
9	31	3018	1017		
2	7	40	40		
20	99	1456	771		
6	22	435	151		
21	214	3869	1547	28	
	8	200	100		
258	1392	76442	13365	1517	
121	532	23362	9366	1688	
32	116	6307	1179	116	
36	252	9161	4760	1	
82	620	25935	8653	740	
25	108	6481	1247	36	
5	32	3352	1467		
57	466	19059	8242	400	
247	1912	66719	27692	2386	
211	1425	57070	55239	4958	3
50	350	33878	45799	662	
12	69	2076	351		
276	1059	63057	26416	2474	
43	198	6409	2675		
57	468	25542	15888	401	
1	4	63	54		
16	114	920	546		
13	106	545	387		
3	8	375	158		
79	372	28509	5255	1800	
22	67	3842	1106		
1512	9109	378673	134491	10309	3
45	257	8072	2743		
53	430	36907	88749	4900	
135	817	25305	10950	376	
26	597	35041	89231	3028	
14	63	8182	3696		
400	2014	68400	38880	831	
206	1072	45656	17947	2899	
55	304	23364	2539		
175	611	44519	8994	363	
137	972	36956	10869	1656	
158	1717	32053	6165	76	
186	948	60206	29191	4979	2
258	1283	61048	12857		1
231	1471	65883	22924	3553	

14－4 规模以上工业

(20

指 标 名 称	项目数（项）	参加项目人员（人）	项目人员折合全时当量(人年)	全部项目经费内部支出(万元)
总　计	**2031**	**21602**	**18140**	**473818**
按企业规模分组				
大型	305	5838	5154	101245
中型	610	6738	5644	142188
小型	1116	9026	7342	230385
按隶属关系分组				
中央	16	247	235	11304
地(区、市、州、盟)	47	1990	1925	39085
县(区、市、旗)	47	671	534	9896
街道	5	107	63	2570
镇	131	1188	1038	25614
村委会	3	26	9	1880
其他	1782	17373	14336	383470
按登记注册类型分组				
内资企业	1784	18270	15229	395901
国有企业				
集体企业	1	14	14	230
股份合作企业	1	35	25	380
有限责任公司	418	4542	3735	113182
国有独资公司	12	207	185	16365
其他有限责任公司	406	4335	3550	96817
股份有限公司	146	3498	3040	57738
私营企业	1209	10089	8333	222693
私营独资企业	51	505	395	10151
私营合伙企业	4	29	23	431
私营有限责任公司	1095	8763	7272	198137
私营股份有限公司	59	792	642	13974
其他企业	9	92	82	1679
港、澳、台商投资企业	96	1269	1093	25834
与港澳台商合资经营企业	69	964	836	16891
与港澳台商合作经营企业	1	30	19	358
港澳台商独资经营企业	18	167	139	4112
港澳台商投资股份有限公司	8	108	99	4473
外商投资企业	151	2063	1818	52082
中外合资经营企业	109	1533	1358	40984
中外合作经营企业	6	31	30	520
外资企业	14	128	105	4298
外商投资股份有限公司	19	296	251	4580
其他外商投资企业	3	75	75	1700
按国民经济行业大类分组				
采矿业	1	14	14	230
非金属矿采选业	1	14	14	230
制造业	2023	21530	18078	472043
农副食品加工业	38	462	396	7572
食品制造业	13	137	126	1989
酒、饮料和精制茶制造业	4	36	33	665

企业全部R&D项目情况

13年)

指　标　名　称	项目数(项)	参加项目人员(人)	项目人员折合全时当量(人年)	全部项目经费内部支出(万元)
纺织业	137	1651	1410	38758
纺织服装、服饰业	24	251	219	5555
皮革、毛皮、羽毛及其制品和制鞋业	8	108	94	4262
木材加工和木、竹、藤、棕、草制品业	4	28	24	1060
造纸和纸制品业	11	159	133	2064
印刷和记录媒介复制业	1	5	5	36
文教、工美、体育和娱乐用品制造业	24	319	249	3522
石油加工、炼焦和核燃料加工业	1	8	8	200
化学原料和化学制品制造业	276	3478	3122	74259
医药制造业	116	1256	1126	24557
化学纤维制造业	20	245	219	6992
橡胶和塑料制品业	27	348	249	8926
非金属矿物制品业	135	1353	1101	28338
黑色金属冶炼和压延加工业	20	283	250	5994
有色金属冶炼和压延加工业	6	99	54	3642
金属制品业	156	942	643	17750
通用设备制造业	295	3787	3240	62045
专用设备制造业	252	2425	1865	53706
汽车制造业	29	886	826	25337
铁路、船舶、航空航天和其他运输设备制造业	16	150	126	2770
电气机械和器材制造业	247	1930	1616	62632
计算机、通信和其他电子设备制造业	41	475	325	9211
仪器仪表制造业	121	696	607	20013
金属制品、机械和设备修理业	1	13	13	188
电力、热力、燃气及水生产和供应业	7	58	47	1545
电力、热力生产和供应业	6	51	42	1420
水的生产和供应业	1	7	6	125
按企业控股情况分组				
国有控股	68	493	453	28776
集体控股	11	162	143	5528
私人控股	1725	16835	13813	366918
港澳台商控股	58	478	387	14407
外商控股	73	1173	1058	30309
其他	96	2461	2286	27880
按地区分组				
开发区	62		1903	29495
城南新区	15		87	7859
亭湖区	193		1598	52423
盐都区	292		1369	44008
响水县	95		728	24235
滨海县	136		1679	36999
阜宁县	209		1499	36716
射阳县	107		1676	37850
建湖县	225		1758	49828
东台市	357		2748	90981
大丰市	340		3098	63424

14－5 规模以上工业企业

(20

指 标 名 称	专利申请数(件)	发明专利	有效发明专利数(件)	境外授权
总 计	**2215**	**1078**	**1012**	**12**
按企业规模分组				
大型	246	100	123	4
中型	624	318	397	1
小型	1345	660	492	7
按隶属关系分组				
中央	34	20	16	
省(自治区、直辖市)				
地(区、市、州、盟)	70	10	39	1
县(区、市、旗)	64	22	171	
街道	10	4		
镇	121	77	51	
村委会	9	5	5	
其他	1907	940	730	11
按登记注册类型分组				
内资企业	2023	963	923	12
国有企业				
集体企业	1	1		
有限责任公司	479	235	398	8
国有独资公司	27	12	2	
其他有限责任公司	452	223	396	8
股份有限公司	166	107	107	1
私营企业	1372	618	417	3
私营独资企业	81	35	10	
私营合伙企业	17	7	6	
私营有限责任公司	1194	543	393	3
私营股份有限公司	80	33	8	
其他企业	5	2	1	
港、澳、台商投资企业	69	49	18	
与港澳台商合资经营企业	54	36	12	
港澳台商独资经营企业	10	10	5	
港澳台商投资股份有限公司	5	3	1	
外商投资企业	123	66	71	
中外合资经营企业	96	49	53	
中外合作经营企业	1			
外资企业	15	10	7	
外商投资股份有限公司	9	5	11	
其他外商投资企业	2	2		
按国民经济行业大类分组				
采矿业	1	1		
非金属矿采选业	1	1		
制造业	2189	1068	1006	12
农副食品加工业	30	21	2	
食品制造业	7	6	3	

自主知识产权及相关情况

13年）

专利所有权转让及许可数(项)	专利所有权转让及许可收入(万元)	发表科技论文(篇)	拥有注册商标数(件)	境外注册	形成国家或行业标准数(项)
60	**947**	**397**	**903**	**85**	**63**
23	493	104	290	16	21
15	135	73	347	64	21
22	319	220	266	5	21
		6	1		
		6	2		
		21	53		1
		17	10		1
			4		
		8	9		1
60	947	339	824	85	60
60	947	325	792	82	52
		6	2		
			2		
		77	64		14
		20	5		1
		57	59		13
		27	240	11	3
60	947	215	484	71	35
1	55	4	12		1
			1		
55	892	201	465	71	34
4		10	6		
		24	28	1	
		16	24		
		7	3		
		1	1	1	
		48	83	2	11
		36	59	2	11
		1	1		
		11	23		
			2		
			2		
60	947	388	901	85	63
		10	22		5
		2			

14-5 续表

指　标　名　称	专利申请数(件)	发明专利	有效发明专利数(件)	境外授权
酒、饮料和精制茶制造业				
纺织业	96	50	9	
纺织服装、服饰业	27	12	3	
皮革、毛皮、羽毛及其制品和制鞋业	5	3	94	
木材加工和木、竹、藤、棕、草制品业	1	1		
造纸和纸制品业	8	7	3	
印刷和记录媒介复制业	1	1		
文教、工美、体育和娱乐用品制造业	37	9	3	
石油加工、炼焦和核燃料加工业	1	1		
化学原料和化学制品制造业	194	139	99	
医药制造业	80	60	38	
化学纤维制造业	15	8	20	
橡胶和塑料制品业	59	24	4	
非金属矿物制品业	138	74	29	
黑色金属冶炼和压延加工业	32	21	11	
有色金属冶炼和压延加工业	7	5		
金属制品业	119	65	44	
通用设备制造业	447	180	164	8
专用设备制造业	340	140	87	1
汽车制造业	66	20	156	
铁路、船舶、航空航天和其他运输设备制造业	20	16	33	
电气机械和器材制造业	315	127	138	3
计算机、通信和其他电子设备制造业	46	32	26	
仪器仪表制造业	95	45	39	
金属制品、机械和设备修理业	3	1	1	
电力、热力、燃气及水生产和供应业	25	9	6	
电力、热力生产和供应业	25	9	6	
按企业控股情况分组				
国有控股	58	28	157	
集体控股	4	4	3	
私人控股	1980	949	770	11
港澳台商控股	26	21	7	
外商控股	50	25	29	
其他	97	51	46	1
按地区分组				
开发区	119	19	175	2
城南新区	4	4		
亭湖区	168	94	50	
盐都区	539	185	275	
响水县	76	43	38	
滨海县	119	91	48	
阜宁县	261	113	73	
射阳县	62	55	49	
建湖县	331	126	86	3
东台市	247	207	45	
大丰市	289	141	173	7

专利所有权转让及许可数(项)	专利所有权转让及许可收入(万元)	发表科技论文(篇)	拥有注册商标数(件)	境外注册	形成国家或行业标准数(项)
		47	30	1	3
		2	6		1
		2	1		
		3	3		
		1	1		
10	280	27	247	11	12
		17	68		9
		6	1		
3		6	21		
		57	48	12	5
		6	6		
		1	2		
		13	23	1	3
19	119	54	215	51	4
5	55	56	61	3	13
		3	3		
		1	3		1
23	493	58	56	4	6
		12	8		
		4	76	2	1
		9			
		9			
		37	11		1
		1	2		
60	947	300	738	82	51
		10	17	1	
		27	58	2	11
		22	77		
		22	63	2	10
		2	1		
9		28	105	1	3
		47	161	64	10
		7	12		9
		13	11		1
2	230	123	69	1	3
		4	2		
36	675	37	90	14	15
		98	60		4
13	42	16	329	3	8

14－6 规模以上工业企业

(20

指 标 名 称	引进技术经费支出	消化吸收经费支出	购买国内技术经费支出	技术改造经费支出
总 计	**16995**	**20258**	**32225**	**498555**
按企业规模分组				
大型	6908	10841	6075	148930
中型	3551	4675	3981	147497
小型	6536	4741	22169	202128
按隶属关系分组				
中央	35	20	150	2167
省(自治区、直辖市)				30
地(区、市、州、盟)	120	9873	1253	78000
县(区、市、旗)	142		242	4849
街道				160
镇		28	4861	62146
村委会				300
其他	16698	10337	25719	350904
按登记注册类型分组				
内资企业	16217	11321	29337	466277
国有企业				30
集体企业				330
有限责任公司	3403	3802	8326	150056
国有独资公司				530
其他有限责任公司	3403	3802	8326	149526
股份有限公司	1386	1232	2450	89813
私营企业	11428	6287	18561	224985
私营独资企业	10	313	1892	9828
私营合伙企业			91	620
私营有限责任公司	11318	5890	16056	196747
私营股份有限公司	100	84	522	17790
其他企业				1064
港、澳、台商投资企业	541	221	1832	18942
与港澳台商合资经营企业	311	111	1322	12907
港澳台商独资经营企业			110	5491
港澳台商投资股份有限公司	230	110	400	544
外商投资企业	238	8716	1056	13336
中外合资经营企业	118	8716	746	6208
中外合作经营企业				750
外资企业	120		60	3307
外商投资股份有限公司			250	215
其他外商投资企业				2856
按国民经济行业大类分组				
采矿业				330
非金属矿采选业				330
制造业	16980	20258	32195	494834
农副食品加工业	5	28	380	4400
食品制造业		34	35	1132
酒、饮料和精制茶制造业				157

技术获取和技术改造情况

13年) 单位:万元

指标名称	引进技术经费支出	消化吸收经费支出	购买国内技术经费支出	技术改造经费支出
纺织业	587	200	1027	19048
纺织服装、服饰业	10		30	3280
皮革、毛皮、羽毛及其制品和制鞋业	230	110		424
木材加工和木、竹、藤、棕、草制品业				33
造纸和纸制品业	22	12	15	2985
印刷和记录媒介复制业				674
文教、工美、体育和娱乐用品制造业			290	11749
石油加工、炼焦和核燃料加工业	30			500
化学原料和化学制品制造业	3359	944	3063	114651
医药制造业	274	360	1108	45221
化学纤维制造业	2791	105	150	6450
橡胶和塑料制品业	300	20	461	5142
非金属矿物制品业	1268	689	2026	17744
黑色金属冶炼和压延加工业		30	534	18873
有色金属冶炼和压延加工业				2000
金属制品业	252	160	300	7165
通用设备制造业	1588	2919	5207	121539
专用设备制造业	1218	493	9299	23101
汽车制造业	322	8881	177	11418
铁路、船舶、航空航天和其他运输设备制造业		132	56	980
电气机械和器材制造业	4530	4935	6511	63530
计算机、通信和其他电子设备制造业	94	164	1310	2502
仪器仪表制造业	100	41	215	10137
电力、热力、燃气及水生产和供应业	15		30	3391
电力、热力生产和供应业	15		30	3091
水的生产和供应业				300
按企业控股情况分组				
国有控股	2767	70	1350	13680
集体控股			20	582
私人控股	13608	6805	28342	364287
港澳台商控股	244	110	530	11185
外商控股	120	8696	610	4472
其他	256	4577	1373	104349
按地区分组				
开发区	120	9873	1563	78465
城南新区				20
亭湖区	200		1542	33560
盐都区	1020	1278	1047	22663
响水县	563	224	881	27918
滨海县			4790	122585
阜宁县	7395	7499	13125	84567
射阳县	232		242	4887
建湖县	4358	1313	5151	53743
东台市	567	20	3862	20117
大丰市	2540	50	22	50030

14－7 规模以上服务业

(20

指标名称	R&D人员合计(人)	1.参加项目人员	2.管理和服务人员	研究人员
总　计	**499**	**480**	**19**	**259**
按隶属关系分组				
中央	116	116		107
省(自治区、直辖市)	34	32	2	5
地(区、市、州、盟)	69	67	2	22
县(区、市、旗)	116	112	4	60
其他	164	153	11	65
按登记注册类型分组				
内资企业	499	480	19	259
国有企业	64	62	2	18
集体企业	4	3	1	1
有限责任公司	152	148	4	71
国有独资公司	110	108	2	58
其他有限责任公司	42	40	2	13
股份有限公司	138	137	1	115
私营企业	141	130	11	54
私营有限责任公司	131	120	11	47
私营股份有限公司	10	10		7
按国民经济行业大类分组				
交通运输、仓储和邮政业	143	141	2	77
信息传输、软件和信息技术服务业	264	249	15	154
租赁和商务服务业	51	50	1	17
水利、环境和公共设施管理业	5	5		1
文化、体育和娱乐业	36	35	1	10
按企业控股情况分组				
国有控股	322	317	5	194
集体控股	10	8	2	3
私人控股	167	155	12	62
按地区分组				
开发区	57	48	9	25
城南新区	95	92	3	30
亭湖区	197	195	2	134
滨海县	10	10		3
射阳县	21	21		2
建湖县	8	8		6
东台市	4	3	1	1
大丰市	107	103	4	58

企业 R&D 人员情况

13 年）

1.全时人员	2.非全时人员	R&D 人员折合全时当量合计(人年)	#研究人员	#试验发展人员
299	**200**	**296**	**150**	**296**
10	106	51	47	51
29	5	17	3	17
37	32	33	11	33
95	21	95	52	95
128	36	100	38	101
299	200	296	150	296
53	11	27	8	27
3	1	2	1	2
112	40	114	58	114
88	22	79	47	79
24	18	34	11	34
20	118	59	50	59
111	30	94	34	94
101	30	84	27	84
10		10	7	10
118	25	110	63	110
120	144	128	70	128
28	23	21	7	21
5		3	1	3
28	8	35	10	35
161	161	175	108	175
7	3	3	1	3
131	36	119	42	119
48	9	27	11	27
57	38	57	19	57
71	126	98	66	98
	10	9	3	9
21		19	2	19
6	2	5	4	5
3	1	2	1	2
93	14	77	46	77

14－8 规模以上服务业

（20

指 标 名 称	R&D经费内部支出合计	（一）按支出用途分组				
		1.经常费支出	#人员劳务费	2.资产性支出	①土建工程	②仪器设备
总 计	**6843**	**6229**	**2408**	**614**	**44**	**571**
按隶属关系分组						
中央	877	758	758	119	13	106
省(自治区、直辖市)	217	217	217			
地(区、市、州、盟)	760	660	660	100	9	91
县(区、市、旗)	3020	2727	52	294	13	281
其他	1969	1868	721	101	9	93
按登记注册类型分组						
内资企业	6843	6229	2408	614	44	571
国有企业	463	444	373	19	6	13
集体企业	13	11	11	2		2
有限责任公司	3344	3000	396	344	16	328
国有独资公司	1249	1034	396	215	6	209
其他有限责任公司	2095	1966		129	9	120
股份有限公司	1213	1047	1047	167	19	147
私营企业	1810	1727	581	83	3	80
私营有限责任公司	1660	1632	486	28	3	25
私营股份有限公司	150	95	95	55		55
按国民经济行业大类分组						
交通运输、仓储和邮政业	1730	1445	607	286	9	277
信息传输、软件和信息技术服务业	3276	3031	1397	245	20	225
租赁和商务服务业	463	404	404	59	9	50
水利、环境和公共设施管理业	72	71		1	0	0
文化、体育和娱乐业	1302	1278		24	6	18
按企业控股情况分组						
国有控股	3458	2955	1816	504	34	470
集体控股	352	344	11	9		9
私人控股	3033	2930	581	102	10	93
按地区分组						
开发区	1357	1347	142	11	2	9
城南新区	1982	1863	660	120	16	104
亭湖区	1499	1309	1234	189	19	171
滨海县	533	430		103	3	100
射阳县	277	271		6	1	4
建湖县	78	65	65	13		13
东台市	13	11	11	2		2
大丰市	1104	933	296	171	4	167

企业 R&D 经费情况

13 年）　　　　单位：万元

(二)按资金来源分组			R&D 经费外部支出
1.政府资金	2.企业资金	3.其他资金	
229	**6528**	**86**	**563**
	877		
	131	86	30
	760		
229	2791		28
	1969		504
229	6528	86	563
1	376	86	30
	13		
228	3116		28
150	1099		28
78	2017		
	1213		
	1810		504
	1660		504
	150		
150	1580		28
55	3135	86	534
	463		
1	71		
23	1279		
151	3221	86	58
55	298		
23	3010		504
55	1303		504
23	1959		
	1412	86	30
	533		
1	276		
	78		
	13		
150	954		28

14－9 规模以上服务业企业R&D项目情况

(2013年)

指标名称	项目数合计(项)	参加项目人员(人)	项目人员折合全时当量(人年)	项目经费内部支出(万元)	政府资金
总　计	**41**	**480**	**291**	**5921**	**229**
按隶属关系分组					
中央	7	116	51	808	
省(自治区、直辖市)	4	32	16	147	
地(区、市、州、盟)	2	67	32	653	
县(区、市、旗)	9	112	94	2519	229
其他	19	153	99	1795	
按登记注册类型分组					
内资企业	41	480	291	5921	229
国有企业	10	62	27	359	1
集体企业	1	3	2	13	
有限责任公司	10	148	112	2802	228
国有独资公司	6	108	78	986	150
其他有限责任公司	4	40	34	1816	78
股份有限公司	5	137	58	1079	
私营企业	15	130	93	1669	
私营有限责任公司	14	120	83	1519	
私营股份有限公司	1	10	10	150	
按国民经济行业大类分组					
交通运输、仓储和邮政业	12	141	109	1426	150
信息传输、软件和信息技术服务业	23	249	125	2792	55
租赁和商务服务业	2	50	21	404	
水利、环境和公共设施管理业	1	5	3	70	1
文化、体育和娱乐业	3	35	34	1230	23
按企业控股情况分组					
国有控股	22	317	172	2854	151
集体控股	2	8	2	249	55
私人控股	17	155	117	2819	23
按地区分组					
开发区	3	48	27	1199	55
城南新区	4	92	56	1803	23
亭湖区	16	195	98	1343	
滨海县	1	10	9	430	
射阳县	2	21	19	270	1
建湖县	3	8	5	62	
东台市	1	3	2	13	
大丰市	11	103	76	802	150

14－10 技术合同交易额

(2013年) 单位:万元

地区	合同数	合同交易额	技术交易额
全市	**237**	**219100**	**103100**
市直	37	67250	65470
亭湖区	30	24213	3748
盐都区	28	23410	3489
响水县	1	330	330
滨海县	3	960	723
阜宁县	2	410	410
射阳县	12	18256	2267
建湖县	10	23010	3284
东台市	74	38817	13224
大丰市	40	22444	10155

注:本表由市科技局提供。

14－11　专利申请构成

(2013年)　　单位:件

地　区	合　计	发　明	实用新型	外观设计
全　　市	**16689**	**3056**	**3184**	**10449**
市直高校	490	280	195	15
开发区	522	101	151	270
城南新区	115	62	47	6
亭湖区	868	135	246	487
盐都区	2080	382	501	1197
响水县	545	68	145	332
滨海县	1328	192	110	1026
阜宁县	1076	668	390	18
射阳县	1401	70	211	1120
建湖县	2391	235	388	1768
东台市	3159	414	358	2387
大丰市	2714	449	442	1823

注:本表由市科技局提供。

14－12 专利授权构成

（2013 年） 单位：件

地区	合计	发明	实用新型	外观设计
全市	**4718**	**283**	**2173**	**2262**
市直高校	143	29	111	3
开发区	193	9	133	52
城南新区	61	4	53	4
亭湖区	229	38	166	24
盐都区	671	43	367	261
响水县	65	6	49	10
滨海县	141	21	106	14
阜宁县	259	18	212	29
射阳县	202	11	162	29
建湖县	614	18	226	370
东台市	1119	22	338	759
大丰市	1021	64	250	707

注：本表由市科技局提供。

14－13 教 育 事 业

（2013年） 单位：人

指 标	学校数(所)	毕业生数	招生数	在校学生数	教职工数	专任教师
普通高校	5	15399	16324	54891	3846	2964
成人高校		2299	4456	11913		
普通中专	7	17286	10104	28430	1448	1169
成人中专	8	1139	2811	5957	355	235
普通中学	277	108572	90177	282395	32761	27697
# 高 中	56	42957	34235	110996		9500
初 中	221	65615	55942	171399		18197
职业高中	10	14570	9675	29450	2214	1956
小学	375	56347	77766	404121	26335	24193
幼儿园	289	82206	84764	243563	15504	10432
特殊教育学校	10	282	279	1975	406	318

14－14 学校和学生、教职工人数 *

（2000-2013年）

年 份	学校数(所)	在校学生数(万人)	教职工数(人)	专任教师
2000年	6331	141.11	85358	71823
2005年	2087	123.63	81764	69415
2008年	1314	108.02	80517	68679
2010年	1113	111.46	82338	70280
2011年	1062	110.66	83549	70851
2012年	1000	107.09	81358	68285
2013年	981	106.27	82869	68964

* 此表数字不含成人学校和技工学校。

14－15 每万人拥有和每一专任教师负担学生数

（2013年） 单位：人

地区	每万人拥有普通高中在校学生	每万人拥有初中在校学生	每万人拥有小学在校学生	普通高中每一专任教师负担学生	初中每一专任教师负担学生	小学每一专任教师负担学生
全　　市	134.97	208.42	491.40	11.68	9.42	16.70
市　　区	176.34	244.18	525.86	11.46	11.44	17.42
亭 湖 区						
盐 都 区						
响 水 县	112.87	215.92	700.02	12.07	9.09	16.66
滨 海 县	102.59	187.80	571.28	10.98	9.58	20.18
阜 宁 县	117.58	200.13	491.84	10.58	8.70	17.70
射 阳 县	131.19	207.49	467.89	13.20	9.56	15.01
建 湖 县	124.30	209.69	504.91	10.22	9.34	16.36
东 台 市	141.09	182.66	318.23	11.92	8.37	14.93
大 丰 市	146.01	206.77	389.96	14.69	7.94	12.98

14－16 分地区文化事业

（2013年）

指标	全市	市区				响水县	滨海县	阜宁县	射阳县	建湖县	东台市	大丰市
			市直	亭湖区	盐都区							
文化馆（群艺馆）（个）	10	3	1	1	1	1	1	1	1	1	1	1
文化站（个）	123	25		11	14	12	14	14	17	15	14	12
博物馆（个）	10	3	2		1		1	1	1	1	1	2
公共图书馆（个）	11	3	1	1	1	1	1	2	1	1	1	1
公共图书馆藏书（千册）	2652	1076	770	73	233	72	205	257	220	218	261	343
艺术表演团体（个）	14	4	3		1	1	1	2	2	2	1	1
人数（人）	536	235	180		55	36	18	32	18	142	27	28
演出场次（场）	2247	567	347		220	179	80	300	464	466	112	79
#在农村	1049	202	87		115	85	80	150	218	143	92	79
观众人次（万人次）	228	41	35		6	22	3	22	69	61	2	8

14－17 文化事业

(2000–2013 年)

指　　标	2000 年	2005 年	2008 年	2010 年	2011 年	2012 年	2013 年
文化馆(群艺馆)(个)	10	10	10	10	10	10	10
文化站(个)	191	146	146	131	125	123	123
博物馆(个)	6	5	6	7	7	9	10
公共图书馆(个)	9	9	9	9	9	9	11
公共图书馆藏书(千册)	1226	1571	1584	1827	2026	2559	2652
艺术表演团体(个)	14	13	14	14	14	14	14
人数(人)	617	508	480	490	535	545	536
演出场次(场)	3140	2313	2902	2269	2291	2836	2247
# 在农村	2068	742	1064	1137	1199	1455	1049
观众人次(万人次)	191	173	184	203	214	269	228

14－18 体育事业

(2000–2013 年)

指　　标	2000 年	2005 年	2008 年	2010 年	2011 年	2012 年	2013 年
体育运动学校情况							
教职工人数(人)	102	115	102	99	96	96	94
# 专职教练员	46	28	28	21	31	36	26
在校学生(人)	278	570	1322	729	572	426	374
等级运动员(人)	114	495	55	45	89	76	107
# 二级	43		49	37	80	69	98
等级裁判员(人)	115	196	284	234	534	342	420
获奖牌数(枚)	198	90.5	78	98.5	88	80	92
金牌(枚)	67	26.5	22	30.5	30	21	29
银牌(枚)	63	27	25	29	29	24	31
铜牌(枚)	68	37	31	39	29	35	32

14－19 卫生事业

(2013年)

指　　标	机构数(个)	床位数(张)	卫生工作人员(人)	卫生技术人员(人)	医　生(人)
总　计	**3067**	**30461**	**44094**	**32883**	**15008**
医院	139	22051	21442	18202	6221
综合医院	77	14302	14223	12395	3960
中医医院	8	2975	2814	2385	955
中西医结合医院	5	750	804	637	247
传染病医院	1	390	398	338	106
精神病医院	8	1180	764	599	237
口腔医院	2	24	137	113	46
眼科医院	7	339	330	258	113
其他医院	31	2091	1972	1477	557
妇幼保健院	3	420	817	687	239
妇幼保健所	8	2	228	184	109
卫生院	135	6827	7751	6576	3184
农村卫生院	135	6827	7751	6576	3184
#中心卫生院	42	2903	3004	2566	1232
乡(镇)卫生院	93	3924	4747	4010	1952
社区卫生服务站(中心)	179	1038	1960	1545	725
门诊部	70		525	481	366
疾病预防控制中心	10		706	536	262
卫生监督所	10		406	360	
医学在职培训机构	4		53	9	7
其他卫生事业机构	2509	123	10206	4303	3895
#诊所、卫生所、医务室	398		957	928	682
急救中心(站)	5		103	53	29
采供血机构	1		115	84	1

14－20 卫生机构、床位、人员数

(2000–2013 年)

年　　份	机构数(个)	床位数(张)	卫生技术人员数(人)	医　　生
2000 年	873	13351	20287	8855
2005 年	1084	14995	19665	9076
2008 年	735	17013	20142	9008
2010 年	2858	20128	22235	9244
2011 年	3059	22927	24204	9903
2012 年	3088	26598	29749	13945
2013 年	3067	30461	32883	15008

注：从 2010 年起，省卫生厅调整统计口径，将村卫生室及其人员纳入统计范围

14－21 分地区卫生机构、床位、人员数

(2013 年)

地　　区	机构数(个)	医院	床位数(张)	卫生工作人员数(人)	卫生技术人员数	医生
全　　市	**3067**	**139**	**30461**	**44094**	**32883**	**15008**
市　　区	662	32	9115	13804	10707	3864
亭湖区	343	29	6161	9494	7446	2589
盐都区	319	3	2954	4310	3261	1275
响水县	215	12	2025	2801	1973	954
滨海县	405	23	3870	5367	3805	1739
阜宁县	385	10	2741	4124	2385	1258
射阳县	322	15	2806	4556	3579	1839
建湖县	350	6	2597	3695	2918	1493
东台市	392	20	4412	5622	4347	2176
大丰市	336	21	2895	4125	3169	1685

主要统计指标解释

普通高等学校 指按照国家规定的设置标准和审批程序批准举办，通过国家统一招生考试，招收高中毕业生为主要培养对象，实施高等教育的全日制大学、独立设置的学院和高等专科学校、短期职业大学。

成人高等学校 指按照国家有关规定审批，招收通过全国成人高教统一招生考试的具有高中毕业或同等学历的在职人员，利用脱产、半脱产、函授等形式对其实施高等学历教育，培养高等教育专科或本科专业毕业水平的专门人才，修业年限、课程设置和总学时数均按高等学历教育要求实施的学校。包括广播电视大学、职工高等学校、农民高等学校、管理干部学院、教育学院、独立设置的函授学院等。

文化事业机构 指从事专业文化工作和为专业文化工作服务的独立建制的单位。不包括这些单位另外举办独立核算的其他机构和各部门的业余文化组织。

艺术表演团体 指从事戏曲、音乐、舞蹈、杂技等专业艺术表演，有独立帐户的单位，不包括半工半艺、半农半艺和民间职业剧团。

电影放映单位 指具有放映机器设备、固定或不固定的放映场所与专职或兼职的放映技术人员，经有关部门登记批准，经常为一定的观众对象放映电影的机构。包括经批准对外开放进行营业，并与电影发行放映管理机构分帐的专用放映单位和军委系统租片单位。

医院 指名为医院，设有固定床位能收容病人住院并能为病人提供医疗、护理服务的医疗机构。包括县及县以上医院、农村乡卫生院、其他医院三部分。按所属性质分为卫生部门、工业及其他部门，集体经济单位三类。其中县及县以上医院按业务性质分为综合医院和专科医院。

卫生技术人员 指卫生事业机构支付工资的全部固定职工和合同制职工中现任职务为卫生技术工作的专业人员，包括中医师、西药师、中西医结合高级医师、护师、中药师、西药师、检验师、其他技师、中医士、西医士、护士、助产士、中药剂师、西药剂师、检验士、其他技士、其他中医、护理员、中药剂员、西药剂员、检验员、其他初级卫生技术人员。

医生 指经卫生部门审查合格，从事医疗的专业人员。分为中医医生和西医医生。包括卫生技术人员中的中医师、西医师、中西医结合高级工程师、中医士、西医士、其他中医。

等级运动员人数 指经考核正式批准授予等级运动员称号的人数。运动员等级分为国际级运动健将、运动健将、一级运动员、二级运动员、三级运动员、少年级运动员。

等级裁判员人数 指经考核正式批准授予等级裁判员称号的 人数，裁判员等级分为国际裁判、国家级裁判、一级裁判、二级裁判、三级裁判。

十五、分乡镇主要指标

Key Indicators for Villages and Towns

15－1 分乡镇主要指标(一)

(2013年)

乡镇名称	行政区域面积(公顷)	总户数(户)	总人口(人)	从业人员数(人)	年末常用耕地面积(公顷)	农作物总播种面积(公顷)	高标准农田面积(公顷)	年末有效灌溉面积(公顷)
城南新区伍佑街道	4460	11455	34675	13126	2213	4150	1173	2213
亭湖区南洋镇	12942	24952	77761	49310	7589	12290	1556	7589
亭湖区新兴镇	9257	22104	63482	28909	4954	9657	4228	4228
亭湖区便仓镇	7197	9925	37089	15507	3650	7804	1700	2800
亭湖区盐东镇	14195	14529	56714	25578	5669	12320	1920	5669
亭湖区黄尖镇	10500	12175	38582	17418	4120	12604	3200	3760
开发区步凤镇	12790	18558	56732	26135	6291	13846	3367	5668
盐都区张庄街道	2070	10429	30763	12006	972	1784	712	972
盐都区潘黄街道	2772	14455	44501	14983	950	2272	680	860
盐都区大纵湖镇	9498	16474	51946	25341	3945	8493	1050	3945
盐都区楼王镇	15073	26085	71897	44673	5349	12042	2566	5349
盐都区学富镇	8336	16336	42796	18633	3922	8692	3360	3922
盐都区尚庄镇	10336	24625	67222	27905	5362	12832	1920	5297
盐都区秦南镇	12780	31525	88609	35068	7492	14813	4400	7381
盐都区龙冈镇	9339	28250	75757	32102	4846	9473	3230	4846
盐都区郭猛镇	6242	14402	49380	22902	3350	6523	2256	3350
盐都区大冈镇	13081	30492	86775	28500	6084	12600	3000	6084
响水县响水镇	5121	33108	118021	68414	1792	4723	391	721
响水县陈家港镇	8518	14414	47911	29132	2781	7576	150	2731
响水县小尖镇	18815	27689	102907	44527	8882	18513	4086	8866
响水县黄圩镇	6877	8403	31920	16594	3476	7594	921	3313
响水县大有镇	11612	15748	57772	31611	6486	13697	153	5306
响水县双港镇	10372	14692	61217	32544	6979	11372	3300	6318
响水县南河镇	11674	14530	57555	24079	7550	14726	527	7335
响水县运河镇	13130	18006	69791	37053	8304	14458	548	7809
滨海县东坎镇	15007	71499	204822	113472	3603	9359	333	1713
滨海县五汛镇	15267	20257	79487	33151	7425	16750	930	4892
滨海县蔡桥镇	9212	16205	61353	18947	4464	9313	700	4200
滨海县正红镇	14500	28518	106534	35228	7713	16825	1550	7563
滨海县通榆镇	5600	12102	41037	21275	2582	6866	1050	2582
滨海县界牌镇	12194	21280	74859	33729	5463	15281	242	2250
滨海县八巨镇	6893	14099	52212	21398	4326	10205	350	3600
滨海县八滩镇	11185	29499	89258	36808	4937	11320	3566	4155
滨海县滨淮镇	20132	27939	106496	51672	9022	19103	1320	7357
滨海县天场镇	8150	12832	49626	20539	3626	9951	1323	1879
滨海县陈涛镇	11091	17712	68623	33721	4890	10383	2026	3592
滨海县滨海港镇	10440	16979	58421	29455	3881	11615	3881	3881
阜宁县阜城镇	15095	95920	240218	127316	7202	11846	2740	6413
阜宁县沟墩镇	11520	17560	63278	41074	6904	12635	4850	6712
阜宁县陈良镇	6752	13722	41267	15390	3925	8273	1032	3925
阜宁县三灶镇	9120	14302	53509	21479	5986	9567	345	5093
阜宁县郭墅镇	7071	11722	42227	17764	4320	8482	4320	4320
阜宁县新沟镇	7742	14923	50404	20067	4382	10835	3518	4382
阜宁县陈集镇	8727	13334	47023	22914	5500	9927	550	4885
阜宁县羊寨镇	9420	18413	56896	21784	5101	8931	3345	3345
阜宁县芦蒲镇	8673	11927	50270	20117	4298	6857	100	2430
阜宁县板湖镇	6906	14902	47758	25490	4581	10002	1880	2380
阜宁县东沟镇	16968	33303	115427	48802	9790	18994	960	9682
阜宁县益林镇	10918	30412	96022	49385	5024	10485	960	4620
阜宁县古河镇	8979	15895	57801	24556	5986	9355	985	3945
阜宁县罗桥镇	8810	17213	59255	25335	5500	11287	2200	4760

15-1 续表

乡镇名称	行政区域面积（公顷）	总户数（户）	总人口（人）	从业人员数（人）	年末常用耕地面积（公顷）	农作物总播种面积（公顷）	高标准农田面积（公顷）	年末有效灌溉面积（公顷）
射阳县合德镇	30200	101122	286493	104098	11872	27150	11872	11872
射阳县临海镇	18628	22745	78752	33456	7125	17120	4228	6839
射阳县千秋镇	15750	18620	61452	27061	7363	15840	4260	7363
射阳县四明镇	17341	27358	82908	41852	8845	19076	6204	6300
射阳县海河镇	24243	32139	105204	46720	12103	25525	9335	10393
射阳县海通镇	7333	12029	33725	20813	4096	11050	3041	4051
射阳县兴桥镇	12914	19052	55188	24563	5070	11970	3008	5070
射阳县新坍镇	9816	16282	47887	24069	4770	9377	2857	3650
射阳县长荡镇	9591	15360	46041	21998	4347	10548	2586	3280
射阳县盘湾镇	9504	13335	40756	23810	4446	8737	2800	4446
射阳县特庸镇	10295	13057	41389	16320	4250	7360	2525	3950
射阳县洋马镇	9600	10874	32107	15445	4100	7985	2532	4100
射阳县黄沙港镇	5922	8786	26245	14376	1450	3200	883	1450
建湖县近湖镇	7797	83835	197629	163857	3607	5387	1375	2753
建湖县建阳镇	7200	20433	53303	18337	5580	9796	2500	4417
建湖县九龙口镇	7480	11600	33867	15204	3939	6659	1895	3435
建湖县恒济镇	8008	9816	31896	16878	3692	6286	1640	2859
建湖县颜单镇	8974	9043	22951	13576	3366	3630	1035	1975
建湖县沿河镇	8181	13812	38179	20390	4693	7288	1920	3660
建湖县芦沟镇	8586	14026	43843	20867	4141	9352	2263	4141
建湖县庆丰镇	9400	22575	59573	31518	5850	9516	2695	5135
建湖县上冈镇	23127	55972	153810	66855	15322	25248	6710	11620
建湖县冈西镇	6811	11877	31478	19475	4254	7823	2150	4103
建湖县宝塔镇	5078	11741	27335	15322	3543	5525	1610	3133
建湖县高作镇	7010	13121	36425	20627	4729	7806	2120	4046
东台市溱东镇	7574	14725	42787	20189	4325	6648	158	4000
东台市时堰镇	10226	23894	69752	34763	6102	9945	5200	5986
东台市五烈镇	13218	26509	87378	46715	8571	14078	796	7679
东台市梁垛镇	13217	27016	82760	43694	8000	14723	4950	6165
东台市安丰镇	7128	18454	50993	23869	4085	7525	1236	3456
东台市南沈灶镇	10323	19787	52458	24823	6555	13766	3550	5460
东台市富安镇	17001	32338	95459	48636	10180	14343	7120	9166
东台市唐洋镇	10744	17970	49205	25446	6198	13012	2798	4775
东台市新街镇	10289	16075	40861	24961	5813	11168	4415	4820
东台市许河镇	10691	17794	47835	24510	5813	14453	1960	5527
东台市三仓镇	15726	28501	69765	27934	10042	20803	5400	7525
东台市头灶镇	20675	28393	74649	36057	13991	29407	9371	9476
东台市弶港镇	26392	15327	45980	27974	12770	26239	112	6758
东台市东台镇	29671	72903	218481	122236	10087	22604	4033	9807
大丰市大中镇	20012	71480	189885	102963	10593	21540	8627	10593
大丰市草堰镇	9589	14940	39433	18152	6125	12399	3155	6125
大丰市白驹镇	11300	14758	40129	20404	6975	14390	4950	6975
大丰市刘庄镇	9624	15638	43477	21375	5552	13410	3179	5552
大丰市西团镇	8681	11586	29275	15041	5632	13574	2998	5632
大丰市小海镇	12114	15345	41297	20148	8220	16684	5470	8220
大丰市大桥镇	10254	13287	32549	15883	6444	16681	1800	6444
大丰市草庙镇	12279	10731	27056	17571	7857	16933	4333	7857
大丰市万盈镇	14256	18016	47721	25175	9388	17854	2882	9388
大丰市南阳镇	9352	15488	36834	17177	5182	12189	2230	5182
大丰市新丰镇	27431	40918	106188	49007	16229	31967	12819	16229
大丰市三龙镇	15257	19259	55157	31001	8462	19690	5448	8462

注：农民纯收入数据以分类乡镇考核时的指标为准

15－2　分乡镇主要指标(二)

(2013年)

乡镇名称	设施农业面积(公顷)	粮食面积(公顷)	油料面积(公顷)	蔬菜面积(公顷)	农业机械总动力(千瓦)	地区生产总值(万元)	农民人均纯收入(元)
城南新区伍佑街道	134	3300	100	360	20300	94800	15130
亭湖区南洋镇	300	6470	1000	1100	44520	349620	16752
亭湖区新兴镇	400	7950	507	1200	10280	258300	16853
亭湖区便仓镇	400	5465	440	1050	27100	86300	13994
开发区步凤镇	3515	5100	960	1470	70710	203300	16785
亭湖区盐东镇	450	5850	870	774	18700	115130	14896
亭湖区黄尖镇	260	5873	1580	780	2420	80286	13417
盐都区张庄街道	148	1491	99	110	11825	205000	17585
盐都区潘黄街道	324	1974	78	135	23562	480500	19521
盐都区大纵湖镇	690	6447	759	934	17756	249900	15966
盐都区楼王镇	1453	10142	1000	900	52620	259750	14752
盐都区学富镇	125	7342	442	630	35689	155465	15107
盐都区尚庄镇	1320	11337	545	950	64324	215900	15101
盐都区秦南镇	872	13466	610	547	91225	389700	15995
盐都区龙冈镇	631	8655	293	410	59800	474100	19074
盐都区郭猛镇	621	6081	286	99	24000	259400	17371
盐都区大冈镇	904	10200	630	257	96680	357600	16794
响水县响水镇	480	2542	483	812	21560	117867	14689
响水县陈家港镇	150	4657	191	1919	39961	114360	13777
响水县小尖镇	1055	11802	810	2830	85157	171955	12356
响水县黄圩镇	92	4362	671	1601	18010	57233	10374
响水县大有镇	559	9947	621	607	60108	110265	10687
响水县双港镇	125	8111	240	806	68098	111168	11375
响水县南河镇	520	11945	448	650	38140	84072	10915
响水县运河镇	632	9476	1339	1495	60017	116000	9832
滨海县东坎镇	183	6448	1121	1790	51017	481801	13809
滨海县五汛镇	1160	13750	855	2145	101718	252233	15363
滨海县蔡桥镇	790	8261	454	598	41000	115405	12607
滨海县正红镇	600	12947	604	2499	54560	260623	12336
滨海县通榆镇	835	4568	540	1605	27419	84378	11274
滨海县界牌镇	1038	10877	1935	1724	43120	163600	9370
滨海县八巨镇	644	6564	1350	2144	40225	117795	10376
滨海县八滩镇	820	7960	1320	850	46688	227750	13352
滨海县滨淮镇	606	14559	892	1434	118150	219681	12621
滨海县天场镇	153	4590	525	3231	35420	97205	9145
滨海县陈涛镇	482	6946	935	1421	16843	105213	9919
滨海县滨海港镇	1096	6229	1553	2666	62874	149212	12111
阜宁县阜城镇	330	9718	115	463	122367	535586	14506
阜宁县沟墩镇	726	11403	381	812	43168	227905	15993
阜宁县陈良镇	119	7114	205	803	31156	112597	13024
阜宁县三灶镇	346	8593	224	748	28755	68754	11015
阜宁县郭墅镇	172	6872	114	1146	50126	218757	11519
阜宁县新沟镇	758	7672	427	1194	39559	132181	14670
阜宁县陈集镇	520	7724	323	497	46237	77218	11389
阜宁县羊寨镇	169	7084	583	1155	18690	71725	10651
阜宁县芦蒲镇	246	5423	780	500	18474	69421	10616
阜宁县板湖镇	650	7581	546	1034	26579	82728	12480
阜宁县东沟镇	688	14424	850	1887	69940	321324	13763
阜宁县益林镇	528	7680	543	1928	47053	371284	14815
阜宁县古河镇	550	7642	562	1102	30225	77043	11616
阜宁县罗桥镇	480	7636	273	1841	32200	102086	11950

15-2 续表

乡镇名称	设施农业面积（公顷）	粮食面积（公顷）	油料面积（公顷）	蔬菜面积（公顷）	农业机械总动力（千瓦）	地区生产总值（万元）	农民人均纯收入（元）
射阳县合德镇	3858	18788	1693	4056	143175	637500	15110
射阳县临海镇	200	11890	1680	2012	81350	226000	15386
射阳县千秋镇	450	10609	1003	750	106560	187000	12836
射阳县四明镇	1000	13040	550	1490	73250	170000	10622
射阳县海河镇	1532	22936	838	1510	101876	213300	13343
射阳县海通镇	480	3722	706	4400	64200	292000	16165
射阳县兴桥镇	1360	8850	836	704	45600	154765	14829
射阳县新坍镇	350	6612	660	580	45530	144000	13004
射阳县长荡镇	1476	6790	772	800	57300	162200	13729
射阳县盘湾镇	336	5732	648	1324	49500	234400	16954
射阳县特庸镇	235	3387	735	670	35300	144020	14479
射阳县洋马镇	1200	6591	944	196	29360	162916	15544
射阳县黄沙港镇	368	1856	360	100	21035	295700	16029
建湖县近湖镇	192	4731	227	380	45329	909228	17349
建湖县建阳镇	523	8375	679	608	35063	251106	14633
建湖县九龙口镇	403	5484	390	773	22410	147120	13178
建湖县恒济镇	420	5471	275	540	34300	144899	14461
建湖县颜单镇	500	3088	147	320	28628	130546	14561
建湖县沿河镇	510	5971	372	772	25615	116240	12490
建湖县芦沟镇	357	7722	640	544	30478	122314	12285
建湖县庆丰镇	560	8631	347	464	60287	225485	14935
建湖县上冈镇	2655	20870	1375	1698	99073	439331	15264
建湖县冈西镇	310	7104	349	370	23303	90564	12002
建湖县宝塔镇	252	4885	220	378	13725	59945	11039
建湖县高作镇	603	6819	497	375	30535	112389	12608
东台市溱东镇	441	5879	367	288	42424	374400	22405
东台市时堰镇	291	7942	623	745	34765	370000	18985
东台市五烈镇	547	10617	938	1066	51070	336100	15728
东台市梁垛镇	1262	9663	1281	2677	49491	421000	17902
东台市安丰镇	278	5333	491	1648	43677	314600	17599
东台市南沈灶镇	3650	6952	2063	3235	25846	164100	16056
东台市富安镇	435	11816	310	2033	80585	418300	17841
东台市唐洋镇	3426	5371	953	5952	47867	186100	16737
东台市新街镇	3110	2495	1680	5675	30428	164100	16373
东台市许河镇	3267	7506	1675	3931	30998	179900	18244
东台市三仓镇	6510	6862	2415	8671	48813	338600	17905
东台市头灶镇	5512	15838	4736	6379	88901	364700	17728
东台市弶港镇	5856	9784	4408	8389	105805	267800	19578
东台市东台镇	2160	13398	3130	4314	84414	1064500	18527
大丰市大中镇	759	7632	1852	9954	80645	2059164	18757
大丰市草堰镇	1109	7528	896	1706	42856	119841	14907
大丰市白驹镇	1000	10226	553	1713	68822	159324	16448
大丰市刘庄镇	835	8033	1197	2615	54362	181894	16450
大丰市西团镇	950	6279	845	3793	48257	264034	16742
大丰市小海镇	280	7459	1449	4005	55786	122583	15076
大丰市大桥镇	1230	8409	1862	2945	34932	98468	15131
大丰市草庙镇	1073	9569	1886	2914	54320	165069	16360
大丰市万盈镇	743	8239	1904	4336	55830	168937	15210
大丰市南阳镇	600	4582	1594	4561	30110	176513	17139
大丰市新丰镇	1631	9299	3235	12286	93676	435966	16993
大丰市三龙镇	685	6429	1502	6400	66926	195613	16676

注：农民纯收入数据以分类乡镇考核时的指标为准

15－3 分乡镇主要指标(三)

(2013 年)

乡镇名称	公共财政收入(万元)	财政总支出(万元)	固定资产投资完成额(万元)	规上工业企业总产值(万元)	建筑业总产值(万元)	企业实交税金总额(万元)	社会消费品零售总额(万元)
城南新区伍佑街道	5372	2054	42269	44300	8768	4797	48037
亭湖区南洋镇	7850	8197	257300	774230	5842	12302	6648
亭湖区新兴镇	13573	10572	17	289500	3334	17200	117800
亭湖区便仓镇	3612	3262	100500	176582	8744	5180	52100
开发区步凤镇	7440	9323	145600	465920	8992	4892	1136
亭湖区盐东镇	3957	5410	110700	85821	0	5410	987
亭湖区黄尖镇	2651	6912	0	157198	4000	2405	2086
盐都区张庄街道	12320	2486	117900	578373	3665	12322	40967
盐都区潘黄街道	51260	9001	277300	652170	36522	39707	96161
盐都区大纵湖镇	6128	9790	147700	330163	6750	9050	62300
盐都区楼王镇	5046	8503	83500	243500	3000	35550	253946
盐都区学富镇	2775	4853	82300	92000	2000	7200	72143
盐都区尚庄镇	3780	9674	70400	237875	4345	19342	215527
盐都区秦南镇	5335	12351	116500	394500	17070	16045	92136
盐都区龙冈镇	15725	13315	356280	682389	11269	15368	186535
盐都区郭猛镇	7169	7381	99700	401300	12389	4734	100000
盐都区大冈镇	9124	10229	106700	491000	3500	12500	85000
响水县响水镇	30229	54090	87640	99185	288634	13002	43350
响水县陈家港镇	10000	51840	94880	32800	9800	5133	53438
响水县小尖镇	17900	18401	80607	477264	6350	15941	54240
响水县黄圩镇	5670	5136	17470	49327	2932	480	9817
响水县大有镇	13510	12565	39654	25211	7412	6882	12136
响水县双港镇	12070	13190	39495	129537	1054	5855	9526
响水县南河镇	5170	5160	18100	51398	4856	4485	8458
响水县运河镇	10430	9889	38946	50704	1650	1520	34264
滨海县东坎镇	66571	31429	313210	711553	141300	56621	328673
滨海县五汛镇	11517	10081	183750	384413	105200	23687	2385
滨海县蔡桥镇	8841	7627	103300	71807	26270	10080	4120
滨海县正红镇	6702	6426	42415	196249	78600	4900	12600
滨海县通榆镇	11317	9301	70475	48917	23100	3159	8562
滨海县界牌镇	9729	8509	122580	169780	43100	9860	99896
滨海县八巨镇	7272	6412	86100	264200	24350	9427	12000
滨海县八滩镇	14750	10505	220880	413455	62690	20056	25650
滨海县滨淮镇	17233	14748	244290	804330	49695	29700	32214
滨海县天场镇	8667	7289	86760	295856	20136	14962	40600
滨海县陈涛镇	7525	6600	66000	99423	41773	4423	175
滨海县滨海港镇	6871	5618	97852	162275	34570	7522	27112
阜宁县阜城镇	43951	36546	262607	781346	2372009	36276	341416
阜宁县沟墩镇	6954	7387	95428	183171	210678	10415	69787
阜宁县陈良镇	3391	2616	23000	81804	920	5123	24873
阜宁县三灶镇	1414	2706	19172	16985	4000	646	23431
阜宁县郭墅镇	13432	12986	245058	574757	29000	17869	23522
阜宁县新沟镇	4547	4997	49401	252754	25058	6216	29175
阜宁县陈集镇	2282	3145	22842	29192	14276	1078	27104
阜宁县羊寨镇	2231	3274	20505	28180	2052	2005	23851
阜宁县芦蒲镇	1746	2677	18516	7040	8936	2791	22840
阜宁县板湖镇	2221	3036	24183	19066	9869	3620	30597
阜宁县东沟镇	6986	9056	161229	466601	185512	11453	98829
阜宁县益林镇	21273	20806	201431	673986	215690	33250	135324
阜宁县古河镇	1604	2634	20487	37770	2120	3625	28330
阜宁县罗桥镇	1988	3206	24818	16059	1800	5010	25480

15-3 续表

乡镇名称	公共财政收入（万元）	财政总支出（万元）	固定资产投资完成额（万元）	规上工业企业总产值（万元）	建筑业总产值（万元）	企业实交税金总额（万元）	社会消费品零售总额（万元）
射阳县合德镇	43826	13601	365400	983236	215800	24110	834911
射阳县临海镇	11800	8925	158500	379854	0	15380	29691
射阳县千秋镇	3563	4053	52000	106000	280000	5200	2169
射阳县四明镇	4600	4734	50000	90000	26500	1725	16554
射阳县海河镇	7099	6079	75800	275192	0	7534	23134
射阳县海通镇	20861	7496	141400	507100	8200	25200	41920
射阳县兴桥镇	5532	5041	56200	133893	0	8684	19340
射阳县新坍镇	3940	3238	44700	26700	18100	3865	17977
射阳县长荡镇	4580	4605	40800	184200	0	7916	6634
射阳县盘湾镇	7550	6983	110836	376621	30072	2829	10666
射阳县特庸镇	5272	5989	65300	120664	0	2158	6860
射阳县洋马镇	4963	4780	61040	134231	0	5300	23009
射阳县黄沙港镇	8125	3304	138300	265325	55880	16350	24694
建湖县近湖镇	85596	62673	347292	1795104	798930	86518	398590
建湖县建阳镇	25801	19012	199359	607832	6960	48223	54060
建湖县九龙口镇	6766	5447	113430	249900	2497	6935	28419
建湖县恒济镇	9985	9079	131000	212435	486	23150	28261
建湖县颜单镇	11475	9154	130120	211580	0	12120	26440
建湖县沿河镇	5682	5172	84744	125030	15524	6723	29280
建湖县芦沟镇	6565	5800	85550	112780	21672	6567	33130
建湖县庆丰镇	13754	10249	125045	562972	34965	22980	58810
建湖县上冈镇	26133	24401	264870	667529	19379	10258	178050
建湖县冈西镇	4194	4093	82195	90477	19087	5345	25260
建湖县宝塔镇	3893	3760	62645	37103	200	3934	20360
建湖县高作镇	7420	5958	78791	147219	8204	5999	33090
东台市溱东镇	21486	16626	163850	617087	0	36820	93080
东台市时堰镇	19978	15882	170190	765087	0	33059	107400
东台市五烈镇	12140	7670	134640	335215	0	15690	46540
东台市梁垛镇	29854	22439	163850	754571	3100	42006	30430
东台市安丰镇	14077	9227	126090	416209	112	14100	85920
东台市南沈灶镇	4771	4161	70604	163080	202	3500	26850
东台市富安镇	18971	14374	153668	563825	4146	41032	68020
东台市唐洋镇	4327	3332	61640	141055	8865	2664	57280
东台市新街镇	3833	2994	57660	64636	5433	5805	8950
东台市许河镇	4357	4139	62560	149511	20299	1125	8950
东台市三仓镇	9129	6814	113820	197742	0	9145	98450
东台市头灶镇	12991	5387	145860	639605	31986	23382	39380
东台市弶港镇	26566	5387	594130	105381	314	9261	30430
东台市东台镇	91881	53853	489253	1122737	907610	80246	855620
大丰市大中镇	101867	32500	423528	718699	31451	38585	519771
大丰市草堰镇	4053	4105	38152	144756	1000	5968	59456
大丰市白驹镇	7114	4232	48439	209323	2700	3877	50739
大丰市刘庄镇	6785	4410	89000	312700	48254	9673	55046
大丰市西团镇	12133	5450	116078	616222	7999	22703	45241
大丰市小海镇	3858	3962	40480	79155	15218	3568	48830
大丰市大桥镇	4497	4990	25318	44803	0	852	41388
大丰市草庙镇	5768	3975	82066	300570	10526	19310	34730
大丰市万盈镇	6787	5279	41776	170250	1265	7568	593142
大丰市南阳镇	8933	6905	77474	212606	5900	15518	45978
大丰市新丰镇	16199	7739	214000	549124	65360	48933	132946
大丰市三龙镇	4622	3424	37066	127871	804	1630	68915

15－4 分乡镇主要指标(四)

(2013年)

乡镇名称	粮食总产量(吨)	棉花总产量(吨)	油料总产量(吨)	蔬菜总产量(吨)	肉类总产量(吨)	禽蛋产量(吨)	水产品产量(吨)
城南新区伍佑街道	24415	65	288	15327	2875	1750	2650
亭湖区南洋镇	53190	2924	3752	75920	10452	6110	6025
亭湖区新兴镇	55120	260	775	24460	10482	19980	6840
亭湖区便仓镇	47432	856	903	31009	5598	4100	2409
开发区步凤镇	31237	3906	2523	25040	4016	10215	2028
亭湖区盐东镇	40283	4185	2942	31899	2020	7345	11750
亭湖区黄尖镇	47197	4792	2322	18250	10820	31296	3120
盐都区张庄街道	10544	6	290	2747	2280	1763	680
盐都区潘黄街道	15739	0	171	4177	3173	1965	424
盐都区大纵湖镇	49340	756	2064	33697	7472	4812	24897
盐都区楼王镇	77424	150	2988	21230	6000	8233	52150
盐都区学富镇	59203	76	975	18674	5787	13655	4157
盐都区尚庄镇	83539	185	2150	71000	5434	4063	10020
盐都区秦南镇	107053	146	1720	17520	11518	28083	12396
盐都区龙冈镇	58071	92	1098	12382	11793	10268	3346
盐都区郭猛镇	48763	103	997	2894	3814	6613	1158
盐都区大冈镇	77555	1990	2315	10489	6024	6712	3450
响水县响水镇	18524	0	507	1265	3143	2243	2008
响水县陈家港镇	32056	0	562	385	3790	980	28425
响水县小尖镇	82800	0	6847	2690	17805	6587	4974
响水县黄圩镇	36085	0	2275	4900	3737	568	1643
响水县大有镇	80386	20	3227	1906	5598	1173	4336
响水县双港镇	55849	0	1699	2984	9646	6927	6597
响水县南河镇	78226	0	2378	1258	4474	1627	2025
响水县运河镇	64229	0	8320	2534	9184	4812	4160
滨海县东坎镇	45356	35	3439	11243	15286	5575	3836
滨海县五汛镇	99974	227	2538	160791	13533	5773	8828
滨海县蔡桥镇	64310	20	1323	7714	8243	3972	4810
滨海县正红镇	99923	0	1446	65264	9885	7020	7980
滨海县通榆镇	35782	11	1473	21426	10038	6581	3657
滨海县界牌镇	75580	595	6125	3507	10187	5580	3260
滨海县八巨镇	38342	15	2958	82524	7000	7000	1100
滨海县八滩镇	60250	16	3850	28500	9180	6459	3588
滨海县滨淮镇	99886	266	2555	10870	16566	6897	11951
滨海县天场镇	34532	44	2154	171300	5265	7466	2546
滨海县陈涛镇	52341	52	2621	15132	5465	5120	4153
滨海县滨海港镇	46886	170	4293	14093	6435	4208	20382
阜宁县阜城镇	74459	5	1012	18100	14605	3681	4150
阜宁县沟墩镇	87634	10	1044	25439	21822	13035	13525
阜宁县陈良镇	54521	0	517	14988	8773	4376	2315
阜宁县三灶镇	61848	0	954	19336	12439	2370	2238
阜宁县郭墅镇	42035	17	291	59456	11919	3326	3412
阜宁县新沟镇	58760	0	1435	59660	15724	2025	3776
阜宁县陈集镇	55962	9	814	46703	18747	6100	2450
阜宁县羊寨镇	51174	0	1165	54020	12212	6100	1950
阜宁县芦蒲镇	36008	4	1813	4512	10833	2834	1522
阜宁县板湖镇	58337	22	1775	66121	15867	2606	3904
阜宁县东沟镇	117706	17	2236	223525	34842	18002	13023
阜宁县益林镇	57381	8	1393	66700	10377	5650	12315
阜宁县古河镇	50493	0	1229	23045	7951	1752	748
阜宁县罗桥镇	58491	0	880	81708	13914	3730	8768

15-4 续表

乡镇名称	粮食总产量（吨）	棉花总产量（吨）	油料总产量（吨）	蔬菜总产量（吨）	肉类总产量（吨）	禽蛋产量（吨）	水产品产量（吨）
射阳县合德镇	127468	1870	4999	83126	6030	23369	9537
射阳县临海镇	89530	2712	4250	49850	4325	3205	20350
射阳县千秋镇	80692	2847	3700	36672	5867	5560	8935
射阳县四明镇	117822	50	1650	106530	3260	4125	6350
射阳县海河镇	179359	9	2025	52466	11032	6450	14013
射阳县海通镇	23746	4184	2696	327666	6203	7115	23479
射阳县兴桥镇	64510	831	2594	20253	2377	4613	4851
射阳县新坍镇	49342	869	1735	38969	4121	116	5143
射阳县长荡镇	39772	3199	1648	39476	5150	16680	3880
射阳县盘湾镇	35982	899	1545	31353	3269	17556	3453
射阳县特庸镇	21764	1875	2885	8840	1881	4780	3023
射阳县洋马镇	46203	960	3018	3135	1760	5000	2885
射阳县黄沙港镇	11252	158	1035	3325	883	1380	95865
建湖县近湖镇	33630	0	635	16745	7020	10603	1655
建湖县建阳镇	60457	0	1937	22895	6040	9077	11850
建湖县九龙口镇	40367	0	1113	26215	3307	6310	10050
建湖县恒济镇	40598	0	768	21048	2995	3806	23500
建湖县颜单镇	22379	0	409	12557	3310	2080	11908
建湖县沿河镇	43887	0	1042	27520	3345	2830	8100
建湖县芦沟镇	56095	0	1741	22068	6115	9575	1950
建湖县庆丰镇	63485	12	977	18289	4075	6592	3375
建湖县上冈镇	148732	1811	3766	107686	11780	16380	8610
建湖县冈西镇	51401	74	988	16942	4080	5246	3280
建湖县宝塔镇	35471	0	618	10585	3218	3454	2708
建湖县高作镇	50231	31	1397	15002	4210	5927	3120
东台市溱东镇	41597	99	1178	20544	2909	4629	10706
东台市时堰镇	56917	817	1990	46572	5456	14708	5472
东台市五烈镇	76366	2300	3040	66570	7542	22840	6742
东台市梁垛镇	69220	1354	4205	165922	4879	7245	4355
东台市安丰镇	41712	5	1672	105470	4184	12439	3110
东台市南沈灶镇	44771	953	7057	204879	6019	21011	1780
东台市富安镇	87841	63	940	130958	12590	35489	4245
东台市唐洋镇	31613	462	2741	390560	10561	53169	2284
东台市新街镇	14765	455	5456	368103	5632	16346	3950
东台市许河镇	44053	8	5202	244596	10805	52575	2385
东台市三仓镇	46784	100	7601	613062	9423	15677	5550
东台市头灶镇	93427	1288	13644	419118	10444	21466	3830
东台市弶港镇	52850	333	14761	545365	8651	10142	81477
东台市东台镇	83642	1104	9688	278776	7937	16022	5123
大丰市大中镇	49075	1994	5467	385227	7390	6255	11003
大丰市草堰镇	52505	2811	2588	45957	5311	4542	4539
大丰市白驹镇	79383	1971	2121	74898	5098	4123	3366
大丰市刘庄镇	58674	2055	2886	99788	5524	3590	5832
大丰市西团镇	41485	3750	2116	144371	5268	2907	3592
大丰市小海镇	45765	5100	4053	178396	10470	5011	3950
大丰市大桥镇	47106	2039	5326	143628	10563	5751	2907
大丰市草庙镇	52733	2916	5264	116990	5134	3379	4137
大丰市万盈镇	41745	4105	5047	195997	7055	5575	3700
大丰市南阳镇	24762	1487	4568	189373	5024	7025	2035
大丰市新丰镇	61696	8089	9513	541792	24475	23578	11586
大丰市三龙镇	42994	4959	4667	289214	12279	4248	9022

十六、全省十三个市国民经济主要指标

Key National Economy Indicators of 13 Cities in the Province

16－1 全省十三个市

(20

指 标	单位	南京市	无锡市	徐州市	常州市	苏州市	南通市
年末总人口	万人	643.09	472.23	1006.85	365.91	653.84	766.51
国内生产总值(当年价格)	亿元	8011.78	8070.18	4435.82	4360.93	13015.70	5038.89
第一产业增加值	亿元	204.64	148.53	432.38	138.12	214.49	345.41
第二产业增加值	亿元	3450.58	4207.43	2118.32	2250.80	6849.59	2623.50
第三产业增加值	亿元	4356.56	3714.22	1885.12	1972.01	5951.62	2069.98
规模以上工业主营业务收入	亿元	12425.21	14655.46	10506.88	10381.89	30224.92	11195.81
规模以上工业利税总额	亿元	1789.17	1260.97	1532.70	866.44	1937.53	1331.02
规模以上工业利润总额	亿元	979.10	833.47	856.08	525.69	1350.12	861.52
工业用电量	亿千瓦小时	286.71	476.28	252.97	308.06	1030.61	234.38
固定资产投资	亿元	5093.78	4015.77	3090.13	2902.84	5822.14	3298.73
社会消费品零售总额	亿元	3504.17	2740.92	1473.61	1597.01	3627.60	1927.09
进出口总额	亿美元	557.57	703.71	62.89	292.13	3093.48	298.14
#出口总额	亿美元	322.66	411.48	48.97	203.74	1757.06	212.78
注册外资实际到账	亿美元	40.33	33.39	15.00	31.11	86.98	22.87
公共财政预算收入	亿元	831.31	710.91	422.84	408.88	1331.03	485.88
金融机构存款余额(人民币)	亿元	18050.82	11205.78	3884.46	6348.10	20037.58	7342.00
#居民储蓄存款余额(人民币)	亿元	4883.29	4086.84	2089.77	2753.31	6408.32	4130.22
金融机构贷款余额(人民币)	亿元	13791.06	8108.14	2360.80	4318.32	15495.24	4508.54
城镇居民人均可支配收	元	38531	38999	23770	36611	42748	31059
农村居民人均纯收入	元	16531	20587	12052	18643	21578	14754

国民经济主要指标

13 年)

连云港市	淮安市	盐城市	扬州市	镇江市	泰州市	宿迁市
520.18	552.96	823.77	459.84	271.75	507.80	572.11
1785.42	2155.86	3475.50	3252.01	2927.09	3006.91	1706.28
259.17	272.58	489.18	224.47	129.06	205.96	235.00
807.42	983.15	1635.98	1693.70	1549.40	1574.00	815.61
718.83	900.13	1350.34	1333.84	1248.63	1226.95	655.67
4083.66	4793.17	6389.33	8202.11	7084.62	8126.51	2967.97
509.36	419.60	804.93	997.37	688.20	1039.92	463.48
316.09	223.14	427.99	576.05	439.63	596.09	328.30
88.73	102.30	204.19	139.13	163.38	169.02	94.86
1350.12	1453.05	2217.69	2025.18	1753.15	1764.17	1290.75
655.57	721.22	1163.38	1099.51	866.89	837.12	442.43
66.41	36.61	65.28	95.07	99.50	104.41	33.22
37.84	27.81	37.79	75.50	62.23	62.91	27.80
8.70	11.51	15.50	18.28	30.97	13.23	5.09
233.30	271.42	366.77	259.26	254.52	251.28	185.12
1671.65	1721.30	3196.06	3836.87	3289.46	3544.42	1475.58
823.19	931.81	1788.34	1931.02	1475.49	1786.01	736.29
1366.94	1375.15	2179.75	2341.85	2364.38	2344.27	1282.09
22985	23107	24119	28145	32977	29112	18846
10745	11045	13344	14214	16258	13982	10703

十七、盐城市2013年统计大事记

Events and Statistics of Yancheng in 2013

盐城市 2013 年统计大事记

1 月 7 日 盐城市统计局局长秦军就全面建成高水平小康社会接受电视台专题采访，并在当晚的盐城一套《新闻深 1 度》栏目播报。

1 月 17 日 盐城市统计局荣获全省国防经济动员工作先进集体，全省共有 18 个单位获表彰，盐城市局是全省统计系统唯一，也是全市各部门唯一获此荣誉的单位。

1 月 22 日 盐城市统计局召开全市"三经普"全面使用 PDA 专题座谈会。会议学习《国务院关于开展第三次全国经济普查的通知》和《省政府关于我省做好第三次全国经济普查的通知》，传达全省第三次全国经济普查工作座谈会会议精神，通报国家、省、市三经普前期准备工作情况，学习德清专项试点方案与工作报告，部署下阶段主要工作，重点就"三经普"全面使用 PDA 进行专题座谈。

1 月 24 日 盐城市政府召开第三次经济普查专题会办会，市委常委、常务副市长戴元湖主持，统计局、财政局、机关事务管理局等相关部门负责人出席会议。市统计局局长秦军就有关经济普查事项作专题汇报，通报国家、省和全市"三经普"工作开展情况，分析这次普查的意义和难点，并提请市领导解决经济普查的经费、场地、人员等相关问题。

1 月 25 日 盐城市统计局到联系点结对帮扶困难群众家中开展送温暖慰问活动，送去党和政府的关怀与节日的问候。给 4 个特困户送去市局干部职工捐赠的慰问金 8000 元。

1 月 29 日 盐城市顺利完成 2012 年人口年报工作。

2 月 4 日 盐城市统计局召开党组扩大会议，贯彻落实习近平总书记关于厉行节约、反对浪费的重要批示精神，以及贯彻落实中央"八项规定"和省委、市委"十项规定"的要求，进一步加强和改进工作作风，局班子成员及各部门主要负责人参加会议。

2 月 7 日 盐城市政府下发《关于开展全市第三次全国经济普查的通知》（盐政发 [2013] 28 号），对全市第三次全国经济普查工作作出部署。《通知》中特别要求各地，根据本次普查的要求，按照财政分级负担的原则，切实解决普查所需经费，特别是要妥善安排好手持电子终端（PDA）设备费用，及时将普查经费列入相应年度的财政预算，确保按时足额拨付到位。

2 月 16 日 盐城市统计局荣获 2012 年度全市目标任务综合考核综合先进奖。同时，还获得发展民营经济工作奖、服务业和旅游业工作奖等多个单项奖；市局党组书记、局长秦军同志被评为综合先进个人。

2 月 16 日 盐城市统计局召开经济普查工作人员会议，研究部署全市第三次全国经济普查相关工作，局长秦军主持。会议落实全市第三次经济普查动员暨统计工作会议日期、内容和流程，并落实专人与政府办做好会议对接。要求继续推进第三次全国经济普查的相关准备工作，加强工作对接、明确职责分工。

2 月 18 日 盐城市统计局召开 2012 年度总结表彰大会，传达贯彻全市 2012 年度目标任务考核表彰大会和全省第三次经济普查动员暨统计工作会议精神，总结局机关 2012 年度统计工作，部署 2013 年度工作任务，表彰先进。

2 月 19 日 盐城市委市政府召开由市委常委、宣传部部长陈红红和市政府副市长马成志参加的全市文化产业统计工作例会，研究部署全市文化产业统计工作，文广新局、统计局等市直部门和县（市、区）宣传部门领导参加会议。

2 月 22 日 盐城市政府召开全市第三次经济普查动员暨统计工作会议。总结去年全市统计工作，表彰统计"四大工程"建设先进集体和个人，明确今年统计工作任务，并对全市第三次经济普查工作进行动员部署。市委常委、常务副市长戴元湖出席并讲话，市政府副秘书长戴荣江主持，市局局长秦军作工作报告。会上，戴元湖代表市政府，与各县（市、区）政府签订"三经普"责任书。

2 月 22 日 盐城市统计局举行党风廉政和统计行风建设责任书签订仪式，局党组书记、局长秦军出席并讲话。市局班子成员、各县（市、区）统计局局长、市开发区、城南新区经发局局长和市局各部门主要负责人依次上台向秦军同志递交责任书。

2 月 23 日 盐城市统计局召开全市工业、能源统计工作会议，各县（市、区）统计局分管领导和工业、能源统计业务骨干近 40 人参加会议。

2 月 27 日 盐城市召开全市投入产出调查第一批次培训会，建筑房地产业、服务业被调查单位统计人员、相关县（市、区）专业人员参加培训。

3月1日　盐城市人民政府召开全市“四大工程”工作表彰大会，对大丰市政府等五个“四大工程”先进集体和杨金富等二十名先进个人进行表彰。

3月1日　盐城市统计局召开第三次全国经济普查工作综合组第一次全体人员座谈会，会议通报了全市第三次全国经济普查有关工作开展情况，讨论、明确了综合组各位成员的分工，布置了下一步的工作任务。

3月7日　盐城市统计局召开了全市非工企业景气调查工作会议。

3月8日　盐城市统计局荣获2012年度全市党委信息工作先进集体一等奖。

3月11日　盐城市统计局制定出台了《基本单位名录库维护更新实施办法》。

3月12日　盐城市统计局报送的《关于城市化发展新阶段的思考》获二等奖。

3月19日　盐城市统计局组织收听收看2013年全省统计系统党风廉政建设暨作风建设工作视频会议。

3月19日　盐城市统计局召开全市“八项工程”监测统计工作会议。

3月27日　盐城市统计局出台《2013年全市统计工作要点》。

4月1日　盐城市统计局在《盐阜大众报》上公布《盐城市2012年国民经济和社会发展统计公报》。

4月1日　盐城市统计局外网提速工作圆满完成。

4月3日　盐城市统计局出台《2013年党风廉政和统计行风建设工作要点》。

4月8日　盐城市统计局组织编辑的《2013年盐城市情手册》一书正式出版，该书系统反映了盐城经济指标完成情况，专门收集整理了全省分市县、全市分县镇以及长三角地区主要经济指标完成情况。

4月8日　盐城市统计局撰写的统计分析《一季度全市主要经济指标完成情况预测》得到市主要领导的高度重视，市委书记朱克江和市长魏国强分别作出批示。

4月16日　盐城市统计局积极开展结对帮扶，召开困难群众座谈会，并送上帮扶慰问资金，增强大家致富的勇气，使他们感受到党和政府的温暖，增强脱贫致富的信心。

4月17日　盐城市统计局开展“三解三促一加强”活动，主要做了“四个一”，即召开一个座谈会，察看一次村容村貌，看望慰问5个村各一户困难，为5个村各解决一批实际困难。

4月19日　盐城市统计局被授予全市依法行政工作先进集体。这是市统计局连续两年被市推进依法行政工作领导小组考核为优秀格次，并被市政府授予先进个人和先进集体称号。

4月22日　盐城市经普网与省网链接成功，有利于经普宣传，反映普查动态，解析普查业务，做好普查工作。

4月24日　盐城市统计局召开市民生幸福“六大体系”监测统计工作会议，市教育局、民政局、人力资源和社会保障局、住房保障和房产管理局、卫生局、市老龄办等部门负责民生幸福“六大体系”监测统计工作的人员参加会议。

4月25日　盐城市统计局印发《2013年统计法制宣传教育计划》，确定12项统计法制宣传教重点内容，并明确了主要责任单位。

5月1日　盐城市统计局局长、党组书记秦军召开“三经普”工作人员专题会办会。交流近阶段普查工作开展情况，深入分析存在问题和困难，并对下一步工作作部署。

5月2日　盐城市统计局局长秦军到射阳县海河镇花元村，开展“三解三促一加强”活动，着力为群众排忧解难，排查化解矛盾纠纷，消除不稳定隐患。

5月7日　盐城市委书记朱克江对市统计局上报的《2012年盐城市“八项工程”数据情况通报》作出批示：“请道津同志召集各相关负责同志和部门同志，就八项工程的上报数字再重新梳理一遍，做到全面客观反映盐城实际情况”。

5月7日　盐城市召开“八项工程”监测统计工作会议，市委常委、秘书长潘道津主持会议，传达了市委书记朱克江的批示，并对2012年全市“八项工程”监测统计数据上报工作提出要求。市统计局副局长通报2012年盐城市“八项工程”数据上报情况。市“八项工程”部分工程牵头部门主要负责人和相关责任部门分管领导参加。

5月8日　盐城市统计局撰写的《关于确保稳增长实现“双过半”的对策建议》一文，获得市委主要领导充分认可，市委朱克江书记对此文作出批示，并要求在市委内刊《调查研究》上全文刊登印发给各位市领导及相关部门参阅。

5月16日　盐城市局召开局务会专题研究经济普查工作，传达贯彻省经济普查座谈会议精神，研究布置近期经济普查工作。市局部分班子成员出席并从做好普查角度分别作发言。

5月16日　盐城市统计局成立“保持纯洁性、深化评定升”教育实践活动领导小组，由局主要负责同志任组长，局班子其他成员为副组长，局中层正职为成员，领导小组下设办公室，具体负责教育实践活动的各项事务性工作。

5月20日　盐城市发文成立全市第三次全国经济普查领导小组，由市委常委、常务副市长戴元湖任组长，市政府副秘书长戴荣江、市统计局局长秦军任副组长，市委宣传部、市发改局、市财政局、市统计局、市商务局等30家单位分管负责人为成员。普查领导小组办公室设在市统计局，全面负责全市经济普查的具体组织实施工作。

5月22日　盐城市统计局接受纪委检查指导党务公开示范点创建工作，检查组对统计局认真落实党务公开示范点创建工作要求所采取的做法和取得的成绩给予充分肯定。

5月24日　盐城市统计局召集部分县区经普办主任对经普名录单位比对工作进行座谈。市局普查办全体人员参加。参会人员对单位比对工作提出切实可行的办法，并对市局拟定的《盐城市单位比对核查工作实施方案》提出修改建议。

5月27日　盐城市经普办发文，对市第三次全国经济普查领导小组30个成员单位工作职责进行明确分工。要求各部门严格按照职责分工，认真做好有关工作，为全市经济普查的顺利开展提供必要的保障。

5月28–29日　省统计局局长徐劼率队来盐城调研、考察盐城市经济社会发展和统计工作情况。市委书记朱克江、市长魏国强、常务副市长戴元湖等陪同。

5月31日　盐城市召开第三次全国经济普查领导小组扩大会议，总结全市前期三经普筹备工作，研究部署下阶段主要任务。市委常委、常务副市长戴元湖出席会议并讲话。市统计局局长秦军通报前一阶段全市普查准备工作情况，安排部署当前以及下一阶段的任务。市政府副秘书长戴荣江主持会议。

5月31日　盐城市经普办召开各县（市、区）经普办主任会议，布置近期经济普查工作。

6月18日　盐城市统计局局召开全市统计从业资格认证暨教育培训工作会议。

6月21日　盐城市法制宣传教育领导小组对盐城市统计局“六五”普法中期工作进行考核验收。

6月24日　盐城市统计局召开全市统计局长会议，传达贯彻国家局、省局联网直报“四查”视频会议精神，布置全市“四查”等相关工作。

6月26日　省统计局审计组对盐城市统计局2010年至2012年省级及中央级财务收支及预算执行情况进行审计。

6月26日　盐城市统计局通报部门规范化建设达标情况，共认定市级优秀单位46家，市级合格单位2家。

6月26日　盐城市经普办召开国税、地税、民政、编办、质监、工商六部门参加的部门联络员会议，座谈经普单位比对工作中难点问题的解决办法，布置下半年单位行政登记资料库提供。

6月28日　盐城市统计局局长、经普办主任秦军以其个人名义分别发信给县（市、区）、镇（街道、园区）党政主要领导。普查宣传信件的发送，进一步加大对县（市、区）、镇（街道、园区）党政领导干部的普查宣传力度，进一步提高党政领导对经济普查的认识，进一步加强对经济普查工作的组织推进。

7月5日　盐城市统计局召开各部门负责人座谈会，征求党员干部对省统计局党组关于进一步加强作风建设的建议意见。

7月6日　盐城市统计局副局长一行四人深入社区调查了解情况，协助开展创卫工作。

7月10日　盐城市统计局获得市纪委党务公开检查组的充分肯定，顺利创建为市级机关局党务公开示范点。

7月10日　盐城市统计局召开全市农村统计工作会议。

7月17日　盐城市统计局召开全市统计用区划代码及城乡划分工作会议。

7月17日　盐城市全国第三次经济普查领导小组下发《关于明确市第三次全国经济普查领导小组办公室组成人员和内设机构职能的通知》。明确盐城市第三次全国经济普查领导小组办公室组成人员和各内设机构职能、职责。

7月18日　盐城市经普办制定出台全市经普准备阶段工作考核办法。

7月18日　盐城市经普办印发《盐城市第三次全国经济普查领导小组办公室工作规则》。

7月16–18日　盐城市统计局联合市商务局到部分县（市、区）对“大个体”转法人企业的可行性进行实地调研。

7月24日　盐城市统计局制定《盐城市月度劳动力调查调查人员管理制度》、《盐城市月度劳动力调查工作督查制度》、《盐城市月度劳动力调查数据质量控制制度》和《盐城市月度劳动力调查工作流程规范制度》四项制度，以考核各地劳动力调查工作的完成情况。

7月20–23日　盐城市统计局开展乡镇统计规范化创建达标工作，组织对申报达标单位进行考核验收。

7月30日　盐城市统计局召开劳动力调查和劳动工资统计数据质量分析会议。

8月2日　盐城市经普办召开全市经济普查业务主任会议。

8月2日 省统计局党组副书记、副局长伍祥率领省统计局核算处、人教处、统计教育中心、能源处的负责人到盐城，听取对省统计局党组进一步加强作风建设的意见和建议，同时了解企业“一套表”联网直报“三查”工作开展情况。盐城市统计局党组书记、局长秦军，副局长，盐城调查局局长，市局纪检组组长及部分县（市、区）统计局局长、调查局干部群众代表，统计行风监督员代表，乡镇（街道）和企业统计人员代表等10多人参加座谈会。

8月5日 盐城市统计局召开党组中心组学习会议，会议传达省局在昆山召开的省辖市局长座谈会和规范化创建推进会会议精神，总结上半年统计工作，部署下半年统计重点工作。党组书记、局长秦军主持会议，局领导班子和各部门负责人参加会议。

8月12日 盐城市经普办召开经普督查工作部署会。

8月13日 省统计局人口就业处一行对盐城市劳动力抽样调查工作进行检查指导。盐城市统计局副局长、副调研员陪同检查。

8月15日 盐城市经普办召开全市普查区电子地图绘制培训会议。

8月13–15日 盐城市经普办领导小组部分成员单位负责人分别带领督查组，对全市11个县（市、区）经济普查前期准备工作情况进行全面督查。

8月16日 盐城市统计局发出通知开展2013年度统计工作规范化创建和验收工作。

8月23日 盐城市统计局召开全市行政区划和城乡划分业务培训会议。

9月4日 盐城市经普办召开大市区单位划转核定会议，进一步理清大市区各自单位数，亭湖、盐都、开发区和城南新区对有待确认的单位再确认再核实。

9月4日 盐城市委书记朱克江对市统计局报送的《关于上半年我市综合能耗情况的汇报》统计专报作批示。该专报分析今年上半年盐城节能考核指标完成情况及造成能耗增长的主要原因，并对全年完成情况进行预测。

9月12日 盐城市政府召开市长专题会办会，推进民生幸福“六大体系”建设工作。市统计局副局长就2012年盐城民生幸福“六大体系”统计监测情况作专题汇报。

9月13日 盐城市完成全市第三次全国经济普查地图绘制工作。

9月15日 盐城市2013年度全国统计从业资格考试结束。全市各考点考试准备工作周详有序，各环节组织扎实严密，考场秩序良好。

9月17日 省统计局纪检组组长韩虹带领省局人口就业处、监察室和机关党委的负责人专程来盐，重点对当前全省经济运行状况和趋势、第三次全国经济普查准备工作和对省局加强作风建设、落实即知即改的意见建议进行深入调研。

9月18日 盐城市召开全市第三次全国经济普查工作推进会议，贯彻落实国务院、省政府第三次全国经济普查电视电话会议和全省经济普查主任会议精神，动员部署单位核查工作。市政府副秘书长陈斌主持会议。市经普办主任、统计局局长秦军通报前一阶段全市普查准备工作情况，安排部署当前以及下一阶段的工作任务。市委常委、常务副市长戴元湖出席会议并讲话。

9月22–25日 盐城市经普办召开全市经济普查业务培训会议。会议对单位核查方案的具体内容，两员职责和入户访问技巧、各类调查单位的界定、核查表填报和审核要求、统计分类和常见业务问题的处理、PDA试点软件的操作等内容进行详细的培训。会议共分三期举行，各县（市、区）经普办分管领导及业务骨干、各镇（街道、园区）经普办业务骨干共计400余人参加。

9月23日 盐城市统计局、国家统计局盐城调查队共同编辑的《盐城统计年鉴—2013》由国家统计出版社出版发行。

9月25日 盐城市召开大市区普查宣传推进会，会议交流各区普查宣传开展情况，并对大市区单位核查阶段的普查宣传工作进行部署。亭湖区、盐都区、市开发区、城南新区分管负责人和相关业务人员参加。

9月27日 盐城市统计局召开全市经济普查贸易专业统计工作座谈会。

9月27日 盐城市统计局召开全市经济普查服务业统计专业工作座谈会。

9月29日 盐城市统计局召开全市经济普查工业专业统计工作座谈会。

9月29日 盐城市统计局召开全市经济普查文化产业专业座谈会。

9月29日 盐城市统计局召开全市经济普查文化产业专业座谈会。各县（市、区）统计局分管局长和专业负责人参加会议。

10月8日 盐城市委书记朱克江对盐城市统计局报送的《“四上”企业年度申报情况汇报》作批示。

10月6–7日 盐城市经普办组织各专业组,在经普办各位副主任的带领下,采取上门听取汇报、实地检查等形式,对各县（市、区）贯彻落实市政府第三次全国经济普查工作推进会议情况、单位核查培训与登记工作开展情况、当前存在主要问题及采取措施、普查宣传工作开展情况、年度“四上”单位申报工作组织开展情况进行督查。

10 月 8 日　盐城市经普办召开经济普查督查专题汇报会,市经普办主任、统计局局长秦军主持会议,经普办全体督查人员参加会议。会议交流各县 (市、区) 经济普查工作开展情况,总结各地普查工作存在的问题、好的做法,部署下阶段普查工作。

10 月 9 日　盐城市经普办下发《关于建立经济普查单位核查工作进度“双日报”报告制度的通知》 (盐经普办 [2013] 26 号) ,要求各县 (市、区) 自10 月 10 日起,逢双日下午 6 时前将以法人单位、产业活动单位、个体经营户登记数、录入数为内容的单位核查进度统计表报至市经普办。

10 月 9 日　盐城市统计局与交通局联合召开全市出租车客运行业统计业务布置会议。传达省、市有关服务业统计相关文件精神,讲解出租车客运相关业务知识,介绍有关申报重点服务业企业的相关事项。各县 (市、区) 交通局和客管处的同志带领各地区的出租车公司近 50 人参加会议。

10 月 11 日　盐城市召开全市经济普查单位核查程序培训会议,对全市经济普查单位核查程序的使用和操作方法进行培训。

10 月 11-13 日　盐城市统计局组织召开全市人口变动抽样调查业务培训会议。各县 (市、区) 统计局分管局长、负责人口调查业务人员、抽中镇 (街道) 统计干事、抽中村 (居) 调查员等参加培训会。

10 月 15 日　盐城市政府召开全市“大个体”转企业法人推进工作会议。市统计局局长秦军就“大个体”转企业法人工作有关情况作汇报。

10 月 31 日　盐城市经普办召开座谈会，传达全省经普办主任会议精神，总结经普办前阶段工作，部署下阶段重点工作。

11 月 6 日　盐城市统计局召开全市重点服务业企业数据质量分析会议。各县（市、区）分管服务业统计工作的领导和业务骨干参加会议。

11 月 11 日　盐城市完成 2013 年度“四上”单位申报工作。

11 月 13 日　盐城市经普办召开各县（市、区）经普办业务主任会议，县（市、区）经普办业务主任、市经普办相关人员参加会议。

11 月 16-17 日　盐城市统计局工会举办“经普杯”统计系统第七届乒乓球比赛。

11 月 20 日　省人大立法调研组来盐征求《江苏省统计条例》（草案）修改建议，并召集有关方面人员召开座谈会。

11 月 27 日　盐城市统计局召开全市经济普查文化产业专业会议。各县（市、区）统计局、市开发区、城南新区经发局分管局长和专业负责人参加会议。

11 月 27-28 日　江苏省基层统计规范化创建推进会议在盐城市大丰港召开。省统计局副局长伍祥、盐城市局局长秦军，大丰市市长陈平、常务副市长范大玉等领导出席会议，各省辖市统计领导、统计双基建设职能部门负责人，各县（市、区）统计局长共计 150 余人参加了此次会议。

12 月 4 日　盐城市经普办召开全市经济普查办公室主任会议，市经济普查领导小组副组长兼办公室主任、市统计局局长秦军主持会议并作讲话。

12 月 9 日　盐城市统计局召开了服务业年定报工作会议。各县（市、区）统计局分管领导和服务业统计业务人员参加了会议。

12 月 11 日　省统计局副局长伍祥一行，在市统计局党组书记、局长秦军的陪同下到射阳县调研“双基”建设情况,听取了县统计规范化创建工作的汇报。

12 月 13 日　盐城市统计局召开 2013 年劳动工资、人口、科技和文化专业统计年报会。各县（市、区）统计局、市开发区、城南新区经发局分管局长和各专业负责人参加了会议。

12 月 18 日　盐城市统计局召开了全市贸易外经统计年定报暨经济普查业务培训工作会议，各县（市、区）统计局、开发区经发局、城南新区经发局分管领导和贸易外经统计业务骨干近 40 人参加了会议。

12 月 20 日　盐城市统计局召开市直有关单位劳动工资统计年、定报会议。市直相关单位负责劳动工资统计人员 100 余人参加了会议。

12 月 19-22 日　盐城市经普办举办全市经济普查方案与 PDA 使用师资培训班。会议对普查方案的具体内容，两员职责和入户访问技巧、各类调查单位的界定、核查表填报和审核要求、统计分类和常见业务问题的处理、PDA 软件的操作等内容进行了详细的培训。会议共分三期举行，各县（市、区）经普办分管领导及业务骨干、各镇（街道、园区）经普办业务骨干共计 400 余人参加了会议。

12 月 25 日　盐城市召开全市“八项工程”监测统计工作会议。会议由市委副秘书长陈健翔同志主持。盐城市委副书记陈正邦同志亲自到会并讲话.市统计局秦军局长就“八项工程”监测统计办法变化情况、按新指标体系和方法重新测算的 2012 年市“八项工程”监测统计情况和 2013 年“八项工程”监测统计工作安排作了发言。

12 月 27 日 盐城市经普办召开市工商、国税、地税、质监、民政、编办等六部门联络员会议。会上，市经普办通报了前阶段单位核查结果、单位核查库与六部门行政登记资料库的比对情况，并对六部门布置了后期行政登记资料工作任务。

12 月 27 日 盐城市统计局召开固定资产投资统计制度方法改革研讨会。市局固投处、各县（市、区）统计局分管领导及负责投资专业的业务人员共 30 多人参加了会议。

12 月 27 日 盐城市统计局召开建筑业、房地产开发业普查工作会议。市局固投处、各县（市、区）统计局分管领导及业务骨干共 30 多人参加了会议。

12 月 27 日 全省第三次全国经济普查登记工作电视电话会议召开。盐城市设立分会场组织收听收看。市委常委、常务副市长戴元湖出席分会场会议。全省电视电话会议结束后，戴市长对市普查工作提出三点要求：一是充分肯定成绩，保持清醒头脑，深化普查登记重要性的认识；二是坚持科学普查，统筹安排部署，提高普查登记工作质量；三是加强部门联动，发挥整体合力，夯实普查登记基础保障。

12 月 31 日 盐城市经普办在市区迎宾公园，举行经济普查大型广场宣传活动。活动现场横挂多条普查宣传标语，竖起了印有普查宣传口号的展板、红色汽球。市统计局党组书记、局长秦军同志到达活动广场与群众互动，并慰问了全体工作人员。

十八、盐城市2013年统计工作重要文件

Important Statistics Documents of Yancheng in 2013

关于印发《盐城市基本单位名录库维护更新实施办法》的通知

盐统［2013］20 号

各县（市、区）统计局，开发区、城南新区经发局，市局有关处室：

现将《盐城市基本单位名录库维护更新实施办法》印发给你们，请认真贯彻执行。

附：《盐城市基本单位名录库维护更新实施办法》

盐城市统计局

2013 年 3 月 6 日

盐城市基本单位名录库维护更新实施办法

为有效发挥基本单位名录库在组织统计调查、确保统计数据质量工作中的作用，科学管理和组织全市基本单位名录库（以下简称名录库）维护更新工作，现根据国家和省统计局有关名录库方面的文件精神，并结合盐城实际，特制定本实施办法。

一、名录库维护更新目的

名录库是各级政府加强和改善宏观调控的重要依据，是开展各项调查的字典库和抽样框，是实施“企业一套表”改革的主体工程，是确保统计数据质量的第一道防线。做好名录库维护更新工作的目的就是：按照国家和省及全市总体部署，以“先入库，后有数”的要求，统一思想，提高认识，通过强化名录库在建设统计“四大工程”中的基础地位，来不断提高统计能力、统计数据质量和政府统计公信力，切实有效地服务全市经济社会发展大局，充分发挥名录库维护更新在统计工作与信息服务中应有的作用。

二、名录库维护更新范围、内容和原则

名录库维护更新是以前期名录库数据为基础，结合各级统计机构日常获得信息，以及各部门提供的最新行政登记资料，对新掌握的和新注册的单位直接发表填报，对变更的单位要进行核实，对已注销的单位做好注销记录,及时更新名录库信息内容。

（一）名录库维护更新范围

名录库维护更新范围为在本地区内从事经济和社会活动的所有法人单位、产业活动单位（分支机构）基本信息，单位主要指：各类企业法人、事业单位法人、机关法人、社会团体法人、基层群众自治组织以及从事各种社会经济活动的产业活动单位等。

（二）名录库维护更新内容

名录库维护更新分为全面更新和部分更新：（1）全面更新每五年一次，结合经济普查实现名录库信息的全面更新，经济普查数据处理结束且全部数据定案后一个月内完成。（2）视本地区实际情况和条件，利用搜集的部门资料及各专业统计调查的信息，定期或实时部分更新名录库。

（三）名录库维护更新原则

按照全省统一部署，搭建盐城节点名录库维护更新平台，全市各级统计机构采取各种方法，搜集整理部门行政登记资料和统计调查信息，通过统计专网实现对名录库的维护更新。实施过程中须遵循以下原则：

1、“统一领导，分级负责”原则

在市统计局的统一领导下，各级统计机构负责落实辖区内名录库维护更新工作，其任务主要由牵头部门或人员组织完成，工作中严格执行规范流程、业务要求和技术标准，确保名录库更新率和数据质量的提高。

2、“集中布置，专业协助”原则

名录库维护更新由各级统计机构牵头部门或人员集中布置，专业根据“先进库，后有数”的要求，协助落实名录库维护更新相关要求，把好名录库单位数量与质量关，将达到专业标准以上的单位按照要求及时申报列统，对接近专业标准以上的单位进行跟踪。

3、“共同参与，共享成果”原则

各级统计机构及各专业在参与名录库维护更新的基础上共享成果，名录库信息谁使用谁负责，向外提供须符合安全保密要求，并须办理相关手续。各级统计机构及专业只能使用本级本专业范围内的名录库信息，因特殊情况需要使用范围以外的名录库信息，需要审批。

三、名录库维护更新职责分工

全市名录库维护更新，由市局名录库管理办公室牵头，市局专业处协助实施，市局计算中心提供技术保障，县（市、区）局具体落实，镇（街道、园区）统计机构调查核实与维护更新。

（一）市局名录库管理办公室

市局名录库管理办公室是全市名录库维护更新牵头组织的部门，其主要职责是：协调各级统计机构建立名录库共建共享机制；组织统计基本单位专项调查或清查；组织名录库周期性全面更新和经常性部分更新；督促名录库维护更新统计标准和业务规范的执行；将省局反馈的部门数据和市有关部门提供的数据分配到各县（市、区）局；根据关键指标筛选准调查单位，交市局相关专业审核确认或跟踪管理；协调解决名录库中专业间、县（市、区）间单位重复问题；提供专业调查单位字典库和抽样框；授予名录库用户管理与使用权限；组织对县（市、区）名录库更新维护工作进行监督检查；开展名录库数据分析和研究工作。

（二）市局专业处

市局专业处是全市名录库维护更新协助实施的部门，其主要职责有：协助实施本专业涉及的名录库维护更新专项调查或清查；协助完成本专业名录库周期性全面更新和经常性部分更新；跟踪管理名录库中准调查单位数据更新情况；指导县（市、区）局专业衔接好年、定报单位与名录库单位；监督检查县（市、区）局名录库专业单位维护更新情况；按时提供本专业年、定报及有关调查单位字典库，以及从业人员、营业收入、资产状况等名录库更新维护所需的基础资料。

（三）市局计算中心

市局计算中心是全市名录库维护更新技术保障的部门，其主要职责有：搭建盐城分布式名录库平台，满足名录库维护更新需要；负责盐城分布式名录库平台版本升级和日常维护管理，从技术上保障平台运行稳定与数据安全；开展名录库平台技术培训，提供技术支持，备份名录库平台与数据，做好与其他平台技术衔接工作，解决遇到的各类技术问题。

（四）县（市、区）局

县（市、区）局是全市名录库维护更新的责任主体，其主要职责有：组织实施统计基本单位专项调查或清查；督促名录库维护更新统计标准和业务规范的执行；接收市局名录库管理办公室反馈的数据和搜集相关部门数据；对名录库进行周期性全面更新和经常性部分更新；协调解决名录库中单位重复问题；负责本地区名录库使用管理和数据的安全；对镇（街道、园区）统计机构名录库维护更新进行监督检查；跟踪管理名录库中准调查单位数据更新情况；依据年、定报和有关调查，及时维护更新名录库行政区划代码、属性指标和主要指标数据；开展名录库数据分析和研究工作。

县（市、区）局名录库维护更新工作内部责职分工可参照市局。

（五）镇（街道、园区）统计机构

镇（街道、园区）统计机构是名录库维护更新具体操作的部门，其主要职责有：组织实施统计基本单位专项调查或清查；落实名录库更新维护统计标准和业务规范的执行；接收县（市、区）局反馈的数据，摸清地域内单位及新增单位情况，组织人员上门填表或者电话核实，通过网络完成名录库维护更新任务；负责本地区名录库使用管理和数据安全；有条件的地区名录库更新维护工作可以延伸到村居，并负责对村居工作人员名录库维护更新进行监督检查。

四、名录库维护更新主要环节与具体安排

根据上级统计机构有关名录库维护更新要求，确定以下适合本地区实际的名录库维护更新流程，以保证名录库维护更新有序开展，切实提高工作效率与质量。

（一）主要环节

1、资料搜集与数据切分

各级统计机构牵头部门或牵头人员，按时搜集辖区内相关部门行政登记资料，结合上级统计机构反馈的部门数据，整理去重后按地址码或专业切分给下一级统计机构和同级相关专业部门或专业人员，并提出具体要求。

2、专业协助与跟踪单位

各级统计机构相关专业部门或专业人员收到本专业部门数据后，协助本级牵头部门或人员做好相关工作，跟踪本专业准调查单位数

据更新情况，以及新增、变更和注销单位情况，处理解决专业难题与问题，关注名录库涉及的专业数据质量。

3、情况调查与信息核实

镇（街道、园区）统计机构或村居工作人员，利用上级统计机构反馈的部门数据和所掌握的区域情况，以上门填表与电话核实相结合方法进行调查或清查，核实后且不在本级进行数据处理的，将所有材料报上一级统计机构。

4、资料验收与数据处理

县（市、区）局或镇（街道、园区）统计机构组织验收下一级所收报的材料，整理成符合格式要求的电子文档，通过统计专网进行数据处理，主要包括：导入电子文档，录入新增单位和变更单位信息，剔除注销单位等。

5、单位比对与指标更新

市局相关专业处向市局名录库管理办公室提供年报定案单位字典库或有关经济指标，用于名录库单位信息更新。年报单位与名录库单位比对，名录库单位行政区划代码、属性指标与经济指标更新等，由市局名录库管理办公室组织完成。

6、督促检查与分析研究

各级统计机构在实施过程中，对工作效率和数据质量进行督促检查，对维护更新结果进行分析研究，在工作方法与工作总结、统计分析及信息报送方面下工夫，要及时、准确地反映情况，发挥名录库维护更新的作用，更好地服务全市统计工作，服务经济社会发展。

（二）具体安排

1、部门资料切分

一周内将上级统计机构反馈的部门数据或本级所掌握的部门行政登记资料，整理、补码、去重、切分给下一级统计机构，可切分到镇（街道、园区）统计机构或村居工作人员一级。具体安排，或定期或实时切分，以上级统计机构反馈的部门数据或本级所掌握的部门行政登记资料的时间为准。

2、单位调查核实

每月 15 日-16 日（更新日，遇节假日顺延），或镇（街道、园区）统计机构或村居工作人员逐个单位进行调查核实，新增和变动单位，据实填写法人单位和产业活动单位基本情况表，对注销单位，要查清并说明注销原因，完成后向上一级统计机构报送有关表格。

3、单位数据处理

单位调查核实后五天内，完成新增单位信息、变更单位信息、剔除注销单位信息录入，各县（市、区）局视情况，或由镇（街道、园区）统计机构完成，或由县（市、区）局集中完成。整理的电子文档导入任务，只能在县（市、区）局完成。

4、数据审核验收

镇（街道、园区）统计机构负责名录库维护更新初审，审核查询并据实改错；县（市、区）局负责审核验收；市局除负责审核验收外，对县（市、区）局开展情况进行检查。

5、更新结果报送

各县（市、区）局于每月 28 日前将名录库新增、变更、注销单位一览表报市局名录库管理办公室，年底前需要报送年度名录库维护更新工作总结和数据分析。

6、调查资料管理

各级统计机构负责牵头的部门和个人，在名录库维护更新中，要采取有效措施或建立相应的制度，规范管理好使用好各种介质的部门数据和调查资料。对于纸质资料的保管，可按档案管理要求进行处置，如装订、存档、销毁等。

五、名录库维护更新措施

为切实做好名录库维护更新工作，服务于全市统计工作，各级统计机构要创新思路方法，采取有效措施，切实提高名录库维护更新率和数据质量。

（一）建立名录库维护更新运行机制

市局和县（市、区）局须明确牵头部门、镇（街道、园区）统计机构须指定专职人员负责名录库维护更新工作，名录库维护更新节点推进到镇（街道、园区）。在上下间与专业间，建立切实有效的运行机制，从组织上保障名录库维护更新顺利进行。利用腾讯通建立工作群，确保计算机在统计专网且为开机自登录模式，保证信息渠道畅通，以便将要求及时部署到位。县（市、区）局牵头部门和人员如有变动，请及时将情况报市局名录库管理办公室。

（二）开展名录库维护更新业务培训

定期开展全市名录库维护更新业务培训，传达上级要求，布置任务，通报情况，交流经验，培训业务知识，解答业务咨询，讨论研究和协调处理问题等。培训分为两类：一类是针对在岗人员每年的“继续培训”；另一类是岗位新人的“上岗培训”，培训内容和要求各有侧重。此外，要选派县（市、区）局专职人员接受省局组织的业务培训。

（三）强化名录库维护更新督促检查

逐步完善名录库维护更新考核办法，强化对名录库维护更新的督促检查和指导。由牵头部门统一组织，各专业部门参与，根据督查内容和要求及安排，对下一级统计机构名录库维护更新（包括组织管理、基础建设、保障措施、新增单位、统计分析等情况）进行督查，提出改进意见并形成报告，以便被督查对象进一步完善名录库维护更新方法，提高工作效率，以及名录库更新率。

（四）实施名录库维护更新质量控制

各级统计机构要组织力量，对基层表和汇总表进行人工逻辑审核，联合专业对名录库数据进行联审，对名录库数据质量进行核查，发现错误及时查实纠正。采取电话抽查、跨级核查、交叉检查、现场调查等方式核实名录库情况，剔除虚假单位，排查疑似单位，补充完善单位基本信息，做到单位真实唯一、指标不缺、数据准确。

（五）通报名录库维护更新进展情况

市局名录库管理办公室依据统计结果和工作中所掌握的资料，结合省局通报的情况，在深入分析的基础上，定期对县（市、区）局名录库维护更新进展情况进行通报，主要反映新增、变更与剔除单位数，更新率、差错率和存在的问题，业务点评及提出要求等，以促进名录库维护更新符合全市统计工作要求。有关更新率与差错率解释如下：

1、更新率

新增单位更新率=报告期新增单位入库数/上级统计机构反馈的新增单位数×100%。

变更（剔除）单位更新率=本期变更（剔除）单位数/上级统计机构反馈的变更（剔除）单位×100%

2、差错率

差错率=报告期末差错笔数/[报告期末单位数（法人与产业活动单位）×检查项数] ×100%。

差错主要指名录库中：（1）单位行政区划代码与报告期末所在地行政区划代码不匹配问题；（2）单位组织机构代码错码乱码问题和重名重码问题；（3）分类指标填写不规范、错填、漏报问题；（4）数量指标差错、表内表间逻辑关系不准确问题等。未及时利用各专业调查数据更新名录库问题，不纳入差错率统计，单独计算。

六、名录库维护更新保密要求

各级统计机构必须严格遵守《中华人民共和国统计法》、《全国经济普查条例》和国家有关安全保密方面的规定，名录库中涉及国家秘密的资料一律不得向外提供：一是未经名录库分管领导和牵头部门同意，任何用户不得向外提供通过名录库查询得到的资料；二是参与名录库维护更新的编制、民政、税务、工商等部门，可使用与其提供的行政登记资料范围相同的最新名录库数据，其他部门需经分管领导审批后方可授权使用；三是内部相关专业部门可查询、使用本级本专业范围内的全部单位基层数据和汇总数据，其他部门可查询本级其他专业名录库的汇总数据，若需使用名录库基层数据，需经分管局领导审批。

关于印发《2013年全市统计法制工作要点》的通知

盐统［2013］23号

各县（市、区）统计局，市开发区、城南新区经发局，市局各部门：

现将《2013年全市统计法制工作要点》印发你们，请结合本地实际，认真贯彻执行。

盐城市统计局

2013年3月12日

2013年全市统计法制工作要点

2013年全市统计法制工作紧密围绕全市统计中心工作，做到“三个结合”，抓住“三个重点”，组织“三项活动”，提升“三个水平”。

一、做到“三个结合”，全力服务统计工作大局

（一）结合“四大工程”，组织督促检查工作。根据《盐城市人民政府关于加强统计“四大工程”建设的意见》，结合省对乡镇（街道）规范化建设进行的奖补办法，检查落实基层统计机构和统计人员情况。对新增“三上”和重点服务业单位发送一封法律告知书，逐步依法规范基层单位原始记录、统计台账，建立和完善统计资料审核、签署、交接、归档等管理制度，不断夯实统计数据采集基础。

（二）结合第三次经济普查，做好执法配合工作。建立普查执法工作机制，设立普查举报电话、邮箱等。根据三经普的特点，研究新形势下经济普查执法工作的内容和方式，积极开展工作部署，为经济普查工作顺利进行保驾护航。

（三）结合统计规范化建设，推动基层基础工作。根据省统一安排，按照《江苏省贯彻〈县级统计机构工作规范〉的实施办法》，继续开展县级统计机构规范化建设创建活动，强化省级以上开发园区统计建设，全面推进县级统计机构规范化考核验收工作。加强对乡镇、街道和网报企业统计基础工作的检查督促力度，促进基层基础规范化工作的顺利开展。

二、抓住“三个重点”，开展统计执法检查活动

（一）抓住“四条红线”的执行情况的统计执法检查。突出查办企业“一套表”联网直报中的统计违法行为，查处非法代填代报、干预企业独立上报等行为，清理检查统计代理企业的网报数据质量，努力排除对企业源头数据的各种干扰，保障企业独立真实报送数据。

（二）抓住新增“三上”和重点服务业单位等重点领域的执法检查。针对重点地区、重点单位，主动地、有计划地开展统计监审或专项执法检查，为提高统计数据质量提供重要支持。

（三）抓住经济普查重点对象的执法检查。要严格按照《统计法》和《全国经济普查条例》的规定，对不按时、如实填报普查表，虚报、瞒报、拒报、迟报，不伪造、篡改普查数据的单位和个人加大查处力度，坚决杜绝人为干扰普查工作的行为。

三、组织“三项活动”，营造统计普法宣传氛围

（一）推进统计“六五”普法宣传活动。以《统计法实施条例》和《江苏省统计条例》为重点，加大统计法“进机关、进乡村、进社区、进学校、进企业、进单位”工作力度，认真开展对统计“六五”普法规划贯彻执行情况的中期检查督导工作，总结经验，查找不足，整改提高。

（二）开展第三次全国经济普查宣传活动。认真组织部门、单位和企业负责人、统计人员的学习《统计法》和《全国经济普查条例》，切实提高普法宣传的针对性和实效性；广泛动员和组织社会力量积极参与并认真配合做好普查工作。

（三）组织《统计法》颁布30周年纪念宣传活动。认真谋划，精心组织，通过召开纪念座谈会、举办知识竞赛和广场宣传活动、媒体宣传等多种形式，广泛深入地开展《统计法》颁布30周年系列纪念宣传活动。

四、提升“三个水平”，推动统计依法行政工作

（一）提升行政指导水平。进一步改善统计行政管理方式，规范执法行为，提升执法效率，把行政指导贯穿于统计检查工作全过程，

实现法律效果与社会效果的有机统一。继续开展执法效能评估活动，更加注重统计执法检查与数据质量评估相结合，作为评价一个地区统计法制工作是否取得实效的依据。

（二）提升全员统计执法水平。组织人员参加省局举办统计执法骨干业务培训班和新增执法人员资格培训与考试。组织开展全市乡镇统计人员法制培训。稳定骨干人员，不断充实执法队伍。把依法统计贯彻到调查、管理、执法等各个环节中去，人人都要依法统计，都要对统计数据质量负责，都要参加执法检查，逐步推进统计部门向执法型部门的根本性转变，形成一个由法制部门牵头，全员执法的局面，努力提高统计执法的整体水平。

（三）提升统计检查办案的水平。贯彻落实好省局新出台的统计检查制度规定，严格按照年度统计监审工作计划进行涉企检查。组织了对各地统计违法案件查处程序进行审查，做到“证据确凿，手续完备，程序合法，处理恰当，结案及时”。做到无投诉、无复议、无败诉案件。

关于印发《2013 年全市统计工作要点》和《2013 年市统计局重点工作责任分解事项》的通知

盐统［2013］30 号

各县（市、区）统计局、市局各部门：

为认真贯彻落实十八大和省统计工作会议精神，进一步解放思想、开拓创新，不断提高统计工作能力和规范化管理水平，现将《2013 年全市统计工作要点》和《2013 年市统计局重点工作责任分解事项》印发给你们，请结合本地区、本部门工作实际，认真贯彻落实。

盐城市统计局

2013 年 3 月 15 日

2013 年全市统计工作要点

2013 年，是全面深入贯彻落实十八大精神的第一年，也是实施第三次经济普查的关键之年、统计“四大工程”建设的延续深化之年、我市建成全面小康社会的决战之年和深入推进统计规范化的“双基”建设之年。我们要以党的十八大精神为引领，立足统计能力、统计数据质量、政府统计公信力三个提高，紧紧围绕市委市政府中心工作，深入贯彻落实省政府 167 号文件，加快推进现代化服务型统计建设，集中精力推进第三次经济普查工作，为盐城全面建成小康社会、实现盐城科学发展新跨越提供优质统计保障。

一、齐心协力，精心组织第三次全国经济普查

1、落实工作责任。建立完善地方普查领导机构和工作机构，明确各地区、各部门工作职责。积极做好舆论宣传，营造普查的浓烈氛围。

2、落实普查经费。针对普查对象成倍增加、信息化设备投入和“两员”补贴经费提高等新情况新要求，认真编制普查经费预算，确保经费列入各级财政预算，并根据普查进度要求，按时、足额拨付到位。

3、落实“两员”选调。充分考虑到本次普查需要绘制电子地图、使用信息化设备等实际情况，面向社会各界，精心选调具备一定业务技术基础的普查员和普查指导员。加强“两员”培训，细化培训方案，确保培训实效。

4、关注普查质量。科学制定普查方案和普查各阶段数据质量控制办法，实行普查数据质量的全过程控制，使三经普数据与历史数据、二经普数据和去年年报数据合理衔接。

二、注重质量，巩固提高统计“四大工程”建设

5、强化基本单位名录库建设，在调查单位库真实完整、更新及时上狠下功夫。推动名录库管理节点向部门延伸、向所有乡镇延伸，做到市县联审制度化、工作督查经常化、业务培训常态化。全力推进重点服务业企业网上直报，不断拓展企业一套表联网直报的范围，加强初次纳入的重点服务业单位的核认。

7、强化统计数据质量控制。恪守联网直报“四条红线”，要严格执行“先进库再有数、不在库不出数”。全面贯彻落实省局《江苏省统计数据全程质量管理体系（2013 年）》，修改完善我市 2013 年主要指标数据质量评估办法，切实强化数据之间的逻辑分析、趋势分析和对比分析。建立数据全过程监控机制，坚持关口前移，强化对企业网上直报数据的审核，确保源头数据质量。

8、进一步加大统计执法检查力度。把违反“四条红线”和干预企业独立真实上报作为统计执法检查的重点，对有关重要行业和领域发现的数据质量问题，法制部门要及时跟进。对于联网直报中的统计违法案件，坚决做到发现一起、查处一起、通报一起、曝光一起，坚决依法依纪严肃处理责任人，坚持和完善约谈、督办、限期整改等制度，大力推行统计法律事务告知制度，为确保统计数据真实准确保驾护航。按照国家和省局要求，开展统计代理行为的规范和清理工作。

9、进一步完善源头数据核查机制。采用机查、人核、抽检等多种方式核查企业源头数据，重点核实增速快、总量大、人均高、月度间变化大的企业和地区数据；加大对已报数据抽查力度，完善经常性的实地核查工作制度。

三、围绕大局，丰富完善监测服务体系

10、加强重点监测。全力做好以市为总体的全面小康创建达标验收迎查工作，确保一次性通过，向更高水平小康社会迈进。做好全市基本实现现代化监测工作。密切跟踪“八项工程”推进工作，做好统计监测，配合市考核办做好对县（市、区）“八项工程”考核，

及时上报2012年省对市“八项工程”监测资料，确保我市“八项工程”建设成果得到客观反映。

11、做好常规监测。认真贯彻实施2012年统计年报和2013年定期统计报表制度，全面做好各项年定报工作，高质量完成省统计局和市委、市政府布置的各项统计调查任务，确保统计数据准确客观地反映全市经济社会发展实际水平。

12、拓展专项监测。认真组织投入产出和新特产业、文化产业、民生幸福、月度劳动力调查等专项调查，积极开展企业用工、住房保障体系、高效农业设施、城市居民满意度等委托调查，以全方位优质服务构建服务型统计。

四、强化调研，优化提升统计信息服务

13、创新统计信息产品。切实加强对统计分析信息工作的组织领导，深入挖掘统计信息资源，拓展开发领域，创新方法，全方位、深层次、多角度地提供统计信息产品，继续确保信息工作走在各部门前列。

14、认真做好专题调研分析。紧扣党委、政府中心工作和经济社会发展中的全局性、关键性问题，加强调查研究，及时向党政领导提供有价值的分析研究报告。重点围绕经济发展方式转变、新兴产业、现代服务业、科技创新、节能减排、民生幸福等重大课题，搞好专题调研分析。

15、倾力打造统计分析精品。深入开展经济社会发展热点、难点问题研究，及时报告重要信息，努力把数字背后的经济社会发展涵义说清解透。通过多方面比较、多角度对照、多层次解析，推出一批数据实、分析透、建议好的统计分析精品，为党政领导科学决策提供更加对路、更加到位的统计服务。

16、加强统计宣传、发布工作。加大数据发布和解读力度，增强发布时效，及时为各级领导、统计调查单位、调查对象提供信息咨询服务。

五、统筹规划，强力推进统计信息化建设

17、建设统计应用数据库。整理、加载前期各年份、近期各年的季、月数据，专人专职负责年度、季度、月度各地、各部门数据。利用交换器、路由器设备进行设置可全天候在内外网进行数据库访问。搭建WEB服务器和访问用户身份认证系统，确保数据安全和保密。及时进行网站更新、维护、加载数据，编辑网页。

18、建设一套安全高效的统计网络平台。对现有因特网进行提速，提高各镇（街道）统计站通过VPN方式与统计系统内部网的联接效率。镇（街道）统计站要统一采用稳定可靠的因特网接入方式，确保与统计系统内部网的可靠联接。要积极争取资金，购置配套设备，落实人员，按时完成软件视频会议系统建设工作。

19、形成一套功能齐备的数据处理平台。要按照省、市的统一部署，建设统一的统计数据处理系统，推进数据处理软件的规范化。

20、打造一个上下贯通的统计服务平台。坚持内外网并举的原则，全面规划、建设和完善统计门户网站，加强网站的规范化管理，提高统计产品的发布效率和服务水平，努力把统计网站建设成为对外宣传的重要窗口、政务与信息公开的重要渠道、为公众服务的重要平台、与公众互动交流的重要途径、沟通指导统计工作的重要手段。

21、构筑一套稳定可靠的安全保障体系。

高度重视统计数据保密和信息安全保障工作，严格按照信息安全等级保护要求建立本地统计信息化建设信息安全保障系统。

六、夯实基础，扎实开展统计“双基”建设年活动

22、制定实施方案。3月底前督促县级制定活动方案，开展先进达标验收工作，对乡镇和企业规范化创建示范单位进行复查验收。组织开展部门统计规范化达标验收。

23、营造浓烈氛围。扎实开展省统计局确定的“达标在今年”、“我是规范统计岗”、“我的特色我展示”、统计宣传“四进四有”、“零距离面对面”服务等系列活动，营造统计基层规范化建设的浓烈氛围。

24、树立先进典型。认真总结各地统计基层基础建设的经验，在全市树立一批不同层次的统计规范化创建示范典型，县级年度示范单位比例为20%左右，乡镇（街道、园区）示范单位比例为20%，联网直报企业示范单位比例为5%，使各地学有榜样，追有目标。召开一次全市“双基”建设现场会。

25、注重创建实效。积极争取地方党委、政府和各有关部门的支持，用好、用足相关政策，力争县级统计规范建设今年上半年全部达标，年底前部门和乡镇（街道、园区）累计创建达标比例超过85%，联网直报企业累计创建达标比例达到60%。

七、改进作风，切实加强统计队伍建设

26、开展四型机关建设，建设服务型统计。按照省局要求，结合我局实际，继续开展学习型、服务型、法治型、勤廉型机关建设，开展加快现代化服务型统计建设活动。

27、进一步加强党风廉政建设。认真贯彻落实中央、省、市委关于改进工作作风、密切联系群众的规定，出台我局改进工作作风《十项规定》、《六项禁令》及公务接待、车辆管理、固定资产管理等规章制度，确保统计干部严守纪律、风清气正，为促进改革发展提供坚强的作风保障。进一步推动统计行风建设责任制的落实，加强对县级行风建设的检查指导。

28、进一步提升统计能力。继续推进干部队伍学习能力、创新能力、执行能力、服务能力、协调能力建设，进一步完善干部任用、晋升制度体系，推进竞争上岗和轮岗交流制度。认真做好统计从业资格认定和统计专业技术资格考试、评审工作，确保全年统计从业资格报名人数不少于上年。

29、进一步加强机关党建和群团工作。完善中心组学习制度，以学习贯彻十八大精神为重点，制定并实施中心组学习计划和党员干部政治理论学习教育计划。完成党总支换届和党务公开示范点创建工作，充分发挥党支部的战斗堡垒作用和党员在发展统计事业中的先锋模范带头作用，进一步发挥市统计学会、局工会、妇联等群团组织在统计工作中的作用。

30、进一步推进“创先争优”工作。健全完善岗位目标激励机制，逐步实现全局管理制度化、规范化。完善对各县（市、区）统计工作的考核考评及市局各处室综合考评制度。市局在市级机关综合考评中继续争取综合先进奖，在省局评比中已获奖的专业或专项工作稳中有进，未获奖的专业或专项工作要努力争先进位。

关于印发《盐城市统计局党风廉政建设和反腐倡廉工作责任制实施办法》的通知

盐统［2013］36号

各县（市、区）统计局，市开发区、城南新区经发局，市局各部门：

现将《盐城市统计局党风廉政建设和反腐倡廉工作责任制实施办法》印发给你们，请遵照执行。

盐城市统计局

2013年4月3日

盐城市统计局党风廉政建设和反腐倡廉工作责任制实施办法

为加强全市统计系统党风廉政建设和反腐倡廉工作，明确领导班子、领导干部在党风廉政建设和反腐倡廉工作中的责任，推进统计创新，根据中共中央、国务院《关于实行党风廉政建设责任制的规定》（中发〔2010〕19号）和《国家统计局党风廉政建设责任制实施办法》（国统字〔2011〕112号），结合统计部门实际情况，制定本实施办法。

一、指导思想

以党的十八大精神，邓小平理论、“三个代表”重要思想和科学发展观为指导，坚持标本兼治、综合治理、惩防并举、注重预防的方针，扎实推进党风廉政和反腐倡廉建设及预防腐败体系建设，保证中央、省、市关于党风廉政建设和反腐倡廉工作决策和部署的贯彻落实，为统计工作提供保障。

二、适用对象

本办法适用于各县（市、区）统计局、开发区、城南新区经发局、市局各部门、各直属事业单位的负责人，盐城地方调查局的领导班子、领导干部。

三、基本原则

（一）落实党风廉政建设和反腐倡廉工作责任制。要坚持党组统一领导，党政齐抓共管，纪检监察组织协调，部门各负其责，依靠群众的支持和参与。要将党风廉政和反腐倡廉建设纳入领导班子、领导干部目标管理，与统计工作紧密结合，一起部署，一起落实，一起检查，一起考核。

（二）落实党风廉政建设和反腐倡廉工作责任制。要坚持"两手抓、两手都要硬"的方针，保证中央、省、市纪委关于党风廉政和反腐倡廉建设一系列指示及各项工作的贯彻落实。要坚持集体领导与个人分工负责相结合，谁主管、谁负责，一级抓一级、层层抓落实。

（三）建立党风廉政建设和反腐倡廉工作承诺制度。各县（市、区）统计局、开发区、城南新区经发局、市局各部门、各直属事业单位、盐城地方调查局主要负责人每年代表本部门、本单位，就贯彻落实党风廉政建设和反腐倡廉工作责任制向市局党组作出承诺，并递交党风廉政建设和反腐倡廉承诺书。

四、责任内容

领导班子对职责范围内的党风廉政建设和反腐倡廉工作负全面领导责任。

领导班子主要负责人是职责范围内党风廉政建设和反腐倡廉工作第一责任人，应当重要工作亲自部署、重大问题亲自过问、重点环节亲自协调、重要案件亲自督办。

领导班子其他成员根据工作分工，对职责范围内的党风廉政建设和反腐倡廉工作负主要领导责任。

市局领导班子、领导干部在党风廉政建设和反腐倡廉工作中承担以下领导责任：

（一）贯彻落实中央、省、市关于党风廉政建设和反腐倡廉工作的部署和要求，结合统计部门实际研究制定党风廉政建设和反腐倡廉工作计划、目标要求和具体措施，每年召开专题会议研究党风廉政建设工作，对党风廉政建设和反腐倡廉工作任务进行责任分解，明确各级领导班子、领导干部在党风廉政建设和反腐倡廉工作中的职责和任务分工，并按照计划推动落实。

（二）开展党性党风党纪和廉洁从政教育，组织党员干部学习党风廉政建设和反腐倡廉理论和法规制度，加强廉政文化建设。

（三）贯彻落实党风廉政和反腐倡廉法规制度，推进制度创新，深化体制机制改革，从源头上预防和治理腐败。

（四）强化权力制约和监督，建立健全决策权、执行权、监督权既相互制约又相互协调的权力结构和运行机制，推进统计工作的规范统一和公开透明。

（五）监督检查党风廉政建设和反腐倡廉工作情况，及领导班子、领导干部廉洁从政情况。

（六）严格按照规定选拔任用干部，防止和纠正选人用人上的不正之风。

（七）加强作风建设和统计行风建设，弘扬求真务实的工作作风，切实解决统计行风方面存在的突出问题。

（八）领导、组织并支持执纪执法部门依纪依法履行职责，坚决查处各种违法违纪案件特别是在统计上弄虚作假的案件，及时听取工作汇报，切实解决重大问题。

各县（市、区）统计局、开发区、城南新区经发局、市局各部门和各直属事业单位主要负责人、盐城地方调查局领导班子、领导干部在党风廉政建设和反腐倡廉工作中承担以下领导责任：

（一）贯彻落实中央、省、市和市局党组关于党风廉政建设和反腐倡廉工作的部署和要求，结合工作实际制定各地、各部门、本单位具体的党风廉政建设工作计划，按照党风廉政建设和反腐倡廉工作责任分解和分工要求抓好落实，切实履行党风廉政建设和反腐倡廉工作承诺。

（二）开展党性党风党纪和廉洁从政教育，组织党员干部学习党风廉政和反腐倡廉建设法规制度。

（三）贯彻落实党风廉和反腐倡廉政法规制度，建立健全廉政风险防控机制，完善内部管理制度，从源头上预防和治理腐败。

（四）加强对党员干部的管理和监督，严格执行各项规章制度，督促党员干部正确行使权力，自觉做到廉洁从政。

（五）加强作风建设和统计行风建设，严格按照《统计法》和国家统计调查制度组织开展统计调查、数据分析和信息发布等工作，坚决反对和抵制弄虚作假行为，不断提高统计数据质量。

（六）支持配合执纪执法部门依纪依法履行职责，严肃调查处理违纪违法案件。

五、检查考核与监督

（一）建立制度。建立党风廉政建设和反腐倡廉工作责任制检查考核制度，检查考核党风廉政建设和反腐倡廉工作责任制落实情况、党风廉政建设和反腐倡廉承诺履行情况和领导班子、领导干部廉洁从政情况。

（二）健全组织。各县（市、区）、市局成立党风廉政建设和反腐倡廉领导小组，党组书记、局长任领导小组组长，局领导班子成员任副组长，相关职能部门为成员单位，办公室设在监察室。领导小组负责对领导班子、领导干部党风廉政和反腐倡廉建设责任制执行情况的检查考核。

（三）加强考核。检查考核工作每年进行一次。检查考核可以与领导班子、领导干部工作目标考核、年度考核、惩治和预防腐败体系建设检查工作等结合进行，也可以组织专门检查考核。纪检监察部门、人事部门协助党组开展对党风廉政和反腐倡廉建设责任制执行情况的检查考核，或者根据职责开展检查工作。

（四）结果运用。建立和完善检查考核结果运用制度，检查考核结果作为对领导班子总体评价和领导干部业绩评定、奖励惩处、选拔任用的重要依据。对检查考核中发现的问题，要及时研究解决，督促整改落实。领导干部执行党风廉政建设和反腐倡廉工作责任制的情况，应当列为民主生活会和述职述廉的重要内容，并在本单位、本部门进行评议。

六、责任追究

领导班子、领导干部违反或者未能正确履行党风廉政建设和反腐倡廉工作责任制规定的职责，有下列情形之一的，应当追究责任：

（一）对党风廉政建设和反腐倡廉工作领导不力，以致职责范围内明令禁止的不正之风得不到有效治理，造成不良影响的。

（二）对上级领导机关交办的党风廉政建设和反腐倡廉责任范围内的事项不传达贯彻、不安排部署、不督促落实，或者拒不办理的。

（三）对本部门、本单位发现的严重违纪违法行为隐瞒不报、压案不查的。

（四）疏于监督管理，致使领导班子成员或者直接管辖的下属发生严重违纪违法问题的。

（五）违反规定选拔任用干部，或者用人失察、失误造成恶劣影响的。

（六）放任、包庇、纵容下属人员违反财政、金融、税务、审计、统计等法律法规，弄虚作假的。

（七）有其他违反党风廉政建设和反腐倡廉工作责任制行为的。

有上列情形，情节较轻的，给予批评教育、诫勉谈话、责令作出书面检查；情节较重的，给予通报批评；情节严重的，给予党纪政纪处分，或者给予调整职务、责令辞职、免职和降职等组织处理。涉嫌犯罪的，移送司法机关依法处理。

受到责任追究的领导班子、领导干部，取消当年年度考核评优和评选各类先进的资格。

纪检监察部门应对实施责任追究情况进行监督检查，发现有应当追究而未追究或者责任追究处理决定不落实等问题的，应当及时督促予以纠正。

关于印发《盐城市服务业联网直报重点企业统计基础规范化建设实施方案》的通知

盐统［2013］62 号

各县（市、区）统计局，开发区、城南新区经发局：

为了进一步贯彻落实省政府《关于进一步加强统计工作的意见》（苏政发［2011］167 号）、市政府《关于加强统计四大工程建设的意见》（盐政发［2012］24 号）文件精神，切实加强全市基层统计基础规范化建设，建立基层统计基础规范化建设长效工作机制，从源头上提高统计数据质量，服务盐城经济社会发展。现将《盐城市服务业联网直报重点企业统计基础规范化建设实施方案》印发给你们，请认真组织实施。

附件 1：《盐城市服务业联网直报重点企业统计基础规范化建设实施方案》

附件 2：联网直报重点企业统计规范化建设验收评分表

附件 3：企业统计工作规范化验收申请表

附件 4：企业统计工作规范化验收认定表

盐城市统计局

2013 年 8 月 8 日

附件 1：

盐城市服务业联网直报重点企业统计基础规范化建设实施方案

为了进一步贯彻落实省政府《关于进一步加强统计工作的意见》（苏政发［2011］167 号）、市政府《关于加强统计四大工程建设的意见》（盐政发［2012］24 号）文件精神，切实加强全市基层统计基础规范化建设，建立基层统计基础规范化建设长效工作机制，从源头上提高统计数据质量，服务盐城经济社会发展。特制定本方案。

一、指导思想

以邓小平理论和“三个代表”重要思想为指导，以全面落实科学发展观为统领，紧扣市委提出的“全面建成小康社会、实现新的跨越发展”的总目标和全省统计工作推进会议的要求，围绕国家局开展的县级统计机构工作规范达标验收的部署和省局开展的百个统计乡镇创建和百名优秀乡镇统计员评选活动，以基层统计基础工作规范化为核心，切实保障基层统计数据的准确性、科学性和及时性，建立基层统计基础工作规范化长效机制，全面提高全市基层统计工作规范化水平。

二、总体目标

1、统计行为法制化。基层统计机构和统计人员，要依法履行统计职责，自觉在统计法律法规的范围内开展工作，做到依法统计。

2、统计方法标准化。要严格按照国家统计制度方法和统计标准规定的口径、范围、计算方法、调查方式和工作规程采集、整理、上报数据和网上直报数据，严格执行规定的操作制度。

3、统计手段现代化。基层统计机构要按照“四大工程”建设的要求，实行网上数据录入、传输，减少干扰，避免再生性差错，提高源头数据质量。

4、统计工作制度化。建立健全统计机构工作制度和统计人员工作职责，严格执行各种统计报表、原始记录、台帐、统计档案等管理制度，完善统计监督机制。

5、统计人员专业化。基层统计专业人员要具有一定的统计业务知识和计算机操作技能，原则上须持有统计从业资格证书。对极少数“三上”企业统计人员没有从业资格证书的，须在从事统计工作一年内获得。

三、主要内容

服务业重点企业统计基础工作符合统计法律法规和国家有关规定，达到统计行为法制化、统计方法标准化、统计手段现代化、统计工作制度化、统计人员专业化的要求，内容主要包括统计机构和人员、原始记录、统计台帐、统计报表、统计法制、统计档案、统计服务、统计数据的管理和公布、统计信息化建设等方面的规范化建设工作。

四、实施步骤

1、启动部署阶段。（2013 年 8 月份），下发通知，任务分解，印发相关管理办法、申报表格，布置申报工作。

2、推进实施阶段。（2013 年 9 月），深入企业，指导统计基础工作建设，推进统计规范化创建工作。

3、申报验收阶段。(2013年10月-12月)，10月底前完成申报工作，12月底前各地统计部门完成考核验收工作。力争在2013年底服务业重点企业70%通过合格验收。确保每地有10%以上重点企业申报市级统计工作优秀单位。

4、表彰通报阶段。(2014年1月)，各地统计机构根据本实施方案，对企业统计工作规范化建设情况进行评价与验收后，对评价验收结果达到90分以上的企业，分别由各地统计局授予“企业统计合格单位”；对评价验收结果达到95分以上的企业，由盐城市统计局授予“盐城市企业统计工作优秀单位”。对不申请或评价验收结果不合格的单位，书面通知限期整改，不予列入年度统计方面的表彰及其他奖励。

五、工作要求

基层统计基础规范化建设是一项系统工程，涉及面广，内容多，难度大，要达到预期的目标和要求，需进一步提高认识，明确责任，强化措施，扎实推进。

1、提高认识，统一思想。要充分认识加强基层统计基础规范化建设是保证统计改革，顺利实施“四大工程”，促进统计事业发展的需要，增强责任感和使命感，高度重视统

计机构建设，保证统计工作职能得到强化和优化。

2、加强领导，落实责任。要切实加强基层统计基础规范化建设工作的领导，为了保证这项工作的顺利实施，各地也要成立相应机构，加强领导，明确目标，落实措施，责任到人。

3、广泛宣传，深入发动。要通过多种形式，开展行之有效的宣传活动，积极宣传做好基层统计基础规范化建设的重要意义，为基层统计基础规范化建设营造一个良好的氛围。

4、加强培训，提高素质。要立足当前，着眼长远，不断开展对各级统计人员的培训，尤其要结合统计从业资格培训，努力提高全市统计人员的政治素质和业务素质，建设一支高素质统计队伍。

5、强化考核，提升水平。各地要按照基层统计基础规范化建设工作的分工，认真抓好验收。

六、材料准备

申报企业须准备如下材料，并一式3份：

(一) 联网直报企业统计规范化建设验收评分表(见附件2)；

(二) 企业统计工作规范化验收申请表(见附件3)；

(三) 各项管理制度、证书复印件；

(四) 其他有关材料。

附件 2：

联网直报企业统计规范化建设验收评分表

组织机构代码			单位名称(公章)			
项　　目	分值	规范化建设考核内容	验收检查要件	自评得分	县级统计部门验收得分	市级统计部门验收得分
一、　组织建设“二有”标准	30					
1、有负责统计工作的领导	10	①没有明确分管本单位统计工作的领导，扣 2 分 ②对本单位分管的统计工作没有发挥领导和监督作用，出现统计违反《统计法》和统计制度的统计违法行为或统计失职行为扣 1–2 分 ③未支持统计机构和统计人员依法履行统计职责，或发生人为干预统计数据现象扣 1–3 分 ④未完成上级统计机构安排的统计调查任务，扣 1–3 分	①本单位公布组织机构和领导分管职责 ②上级认定的统计违反《统计法》和统计制度的统计违法行为或统计失职行为有记录或者卷宗 ③统计检查中被认定不配合调查的有关证据。 ④上级检查认定的单位统计工作未正常开展。			
2、有合格统计人员队伍	20	①没有任命统计负责人扣 2 分 ②没有统计业务人员 扣 2 分，大中型企业没有专职统计人员 扣 2 分。 ③统计人员未持有统计从业资格证书，持证上岗(统计专业技术等级证书除外)扣 5 分/人 最多扣 10 分。 ④2 年内没有定期参加统计机构组织的统计业务的培训。扣 1 分/次，最多扣 2 分。 ⑤2 年内出现统计人员承担违法责任和业务事故责任，扣 1–2 分。	①本单位统计负责人任命、盖公章。 ②现场认定统计业务和专职人员 ③企业单位统计从业人员的统计从业资格证 ④参加统计业务培训的相关证明通知文件照片等 ⑤上级统计局决定			
二、业务建设“三化”标准	70					

项目	分值	规范化建设考核内容	验收检查要件	自评得分	县级统计部门验收得分	市级统计部门验收得分
1.统计业务制度化	40	①本单位企业未通过名录认证,扣3分 ②本单位未设置、未保存完整的统计原始记录、统计台账 扣1–2分。 ③统计报表与会计报表的数据不衔接或者不一致,0.5分/次,最多扣3分。 ④所有上报报表表种不全,指标漏填,有漏项,计量单位不正确,数据有差错,未按制度规定时间上报。其中任何一项1分/项,最多扣17分。 ⑤网上直报统计报表未保留相关人员签名盖章的纸质报表,扣0.5分/张,最多扣4分。 ⑥统计负责人、法定代表人没有审核签名,加盖本单位公章,缺一项扣0.5分/项 最多扣2分。 ⑦未对统计工作中形成的原始记录、统计台帐、统计报表、统计调查分析、重要统计文件、重要会议材料进行整理归档,妥善保管,扣1分/类,最多扣4分。 ⑧在2年内有发生被上级主管部门通报 的统计业务责任事故 2分/件 最多扣5分。	①县级以上统计机构出具统计责任事故相关证据(有案卷),检查中有记录。 ②–⑧市、县局相关专业处室根据工作环节记录、检查结果和现场验收情况提供扣分证据。			
2.统计管理法制化	15	①本单位法定代表人(业主)、统计负责人、统计人员未参与政府统计机构开展的统计法制宣传教育和普法学习,扣1分/次,最多 扣4分 ②两年内发生统计违法案件,扣4分 ③协助配合和支持县级以上政府统计机构的统计检查,如不配合检查 扣3分。 ④对上级统计机构在检查过程中发现的问题,本单位没有具体的整改措施(书面)和整改效果,扣4分	①参与政府统计机构开展的统计法宣传教育活动(有通知、学习资料和图片)。 ②③④县级以上统计机构出具统计违法案件相关证据(有案卷),检查中有记录。			
3.统计处理信息化	15	①不具备接入互联网的计算机及相关设备,扣5分。 ②未配备满足联网直报技术要求的计算机及相关打印和设备,扣3分。 ③不具备稳定的联网直报工作条件,扣2分。 ④按统计制度和有关规定实行统计报表联网直报企事业单位,未实现并轨联网直报,如没有扣5分 ⑤现场演示,业务人员不能掌握联网直报平台和操作规程,熟练进行数据填报、审核、修改、报送等实时在线操作,扣1-5分。	①②市、县局现场验收提供扣分证据。 ③检查记录 ④考核记录 ⑤现场测试			
合计得分	100					
验收单位(公章)			验收人			

附件 3：

企业统计工作规范化验收申请表

<table>
<tr><td>单位名称</td><td colspan="3">（盖章）</td></tr>
<tr><td>单位地址</td><td colspan="3"></td></tr>
<tr><td>单位负责人</td><td></td><td>统计工作职能部门</td><td></td></tr>
<tr><td>联系人</td><td></td><td>单位邮箱</td><td></td></tr>
<tr><td>联系电话</td><td></td><td>传　　真</td><td></td></tr>
<tr><td>工作开展情况</td><td colspan="3">（包括概况、统计组织领导、统计机构和人员、统计工作开展情况等情况）</td></tr>
<tr><td>自评得分</td><td colspan="3">年　月　日</td></tr>
<tr><td>申请验收等　级</td><td colspan="3">（合格单位或优秀单位）
年　月　日</td></tr>
</table>

附件4：

企业统计工作规范化验收认定表

<table>
<tr><td rowspan="7">本企业统计工作基本情况</td><td>企业名称</td><td colspan="3"></td></tr>
<tr><td>法人代码</td><td></td><td>邮政编码</td><td></td></tr>
<tr><td>通讯地址</td><td colspan="3"></td></tr>
<tr><td>综合统计机构名称</td><td></td><td>综合统计负责人</td><td></td></tr>
<tr><td>联系电话</td><td></td><td>E-mail</td><td></td></tr>
<tr><td>承担统计任务的科数</td><td colspan="3"></td></tr>
<tr><td>统计人员数</td><td colspan="3">共计　　　名，其中持有《统计证》的　　　名。</td></tr>
<tr><td rowspan="5">本企业统计工作规范化管理情况</td><td>有负责统计工作的领导</td><td colspan="3"></td></tr>
<tr><td>有合格统计人员队伍</td><td colspan="3"></td></tr>
<tr><td>统计业务制度化</td><td colspan="3"></td></tr>
<tr><td>统计管理法制化</td><td colspan="3"></td></tr>
<tr><td>统计处理信息化</td><td colspan="3"></td></tr>
</table>

企业意见	
同级统计部门意见	
市级统计部门意见	
备注	

关于明确市第三次全国经济普查领导小组办公室组成人员和内设机构职能的通知

盐经普字［2013］1号

各县（市、区）经济普查领导小组：

根据经济普查工作需要，经研究，决定市第三次全国经济普查领导小组办公室组成人员和各内设机构职能如下：

一、办公室组成人员

主　　任：秦　军

常务副主任：魏文华

副　主　任：单坤刚　胥传广　侯海连　朱　杰　何成效　李　刚

成　　员：周凤余　朱　华　刘志兰　朱明亮　李　云　褚晓娟　王鸿章　季春夏　卞永来　孙建华　胥传花

二、办公室内设机构

1、综合协调组：

组　长：王鸿章

副组长：胥传花　孙建华　肖　勇

成　员：张海林　韦晓霞　高爱民　祁洪波　房　园　陆成健

2、宣传执法组：

组　长：朱　华

副组长：肖　勇

组　员：王　聪　杜丁丁

3、质量控制组：

组　长：孙建华

副组长：胥传花

组　员：张海林　孙明明　周金环　张　静

4、调查一组（工业、能源）：

组　长：刘志兰

副组长：王克桥　彭　宇

组　员：张月宇　徐玉蓉

5、调查二组（建筑、房地产业）：

组　长：朱明亮

副组长：杨义楼　周金兄

组　员：沈　洁　薛美琴

6、调查三组（批发和零售业、住宿和餐饮业）：

组　长：李　云

副组长：蒋　维

组　员：尤文峰　邵叶茂

7、调查四组（服务业）：

组　长：王鸿章

副组长：唐瑞丰

组　员：杨　烨

8、调查五组（科技）：

组　长：褚晓娟

副组长：费彬彬

组　员：潘金亮　严晓丽

9、调查六组（单位名录库）：

组　长：胥传花

副组长：韦晓霞

组　员：胡顺华　陆成建

10、数据处理及资料开发组：

组　长：季春夏

副组长：朱云闯、张海林

组　员：胡顺华

三、 办公室内设机构职责

1、综合协调组：负责组织和协调普查各项工作；起草阶段性工作计划、工作总结以及有关文件、领导讲话；做好各类会议记录和普查大事记工作；建立健全办公室各项规章制度；落实岗位责任制；做好办公室的考勤、安全和用印工作；承办日常性公文（信函、资料）的收发、传阅、存档、行文管理和有关会务、总务等行政后勤工作；检查并通报各地普查机构“三落实”情况；加强对各地和各调查组工作的日常考核和主任办公会议任务的督办；统一组织普查工作督查；负责普查试点和单位清查工作；负责普查表及有关细则、教材、资料的印制分发工作；制定全市普查数据处理工作方案、工作规划与流程，做好数据审核、汇总；负责发布普查公报、撰写普查报告书、组织普查资料分析研究、开发应用和成果汇编工作；负责统一对外提供普查资料，为党和政府领导及社会各界提供咨询服务；负责组织对普查资料开发应用人员的业务培训；负责普查年鉴的组织、编印、发行工作；负责普查的评比表彰等工作；完成办公室领导交办的其他各项任务。

2、宣传执法组：起草、制定经济普查宣传方案；起草有关普查宣传方面的文件和宣传稿件；策划普查各阶段的宣传活动，部署普查各阶段的宣传工作；负责对新闻媒体的协调和联系工作；负责组织普查机构开展执法检查工作，查处普查活动中的违法违纪行为；受理普查活动中的违法违纪行为的举报，转办、督办案件；对重大违法违纪案件进行直接调查，提出处理意见；对典型违法违纪案件予以曝光；完成办公室领导交办的其他各项任务。

3.质量控制组：结合国家经普方案，研制我市经普方案和业务处理意见，做好经济普查业务问题解答、指导和培训工作；结合核算工作，检查评估各阶段经普工作和数据质量，及时提出处理意见；组织实施有关数据质量抽查工作。

4、调查一组（工业、能源）：贯彻执行工业、能源普查制度；负责培训本组相关专业业务骨干；根据普查实施方案、工作规划与流程的要求，负责完成工业、能源企业普查登记、数据处理、质量审核、抽检、验收、评估、汇总上报工作；配合做好单位名录库比对和各类单位清查工作；负责帮助、指导县区经普办做好普查登记、查漏补缺及其数据处理工作；分专业确定专人进行问题解答；研究制定普查数据质量控制办法，严把普查数据质量关；参与普查试点、普查工作督查、数据质量抽检和普查资料开发；完成办公室领导交办的其他各项任务。

5、调查二组（建筑、房地产业）：贯彻执行建筑业、房地产业普查制度；负责培训本组相关专业业务骨干；根据普查实施方案、工作规划与流程的要求，负责完成建筑业企业和房地产企业的普查登记、数据处理、质量审核、抽检、验收、评估、汇总上报工作；配合做好单位名录库比对和各类单位清查工作；负责帮助、指导县区经普办做好普查登记、查漏补缺及其数据处理工作；分专业确定专人进行问题解答；研究制定普查数据质量控制办法，严把普查数据质量关；参与普查试点、普查工作督查、数据质量抽检和普查资料开发；完成办公室领导交办的其他各项任务。

6、调查三组（批发和零售业、住宿和餐饮业）：贯彻执行批发零售贸易业、住宿和餐饮业普查制度；负责培训本组相关专业业务骨干；根据普查实施方案、工作规划与流程的要求，负责完成批发零售贸易业、住宿和餐饮业企业的普查登记、数据处理、质量审核、抽检、验收、评估、汇总上报工作；配合做好单位名录库比对和各类单位清查工作；负责帮助、指导县区经普办做好普查登记、查漏补缺及其数据处理工作；分专业确定专人进行问题解答；研究制定普查数据质量控制办法，严把普查数据质量关；参与普查试点、普查工作督查、数据质量抽检和普查资料开发；完成办公室领导交办的其他各项任务。

7、调查四组（服务业）：贯彻执行服务业普查制度；负责培训本专业业务骨干；根据普查实施方案、工作规划与流程的要求，负责完成服务业单位的普查登记、数据处理、质量审核、抽检、验收、评估、汇总上报工作；配合做好单位名录库比对和各类单位清查工作；负责帮助、指导县区经普办做好普查登记、查漏补缺及其数据处理工作；分确定专人进行问题解答；研究制定普查数据质量控制办法，严把普查数据质量关；参与普查试点、普查工作督查、数据质量抽检和普查资料开发；完成办公室领导交办的其他各项任务。

8、调查五组（科技）：贯彻执行科技和人员工资普查制度；负责培训本专业业务骨干；根据普查实施方案、工作规划与流程的要求，配合各专业完成普查单位的科技、人员工资数据的录入、处理、质量审核、抽检、验收、评估、汇总上报工作；配合做好单位名录库比对和各类单位清查工作；负责帮助、指导县区经普办做好普查登记、查漏补缺及其数据处理工作；分确定专人进行问题解答；研究制定普查数据质量控制办法，严把普查数据质量关；参与普查试点、普查工作督查、数据质量抽检和普查资料开发；完成办公室领导交办的其他各项任务。

9、调查六组（单位名录库）：根据普查要求负责单位名录的收集、整理；指导和帮助各部门提供有关名录资料和行政登记资料；制定和实施单位名录库比对核查工作；负责培训本专业业务骨干；指导和帮助各地和各专业做好单位名录库比对核查工作；负责普查区划分、地图绘制和地址编码工作；完成办公室领导交办的其他各项任务。

10、数据处理及资料开发组：根据国家普查数据处理实施细则规定，参加上级组织的各调查组数据处理技术培训；参与比对核查及清查有关工作；负责接收基层普查表，并进行计算机数据汇总、数据备份、病毒预防与清除；负责普查资料汇编程序的开发和应用；建立经济普查数据库；参与普查试点、普查工作督查、数据质量抽检；负责经普网站的开发与维护工作；完成办公室领导交办的其他各项任务。

盐城市第三次全国经济普查领导小组
2013 年 6 月 25 日

十九、盐城调查队 2013年大事记

The events of Yancheng Bureau of Statistics Survey Team in 2013

2013 年盐城调查队大事记

1 月初，盐城调查队参与完成城市文明指数测评工作。

1 月初，盐城调查队开展盐城市快递企业发展现状专题调研。

1 月 10 日，盐城调查队出台《国家统计局盐城调查队学习贯彻党的十八大精神活动方案》。

1 月 15 日，盐城调查队赴阜宁县芦蒲镇新荡村开展结对扶贫活动。

1 月 25 日，盐城调查队就春节前夕物价形势接受盐城电视台采访。

2 月初，盐城调查队荣获 2012 年度全市政务信息工作一等奖。

2 月 1 日，盐城调查队通报 2012 年度考核结果和奖励情况。

2 月 5 日，盐城市政府办公室下发《关于切实做好农村调查工作的通知》（盐政传发［2013］31 号）要求切实做好农村调查工作。

2 月中旬，盐城调查队开展企业节后开工、复工及用工情况快速调查。

2 月中旬，盐城调查队开展返乡农民工务工情况专题调研。

2 月 19 日–20 日，盐城调查队开展雪后市场供应状况快速调查。

2 月 22 日，在盐城市人民政府召开的全市价格工作会议上，盐城调查队被表彰为“2012 年度全市价格工作先进集体”。

2 月 25 日，盐城调查队开展油价上调社会反响及影响快速调查。

2 月底，盐城调查队列“2012 年度政府门户网站内容保障”考核市级单位第一名。

2 月底，盐城调查队开展畜牧业双向互动服务工作征求意见调查。

3 月初，盐城调查队赴盐都区开展农村调查工作及农作物长势情况调研。

3 月 8 日，盐城调查队对市区主要大型超市奶粉价格进行快速调查。

3 月中旬，盐城调查队开展中央改进工作作风“八项规定”出台对相关行业影响情况快速调查。

3 月中旬，盐城调查队出台《国家统计局盐城调查队 2013 年党建工作要点》。

3 月 21 日，盐城调查队出台《国家统计局盐城调查队 2013 年党风廉政建设工作要点》。

3 月 21 日，盐城调查队出台《国家统计局盐城调查队关于改进工作作风八项规定》。

3 月 25 日，盐城调查队出台《国家统计局盐城调查队 2013 年重点工作》。

3 月 27 日，盐城调查队开展油价下调社会反响及影响快速调查。

3 月下旬，盐城调查队完成农产品价格新样本首次调查。

3 月下旬，盐城调查队出台《国家统计局盐城调查队 2013 年岗位目标责任制及考核办法》，签订岗位目标责任承诺书。

3 月下旬，盐城调查队荣获 2012 年度全市党委信息工作先进单位二等奖。

4 月，盐城调查队启动第五届清风读书活动。

4 月，盐城调查队党支部荣获全市“学习十八大，机关展风采”辩论大赛辩题征集评选活动二等奖。

4 月，盐城调查队荣获全市学习十八大精神书面知识竞赛活动三等奖。

4 月 3 日，盐城调查队开展 H7N9 禽流感对盐城家禽市场影响快速调查。

4 月 9 日，《中国信息报》在“统计导刊”头版头条报导盐城调查队开展 H7N9 禽流感影响快速调查工作方式。

4 月中旬，盐城调查队联合市物价局开展 H7N9 禽流感对盐城家禽养殖业的影响调研。

4 月 17 日，盐城调查队出台《盐城市住户调查辅助调查员工作管理制度（试行）》。

4 月底，盐城调查队开展养老机构发展状况快速调查。

5 月初，盐城市委书记朱克江同志对盐城调查队《受 H7N9 禽流感疫情影响，盐城家禽市场受冲击》、《盐板蓝根销售出现断货》两篇调查信息作出批示。

5 月初，盐城调查队课题《构建食品安全监管体系路径及政策研究》在致公党中央刊物《中国发展》发表。

5 月 13 日，盐城调查队印发《“保持纯洁性、深化‘评定升’”教育实践活动实施方案》。

5 月 26 日，《新华日报》在头版显著位置以《禽流感好转，养禽业如何康复》为题发表了盐城调查队禽流感事件影响调查报告。

5 月 28 日，《新华日报》约请盐城调查队联合开展 “养禽业转型升级”专题调研采访。

5 月底，盐城调查队与市农业委员会、市统计局联合发布《关于开展 2013 年全市夏粮测产督查工作的通知》，联合开展全市夏粮测产督查工作。

6 月初，盐城调查队课题《“家庭农场”发展瓶颈因素分析及政策研究——基于现代农业发展模式选择探讨》被确定为 2013 年度盐城市社科研究应用精品课题项目。

6 月 20 日，盐城调查队首获全市“五好机关党组织”荣誉称号。

6 月 24 日，盐城调查队联合天津商务职业学院申报课题《退休养老金双轨制问题研究》被民进天津市委员会作为 2013 年重点课题立项。

7 月，盐城调查队联合市统计局召开上半年居民收支形势座谈会。

7 月，盐城调查队组织动员全队干部职工深入开展爱国卫生运动，支持市政府创建国家卫生城市工作。

7 月 9—10 日，盐城调查队联合市物价局根据《盐城市人民政府办公室关于印发盐城市 2013 年价格调控目标责任制实施意见的通知》(盐政办发［2013］65 号)，对响水和滨海两县 2013 年上半年价格调控目标责任制落实情况进行督查。

7 月 11 日，盐城调查队举办第一期“道德讲堂”活动，市、县国家调查队全体人员参加。

7 月 17-18 日，国家统计局扬州调查队来盐考察交流。

7 月 19 日，盐城调查队、市物价局联合召开上半年价格形势分析座谈会，市粮食局、商务局、农委、房管局、人行、供销社等部门出席会议。

7 月下旬，盐城调查队赴阜宁县芦浦镇慰问结对帮扶贫困户。

7 月，盐城调查队完成市民出行情况专项调查。

8 月上旬，盐城调查队认真落实国家统计局江苏调查总队《关于开展统计执法检查工作的通知》（苏调字〔2013〕34 号）精神，开展统计执法检查。

8 月 13 日，盐城调查队落实《中共盐城市委、盐城市人民政府关于全市年度目标任务综合考核意见》（盐发［2013］8 号）精神，成立目标任务综合考核工作领导小组。

8 月 14 日，盐城调查队根据江苏调查总队《关于开展“寻找最美畜禽调查员”工作的通知》（苏调畜牧函〔2013〕1 号），在全市范围寻找“最美畜禽调查员”。

8 月 15 日，盐城市委书记朱克江同志对盐城调查队《1-7 月盐城 CPI 同比涨幅全省最高》信息作出“请物价局关注并请说明原因，民生大事应时刻关注”批示。

8 月中旬，盐城调查队组织党员干部开展“承诺、评诺、定诺、亮诺”公开承诺活动。

8 月，盐城调查队《受 H7N9 禽流感影响，市场板蓝根销量猛增部分地区出现断货》调查信息被《国办专报》采用，并获国务院领导批示。

8 月 30 日，盐城市委办公室发贺信书面表扬盐城调查队上半年信息工作。

9 月，盐城调查队开展“统计开放日”系列宣传活动。

9 月，盐城调查队《大数据背景下完善我国现行 CPI 编制方法的构想》论文入选“第十七次全国统计科学讨论会”进行学术交流，入编《中国统计学会统计科学讨论会文集》。

9 月，盐城调查队课题《“家庭农场”发展瓶颈因素分析及政策研究——基于现代农业发展模式选择探讨》被确定为 2013 年江苏省社科研究（青年精品）重点课题。

9 月 26 日，江苏调查总队副总队长仲柯一行来盐考察调研。

10 月初，盐城调查队开展房价及房租价格快速调查。

10 月 18 日，盐城调查队开展实行家电新能效标准市场影响快速调查。

10 月上旬，盐城调查队课题《建立我国 PPI 在线价格指数的构想研究》获全国统计科研计划项目立项。

10 月下旬，盐城调查队会同市统计局召开前三季度居民收支形势座谈会。

11 月初，盐城调查队在市级机关职工运动会中取得好成绩，受市级机关工委表彰。

11 月初，盐城调查队开展 2013 年中层干部竞争上岗工作。

11 月上旬，盐城调查队开展旅行社快速调研。

11 月中旬，盐城调查队开展党风廉政建设民意调查。

11 月 21 日，盐城调查队出台《国家统计局盐城调查队网络管理制度》。

11 月 25 日，盐城调查队出台《国家统计局盐城调查队档案管理办法》。

11 月 25 日，盐城调查队出台《国家统计局盐城调查队保密工作规定》。

11 月 25 日，盐城调查队出台《国家统计局盐城调查队值班制度》。

11 月底，盐城市精神文明建设委员会下发《关于命名表彰 2012 年度盐城市文明创建工作先进集体的决定》（盐文明委［2013］12 号）文件，授予国家统计局盐城调查队“盐城市文明单位”荣誉称号。

12 月 4 日，根据省第三次全国经济普查领导小组办公室、江苏调查总队《关于我省做好第三次全国经济普查个体经营户抽样调查工作的通知》（苏经普办字〔2013〕25 号）精神，成立国家统计局盐城调查队第三次全国经济普查个体经营户抽样调查工作办公室。

12 月上旬，盐城调查队开展货物运输市场回暖情况调研。

12 月上旬，盐城调查队开展光伏企业经营情况调研。

12 月中旬，盐城调查队参与盐城市文明委开展的城市文明指数测评工作。

12 月中旬，盐城调查队开展供电行业用电户满意度调查。

12 月底，盐城调查队《行政事业单位增资力度不足影响我市居民增收》信息，被市长魏国强，常务副市长戴元湖批示。

二十、盐城调查队 2013年重要文件

The significant documents of Yancheng Bureau of statistics Survey team in 2013

关于印发《国家统计局盐城调查队学习贯彻党的十八大精神活动方案》的通知

各部门：

现将《国家统计局盐城调查队学习贯彻党的十八大精神活动方案》印发给你们，请结合实际，认真贯彻执行。

附件：《国家统计局盐城调查队学习贯彻党的十八大精神活动方案》

国家统计局盐城调查队

2012 年 11 月 26 日

附件：

国家统计局盐城调查队
学习贯彻党的十八大精神活动方案

为贯彻落实市委《关于深入开展党的十八大精神学习宣传教育活动的实施意见的通知》精神，通过深入学习贯彻党的十八大精神，切实把全队党员干部的思想和行动统一到十八大精神上来，现结合我队实际，制定本方案。

一、指导思想

坚持以科学发展观为指导，全面理解和准确把握党的十八大报告的丰富内涵和精神实质，重点把握十八大提出的新观点、新论断、新思路。以学习宣传贯彻十八大精神为核心，进一步强化和激发机关党组织和党员干部的学习、工作活力，把智慧和力量凝聚到实现党的十八大确定的目标任务上来，努力推动我队的各项工作再上新台阶，为全面建成高水平小康社会，实现盐城科学发展新跨越而奋斗。

二、活动目标

通过学习贯彻十八大精神，切实把全队党员干部的思想和认识统一到十八大精神上来，把智慧和力量凝聚到落实十八大作出的重大决策部署上来，将学习贯彻十八大精神落实到具体工作中，以更加高涨的工作热情，以更加扎实的工作作风，以更大的力度、更高的标准和效率做好各项工作，全力提升全队党员干部的整体素质。

三、组织领导

为确保学习贯彻党的十八大精神活动有序进行，并取得应有的效果，调查队成立专题学习领导小组，由陆景春任组长，队领导班子其他成员任副组长，各处室负责人为成员，领导小组下设办公室，陈锦龙同志兼任主任，成员由苏正芳、王明富、王亚男组成，具体负责活动的组织指导。

四、学习内容

党的十八大报告、《党章》及有关学习资料。

五、学习形式和时间安排

（一）深入开展理论学习活动

要把学习贯彻十八大精神作为当前重要的政治任务，把学习贯彻十八大精神作为继续进位争先，激发更大活力的动力，深入开展中国特色社会主义理论和社会主义核心价值体系学习教育，确保学习活动有声势、有深度。

1、自学。（2012年11月底前）

充分利用网络、媒体等手段进行自学，特别是对涉及民生 的重点部分进行研读。每名党员干部都要通读一遍十八大报告原文，学习领会十八大精神实质，学习笔记不少于2000字。

2、集中学习。（每个月中旬）

采取专题讨论、个人讲学等丰富多彩的形式，组织全体党员干部进行集中学习，集中学习次数不少于5次。

（二）召开一次党支部民主生活会。（2013年3月底前）

围绕学习贯彻党的十八大精神，在召开好领导班子民主生活会的基础上，召开2012年度党支部民主生活会。认真查找支部工作中存在的突出问题，制定解决问题的措施和办法，推动统计调查事业科学发展。

（三）开展一次民主评议党员活动。（2013年1月下旬）

根据民主评议党员制度，围绕学习贯彻十八大精神组织党员干部进行民主评议。领导干部要带头参加评议，党员参加民主评议率要达到100%。

（四）组织一次学习测试。（2013年2月下旬）

（五）组织一次学习心得交流会。（2013年3月底前）

六、学习要求

一要精心组织，加强领导。各部门要按时参加集中学习，并科学安排工作，做到学习工作两不误。全队党员干部每人至少要撰写1篇学习心得体会。

二要在深入学习和深刻领会党的十八大精神上下功夫。要深刻领会胡锦涛同志所作报告的丰富内涵和精神实质，全面把握党的十八大报告的精髓，进一步增强贯彻落实科学发展观的坚定性和自觉性。

三要在结合实际，开创统计调查工作新局面上下功夫。全队党员干部要紧密联系工作实际，把学习十八大精神作为推动工作及学习的出发点和落脚点。坚持学以致用，以提供更加真实、更加准确的统计数据，为进一步贯彻落实科学发展观、推进中国特色社会主义建设提供更加扎实的信息基础，促进统计调查事业不断向前发展。

四要在深化学习效果上下功夫。要积极采取专题学习、个人自学、集中学习和交流等多种形式进行学习，并利用内网等载体进行宣传和交流，加大对十八大精神的学习宣传力度，切实将党的十八大精神学习好、贯彻落实好。

关于印发《国家统计局盐城调查队2013年党建工作要点》的通知

盐调〔2013〕2号

各部门：

现将《国家统计局盐城调查队2013年党建工作要点》印发给你们，希认真贯彻执行。

附件：《国家统计局盐城调查队2013年党建工作要点》

国家统计局盐城调查队

2013年3月12日

附件：

国家统计局盐城调查队2013年党建工作要点

2013年，盐城调查队党建工作的指导思想是：认真学习贯彻党的十八大精神，继续围绕“走在前头”的目标，突出“服务中心、建设队伍”两大核心任务，以创建学习型、规范型、服务型、廉洁型、创新型“五型”机关党组织为抓手，不断提高机关党建工作科学化水平，为盐城统计调查事业科学发展提供坚强组织保证。

一、强化学习教育，永葆党员干部先进性、纯洁性

1、深入学习宣传贯彻党的十八大精神。学习贯彻十八大精神，是当前和今后一个时期首要政治任务。要以高度的政治责任感，认真组织、广泛动员、迅速行动，掀起学习贯彻的热潮。通过党组中心组学习、集中学习培训、举办报告会、知识竞赛等多种形式，切实把党员干部的思想和行动统一到中央、省、市委和队党组的决策部署上来，把智慧和力量凝聚到完成全年调查工作任务上来。

2、推进统计调查党建文化建设。继续打造“公信调查”党建品牌，推动全队上下形成真抓实干，进位争先的良好氛围。继续组织开展“大党课”和“清风读书”活动，邀请专家开展“道德讲堂”知识讲座。重视统计调查党建信息、调研和外宣工作。加强机关党务干部培训，提高党务工作者的政治理论水平，选派党务干部参加机关工委组织的高级研修班学习。组织人员参加十八大精神和新《党章》知识竞赛。

3、强化学习型党组织建设。深化学习型党组织创建工作，严格执行集体学习、个人自学、调查研究、岗位培训、主题教育、学习考核和成果转化等各项规定，充分发挥中心组和党员领导干部在学习中的示范带头作用，通过讲学、述学、评学、考学、督学的形式，增强党员干部学习的主动性和积极性，努力营造全员学习的浓厚氛围。

二、夯实党建基础，促进机关党建工作制度化、规范化

4、加强支部组织建设。开展“党建规范提升年”活动，继续做好党支部、支部书记、和党员的评星定级工作，进一步强化支部建设。强化支部书记党建工作第一责任人责任，落实“三会一课”制度，严格党内组织生活，积极做好民主评议党员工作。积极参加市级机关工委组织的“五好示范机关党组织”、“机关党建创新创优成果”、“最佳党日活动实例”等评选工作。

5、加强党员队伍建设。进一步完善党内激励、关怀、帮扶机制，切实从思想上、工作上、生活上激励、关心、帮助普通党员、老党员和困难党员。强化党员身份意识教育，继续推行为党员过政治生日制度和慰问困难党员制度。广泛开展以“思想上常谈心、工作上多关心、生活上送爱心”为主要内容的“三心”活动，提高新形势下支部党建工作的有效性和针对性。

6、加强党建制度建设。以提高党员政治理论素养，增强党性为目的，按照有计划、分层次、突出重点、注重实效的原则，制定年度党员学习教育计划，并认真组织实施。以落实党员的知情权、参与权、选举权、表达权、监督权为重点，健全党务公开制度，通过队内网等形式公开党的思想建设、组织管理和领导班子建设、干部选用等情况。

三、提升服务意识，在服务大局的实践中展塑新形象

7、创新服务方式。重视抓好服务创新项目的申报和实施推动工作。通过立足岗位创先争优，不断解决发展迫切需要、群众强烈关注的热点、难点问题，进一步提高党员干部的党性修养、纪律观念、服务意识和职业道德水平，着力提升党和政府以及市民群众对统计调查工作的满意度，真正把党建品牌打造成密切党群关系、干群关系的新纽带，推动各项工作上新水平。

8、突出工作重点。围绕2013年全队工作目标，紧密结合调查队的工作职能，科学制定服务中心的目标，精心设计载体，通过“我

为统计调查工作献一策”、“争创党员先锋岗”等活动，把服务中心工作抓得更具体、更扎实。组织党员干部积极投身牵手致富、结对帮扶等活动中去，在服务大局、服务基层、服务群众的实践中彰显党组织的先进性。

9、增强服务的主动性。引导全队党员干部在服务大局的实践中创先争优，自觉主动地把党建工作“渗透”和“融入”到队党组的中心工作中来，充分发挥职能作用，在各项工作中都能听到党组织的声音，展示党组织的活力，体现党组织的作用。充分发挥好党的组织优势，组织和动员广大党员干部做创业的先锋、创新的典型和创优的模范，为盐城经济社会发展做出积极贡献。

四、深化作风建设，营造机关风清气正的良好环境

10、抓好反腐倡廉制度的落实。认真贯彻落实中央、总队和市级机关工委会议精神，层层签订《党风廉政建设目标责任书》，完善和落实廉政教育、联系群众、党内监督等系列制度，切实提高党员干部贯彻执行《廉政准则》的自觉性。推进支部党务公开，开展党员评议党组织领导班子和党员领导干部工作，增强全体党员干部主动接受监督的自觉性。

11、全面开展统计调查行风建设活动。在全体党员中继续深化统计调查行风建设活动，推动调查队“五廉”文化建设在内容、形式、制度创新等方面取得新进展。以“为民、务实、清廉”为主题，以清风系列活动为载体，丰富廉政思想教育内容，开展生动活泼的廉政主题实践和廉政文化活动。继续组织好“5.10”廉政警示教育活动、清风读书交流会等活动。

12、加强纪检工作建设。扎实推进内部廉政风险防控机制建设，不断拓展监督渠道，严格行政问责制度的落实，进一步夯实从源头上预防腐败的有效举措，提高调查队党内监督的水平，着力营造盐城调查队风清气正的良好环境。

盐城调查队关于印发《关于改进工作作风八项规定》的通知

盐调〔2013〕3 号

各部门：

为认真贯彻落实中央“八项规定”、省委“十项规定”及总队党组《贯彻落实〈国家统计局党组关于进一步改进工作作风的若干规定〉的具体办法》的精神，进一步加强和改进工作作风，密切党同人民群众的血肉联系，根据中共盐城市委《关于改进工作作风、密切联系群众的十项规定》的要求，结合统计调查工作实际，特制定以下八项规定。

一、切实改进统计调查研究。到基层调研要紧紧围绕中央、省委、市委和总队的重大决策部署，全队重点工作，深入一线、深入实际，力戒走过场。调研前，要明确调研主题，精心准备提纲，实事求是地安排调研内容，有针对性地安排调研点和调研路线；调研中，要就工作中存在的问题，多同干部谈心，多商量讨论，多向基层工作人员了解真实情况，努力帮助基层解决实际困难；调研后，要形成书面意见和建议，并向队领导报告。

二、大力精简会议活动。切实改进会风，会议实行严格的计划管理，各类会议的召开需报队领导批准后方可召开，能不开的会议尽量不开，能合并的会议尽量合并召开，能开短会的尽量开短会，能以文件、电话形式安排的问题，尽量不专门召开会议。

三、大幅减少文件简报。规范公文处理程序，严格按照工作需要和职能范围发文，没有实质内容、可发可不发的文件简报一律不发。进一步规范文件的运行程序和格式，严格审核把关，切实提高公文质量。对需转发的总队文件、一般性公文等非涉密文件，均通过队内网或 OA 系统发布，一般不另发纸制文件。

四、严格控制出访考察。对领导出访实行量化管理，队领导出国（境）每两年不超过 1 次，严格按照工作需要安排陪同人员。队领导考察活动要任务明确，严格控制，严禁以参加会议为名外出考察、旅游。

五、着力简化接待工作。到基层考察调研坚持轻车简从，严格控制陪同人员，不张贴悬挂标语横幅，不摆放花草，不影响正常工作秩序，严格公务接待标准，严禁在工作日中午饮酒，就餐一律不上高档菜肴，不得接受企业和个人可能影响公务的宴请。

六、倡导厉行勤俭节约。严格执行财务纪律和工作纪律，大幅削减“三公”经费使用，严格控制公车私用，有效降低行政成本，认真执行厉行节约有关规定，在机关倡导节材、节水、节电等节约意识，进一步健全制度，发挥电子政务优势，减少纸张消耗，杜绝长流水、长明灯、长待机现象。严格控制年终表彰及联欢会、团拜会等活动，一律不设宴，公务接待严格执行审批程序，严格接待标准，力求勤俭节约，不讲排场，不铺张浪费。

七、不断规范专项调查。严格按照规定报批统计调查项目，切实维护统计调查的统一规范。坚决执行国家统计调查制度，严格按照规定布置调查表、选取调查对象，决不允许以任何理由擅自变更指标口径、更换样本单位、更改计算方法、改变汇总方式。坚决履行独立调查、独立报告职责，坚持由调查对象独立真实填报，严禁任何机构和人员伪造、篡改统计数据，严禁任何机构和人员强令或授意他人在统计上弄虚作假，严禁统计机构及其人员或其他行政部门及其人员代填代报调查对象数据、严禁统计机构和统计人员自行修改调查对象填报的统计数据。

八、始终坚持廉洁从政。坚持从小事做起，从自身做起，党员干部特别是领导干部要从自身做起，带头执行《廉政准则》和关于改进工作作风密切联系群众的各项规定要求，严于律己，率先垂范，洁身自好，严禁收受各种礼金、有价证券、支付凭证、商业预付卡，严禁参与高消费娱乐活动，严禁利用婚丧嫁娶收敛钱财，严禁参与赌博和各种封建迷信活动。加强对配偶、子女、亲属和身边工作人员的教育，坚决抵制各种不良风气。

国家统计局盐城调查队

2013 年 3 月 20 日

国家统计局盐城调查队2013年党风廉政建设工作要点

盐调〔2013〕4号

2013年，盐城调查队党风廉政建设工作总的要求是：全面贯彻国家统计局党组，以及江苏省委、省政府和省、市纪委关于反腐倡廉建设的重大决策部署，按照江苏调查总队党风廉政建设的具体要求，坚持标本兼治、综合治理、惩防并举、注重预防方针，围绕中心、服务大局，大力加强统计行风建设和统计核心价值体系建设，不断提高反腐倡廉建设科学化水平，为推进“三个提高”和“四大工程”建设提供有力政治保证，以反腐倡廉建设新成效全面贯彻党的十八大精神。

一、全面落实党风廉政建设责任制

1、认真学习贯彻中央、省、市党风廉政建设工作会议精神，坚决贯彻落实中央八项规定，切实加强统计系统作风建设，全面部署2013年党风廉政建设和反腐败工作，细化任务分工，切实抓好落实。

2、严格执行《国家统计局党组关于进一步改进工作作风的若干规定》，严格遵守国家统计局“九不准”规定。结合盐城调查工作实际，制定《盐城调查队改进工作作风八项规定》，加强和促进盐城调查队党风廉政建设和反腐败工作。

3、认真贯彻落实《江苏调查队系统党风廉政建设责任制实施办法》，进一步明确领导班子和领导干部的党风廉政建设职责，分级签订年度党风廉政建设责任书。

二、全面提升党员干部思想政治素质

4、加强政治理论学习。认真组织全体同志学习党的十七届七中全会和十八大精神，学习党章和党内法规，加强政治纪律教育，引导和督促全体同志坚定政治立场和政治方向，自觉在政治上思想上行动上同党中央保持高度一致。

5、加强统计法律法规学习。分层组织学习新《统计法》和《统计违法违纪行为处分规定》，确保年内全队人员集中学习不少于2次，各类培训、会议学习不少于3次。同时，开展“法制宣传日”等街头宣传活动，不断加强统计干部职业道德教育。

6、加强党风廉政建设学习。将党风廉政建设纳入党组学习的重要内容，筑牢以人为本、执政为民的思想政治基础。切实加强党员干部党性党风党纪专题教育，组织开展三期“道德讲堂”，深入开展理想信念、文明礼仪教育和“四德”教育，充分利用典型案例和警示教育基地开展警示教育，引导党员干部进一步转变思想观念，树立正确的事业观、工作观和政绩观。全年集中学习教育和警示教育不低于两次。

三、全面规范调查工作机制

7、完善各项规章制度。进一步推进财务管理规范化，加强财务业务知识学习，举办财务工作讲座，对已出台的各项规章制度进行回头看，重点修改其中不合理、不健全、不完善的条款和规定，结合盐城实际，真正做到用制度管权、按制度办事、靠制度管人。

8、健全各项核算台账。加强内部管理，提升工作的规范化水平，重点是推进精细化管理，建立健全各项台账。进一步完善车辆使用台账、接待台账及经费支出和使用台账，为建立健全详实的内控制度打下基础。

9、规范各项工作流程。从数据采集、审核、传输、处理、管理、评估、发布的各个环节入手，明确每一环节的质量标准、技术规范和操作流程，全面推进调查工作规范化。

四、全面弘扬统计核心价值观

10、大力弘扬“真实可信、科学严谨、创新进取、服务奉献”的统计核心价值观，深入开展“以求真务实为天职，视数据质量为生命”的统计职业道德教育，大力推进“不出假数、真实可信、准确完整”的统计责任文化建设，紧密结合创先争优活动和党性党风党纪教育活动，不断提高统计核心价值观的知晓率、认同率、渗透率、践行率。

11、大力推进“公务员职业道德主题实践活动”，认真组织各项活动，进一步提升公务员职业道德修养，努力造就一支政治信念坚定、精神追求高尚、职业操守良好、人民群众满意的公务员队伍。

12、大力加强机关党的建设。以党建统领行风建设，争创“五好支部”，保持“文明单位”称号，推进各条线创先争优。以“三个提高”为主线，不断加强统计宣传和政务公开力度，推进统计调查公开透明。进一步加强机关作风建设，大力倡导转作风、走基层、用实招、出实数，充分发挥统计调查信息资源优势，不断提高统计调查工作服务水平。

五、全面推进惩治和预防腐败体系建设

13、加强对纪检监察工作的领导。队党组每年至少一次听取纪检监察工作汇报、研究纪检监察工作。坚持纪检监察干部列席有关会议制度，充分发挥纪检监察部门的作用。

14、进一步加大统计调查工作中风险排查工作力度，不断拓宽风险防控管理工作范围，着力规范统计调查与报告、数据审核与评估、干部选拔与任用、政府采购与资产管理等重点领域，提高风险防控措施的针对性。

15、认真贯彻落实《江苏市县级国家调查队贯彻落实“三重一大”决策制度的规定》，以人、财、物、数为重点，进一步规范权力运行，促进依法、科学、民主决策。

16、认真落实《廉政准则》，严格执行《关于领导干部报告个人有关事项的规定》、《关于对配偶子女均已移居国（境）外的国家工作人员加强管理的暂行规定》。

17、严格执行关于厉行节约的各项规定，进一步精简会议、文件，压缩会议费、培训费、印刷费和差旅费等行政经费开支，严格控制“三公经费”支出。加强公务接待管理，逐步推进公务卡制度。

18、巩固“小金库”专项治理和规范津补贴工作成果，推动完善防治“小金库”长效机制。深化公务用车专项治理，降低车辆运行费用，规范公务用车使用管理。

19、严肃组织人事工作纪律，规范和强化对拟提拔干部的廉政考察，加强对干部人事工作的监督检查，防止和纠正用人上的不正之风。

国家统计局盐城调查队

2013年3月20日

关于印发《国家统计局盐城调查队 2013 年重点工作》的通知

盐调〔2013〕6 号

各部门：

经研究，现将《国家统计局盐城调查队 2013 年重点工作》印发给你们，希认真贯彻实施。

附件：《国家统计局盐城调查队 2013 年重点工作》

国家统计局盐城调查队

2013 年 3 月 22 日

附件：

国家统计局盐城调查队 2013 年重点工作

1.加强统计基础建设和法规制度管理。加强业务管理和基础建设，各业务处室要做好调查员管理和业务培训工，完善基础台帐，做好各项基础性业务建设。加强法制建设，严格执行国家调查制度，开展数据质量检查活动，做好统计法制宣传工作。

2.优化统计服务和加强部门合作。坚持围绕中心，服务大局，认真组织专题调研，在市政府《调查研究报告》上刊发 12 期以上，全年获得各级领导批示 10 次以上，其中市领导批示 5 次以上。加强部门联系和沟通，精心组织开展一批重要的专项调查，建立起良好的合作关系。

3.加强统计宣传和数据发布工作。加大统计宣传力度，9 月份开展“统计调查宣传月”活动，开展“走进盐城国调队”专题活动。开辟《调查与民生》报刊专栏，制作专题片，全方位宣传统计调查工作。加强调查数据资料的新闻媒体发布工作，进一步充实《盐城调查》季度资料，完善网络发布平台，加强与媒体联系，协调落实调查资料定期发布工作。

4.加强农口调查服务工作。积极参与市级涉农考核，加强对农村小康、农业现代化建设的研究；加强与农口部门的沟通协作，与各农口部门建立良好的沟通渠道。

5.积极开展农村调查调研活动。建立和完善农村调查网络，加强辅助调查员队伍管理。加强农村经济和农业生产分析研究，认真开展农村专题研究，全面提高农村调查分析信息的数量和质量。

6.加强小微工业企业监测工作。每个季度开展专题调研 2 次以上，及时编发专题调研报告。对市两办约稿，做到快速反映，及时准确上报，全年完成 10 篇以上两办专题信息约稿。

7.加强采购经理调查数据开发作用。编制分行业 PMI 指数，尤其是重点行业指数，在《盐城调查》上对外发布，扩大 PMI 指数影响力。

8.开展服务业“快速调查月月有”活动。每月围绕总队工作部署和服务业发展的热点问题制定调研提纲，启动“快速调查应急机制”，全年完成快速调查不少于 12 项，及时上报调查报告，提高分析信息数量与质量。

9.建立小微商业企业调查样本库。今年首次开展盐城小微商业企业调查，可选样本企业少，存活率低，需要建立小微商业企业样本库，及时调整更换样本，确保满足国家调查要求。建立样本动态管理机制，定期维护样本库，确保每季度更新一次。

10.加强住户调查基础工作。探索和建立具有盐城特色的“直接调查”体制、机制、方法和措施。全力推进城乡一体化住户调查改革工作，加强方法制度研究，强化基层基础工作，制订提高调查数据质量管理制度。

11.加强辅助调查员队伍建设。强化业务培训和管理，提高辅助调查员业务素质，为确保调查数据质量奠定扎实基础。

12.加强生价电子台帐建设。全力推动工业生产者价格调查企业价格统计电子台帐建设，特别是产品技术特征描述的电子台账建设。

13.做好分地区消价指数编制发布工作。做好非指数县（市）居民消费价格考核指数编制及全市 CPI 通报工作。

14.加强党组织和精神文明建设。发挥党支部的堡垒作用，调动工青妇等组织的积极性，全面开展党建工作和各项活动，把“两个争创”工作作为党建工作的核心，争创市级机关“四星级基层党组织”，确保继续保持“市级文明单位”称号。

15.全面加强干部队伍建设。强化干部队伍素质教育，组织开展“道德讲堂”活动，有计划选派干部参加更多范围的职业培训，鼓励干部参加更高层次的学历教育，大力推进党风廉政和反腐败建设，不断增强干部队伍的凝聚力，全面提升干部队伍的纯结性。

16.大力推进财务工作规范化。全面推行财务预审工作制度，建立健全财务支出名细台账，完善季度财务预算执行情况分析制度，进一步强化审核监督，确保所有票据的真实性、所有支出的合理性、所有来源的合法性。

关于印发《国家统计局盐城调查队2013年岗位目标责任制及考核办法》的通知

盐调〔2013〕7号

各部门：

经研究，现将《国家统计局盐城调查队2013年岗位目标责任制及考核办法》印发给你们，希认真贯彻落实。

附件：《国家统计局盐城调查队2013年岗位目标责任制及考核办法》

国家统计局盐城调查队

2013年3月22日

附件：

国家统计局盐城调查队 2013 年岗位目标责任制及考核办法

为进一步调动机关工作人员的积极性、主动性和创造性，客观、公正、准确地评价机关工作人员的德、能、勤、绩、廉，实行定量考核与定性考核相结合、定量考核为主的办法，建立激励机制，促进机关转变工作作风，提高行政效能和工作效率，形成创先争优的良好氛围，推进统计调查工作上水平、登台阶，特制订国家统计局盐城调查队 2013 年岗位目标责任制及考核办法。

第一部分　岗位目标责任制

本制度，以工作目标量化、积分制考核的办法，明确各部门、各工作人员的年度岗位职责和工作任务。

一、基本职责（40 分）

（一）优质服务（10 分）

遵守服务承诺，落实首问负责制，服务不到位造成影响的，经查实 1 次扣 1 分。及时为市委、市政府领导及相关部门提供所需统计数据，为领导决策提供优质服务，所提供数据出现差错的 1 次扣 1 分，市领导提出批评或产生较大负面影响的，本项不得分。未按规定要求提供月度资料、年鉴资料及市委市政府所需资料的，1 次扣 0.5 分。本项由综合处负责记录。

（二）分析信息（10 分）

各业务处工作人员全年每人统计分析任务 6 篇、信息任务 20 篇（原则上经济信息任务 12 篇、动态信息任务 8 篇，考核时合并计算），两办采用任务 4 篇、总队采用任务 8 篇。办公室工作人员信息任务 20 篇，总队采用任务 8 篇，以上任务少完成 1 篇扣 0.5 分。考核范围是在本队《盐城调查》等内刊及内网上刊发的分析、信息、动态。

统计分析信息任务完成数量时，队领导参加并署名的分析信息，与其他人员分别计算篇次。参加考核人员中，分析信息均按第一、第二署名作者统计，2 人合写的每人计 0.5 篇。队统一安排的课题研究和重大调研活动，成立课题组，课题组每人记 1 篇。与外单位人员联合署名的分析信息，按本队人员计算篇次。年内新进工作人员任务数按工作时间比例计算。本项由综合处负责记录。

（三）组织活动（10 分）

参加政治（业务）学习和培训活动，并认真做好学习笔记；积极参加各项考试（考核）。政治业务学习及会议迟到、早退 1 次扣 0.5 分，未经批准无故不参加学习、考试等活动 1 次扣 1 分。积极参加党支部、工会、妇委会、团支部组织的各项活动，未经批准无故缺席的 1 次扣 1 分。积极参加各项创建活动，包括优化经济发展环境、机关作风建设、平安创建、文明机关、精神文明建设、目标任务绩效考核、先进党组织创建、牵手致富工程等，未按要求开展工作的，每项扣 1 分。本项由党支部负责记录。

（四）纪律制度（5 分）

尊重领导，服从分配，团结同志，如有不团结行为影响工作的 1 次扣 1 分。违反机关工作规定，造成不良影响的，被发现 1 次扣 1 分。未按内部管理制度执行病、事假请假制度的，1 次扣 1 分。遵守党纪党规，遵守中纪委、省、市纪委廉洁自律的各项规定，违反党风廉政建设规定，有群众举报或被投诉，经调查情况属实的，该项为 0 分。本项由办公室负责及创建办记录。

（五）临时性工作（5 分）

及时完成领导交办的临时性工作任务，未按时完成的 1 次扣 1 分。本项由队领导告知办公室记录。

二、个人职责（40 分）

三、重点工作（20 分）

2013 年各处室重点工作经队长办公会议研究确定，各处室应集中力量、采取切实措施，确保顺利完成各项重点工作任务。

（一）全面工作

1. 加强统计基础建设和法规制度管理。加强业务管理和基础建设，各业务处室要做好调查员管理和业务培训工，完善基础台帐，做好各项基础性业务建设。加强法制建设，严格执行国家调查制度，开展数据质量检查活动，做好统计法制宣传工作。

2. 加强党组织和精神文明建设。发挥党支部的堡垒作用，调动工青妇等组织的积极性，全面开展党建工作和各项活动，把“两个争创”工作作为党建工作的核心，争创市级机关“四星级基层党组织”，确保继续保持“市级文明单位”称号。

（二）办公室

1.大力推进财务工作规范化。全面推行财务预审工作制度，建立健全财务支出名细台账，完善季度财务预算执行情况分析制度，进一步强化审核监督，确保所有票据的真实性、所有支出的合理性、所有来源的合法性。

2.全面加强干部队伍建设。强化干部队伍素质教育，组织开展“道德讲堂”活动，有计划选派干部参加更多范围的职业培训，鼓励干部参加更高层次的学历教育，大力推进党风廉政和反腐败建设，不断增强干部队伍的凝聚力，全面提升干部队伍的纯洁性。

（三）综合处

1.优化统计服务和加强部门合作。坚持围绕中心，服务大局，认真组织专题调研，在市政府《调查研究报告》上刊发12期以上，全年获得各级领导批示10次以上，其中市领导批示5次以上。加强部门联系和沟通，精心组织开展一批重要的专项调查，建立起良好的合作关系。

2.加强统计宣传和数据发布工作。加大统计宣传力度，9月份开展“统计调查宣传月”活动，开展“走进盐城国调队”专题活动，通过在报刊上开辟《调查与民生》专栏，在电视台制作专题片，全方位宣传统计调查工作。加强调查数据资料的新闻媒体发布工作，进一步充实《盐城调查》季度资料，完善网络发布平台，加强与媒体联系，协调落实调查资料定期发布工作。

（四）农村调查处

1.加强农口部门服务和合作。积极参与市级涉农考核，加强对农村小康、农业现代化建设的研究；加强与农口部门的沟通协作，与各农口部门建立良好的沟通渠道。

2.积极开展农村调查调研活动。建立和完善农村调查网络，加强辅助调查员队伍管理。加强农村经济和农业生产分析研究，认真开展农村专题研究，全面提高农村调查分析信息的数量和质量。

（五）统计监测处

1.加强小微工业企业监测工作。每个季度开展专题调研2次以上，及时编发专题调研报告。对市两办约稿，做到快速反映，及时准确上报，全年完成10篇以上两办专题信息约稿。

2.充分发挥现有采购经理调查数据作用。编制分行业PMI指数，尤其是重点行业指数，在《盐城调查》上对外发布，扩大PMI指数影响力。

（六）服务业调查处

1.开展“快速调查月月有”活动。每月围绕总队工作部署和服务业发展的热点问题制定调研提纲，启动“快速调查应急机制”，全年完成快速调查不少于12项，及时上报调查报告，提高分析信息数量与质量。

2.建立小微商业企业调查样本库。今年首次开展盐城小微商业企业调查，可选样本企业少，存活率低，需要建立小微商业企业样本库，及时调整更换样本，确保满足国家调查要求。建立样本动态管理机制，定期维护样本库，确保每季度更新一次。

（七）住户调查处

1.加强住户调查基础工作。探索和建立具有盐城特色的“直接调查”体制、机制、方法和措施。全力推进城乡一体化住户调查改革工作，制订提高调查数据质量管理制度。

2.加强辅助调查员队伍建设。强化业务培训和管理，提高辅助调查员业务素质，为确保调查数据质量奠定扎实基础。

（八）价格调查处

1.加强生价电子台帐建设。全力推动工业生产者价格调查企业价格统计电子台帐建设，特别是产品技术特征描述的电子台账建设。

2.做好分地区消价指数编制发布工作。做好非指数县（市）居民消费价格考核指数编制及全市CPI通报工作。

四、争优创先

（一）办公室

1、争创市级机关“四星级党支部”和市级“文明单位”；

2、力争行政管理在总队评比中获奖；

3、力争信息工作在总队评比中获奖。

（二）综合处

1、在总队评比中争取获2个奖项。在市委市政府及部门评比中争取2个以上先进集体奖项、3个以上先进个人奖项；

2、分析信息工作政府继续领先，总队和市委位次前移；

3、做好文明单位创建工作，确保获得市级“文明单位”称号

（三）农村处

1、力争在省总队专业评比中获奖；

2、进一步提高信息分析数量质量，提高采用率；

3、力争在市政府部门考核中获得奖项，尽力争取部门工作经费支持。

（四）统计监测处

1、力争两个专业在省总队专业评比中获得三等奖以上奖项；

2、提高分析信息采用率，争取在分析评比中获奖。

（五）服务业调查处

1、强化服务业调查基础工作，力争在总队专业评比中获奖；

2、提高分析信息水平和采用率，争取在分析和征文评比中获奖；

3、积极探索加强党建工作新办法，力争在市机关工委组织的活动中获奖。

（六）住户调查处

1、确保在总队住户调查专业评比中获奖；

2、提高分析信息采用率，争取在分析评比和征文活动中获奖。

（七）价格调查处

1、力争获得市政府物价控价目标完成奖；

2、力争消价和生价调查工作在总队专业评比中获得三等以上奖项。

第二部分　考核办法

一、考核原则和目的

考核坚持公平、公正、公开、量化、可操作原则，进一步明确目标责任、明确考核奖惩，达到激励先进、鼓励创新、奖励实干的目的。

二、考核范围和对象

各部门及全体工作人员。

三、考核内容和办法

考核内容包括：常规工作、重点工作、创先争优工作、单项工作。

（一）常规工作（80分）

1.常规工作包括基本职责（40分）和个人职责（40分）。共性目标由全队人员共同履行。个人目标中，每位工作人员4项，每项10分。

2.年内新进人员的各项量化工作目标及考核标准按工作时间比例折算。

3.凡全队人员会议、学习培训、组织活动、制度执行情况等，队考评领导小组和牵头部门要将检查、抽查结果公布。因公、因事、因病未能参加上述各种活动的认定，均由分管领导认定。

4.本职工作部分实行扣分制，但每项扣分不超过单项分值。

（二）重点工作（20分）

1.重点工作的确定。各处室重点工作的考核条目以全队重点工作分解情况为依据。

2.重点工作的考核。重点工作要有细化的工作目标，年底由队党组研究确定全年重点工作完成情况进行评价，评价分三类，为好、较好、一般，各占1/3，分别计分20、15、10分。对处室涉及到的项目按平均分计分。

（三）创先争优工作（加分制）

1.总队考核

处室工作在总队考核评比中获奖，处长及具体负责的工作人员予以加分。一等奖加30分，二等奖加20分，三等奖加10分，未得奖的计0分。在总队考核中涉及到多个专业的，得分按平均得分计分。处室人员的专业认定以处室与总队对应职能为准。考核奖项以总队对2013年专业考核评比结果为依据。

2.信息分析

全面完成分析信息撰写任务的得3分，完成总队、两办采用任务的得3分。

对分析信息撰写数量前6名（分析、信息加权比例按3：1计算）的予以加分，第1名加2分，2–3名加1.5分，4–6名加1分。

对分析信息内刊及内网采用数量前6名（含总队和两办采用）的予以加分，第1名加2分，2–3名加1.5分，4–6名加1分。

对署名文章媒体采用前6名的（重要媒体（人民日报、中央电视台、中国统计、中国信息报、新华日报、江苏电视台）与其他媒体采用加权比例按3：1计算）予以加分，第1名加2分，2–3名加1.5分，4–6名加1分。

个人所撰写的分析信息以及工作汇报、宣传类的文稿，被国家级、省级、市级领导批示的，分别加2分、1.5分、1分。

在国家局、总队、市委市政府和市社科联年度课题、论文、分析等评选活动中获奖的每篇分别加1分。

统计研究、工作宣传类文章和系统内活动征文获奖或发表的，参照以上加分办法执行，计入分析信息加分。多人合作的获奖成果，得分按篇次计算办法分摊。

3.其他获奖

处室获得国家级、省级和市委市政府（含两办发文）、市级部门先进集体的，其部门负责人和承担此项工作的人员每人分别加3分、2分、1分。个人获得国家级、省级和市委市政府、市级部门先进个人的，分别加3分、2分、1分。处室或个人工作成绩突出、被评为市级以上示范类先进集体、劳模、标兵或其他先进典型的，按上述标准2倍标准加分。

全队努力争创市级“文明单位”和市级机关“四星级党支部”，对创建成功的项目，主要责任人员加分，加分标准参照市级示范类先进集体的标准。

（四）单项工作

1.新增工作。对各部门年内增加的、不属于制度内的重要工作和阶段性工作，对完成既定目标的工作，每项给处室负责人和具体承担人加1分。

2.专项调查。经队领导安排参加专项调查的综合处以外的工作人员，每承担1项加1分。综合处承担总队布置的专项调查任务不加分，承担的市委市政府及有关部门委托的重要专项调查项目按新增工作对待。

3.竞赛活动。全队人员要积极参加国家局、总队、市有关部门和本队开展的各项竞赛性活动，凡代表我队参加的选手和主要组织者，每次加1分。

4.经费争取。办公室要积极争取市级财政经费支持，完成上年度基数（不含业务处室牵头争取的经费）的，给办公室主任和财务人员加2分，每增加5万元加1分。业务处室也要积极争取工作经费，对争取到2万元以上的新增经费项目（不含总队布置工作增加的经费）和完成上年基数的经常性经费项目，给处长和直接承办人员加1分，处室争取经费总额，每增加5万元加1分。

上列4类单项工作加分，每类对个人加分不超过5分。

四、考核程序和要求

（一）考核程序

考评领导小组本着客观公正、实事求是的原则，负责对部门和个人工作目标完成情况进行考核。年终考评分五个阶段进行。

1.个人申报。个人对照岗位目标责任制逐条进行检查打分。加分项目要附报有关证书、文件复印件，并对真实性负责，弄虚作假的取消评选先进资格。单项工作由处室负责人以处室为单位申报。

2.处室初评。处室负责人对部门内每个人的本职工作、重点突破工作和争先创优工作得分情况进行审核、初评。重点对每个人具体目标任务完成情况进行评分，要评出差别，分出高低。

3.分管队长复评。个人自查自评结果在部门负责人初评后，分管领导按照考核的四项内容对分管部门工作人员自评、初评结果进行审核复评。

4.考评小组总评。考评领导小组根据上述程序评议的结果，对照各部门工作人员的目标任务落实和完成情况，进行逐一汇总评分。重点对共性目标、争先创优方面的考核内容，按照考评办法，依据平时记载和相关资料，进行客观公正地记分。重点突破工作加分以党组研究确认结果为依据加分。各处室得分按各人得分的算术平均数计算。最后，考评领导小组将各方面的考核结果进行综合，提出初步方案，报党组研究。

5.党组研究终评。党组根据考评领导小组建议，最终研究评定各部门和全队人员的考核结果。

（二）考核评比名额

考核设综合奖和单项奖。

综合奖设先进处室和先进个人。处室得分前 3 名的获先进处室综合奖，个人前 7 名的获先进个人综合奖。

根据考核情况，可以设立单项奖，表彰奖励单项工作成绩突出的处室单项奖或个人。

五、奖惩办法

（一）目标责任制考核获奖的处室和个人，由队发文予以表彰。先进个人作为年度公务员考核优秀格次推荐人选，同时作为公务员晋升和干部任免的重要依据。获得年度考核优秀公务员的人员不重复表彰。

（二）对获奖的先进处室和先进人员给予适当奖励，具体奖励办法另行研究。

（三）凡在上级组织的检查评比、明查暗访中发现问题并被通报批评的，在党风廉政建设、内部安全、计划生育等方面出现问题的，有关人员除按照法纪追究责任外，实行“一票否决制”，所在部门、个人一律取消评奖资格。对在总队专业考核评比中未获得奖项的和未能完成全年信息分析工作任务的处室及个人，取消先进处室综合奖资格和公务员年度考核优秀资格。

六、组织领导

成立目标责任制考核领导小组。考核领导小组组长：陆景春，成员：郭宗林、陈锦龙、虞华。领导小组下设办公室，陈锦龙同志兼任主任，成员由徐正洪、苏正芳、王明富组成。考评领导小组及其办公室在党组领导下，具体负责目标责任制的年度考核和日常督查工作。

七、附则

由于政策调整或客观情况变化等原因，造成不能完成目标任务的，报党组研究同意后，在年度考核中可以不予扣分。

考核的有关统计表式另行发放。

此办法由考评领导小组负责解释。

关于印发国家统计局盐城调查队“保持纯洁性、深化‘评定升’”教育实践活动实施方案的通知

各部门：

为进一步巩固和扩大“迎接十八大、保持纯洁性”教育实践活动成果，根据市委《关于建立 “保持纯洁性、深化‘评定升’”长效机制的通知》和市级机关工委的有关要求，决定在队党支部中，围绕“加强党的执政能力、先进性和纯洁性建设”主线，突出“为民、务实、清廉”主题，开展“保持纯洁性、深化评定升”教育实践活动，现制定实施方案如下：

一、指导思想

以学习贯彻党的十八大精神为指导，以加强党的群众路线教育、改进工作作风为重点，通过组织开展集中学习教育活动，引导党员干部和职工，坚定中国特色社会主义的道路自信、理论自信、制度自信，以理论武装头脑，用行动践行承诺，真正做到思想入党，真正做到扎根群众，真正做到履职尽责。

二、组织领导

为确保本次教育实践活动有序开展并取得实效，我队成立 “保持纯洁性、深化‘评定升’”教育实践活动领导小组，由陆景春同志任组长，郭宗林、陈锦龙、虞华任副组长，党支部支委、工青妇负责人和各部门负责人任成员。领导小组下设办公室，陈锦龙同志兼任主任，成员由苏正芳、王明富、王亚男组成。

三、活动步骤及时间安排

开展“保持纯洁性、深化‘评定升’”教育实践活动，共分为四个阶段进行。

(一) 学习教育阶段 (4月—6月)

1、做好基础工作。召开全队“保持纯洁性、深化‘评定升’”教育实践活动部署会议，研究部署教育实践活动，制定活动方案，组建领导小组，明确工作要求，依托队内网等平台，造浓活动氛围。

2、开展学习讨论。结合“基层党组织统一活动日”，通过下发学习读本、专题讲座、座谈交流等形式，深入学习贯彻党的十八大精神，加强新党章的学习，抓好中纪委二次会议、国务院第一次廉政工作会议、以及国家统计局党风廉政建设工作视频会议等教育，力求达到“照镜子、正衣冠、洗洗澡、治治病” 的目的。结合学习“五强”、“五好”、“五带头”要求，对照标准“照镜子”，围绕“党性观念纯不纯？作用发挥好不好？自身形象正不正?”组织开展大讨论。

3、举办“两课一讲座”。党组书记围绕机关作风建设给全队党员上一次大党课。邀请江苏调查总队纪检监察室王苏镇主任来盐给全体党员上一堂党风廉政教育课；举办一次市委党校专家教授主讲的礼仪讲座。

4、组织知识测试。组织党员开展一次专题知识测试，选派优秀选手参加市直机关学习十八大知识竞赛。

(二) 评定等次阶段 (6月-9月)

1、分档定格定级。以10分为一档，实行“三类十档百分制”。按照“评定升”流程图，对应“先进：9-10级（星、格)、一般：6-8级（星、格)、后进：5级（星、格）以下”三个等次，确定级（星、格）结果，逐一填写上报《“评定升”登记表》。

2、排查突出问题。在分类定级（星、格）后，要对照创先争优“五个好”、“五个强”、“五带头”有关要求，党支部和党组分别召开一次专题组织生活会，扎实开展批评和自我批评。党支部要深入排查在推进科学发展、跨越发展、和谐发展中存在的突出问题；党支部书记和党员要深入排查个人在思想、工作和作风等方面存在的突出问题，认真撰写剖析材料，制定整改方案，有的放矢进行整改。

3、制定整改方案。党支部、党支部书记和党员认真制定整改方案，明确整改目标、时限和措施，支部书记对党员个人剖析材料进行专题点评。

4、开展目标承诺。围绕“党性观念强不强、怎样做到真正从思想入党，群众观念强不强、怎样做到真正扎根群众，责任观念强不强、怎样做到真正履职尽责”，认真组织党员开展目标承诺，确保党员人人定目标，支部个个作承诺。通过召开党员群众大会、张榜公示等形式，公开目标承诺，接受群众监督。

5、学习宣传先进。结合分类定级（星、格）结果，大力培植选树一批先进典型，结合“七一”表彰，广泛宣传引导，努力营造学习先进、争当先进的良好氛围，充分放大示范引领效应。

（三）集中整改阶段（10月-11月）

1、完善整改方案。党支部、书记和党员要对活动中排查出来的突出问题，制定切实可行的整改方案。能立即整改的要立即整改，对一时不能整改到位的，要制定分步整改的实施方案，明确整改的时间节点，作出公开承诺，并以适当的方式在一定的范围内公示，接受群众监督。

2.加快组织升级。通过调优配强班子、明确挂钩单位结对帮扶、健全相关制度等一系列措施，促进党支部快升级。

3.狠抓书记升星。积极采取充实调整、培训提升、教育转化、帮带培养、典型引路等方式，党支部书记充分发挥示范带头、联系组织党员、做好群众工作，推动创先争优快升星。

4.帮助党员升格。按照有一次触及灵魂的谈心谈话、有一个具体实在的整改承诺、有一项结对帮扶的关爱措施、有一份分析深刻的剖析材料、有一套跟踪管理的转化档案的“五有”要求，推动党员快升格。如出现五格以下党员，党支部成员要与其结对帮扶，落实“定目标、定措施、定期限、包转化”的责任，确保一个不漏、负责到底。

（四）总结提高阶段（12月）

1、抓好晋升认定。结合年度实绩考核情况，认真做好党支部、书记和党员晋位升级（星、格）结果认定工作。考核中要对照各项指标，看党支部建设状况是否得到新的加强，看突出问题是否得到较好解决，看党员群众是否真正满意。考核结果要作为评先评优和组织处置的重要依据。

2、落实结对帮教。按照“思想教育和组织帮助在先，思想教育和组织处置并重”的思路，切实做好结对帮教工作。如出现被组织处置的不合格党员，要明确党支部书记、组织委员两人以上逐一见面谈心谈话，指明问题，理顺情绪。

3、注重群众满意。召开全队教育实践活动总结大会，对整个教育实践活动开展群众满意度测评。坚持开门搞评定升，做到每个阶段每个环节都让群众参与、让群众评价、让群众监督。对群众有异议的事项，要立行立改，对确实一时不能解决的问题，要向群众说明情况，确保整顿转化和组织处置结果得到群众认可。

4、建立长效机制。健全“评定升”创先争优目标承诺制度、基层党组织统一活动日制度、基层党建工作项目化制度、党员干部基层党建联系点制度、“一把手”书记抓党建责任制度、党员效能评估制度、党员党性定期分析制度、党员能进能出制度，完善民主评议党员制度、党内关爱制度，巩固和扩大教育实践活动成果。

四、几点要求

1、要高度重视，提高认识。要把“评定升”工作作为重要抓手，把加强党的纯洁性建设作为永恒课题，把加强机关基层党组织建设作为长期任务，以更高的要求、更大的力度、更实的举措、扎实推进教育实践活动，组织和引导全队党员干部在全面建成小康社会的实践中，始终保持纯洁性、不断发展先进性，共同谱写“中国梦”盐城篇的精彩乐章。

2、要正确处理好教育实践活动与当前各项工作间的关系。既不能脱离统计调查工作搞活动，也不能因为业务忙而忽视教育实践活动，要以教育实践活动的开展来推动各项工作开创新局面，以各项工作的新成果衡量教育实践活动的成效，真正做到开展活动和当前工作“两手抓、两不误、两促进”。

3、要结合实际在开创统计调查工作新局面上下功夫。全队党员干部要紧密联系工作实际，坚持学以致用，解放思想，开拓创新，努力营造创先争优、进位争先的良好氛围，真抓实干，尽心尽责，扎实推进各项工作，为盐城统计调查事业的科学发展作出新的贡献。

2013年4月18日

关于成立目标任务综合考核工作领导小组的通知

盐调〔2013〕18号

各部门：

为贯彻落实《中共盐城市委、盐城市人民政府关于全市年度目标任务综合考核意见》（盐发〔2013〕8号）文件精神，切实加强考核工作领导，经研究，决定成立目标任务综合考核工作领导机构和工作机构，组成如下：

一、领导小组

组　长：陆景春

副组长：郭宗林　陈锦龙　虞　华

成　员：苏正芳　徐正洪　顾德富　王军华　王明富　陈光亚　徐　嵘

二、领导小组办公室

主　任：陈锦龙

副主任：苏正芳　徐正洪　王明富

成　员：刘秉洁　季　荣　孙晓玮　葛　潇

三、领导小组办公室下设两个工作组，负责目标任务综合考核日常工作。

绩效管理组组长：苏正芳　徐正洪

成　员：季　荣　孙晓玮

基础工作组组长：王明富

成　员：刘秉洁　葛　潇

国家统计局盐城调查队

2013年8月13日

关于印发《国家统计局盐城调查队网络管理制度》的通知

盐调〔2013〕29 号

各部门：

为了加强全队计算机软、硬件及网络的管理，确保计算机软、硬件及网络的安全和使用，经研究，制定了《国家统计局盐城调查队网络管理制度》，现印发给你们，请认真学习，遵照执行。

附件：国家统计局盐城调查队网络管理制度

国家统计局盐城调查队

2013 年 11 月 6 日

附件：

国家统计局盐城调查队网络管理制度

为了加强全队计算机软、硬件及网络的管理，确保计算机软、硬件及网络的安全和使用，特制订本制度。

一、内容和适用范围

（一）本文所称的计算机硬件主要指：主机、显示器、键盘、鼠标、打印机、复印机、移动硬盘、网络设备及附属设备。

（二）本文所称的计算机软件是指各类系统软件、应用软件等。

（三）本文所称的网络包括互联网、统计系统局域网

二、总则

（四）全队计算机软、硬件及网络管理责任部门为办公室。

（五）网络管理员对全队所有计算机软、硬件及信息实行统一管理，负责对全队计算机及网络设备进行登记、造册、维护和维修。

（六）全队的计算机软、硬件及低值易耗品由办公室负责统一申购、保管、分发和管理。

（七）部门的计算机硬件遵循谁使用，谁负责的原则进行管理。

三、计算机硬件使用

（八）计算机硬件由全队统一配置并定位，任何部门和个人不得允许私自挪用、调换和外借。

（九）全队计算机主要硬件设备均应设置台账进行登记，注明设备编号、名称、型号、规格、配置、使用部门及使用人等信息。

（十）计算机主要硬件设备应粘贴设备标签，设备标签不得随意撕毁，如发现标签脱落及时告知办公室重新补贴。

（十一）严禁私自拆卸计算机硬件外壳，严禁未经许可移动、拆卸、调式、更换硬件设备。

四、网络信息管理

（十二）网络管理员对计算机IP地址进行分配、登记、管理，严谨修改IP地址。

（十三）网络用户必须遵守国家有关法律、法规，不得利用互联网从事危害国家安全、泄露国家秘密等违法犯罪活动；不得制作、查询、复制和传播妨碍社会安全稳定和淫秽色情等有害信息。发现有害信息应当及时向有关部门报告，并采取有效措施，不得使其扩散。

（十四）严禁在工作日下载非工作类的影片和游戏等，严禁工作日期间上网看影片、非业务类视频。

（十五）全队人员必须自觉遵守国家统计局有关保密规定，严禁利用网络有意或无意泄露单位的涉密文件、资料和数据；不得非法复制、转移和破坏单位的文件、资料和数据。

（十六）队里重要的电子文档、资料和数据应刻盘保存，本机保存务必将资料存储在除操作系统外的硬盘空间，不要将重要文件存放在桌面上。

五、计算机安全防护管理

（十七）涉及国家秘密的信息，部门秘密信息和不宜公开的内部信息，均不得使用互联网传输，不得在互联网进行处理和存储。

（十八）进入统计信息网的信息（数据）的安全保密工作由信息（数据）的提供者（管理者）和使用者负责，严格按照“谁使用、谁负责”的原则执行。凡违背保密规定造成泄密、失密的，将按照有关规定追究当事人和部门负责人的责任。

（十九）在群中共享或公开的文件等资料，使用前需先对该存储设备进行病毒检测，确保无病毒后方可使用，防止内部局域网病毒扩散。进入邮箱不要随便打开来历不明的邮件及附件，同时开启杀毒软件进行邮件监控，以免被计算机病毒入侵。

（二十）违反本制度和有关法律、行政法规的，由队安全保密部门连同有关机关，依据有关法律、行政法规进行处罚，构成犯罪的，贪污追究刑事责任。

2013 年 11 月 6 日

关于印发《国家统计局盐城调查队档案管理办法》的通知

盐调〔2013〕31号

各部门：

为加强全队档案管理工作，确保档案的完整与安全，实现档案管理科学化、制度化、规范化，更好地为统计调查事业服务，根据《中华人民共和国档案法》及其《实施办法》和《国家统计局机关档案管理办法》，经研究，制定了《国家统计局盐城调查队档案管理办法》，现印发给你们，请认真学习，遵照执行。

附件：国家统计局盐城调查队档案管理办法

国家统计局盐城调查队

2013年11月22日

附件：

国家统计局盐城调查队档案管理办法

为加强全队档案管理工作，确保档案的完整与安全，实现档案管理科学化、制度化、规范化，更好地为统计调查事业服务，根据《中华人民共和国档案法》及其《实施办法》和《国家统计局机关档案管理办法》，结合盐城实际，制定本办法。

一、档案管理原则

（一）队档案工作实行统一管理、分级负责的原则。全队档案管理，由办公室统一负责。办公室配备兼职档案管理员，负责全队的档案管理工作。各处室档案由处室负责人统一负责，并指定兼职档案协管员，负责本处室档案的收集、整理和立卷，并按照统一的要求及时交送档案室归档。

（二）档案保管实行一一对应原则，即纸质档案和电子档案相对应、文字档案和实物档案相对应、声像档案和相关文件资料相对应。全体干部职工要认真做好本部门各种类型纸质档案、电子档案、实物档案、声像档案等档案材料的收集、整理和归档工作，确保相关文件资料的齐全完整。

（三）档案收集利用人人有责的原则。队全体干部职工都有收集、保护档案的义务，同时也有利用档案的权利。各部门应重视对统计档案工作的领导，将统计档案的收集、整理、归档工作列入议事日程，督促有关人员做好档案工作。

二、档案管理范围

本办法的档案包括单位和个人从事统计调查、行政、技术活动直接形成的有保存价值的各种文字、图表、音像和其他磁介质等不同载体的历史记录。主要包括：

（一）文件资料。队印发的各种文件、函件的印制稿、签发稿；队形成的规章制度、工作总结、内部请示报告、督办资料、大事记等；外单位有关队的重要文件、材料。

（二）领导批示。市及市以上领导关于队的重要批示，如对统计分析的批示。

（三）调查制度。如国家统计调查制度、总队形成的各种调查方案（实施办法）、问题解答等、自身建立的各项调查制度。

（四）统计分析信息。如《盐城调查》。

（五）会议材料。如派员参加总队及以上单位召开的各种会议的主题报告、领导讲话；全市性重大工作会议的主题报告、领导讲话、照片、录像；机关工作会议的领导讲话、会议纪要（或会议记录）、照片等。

（六）重要活动资料。指全队重要活动中的领导讲话、照片、录像等。

（七）宣传资料。如全队新闻宣传材料。

（八）其他资料。指其他具有保存和利用价值的资料。

本办法的档案不包括人事档案、财务档案和统计数据资料。

三、档案机构及其职责

（一）档案主管单位

队办公室为档案主管单位。负责制定档案工作计划和规章制度，对各处室档案工作实行监督和指导；负责设立档案室，统一保管全队机关档案，确保档案完整、安全并为利用档案提供服务。

（二）档案形成单位

各处室为档案形成单位。负责本处室档案收集工作；确定专人按照归档范围和要求，收集本处室形成的档案资料；及时将有关档案材料送交档案室。

四、归档要求

（一）收集。各处室应认真做好本部门各种类型档案资料包括纸质文件、电子版文件、声像资料、实物等的收集和整理工作，确保相关档案材料的齐全完整。

（二）移交。各处室应及时将归档资料移交档案室。一般情况下，文件、调查制度、会议材料等在印制完成（或会议结束）后1周内移交；领导批示在获得后尽快移交；照片、录像、实物等在会议（或活动）结束后1月内移交。

（三）归档。由档案专业人员按要求负责资料归档。

五、档案的借阅、查询

（一）档案室存放的档案资料，一般只向本队本级干部职工提供借阅、查看服务。各处室工作人员借阅相关档案资料应由本处室负责人同意。

（二）借用档案必须进行登记，一般情况只能在档案室阅档。如因工作需要借出时，一般应当天归还，特殊情况可适当放宽时间，但均需办理借阅手续。

（三）借出档案，应及时归还，严禁横传。如因横穿导致泄密或档案遗失等，要追究当事人责任。

（四）档案利用按下列要求审批：

1.复印发至县团级的中央文件和国务院密级文件由队主要领导批准；

2.查阅党组会议记录，必须由党组主要负责人批准，并只能在档案室查阅所批准部分；

3.查阅纪检监察的有关档案材料，须经分管纪检监察工作的队领导批准；

4.查阅涉及工作秘密的内部资料档案，须经队分管领导批准；

5.借阅或抄录非保密档案材料，由办公室负责人批准；

6.编印、出版档案文件汇编，由办公室报请队领导批准。

（五）借阅档案，严禁涂改、圈划、拆撤、污损、折皱和加注标记，发现上述情况，追究当事人责任。

（六）档案经批准可抄录、复制，但复制后的档案应经档案室工作人员核对无误。如属秘密文件，须按机要文件妥善保管，用后按要求交档案室管理。

（七）档案管理人员要待人热情，态度和蔼，文明礼貌，服务周到，尽可能为查阅者提供方便。

六、档案的鉴定与销毁

（一）档案专业人员会同有关业务部门人员组成档案鉴定小组，负责指导档案文件材料的鉴定，科学地判定文件的保管期限。

（二）全队档案的鉴定工作，必须有计划、分步骤地开展。

（三）对于已超过保管期限的各种载体的档案，在销毁前组织有关部门人员参与检查、鉴定、审核。凡需要延期保存的档案材料，在清出后，另行组卷装订成册后继续保存。鉴定、审核后确认可销毁的档案，必须编造清册，经有关部门负责人和主管档案工作的领导审定批准后才可销毁。

（四）销毁档案，由队办公室负责人指定两人负责监销，严防遗失和泄密，监销人员要在销毁清册上签字。

七、档案的安全与保密管理

（一）建立健全并严格执行档案库房管理制度，做好防盗、防虫、防火等工作，确保文件、档案资料安全无损。

（二）保持档案库房内整洁、通风良好，档案排列整齐，类目清楚，用后的档案资料归还原处，不得随意乱放。

（三）档案工作室、库房严禁吸烟，非档案人员未经允许不准进入库房。

（四）档案管理人员离开库房时，要注意关好门窗、橱柜，切断电源，确保档案安全。

（五）对经常接触档案的同志进行保密教育，增强保密意识。对标有密级的档案，按保密规定提供。

（六）定期或不定期地核对档案的保管情况，做到“帐物相符”。

八、处罚

档案管理人员以及队全体人员要严格依照国家法律、法规和档案管理制度做好全队档案的收集、管理和使用工作。对在档案工作中，因违反国家档案法律和本规定，造成档案损毁、丢失、泄密或擅自出卖、转让国家所有的档案的行为，依据《档案法》规定，给予批评教育或行政处分；情节严重的，追求刑事责任。

九、本办法自印发之日起施行。由队办公室负责解释。

附件：1.纸质档案归档要求

2.电子档案归档要求

附件1：

纸质档案归档要求

一、归档范围

队档案归档范围中除数据资料、照片、录像、实物外的档案资料，均应作为纸质档案进行归档。

二、归档文件整理要求

归档文件整理指将其进行分类、排列、编号、编目，使之有序化的过程。

（一）整理原则

归档文件整理要以简化整理、深化检索、便于保管和利用为原则，以遵循文件的形成规律，保持文件之间的有机联系为原则。

（二）质量要求

1.归档文件应齐全完整。归档文件完整、齐全，是指归档文件种类、份数以及每份文件的页数均应完整，归档文件中正文、附件、底稿、请示、批复、来函、回复等均应齐全。

2.归档文件应完好无损。每份文件都应该完好无损，对破损的文件材料应按要求托裱，字迹已扩散的文件应复制并与原件一并归档；要将文件材料中的曲别针、大头针和订书钉等金属物去掉，以免年久锈蚀文件或微波消毒时发生火灾。

3.归档文件的书写印制应符合要求。各处（室）草拟公文、统计资料和重要的内部请示件及领导审改、阅批、签发文件、材料，应一律使用碳素墨水或蓝黑墨水的钢笔、签字笔及毛笔，禁止使用各种铅笔、圆珠笔、红墨水和纯蓝墨水。传真件原件不能归档。确需归档的传真件，要复印后将复印件归档。

三、归档文件的立卷要求

（一）划分保管期限

文书档案的保管期限定为永久、30年和10年三种，永久档案作为永远保存的档案，定期向国家档案馆移交；长期档案为保存30年，短期档案保存10年左右。一般地：凡是反映队主要职能活动和基本历史面貌的，对全队、国家建设和历史研究有长远利用价值的档案，列为永久保存；凡是反映总队一般工作活动，在较长时间内对总队工作有查考利用价值的文件材料，列为30年保存；在较短时间内对总队工作有查考利用价值的文件材料，列为10年保存。

（二）编排页码目录

1.分类。将归档年度的档案资料按照永久、30年 、10年分为三类。

2.排列。排列在不同保管期限的档案资料内进行。文件资料按形成的时间排列，同一份文件中，正本在前，定稿在后；正文在前，附件在后；转发文在前，被转发文在后；批复在前，请示在后；复文在前，来文在后。

3.编号。对排列好归档文件编页码、目录。页码应编在在文件正面的右下角、背面的左下角。目录按以下形式编写：

件　　号	责　任　者	题　名	日　期	页　数	备　注

其中：

①“件号”是文件资料的流水编号；

②“题名”填写文件标题，没有标题或标题不能客观反映文件内容的，要自拟标题。标题可以缩写，一般不超过50字；

③“日期”填写文件资料的成文日期，以8位阿拉伯数字表示。“月”、“日”是一位数的前面加“0”补齐；如2010.11.05。

④“责任者”填写文件资料的拟稿单位，联合发文责任者过多时可适当省略一些单位；

⑤“备注”注释文件需要说明的情况。包括文件收集的齐全完整程度、文件本身的状况（如字迹模糊、缺损）等；

（三）归档文件要求

1.统一使用标准档案盒。卷内排列顺序为：目录、文件资料、备考表（加盖整理人合负责人私人章）。

2.档案盒外要求

（1）正面应填写全宗号：统一填写“国家统计局盐城调查队”；

（2）档案盒脊背：年度、保管期限、机构。

年度：（填写归档文件的形成年度，以4位阿拉伯数字表示）；

保管期限：由队档案室确定并填写；

机构：填写队内设机构，如：办公室、综合处等；

起止件号：不填，将来进档案馆时用。

盒号：为流水号码。

附件2：

电子档案归档要求

一、总体要求

（一）归档范围

队档案归档范围中所有文件资料均应制作电子档案。

（二）及时收集

各处室形成的不由本处室立卷的电子档案，应在规定时间内传输或拷贝给立卷单位。

（三）归档要求

（1）刻录前审核。立卷单位在刻录电子档案前应将拟刻盘资料交由档案形成单位对电子文件的有效性和完整性进行审核，并由负责人签署审核意见。

（2）软件要求。电子文件最好使用通用软件，专用软件产生的电子文件，原则上应转换成通用型电子文件，归档时应将软件型号、名称、版本号和相关参数手册、说明资料等一并归档。对于专用软件产生的又不能转化为通用型电子文件的，则必须连同专用软件一并归档。如果采用了某些技术方法保证电子文件的有效性和完整性，则应将其技术方法和相关软件一同归档。

（3）刻录要求。应当把归档电子文件与相应的机读目录存在同一类型载体上。如果采用专用软件，应将软件及相关数据存在同一载体上。

（4）包装要求。电子文件的载体应设置成禁止写操作的状态。存储电子文件的载体或包装盒上应贴有标签，标签上填写档号、题名、密级、保管期限、硬件及软件环境等。相应的电子文件审核意见、机读目录、相关软件、其他说明等一同归档，并附归档电子文件登记表。

（5）定期移交。立卷单位每年2月底前向档案室移交电子档案一式两套（一套封存保管，一套供查阅使用）。

二、纸质档案的电子版要求

（一）纸质档案的电子版归档范围、责任单位等均与纸质档案相同。

（二）纸质档案的电子版归档注意事项

1.应在与纸质文件建立准确可靠的标识关系。以下档案材料的电子版命名规则规定如下：

部分电子档案材料命名规则

档案材料名称	命名规则	举　　例
队制发的各种文件	文号+标题缩写	盐调(2011)15号关于表彰统计调查信息直报工作先进个人决定
会议纪要	会议名称+编号+标题缩写	队党组会议纪要(2012)第2期…
盐城调查	分析时间+总期数+标题缩写	2013.08.08第72期上半年盐城限额以下贸易行业发展简析
信息	时间+总期数+标题缩写	2013.08.09第212期盐城CPI已连续46个月上涨
队及各处室的工作总结(工作汇报)	时期+单位名称+总结(汇报)	2010年上半年盐城调查队工作总结
会议主题报告	会议名称+主题报告	2012年全市规模以下工作会议主题报告
领导讲话	领导姓名职务+场合+讲话	陆景春队长在2012年年终总结表彰大会上的讲话
队在总队及各种会议上的书面发言	发言人姓名职务+场合+发言	陆景春队长在全省调查工作会议上的发言

2.纸质档案的电子版的排列顺序应与纸质档案一致。

3.重要文件的主要修改过程，有查考价值的修改稿虽不归纸质档案，但应保存电子版。

三、调查数据档案要求

调查数据档案的归档办法按照国家有关规定执行。

四、照片和录像档案要求

（一）归档前的整理

归档前的整理由主办处室负责。

1.照片档案。将具有保存价值的照片，从活动开始到活动结束，收集一套完整的照片。将全套照片作为1个数据文件。

2.录像档案。由主办单位对总队重大活动进行了录像的，其录像制品应作为档案归档。归档前应对录像资料进行编辑处理。

3.编写说明

编写说明由主办处室负责。每套照片或录像必须编写简要文字说明，简要文字说明要综合运用以下五个要素，概括揭示照片和录像的信息；文字简练、语言通顺，一般不超过50字。

事由：照片或录像所反映的活动内容；

时间：照片或录像拍摄的时间。时间用阿拉伯数字表示，如：“2009.7.1.”；

地点：照片或录像活动的场所；

数量：照片或录像的张数或光盘（盒带）数；

主要人物：每张照片或录像中的主要人物的姓名、身份、位置；

摄影者：拍摄单位和拍摄人。

（二）办理归档

主办单位按规定时间将编写好说明的照片或录像拷贝或传输至信息处；信息处分年对应归档的照片按事由进行分类，编制目录，刻制成光盘，将打印出的光盘目录连同光盘一式两份移交档案室归档。

（四）保管要求

1.电子档案统一由档案室统一保管。档案室应将归档的录音带、录像带按年度、事由进行分类，排列、编写流水号。

2.电子档案载体应存放在防磁的专用柜内，不得擦、划、触摸记录涂层，并防止拉扭、震动和摔碰；存放环境的温度应保持在17℃至20℃之间，相对湿度定保持在35%至45%之间，并注意远离强磁场，与有害气体隔离。

3.电子档案每4年进行一次抽样机读检验。如发现问题应及时采取恢复措施。

（五）电子档案利用要求

电子档案利用者要爱护档案，不得污损。

(1) 利用本处室电子档案，需经处室负责人同意；

(2) 利用其他处（室）的电子档案，纸质档案电子版按纸质档案的规定执行；数据档案按《总队数据信息管理办法》执行；照片录像档案需经办公室负责人批准。

(3) 电子档案一般不借出，确需借出的须经分管档案工作的队领导批准，并应在规定时间内归还。

(4) 利用队电子档案出版的出版物，应注明“照片（数据）由国家统计局盐城调查队提供”字样，并向档案室提交两份出版物存档。

关于印发《国家统计局盐城调查队保密工作规定》的通知

盐调〔2013〕32号

各部门：

为进一步加强全队保密工作，防止失泄密事件的发生，根据《中华人民共和国保守国家秘密法》及其实施办法和江苏调查总队、市有关保密工作的规定，经研究，制定了《国家统计局盐城调查队保密工作规定》，现印发给你们，请认真学习，遵照执行。

附件：国家统计局盐城调查队保密工作规定

国家统计局盐城调查队

2013年11月22日

附件：

国家统计局盐城调查队保密工作规定

第一章 总 则

第一条 为进一步加强全队保密工作，防止失泄密事件的发生，根据《中华人民共和国保守国家秘密法》及其实施办法和江苏调查总队、市有关保密工作的规定，结合盐城实际情况，制定本规定。

第二条 国家秘密是关系国家的安全和利益，关系到改革开放和经济建设的顺利进行，依据法定程序确定，在一定时间内只限一定范围的人知悉的事项。保守国家秘密是每个公民应尽的职责和义务。每个工作人员都必须自觉遵守保密纪律，严格执行本规定。

第三条 保密工作贯彻“积极防范、突出重点，既确保国家秘密又便利各项工作”的方针，实行党组领导下的队长分工负责制。

第二章 保密机构与职责

第四条 根据党和国家有关规定，成立保密委员会，下设保密办公室，各处室各指定一名兼职保密员，负责保密工作。

第五条 保密委员会由队领导任主任，其它领导任副主任，委员由各处室负责人组成。

第六条 保密委员会在江苏调查总队保密委员会、市委保密委员会和队党组领导下，负责本队的保密工作，并对全队的保密工作实施检查与监督。主要职责是：贯彻国家局、江苏调查总队、市有关保密工作文件精神，制定保密规定和工作计划，布置开展保密工作，处理保密工作中重大问题。

第七条 保密委员会办公室为保密委员会的办事机构，负责全队保密委员会的日常工作，其主要职责是：检查保密工作法规、规定、制度的贯彻情况，完成江苏调查总队保密委员会、市保密局、队保密领导小组部署的工作任务，指导各处室的保密工作。

第八条 各处室负责本部门的保密工作，主要职责是：执行队各项保密规章制度，对本部门工作人员进行保密宣传教育，审查对外提供、发布的统计信息，认真做好定密工作，支持、协助查处失泄事件，反映保密工作中的情况和问题，并指定一名兼职保密员，负责本单位日常保密工作的管理。

第九条 兼职保密员的选配与教育

（一）兼职保密员必须政治可靠、保密观念、责任心和组织纪律性强，认真执行各项保密规定。

（二）对兼职保密员要经常进行政治思想、组织纪律、保密观念的教育，不断提高他们的工作责任心，并定期或不定期对他们的工作进行检查。

第三章 定密工作及规定

第十条 做好定密级工作。严格按照国家统计局和国家保密局联合制定的《统计工作国家秘密范围的规定》进行定密，准确地确定统计资料的保密范围及期限。

第十一条 根据“谁产生国家秘密内容文件、资料，谁负责拟定密级的原则”，各部门在日常工作中对产生的含密级的文件、资料要认真拟定密级。定密只定本部门工作中产生的国家秘密事项。对于不属于本部门产生的国家秘密事项不要“对号入座”，涉及其他部门的国家秘密事项要按照有关部门的保密范围，承担保密义务，加强管理。

第十二条 队保密委员会对全队的统计信息负有管理、定密、提供、发布、鉴定密级的责任。

第十三条 由于工作需要，对全国、全省性的国家秘密统计信息要在请示国家统计局和江苏调查总队同意后，才能对外使用和提供。

第十四条 由于工作需要，使用其它市统计部门的国家秘密统计信息，要在征求他们同意后按要求提供和使用。

第十五条 队保密委员会对各部门的统计业务保密工作负有指导、监督、检查之责。

第十六条 各处室对本部门的统计信息系统有管理、定密、提供、发布、鉴定密级的责任。

第四章 密件的管理

第十七条 密件的拟稿和印制

密件拟稿过程中形成的载于各类介质的草稿、修改稿、签发稿、清样、付印版等中间品，以及印刷过程中产生的废次品，都要按正式密件的密级管理、销毁、归档。

密件印制要按规定送队办公室安排；需要外单位印制的，要送“国家秘密载体定点复制单位”，并严格按有关规定办理。

第十八条 密件的收发、传递

（一）密件收发要履行登记、签收手续，并逐件点清，按保密规定保管。

（二）密件的传递，要封装并标明密级，按机要文件邮寄，不得通过普通邮局邮寄。

（三）外出传递绝密件和密码电报要专人专车护送，并选择交通安全的路线。

第十九条 密件的管理

（一）办公室负责队机要密件的日常管理工作。各处室要指定专人负责本部门密件的管理工作。密件的管理要贯彻既利于保密又便于利用的原则。

（二）存放密件的办公室要安全，并安装必要防盗、防火设备，密件要存放在铁皮柜内。

（三）密件承办、传阅、借阅、移交均要严格登记手续，明确责任，防止丢失、泄密。

（四）不准携带密件进出公共场所。

（五）密件管理人员在离退休或工作调动前，要清退所保管的全部密件，并办理移交手续。

第二十条 密件的阅读范围

（一）根据中央、省阅文规定，秘密文电、资料的传阅应由机要秘书或指定人员统一办理，未经批准，不得擅自扩大阅读范围。

1.发至县处级的中央文件阅读范围是队领导同志。

2.中共中央和国务院联合发出的和省委、省政府或市委、市政府联合发出的文件，可按规定在党内传达阅读或组织党外同级干部传达或阅读。

（二）具体规定

1.密件要在办公室阅办，离退休干部阅文在队办公室阅读。

2.队领导阅读文件，在队领导办公室进行。

3.密码电报和中共中央、国务院绝密级文件，除队领导在办公室阅读外，其他有关同志必须在队办公室阅读。

4.阅读、传达密件时，不准记录、录音、录像。

第二十一条 涉密会议的保密规定

（一）召开涉密的会议，要选择具备保密条件的场所。

（二）会议分发的密件，事先要编号，发放时要履行登记、签收手续。

（三）涉密会议会场禁止使用无线话筒。

（四）会议结束时，会议主办单位要对会场、会议住房进行全面检查，防止丢失密件。

第二十二条 密件的检查。各部门在重大节日和年底前对所保管的密件，要进行认真的核对，清退，发现丢失要认真查找，并及时报告队保密领导小组办公室。

第二十三条 密件的归档与销毁

（一）对于应归档的密件和统计资料，各部门要按照队机关档案管理规定，收集、整理立卷，及时移交档案室。

（二）各部门需销毁的密件（含内部文件、资料、刊物），一律由队办公室集中，统一送队指定的保密废纸收购部门销毁。

（三）销毁密件须经队分管领导审核同意并履行登记手续后方能进行，否则后果自负。

（四）销毁以电磁信号方式记录的国家秘密时，要彻底销磁，必要时在销磁后重新录制其他信号加以覆盖或粉碎、烧毁。

第五章 提供国家秘密统计数据的规定

第二十四条 外单位抄录有关秘密统计数据的规定。

（一）凡外单位来查阅抄录有关秘密统计数据（绝密级除外），必须持县、团级以上单位介绍信，经队办公室负责人批准（重要的统计数据需经分管队领导批准）同意后，才能抄录，并要求他们承担保密义务。

（二）不得在普通电话里提供秘密统计数据。

（三）任何个人不得擅自向境外组织、机构和个人提供国家秘密统计数据资料。单位提供要按有关规定办理审批手续。

第二十五条 对外提供的新闻稿件和公开出版物不得涉及国家秘密内容。

第二十六条 对外合作需提供资料，要严格执行国家保密局制定的《对外经济合作提供资料保密暂行规定》，要从国家整体利益和对外提供统计资料有关项目的实际出发，权衡利弊，遵循合理、合法、适度的原则，既维护国家秘密安全，又有利保障和促进有关项目顺利进行。

第二十七条 各项数据资料在正式发布前，一律不准对外提供或者泄漏。经队领导批准可开发利用，必须按保密程序进行保密审查。

第六章 出境统计信息的审查和审批

第二十八条 非公开发布的各类载体统计信息，出境前都要接受队办公室的审查。

第二十九条 审查工作依据国家保密法规有序进行。承办人审查后向处室负责人写出报告，处室负责人审核后对出境资料密级性质作出明确鉴定，送队办公室进一步审核，报分管队领导批准后，办件部门把出境资料连同批准的报告一起送市保密局办理出境手续，并备案。

第三十条 国家秘密统计资料出境一般由处以上干部携带。国家秘密资料出境只能携带，不准邮寄、传真，携带出境时要有反窃密防失密措施。

第三十一条 出境统计资料审查要严格把关，谁审批谁负责。

第七章 计算机网络上秘密统计信息的管理

第三十二条 网络保密工作是保守国家秘密的重要方面，各部门要十分重视网络建设及使用中的保密工作，认真贯彻执行国家统计局印发的《国家统计信息网络保密管理暂行规定》（国统字［1998］127号）。

第三十三条 网络安全保密工作要与网络建设同步进行，要按照江苏调查总队经省保密委员会批准的安全保密系统建设方案建立安全保密系统。

第三十四条 网络管理涉及单位多，网络保密工作必须严格分工，明确职责，实行严密的领导分工负责制，保证网络安全运行。

第三十五条 网络发展速度快，网络保密工作中会不断出现新情况、新问题。网络建设要加强调查研究，及时修订完善、充实统计信息保密工作规定，保证保密法规不出现空白时空。

第三十六条 加强网络保密工作检查、监督和科研工作，不断改进网络保密管理和提高保密工作的科学水平。

第八章 使用办公设备保密规定

第三十七条 有关计算机的保密规定

（一）计算机机房要建在安全的地方，建立机房保密规章制度。根据保密条件和工作环境，对机房或计算机及通讯部件加装电磁屏蔽或干扰设备。涉密的计算机设备必须进行有效的防电磁泄漏处理。

（二）机房要指定专人负责保密工作。非机房工作人员未经批准不得进入。外单位人员进入机房要建立审批和登记制度，并有专人陪伴。信息载体（光盘、磁盘、磁带、打印纸）要有专人按国家秘密的等级妥善保存或按规定销毁。

（三）购置、接收计算机必须进行防电磁泄漏检查，合格后才能使用。应经常性对计算机进行计算机病毒的检查和防治。

（四）国家秘密统计数据的通讯传输，必须经过涉密网发送和接收。

（五）计算机发生技术故障，存储过涉密信息媒体部分一般应内部维修，防止泄密。

（六）要按照机要人员的条件选配涉及国家秘密的计算机工作人员，要严守保密纪律和模范执行有关保密规章制度。

（七）凡已经联网而又传输国家秘密事项的，必须严格执行国家保密局《涉密计算机系统口令字使用管理指南》。

第三十八条 传真机、复印机使用的保密规定

（一）各部门的传真机、复印机要指定专人负责管理，要建立健全管理使用制度。

（二）普通传真机不得传输含有国家秘密内容的文件、资料。

（三）含有秘密内容的文件，一般不准复印。因工作需要，确需复印的，要办理批准手续。复印件视同原件一样严格管理。

（四）严禁复印密码电报、绝密件。制发文单位规定不准复印的文件、资料，严禁复印。

（五）复印文件、资料过程中，产生的废品作保密废纸统一处理。

第九章 外事活动中的保密规定

第三十九条 要认真执行有关外事活动的各项规定

（一）对出国人员要进行保密教育，不准将密件和记有国家秘密的笔记本携带出国。因工作需要时，需携带含国家秘密文件、资料的，要办理有关审批手续，并采取妥善的保管措施，回国后对携带的密件进行清理、清退。

（二）在国内的外事活动中，不准携带密件。因工作需要携带时要经队领导批准同意，并有二人以上参加，对密件要妥善保管。外事活动结束后，要将密件及时退还。

（三）在外事活动中，需要向对方提供密件及密件中有关数据资料的，均应在会谈前经队保密委、市保密局审查同意后，方可提供。对方如需携带出境，按本规定办理手续。

（四）会见外宾要在外宾接待室或会议室，情况特殊需要在办公室进行时，要经队领导批准，并将文件、资料整理放入橱柜内，未经队领导批准不得允许参观办公室、计算机房。

第十章 保密宣传教育

第四十条 保密守则

（一）不该说的秘密不说。

（二）不该问的秘密不问。

（三）不该看的秘密不看。

（四）不该记的秘密不记。

（五）不在非保密本上记录秘密。

（六）不在外事活动和私人通信中涉及秘密。

（七）不在公共场所和亲友及其他无关人员面前谈论秘密。

（八）不在不利于保密的地方存放秘密文件资料。

（九）不在普通电话、明码电报、普通邮局中办理秘密事项。

（十）不携带秘密文件、资料游览参观、探亲访友和进入公共场所。

第十一章 保密检查与处罚

第四十一条 保密检查

（一）各部门及涉密人员，在重大节假日或重大政治活动前要进行保密自查。

（二）保密办公室每年要不定期地对各部门保密工作进行全面或重点检查。

（三）保密检查内容，主要是检查保密规章制度的建立、健全和落实情况，检查保密工作存在的漏洞，检查中发现的问题要及时整改，重要问题及时报告，认真追查，并采取补救措施。

第四十二条 泄密事件的查处工作要认真贯彻执行国家保密局《泄密事件查处办法（试行)》。

第四十三条 处罚

贯彻执行《中华人民共和国刑法》中有关条款和《中华人民共和国保守国家秘密法实施办法》，对造成失泄密事件的当事人依照法律责任条款严肃查处。

第十二章 附 则

第四十四条 本规定由国家统计局盐城调查队保密委员会办公室负责解释。

第四十五条 本规定自印发之日起施行。

关于印发《国家统计局盐城调查队值班制度》的通知

盐调〔2013〕33号

各部门：

为进一步加强队值班工作，经研究，制定了《国家统计局盐城调查队值班制度》，现印发给你们，请认真学习，遵照执行。

附件：国家统计局盐城调查队值班制度

国家统计局盐城调查队

2013年11月22日

附件：

国家统计局盐城调查队值班制度

为进一步加强全队值班工作，发挥值班工作沟通上下、联系内外的重要作用，确保政务信息和政令畅通，结合本队实际，制定本制度。

第一条 本制度适用于队日常值班工作和法定节假日的值班工作，由办公室负责具体贯彻实施。

第二条 队值班室设在办公室，负责除法定节假日外日常值班工作。法定节假日由队领导负责总值班，由办公室统一安排相关人员值班。

第三条 值班工作职责。

（一）负责队日常值班工作，确保与国家统计局、江苏调查总队、市委市政府的联络畅通；

（二）及时报告并协助有关领导处理接报的政务信息、单位内发生或接报的重大突发事件；

（三）协助做好队安全保卫工作，确保重点要害部位的安全；

（四）完成队领导或办公室交办的其他事项。

第四条 值班工作责任制度。办公室是值班工作的责任主体，办公室的负责人是第一责任人，值班工作负责人和当班值班人员是直接责任人。

第五条 电话接洽制度。认真接听电话，做到文明应答，有关事项在整理后按规定程序报告处理。

（一）上级机关通过电话传达的指示、通知和交办的事项，有关部门、单位报来要求办理的事项，基层单位的电话请示、报告等，值班人员应作详细记录，按照有关规定和程序处理。

（二）有关部门、单位通过电话联系的各类客情，值班人员应详细记录人数、姓名、性别、职务、民族、搭乘的交通工具、抵达时间和地点、活动日程、参观考察内容、联系电话、联系人等，并及时告知办公室负责人。

（三）值班人员通过电话传达队领导的指示、批示或交办事项要准确、及时，并问明接话人姓名，提醒对方记录和复述。

第六条 记录制度。值班人员要将值班期间发生的情况、领导的指示、交办事项和处理结果登记在值班记录簿上。值班记录应字迹清晰、要素齐备、详略得当。值班记录簿须编号归档。

第七条 保密制度。严格遵守国家保密法规和保密纪律，不得向无关人员透露涉密信息。队领导同志的住址、电话应严格保密。凡泄密造成严重后果的，依照有关规定处理。

第八条 设备使用管理制度。值班人员应熟练使用并妥善保管配置的设备，确保设备处于良好的工作状态，保证信息传递畅通。

第九条 国家统计局和江苏调查总队及市委市政府的传真、电话等，值班人员须立即报告办公室负责人并按要求及时办理，不得拖延。市有关部门和其他单位的传真、电话等，要坚持有情必报、逐级上报、规范运作、安全保密的原则。情况特别紧急的，可越级上报。

第十条 本制度于印发之日起实行，由队办公室负责解释。

关于成立国家统计局盐城调查队第三次全国经济普查个体经营户抽样调查工作办公室的通知

盐调〔2013〕37号

各部门：

根据江苏省第三次全国经济普查领导小组办公室、国家统计局江苏调查总队《关于我省做好第三次全国经济普查个体经营户抽样调查工作的通知》（苏经普办字〔2013〕25号）精神，经研究，现决定成立国家统计局盐城调查队第三次全国经济普查个体经营户抽样调查工作办公室。办公室人员名单如下：

主　任：陈锦龙

副主任：陈光亚　徐　嵘　王亚男

成　员：刘秉洁　刘　琳　葛　潇

国家统计局盐城调查队

2013年12月3日

中国统计出版社最新图书简目

（仅供参考，以最后出书为准）

统计资料

综合类：中国统计年鉴　中国统计摘要　中国发展报告

国际资料类：国际统计年鉴　金砖国家联合统计手册　世界能源资源年鉴

区域资料类：中国区域经济统计年鉴　中国县域统计年鉴　中国城市统计年鉴　中国农村统计年鉴　中国地区经济监测报告

经贸与投资类：中国贸易外经统计年鉴　中国对外直接投资统计公报　中国商品交易市场统计年鉴　大中型批发零售和住宿餐饮企业统计年鉴　中国零售和餐饮连锁企业统计年鉴

住户与物价类：中国住户调查年鉴　中国价格统计年鉴　中国农产品价格调查年鉴　全国农产品成本收益资料汇编

资源与环境类：中国环境统计年鉴　中国能源统计年鉴

产业类：中国工业统计年鉴　中国建筑业统计年鉴　中国房地产统计年鉴　中国第三产业统计年鉴　中国证券期货统计年鉴

科技类：中国科技统计年鉴　中国高技术产业统计年鉴　工业企业科技活动资料

人口与就业类：中国劳动统计年鉴　中国人口和就业统计年鉴　中国人才资源统计报告

社会与文化类：中国社会统计年鉴　中国文化及相关产业统计年鉴

公共管理类：中国民政统计年鉴　中国民族统计年鉴　中国乡镇街道行政区域简册

省级综合统计年鉴系列

北京　天津　河北　山西　内蒙古　辽宁　吉林　黑龙江　上海　江苏　浙江　安徽　福建　江西　山东

河南　湖北　湖南　广东　广西　海南　重庆　四川　贵州　云南　西藏　陕西　甘肃　青海　宁夏　新疆

新疆生产建设兵团

市（县）级综合统计年鉴系列

天津滨海新区　石家庄　唐山　邯郸　太原　大同　阳泉　长治　晋城　朔州　晋中　运城　忻州　临汾　呼和浩特

鄂尔多斯　包头　沈阳　大连　长春　吉林市　四平　哈尔滨　黑龙江垦区　上海浦东新区　南京　无锡　徐州

常州　苏州　南通　连云港　淮安　盐城　扬州　镇江　泰州　宿迁　江阴　丹阳　杭州　宁波　温州　嘉兴　绍兴　金华

衢州　舟山　台州　丽水　合肥　福州　厦门　宁德　福州经济技术开发区　南昌　济南　青岛　郑州　洛阳　平顶山

三门峡　南阳　武汉　十堰　荆州　宜昌　荆门　咸宁　长沙　广州　深圳　惠州　东莞　南宁　柳州　桂林　来宾　海口

三亚　成都　贵阳　昆明　西安　兰州　庆阳　银川　乌鲁木齐　兵团一师　兵团十师

调查年鉴系列

山西　内蒙古　吉林　辽宁　上海　福建　湖北　广西　重庆　四川　云南　甘肃　宁夏　新疆　南宁　桂林

"十二五"规划教材

统计学（经济管理类专业本科适用，单薇　等）　抽样调查理论与方法（冯士雍　等）

贝叶斯统计（茆诗松　等）　统计学（黄良文　等）　试验设计（茆诗松　等）

统计学：从数据到结论（吴喜之）　医学统计学（于浩）　统计学（经济、管理类专业基础教材，张小斐）

概率论与数理统计三十三讲（魏振军）　概率论与数理统计三十三：学习指导与习题解答（魏振军）

非参数统计（吴喜之　等）　统计学：经济与管理中的数据分析（李慧云　等）

卫生管理统计学（新编医学院校基础课教材，尚磊）　医院统计学（新编医学院校基础课教材，徐天和　等）

社会统计学（蒋萍　等）　现代金融投资统计分析（李腊生　等）

国民经济核算初级教程（经济类、统计类、管理类专业适用，蒋萍　等）

重点图书

新中国65年　新编英汉汉英统计大词典　中华医学统计百科全书

挑大学选专业2014—考研择校指南　挑大学选专业2014—高考志愿填报指南

中国统计出版社发行部电话：（010）63376907,63376908　同楫行书店电话：68783171,68783172

通讯地址：北京市西城区三里河月坛南街57号　邮政编码：100826

网址：http://csp.stats.gov.cn